Michael Paschen, Anja Weidemann,
Daniela Turck, Christian Stöwe

Assessment Center professionell

Michael Paschen | Anja Weidemann
Daniela Turck | Christian Stöwe

Assessment Center professionell

Worauf es ankommt
und wie Sie vorgehen

Luchterhand

Bibliografische Information der Deutschen Bibliothek
Die Deutsche Bibliothek verzeichnet diese Publikation in der Deutschen Nationalbibliografie; detaillierte bibliografische Daten sind im Internet über http://dnb.ddb.de abrufbar.

ISBN 3-472-05057-8

Umschlaggestaltung: Andreas Ruers, Department Drei, Wiesbaden
Satz: Satz- und Verlags-Gesellschaft mbH, Darmstadt
Druck und Binden: Wilhelm & Adam, Heusenstamm
Printed in Germany, 2002

∞ Gedruckt auf säurefreiem, alterungsbeständigem und chlorfreiem Papier

Sie finden uns im Internet unter: www.luchterhand.de

Vorwort

Dieses Buch verfolgt zwei übergeordnete Ziele. Diejenigen Leser, die sich für einen fundierten konzeptionellen Hintergrund von Assessment Centern interessieren, finden eine umfassende und stringente Systematik, die auf einer modernen und praxiserprobten Assessment Center-Philosophie basiert. Hierbei geht es uns nicht um einen vollständigen Überblick über unterschiedliche Assessment Center-Ansätze oder über die wissenschaftliche Diskussion, sondern um die Darstellung einer in sich geschlossenen Herangehensweise, die der internen Diskussion und den praktischen Erfordernissen in Unternehmen in einer zeitgemäßen Form gerecht wird.

Diejenigen Leser, die sich für konkrete Umsetzungshinweise interessieren, erhalten eine Vielzahl von Schritt-für-Schritt-Anleitungen und erprobte Praxisbeispiele für alle relevanten Aspekte in der Gestaltung von Assessment Center-Projekten.

Dem am Gesamtkonzept interessierten Leser wird das vollständige Lesen des Buches sicherlich einen umfassenden Überblick vermitteln. Wer nach konkreten Praxistipps und Anleitungen zu einzelnen Aspekten sucht, wird das Buch aber durchaus auch auszugs- oder kapitelweise lesen können, denn wir haben darauf geachtet, dass alle Kapitel für sich alleine lesbar und verständlich sind. Das Buch hat damit Handbuchcharakter und kann praktischer Begleiter sowohl bei der professionellen Gestaltung neuer als auch bei der Optimierung bestehender Assessment Center sein.

Remscheid, Oktober 2002

Michael Paschen, Christian Stöwe
Daniela Turck, Anja Weidemann,

Inhaltsverzeichnis

Vorwort V

1. Assessment Center – Philosophie und Prinzipien 1

1.1 Was leisten Assessment Center wirklich? 3
1.2 Grundidee der Assessment Center-Methode 5
1.3 Prinzipien der Assessment Center-Durchführung 7
1.3.1 Prinzip der Anforderungsgerechtigkeit 7
1.3.2 Prinzip des Berufsbezugs 7
1.3.3 Prinzip der Mehrfachbeobachtung 8
1.3.4 Prinzip der Transparenz 8
1.3.5 Prinzip der Teilnehmerorientierung 9
1.3.6 Prinzip der strukturierten Beobachtung 9
1.3.7 Prinzip der Übungsvielfalt 9
1.3.8 Prinzip der gemeinsamen Deutung und Interpretation . 10
1.4 Assessment Center – nur Stress? 11
1.5 Was wird im Assessment Center beurteilt – Verhalten oder Persönlichkeit? 12

2. Varianten des Assessment Centers 13

2.1 Varianten von Assessment Centern – Welche Methodik ist die richtige? 15
2.2 Einzelverfahren oder Gruppenverfahren? 17
2.3 Das klassische Assessment Center 20
2.3.1 Was es ausmacht 20
2.3.2 Die Stärken des klassischen Assessment Centers 20
2.3.3 Die Grenzen des klassischen Assessment Centers 20
2.3.4 Typische Einsatzgebiete 21
2.4 Das klassische Assessment Center mit Rahmenhandlung 22
2.4.1 Was es ausmacht 22
2.4.2 Die Stärken des klassischen Assessment Centers mit Rahmenhandlung 22
2.4.3 Die Grenzen des klassischen Assessment Centers mit Rahmenhandlung 23
2.4.4 Typische Einsatzgebiete 23
2.5 Dynamisches Assessment Center 24
2.5.1 Was es ausmacht 24
2.5.2 Stärken des dynamischen Assessment Centers 24
2.5.3 Grenzen des dynamischen Assessment Centers 25
2.5.4 Typische Einsatzgebiete 25

2.6 Das Reality-Assessment Center 27
2.6.1 Was es ausmacht 27
2.6.2 Die Stärken des Reality-Assessment Centers 27
2.6.3 Die Grenzen des Reality-Assessment Centers 28
2.6.4 Typische Einsatzgebiete 28
2.7 Exkurs: Internationale Assessment Center 31
2.7.1 Assessment Center zur Auswahl und Potenzialanalyse von Expatriates 31
2.7.1.1 Besondere Anforderungen an Expatriates 32
2.7.1.2 Anforderungen an Expatriates messbar machen 33
2.7.2 Internationale Assessment Center zur Erfassung gleicher Standards im internationalen Kontext 35
2.7.2.1 Konzeption von Übungen für international eingesetzte Assessment Center 36
2.7.2.2 Vorbereitung internationaler Assessment Center 37
2.7.2.3 Durchführung internationaler Assessment Center 39

3. Anforderungen definieren und Rahmenkonzepte erstellen ... 47

3.1 Grundüberlegung zur Verwendung von Anforderungsprofilen . 49
3.1.1 Kriterien für die Bewertung von Anforderungsprofilen . 51
3.1.1.1 Orientierung am Wertschöpfungspotenzial der Position 52
3.1.1.2 Positionsbezogene und konkrete Beschreibung der Anforderungen 52
3.1.1.3 Aktualität und Einbeziehung zukünftiger Aspekte 53
3.1.1.4 Modulare Anpassung bei möglichen Positionsveränderungen 53
3.2 Erstellen von Anforderungsprofilen 55
3.2.1 Der aufgabenorientierte Ansatz 58
3.2.2 Der dimensionsorientierte Ansatz 60
3.2.3 Quellen der Anforderungsanalyse 63
3.3 Entwicklung von Assessment Center-Szenarien 67
3.3.1 Die Auswahl des Übungstyps 67
3.3.2 Die Auswahl des Kontextes 70

4. Kommunikation in AC-Projekten 73

4.1 Zielgruppen und Gegenstand der Kommunikation 75

4.1.1 Kommunikationshilfen bei Auswahl-Assessment Centern 76
4.1.1.1 Typische Fragen der Führungskräfte 76
4.1.1.2 Typische Fragen der Teilnehmer 77
4.1.1.3 Typische Fragen der Arbeitnehmervertretung . 79
4.1.2 Kommunikationshilfen bei Förder- oder Personalentwicklungs Assessment Centern 81
4.1.2.1 Typische Fragen der Führungskräfte 81
4.1.2.2 Typische Fragen der Teilnehmer 82
4.1.2.3 Typische Fragen der Arbeitnehmervertretung . 83
4.2 Hinweise für die Prozessgestaltung der internen Kommunikation 84
4.2.1 Frühe Einbindung wichtiger Multiplikatoren 84
4.2.2 Frühzeitiger Start der Abstimmung mit dem Betriebsrat 84
4.2.3 Definition eines klaren Regelwerkes 85
4.2.3.1. Vorauswahl der Teilnehmer 85
4.2.3.2 Mögliche Konsequenzen, die aus der Assessment Center-Teilnahme folgen 86
4.2.3.3 Umgang mit den Assessment Center-Ergebnissen 86
4.2.4 Transparente Vorinformation der Teilnehmer 87
4.2.5 Detaillierte Vorinformation der entsendenden Führungskräfte. 87
4.3 Materialien für die Kommunikation von Assessment Centern . 89
4.4 Argumentationshilfen für kritische Diskussionen 100

5. Bausteine und Simulationen 103

5.1 Interviews 105
5.1.1 Dafür eignet sich ein Interview im Assessment Center. . 105
5.1.2 Abbildung von Bewertungskriterien in Interviewfragen. 106
5.1.3 Beobachtung und Beurteilung im Interview 110
5.1.4 Das macht die Durchführung eines guten Interviews aus 112
5.1.5 Schritte in der Entwicklung von Interviewleitfäden . . . 115
5.1.5.1 Definition der Anforderungen, die erfasst werden sollen 115
5.1.5.2 Definition des Gesprächsablaufs 116
5.1.5.3 Formulierung der Interviewfragen und der Auswertungshilfen 116
5.2 Analytisch-konzeptionelle Übungen 123
5.2.1 Dafür sind analytisch-konzeptionelle Übungen geeignet 123

5.2.1.1 Verschiedene Übungsarten innerhalb der analytisch-konzeptionellen Übungen 124
5.2.1.2 Abbildung von Kernaufgaben und Anforderungen in analytisch-konzeptionellen Übungen 127
5.2.2 Das macht eine gute analytisch-konzeptionelle Übung aus 130
5.2.2.1 Postkorbübungen und Handlungsorientierte Fallstudien 131
5.2.2.2 Konzeptentwicklungen 133
5.2.2.3 Fact-Finding-Übung..................... 136
5.2.3 Konzeption von analytisch-konzeptionellen Übungen Schritt für Schritt........................ 138
5.2.3.1 Postkorbübungen und Handlungsorientierte Fallstudien 138
5.2.3.2 Konzeptentwicklung 145
5.3 Gesprächssimulationen.............................. 152
5.3.1 Dafür sind dialogische Gesprächssimulationen geeignet. 152
5.3.2 Das macht eine gute dialogische Gesprächssimulation aus 155
5.3.2.1 Anforderungen zwingend sichtbar machen ... 155
5.3.2.2 Schaffung einer stimmigen, realitätsnahen Situation 156
5.3.2.3 Als Rollenspieler Situationen zum Leben erwecken und Anforderungen gezielt testen .. 158
5.3.2.4 Sichtbar machen, welche Verhaltensweisen für Teilnehmer typisch sind 160
5.3.3 Konzeption von dialogischen Gesprächssimulationen Schritt für Schritt........................ 160
5.4 Gruppenübungen................................. 170
5.4.1 Dafür sind Gruppenübungen geeignet 170
5.4.2 Das macht eine gute Gruppenübung aus 172
5.4.2.1 Provokation einer sinnvollen inhaltlichen Auseinandersetzung 173
5.4.2.2 Faire und gezielte Auswertung einer kaum standardisierbaren Situation 177
5.4.2.3 Einheitlicher Umgang mit bestimmten wiederkehrenden Verhaltensmustern in der Gruppe .. 179
5.4.3 Konzeption von Gruppenübungen Schritt für Schritt .. 180
5.5 Präsentationen 186
5.5.1 Dafür sind Präsentationen geeignet 186
5.5.2 Das macht eine gute Präsentation aus............ 188
5.5.2.1 Schaffung von Realitätsbezug 189

5.5.2.2 Abbildung von Interaktions-Kompetenzen ... 190
5.5.3 Konzeption von Präsentationen Schritt für Schritt 191
5.6 Testverfahren ... 198
5.6.1 Dafür eignen sich Testverfahren ... 198
5.6.1.1 Chancen und Probleme im Einsatz von Testverfahren ... 198
5.6.1.2 Arten psychologischer Testverfahren ... 200
5.6.1.3 Funktionsweise von Testverfahren ... 203
5.6.2 Das macht einen guten Test und einen sinnvollen Testeinsatz aus ... 205
5.6.2.1 Gütekriterien von Testverfahren ... 205
5.6.2.2 Kommunikation von Testverfahren gegenüber Teilnehmern ... 208
5.6.3 Überblick über gängige und geeignete Testverfahren .. 210

6. Beobachten und Bewerten ... 219

6.1 Standardisierung der Beobachtung durch Checklisten ... 221
6.1.1 Nutzung von übungsspezifischen Beobachtungsbögen.. 224
6.1.2 Bewertungskriterien bei Verwendung von dimensionsorientierten Profilen ... 225
6.1.3 Beobachtungsbögen bei aufgabenorientierten Anforderungsprofilen ... 228
6.2 Die Auswahl der richtigen Skala ... 231
6.3 Der Beurteilungsvorgang ... 233
6.3.1 Die Auswahl der Beobachter ... 233
6.3.2 Der Prozess der Beobachtung ... 236
6.3.3 Zusammenführung der Ergebnisse ... 238
6.4 Einflussgrößen auf den Beurteilungsprozess ... 240
6.5 Schulung der Beobachter ... 243

7. Organisation und praktische Gestaltung ... 245

7.1 Teilnehmerorientierte Gestaltung von Assessment Centern... 247
7.1.1 Gestaltung einer angenehmen Atmosphäre ... 248
7.1.1.1 Die Einführungsrunde ... 248
7.1.1.2 Der Umgang der Beteiligten untereinander ... 248
7.1.1.3 Der eigene Vorgesetzte als Beobachter ... 249
7.1.1.4 Betreuung der Teilnehmer ... 249
7.1.1.5 Die Planung von Vorbereitungszeiten ... 250
7.1.1.6 Die Planung von Pausen ... 250
7.1.2 Gewährleistung von Transparenz ... 251
7.1.2.1 Frühzeitige Information der Teilnehmer ... 252

7.1.2.2 Nähere Informationen in der Einführungsrunde 252
7.1.2.3 Zwischenfeedback 253
7.1.2.4 Die Aufforderung, Fragen zu stellen 254
7.1.3 Schaffen von Teilnehmer-Nutzen 254
7.1.3.1 Individuelles Feedback 254
7.1.3.2 Videoaufnahmen 255
7.1.3.3 Schriftliche Ergebnisberichte 256
7.2 Organisation und Vorbereitung von Assessment Centern 257
7.2.1 Personenbedarf 257
7.2.1.1 Anzahl der Teilnehmer 258
7.2.1.2 Anzahl der Beobachter 258
7.2.1.3 Beteiligung der Arbeitnehmervertretung 259
7.2.1.4 Back-Office-Unterstützung 260
7.2.1.5 Rollenspieler 260
7.2.1.6 Personenbedarf im Einzel-Assessment 261
7.2.2 Erstellung eines Zeitplans 261
7.2.2.1 Grundsätzliche Kriterien der Zeitplanerstellung 262
7.2.2.2 Zeitplanerstellung Schritt für Schritt 264
7.2.3 Räumlichkeiten 276
7.2.3.1 Raumplanung für Gruppen-AC 276
7.2.3.2 Raumplanung für Einzel-Assessment Center .. 277
7.2.4 Materialien 278
7.2.4.1 Beobachtermaterialien 278
7.2.4.2 Teilnehmermaterialien 279
7.2.4.3 Back-Office-Materialien 280
7.2.4.4 Materialien für Einzel-Assessment Center 281

8. Rückmeldung, Aufbereitung und Verwendung von AC-Ergebnissen 283

8.1 Feedback-Gespräche 285
8.1.1 Die Einbindung der Rückmeldung in das Gesamtverfahren 286
8.1.1.1 Feedback im direkten Anschluss an das AC oder zeitversetzt? 286
8.1.1.2 Feedback während des ACs? 287
8.1.2 Qualitätskriterien für ein gutes Feedback-Gespräch.... 288
8.2 Schriftliche Dokumentation der Ergebnisse 291
8.2.1 Grundformen und Elemente der Ergebnisdokumentation 291
8.2.2 Aufbau umfassender Ergebnisberichte 292
8.3 Ableitung von Personalentwicklungsmaßnahmen 295
8.4 Umgang mit Assessment Center-Ergebnissen 298

8.4.1 Umgang mit schriftlichen Ergebnisdokumentationen . . 298
8.4.2 Mögliche Konsequenzen von Assessment Centern 299
8.4.3 Umgang mit »Verlierern« 300

Anhang 305

Glossar 307

Liste der Tools 317

Abbildungs- und Tabellenverzeichnis 318

Verzeichnis der Beispiele 319

1 Assessment Center – Philosophie und Prinzipien

Über die Methodik des Assessment Centers wird nach wie vor viel diskutiert, und es gibt durchaus kontroverse Auffassungen über den Wert dieser Verfahren. Dieses Kapitel liefert einen Überblick über die Leistungsfähigkeit von Assessment Center-Verfahren und erklärt, wie es zu den teilweise sehr unterschiedlichen Einschätzungen kommt. Die Grundidee der Assessment Center-Methodik wird erläutert und an Hand von Beispielen erklärt. Damit Assessment Center die gesteckten Ziele wirklich erreichen können, müssen bestimmte Prinzipien bei der Vorbereitung und Gestaltung berücksichtigt werden, die hier prägnant dargestellt sind. Abschließend wird sich mit den Auffassungen auseinandergesetzt, dass Assessment Center vor allen Dingen Verfahren zur Testung von Stressresistenz sind und sich ausschließlich auf die Beobachtung von Verhalten zu beschränken haben.

1.1 Was leisten Assessment Center wirklich?

Vor einigen Jahren hat kaum ein Verfahren zur Beurteilung von Potenzial und Kompetenzen die Diskussion in Praxis und Wissenschaft so stark polarisiert wie das Assessment Center. Für die einen stellte es den Schlüssel zum Verständnis von Bewerbern oder internen Potenzialkandidaten dar, für die anderen war das Verfahren kaum mehr als Scharlatanerie oder Theaterspielen. Die einen lehnten es schon aus rein ideologischen Gründen ab (»So kann man Menschen nicht behandeln«), die anderen waren überzeugt, dass das Assessment Center in der Ergebnisqualität durch nichts zu übertreffen ist. Die teilweise sehr aufgeregte Diskussion hat sich deutlich beruhigt, und heute stellt man fest, dass der Streit als entschieden gelten kann – die Frage ist nun nicht mehr, ob Assessment Center einen wichtigen Beitrag zur Personalarbeit leisten, sondern nur noch, für welche Fragestellungen sie geeignet sind, und unter welchen Rahmenbedingungen und vor allem mit welchen Qualitätskriterien sie eine sinnvolle Ergänzung des Human-Resources-Instrumentariums darstellen.

Immer wieder einmal wird das Assessment Center totgesagt, aber die Realität spricht eindeutig eine andere Sprache. Fast jedes Großunternehmen bedient sich für wenigstens eine Beurteilungsfragestellung des Assessment Centers, sei es für die Auswahl von Hochschulabsolventen, die diskrete Einzel-Beurteilung von Top-Führungskräften oder auch die Identifikation interner Potenzialträger. Viele mittelständische Unternehmen sammeln Erfahrungen mit Assessment Centern, selbst Kleinunternehmen profitieren (dann meist in der Zusammenarbeit mit externen Beratern) von den Grundideen dieses Verfahrens. Viele Unternehmen haben erkannt, dass nicht das Assessment Center selbst gut oder schlecht ist, sondern dass allenfalls eine bestimmte Art der Ausrichtung oder Durchführungsphilosophie günstige oder ungünstige Konsequenzen haben kann. Wenn ein Unternehmen mit der Einführung von Assessment Centern schlechte Erfahrungen gemacht hat, so ist das kein Beleg für die Unzulänglichkeit der Methodik, sondern allenfalls für die schlechte Qualität und unglückliche Strategie der jeweiligen Ausrichtung und Gestaltung. Das beweisen viele Unternehmen, die zur hohen Zufriedenheit aller Beteiligten mit dieser Methode arbeiten.

Es gilt als sicher und vielfach wissenschaftlich belegt, dass Assessment Center zum einen in ihrer Prognosequalität und Genauigkeit der Beurteilung allen anderen alternativen Verfahren überlegen sind. Zum anderen ist ausreichend bewiesen, dass viele Unternehmen auch im Hinblick auf Akzeptanz bei allen Beteiligten (Führungskräfte, Mitarbeiter, Arbeitnehmervertretung) den Nutzen von Assessment Centern schätzen gelernt haben. Es ist logisch gut nachzuvollziehen, dass ein Assessment Center allein schon deswegen eine höhere Beurteilungstiefe produziert als ein anderes Verfahren, weil es eine Kombination verschiedener Verfahren darstellt. Zumeist besteht es aus Interviews, Rollenspielen, Fallstudien, eventuell außerdem Testverfahren oder Fragebögen. Die kombinierten Ergebnisse dieser Einzelverfahren stellen das Assessment Center-Ergebnis dar. Dieses Gesamtergebnis ist vermutlich in den meisten Fällen besser und substanzieller als das Ergebnis einer dieser Methoden allein.

Aber es gibt einen Punkt, der die Diskussion um Assessment Center-Verfahren deutlich erschwert: Das Wort Assessment Center ist durch nichts geschützt oder definiert. Was einzelne Unternehmen oder Beratungen darunter verstehen oder wie ein Assessment Center konkret gestaltet wird, ist so unterschiedlich, dass das Wort Assessment Center höchstens eine vage Kategorie darstellt, aber letztlich sehr vieles meinen kann, was sich überhaupt nicht einheitlich beurteilen lässt. Es ist so, als ob man sich über die Fahreigenschaften eines Autos streiten würde, ohne Marke und Modell zu beschreiben. Assessment Center können gut und schlecht gestaltet werden, sie können zum Debakel für ein Unternehmen und zum Ärgernis für die Teilnehmer werden, das ist unbestritten. Man kann unter dieser Überschrift großen Unsinn veranstalten, das wurde vielfach belegt. Man wird jedoch großen Nutzen aus der Methodik ziehen, wenn man einige Rahmenbedingungen bei der Gestaltung und Durchführung beachtet, die die eigentliche Qualität ausmachen. Davon handelt dieses Buch.

1.2 Grundidee der Assessment Center-Methode

Die Grundidee der Assessment Center-Methode lässt sich gut mit folgendem Gedanken charakterisieren: Es geht bei einem Assessment Center um das »Zeigen lassen«, das Vorführen bestimmter Kompetenzen und Potenziale. Das ist der große Gegensatz zum Interview, in dem es um das »Erzählen lassen« geht. Assessment Center sind Verfahren, in denen man nicht nur über bestimmte Anforderungen spricht, sondern diese konkret simuliert, für einen Teilnehmer erfahrbar und (wieder im Gegensatz zum Interview) die Beurteilung damit nicht so stark von Einstellungen, Erfahrungen und Absichtserklärungen des Teilnehmers abhängig macht. Als Definition lässt sich festhalten:

> Ein Assessment Center ist ein Beurteilungsverfahren, in dem durch die Beobachtung der Leistung und des Verhaltens der Teilnehmer in Simulationen, Rollenspielen, Tests und Fallstudien Rückschlüsse auf Kompetenzen, Persönlichkeitseigenschaften und Potenziale gezogen werden.

Im Interview kann ein Teilnehmer nichts über sich berichten, was der eigenen Erfahrung und Selbstreflexion nicht zugänglich ist, im Assessment Center kann er durchaus Kompetenzen zeigen, die er nicht verbalisieren kann oder die ihm in dieser Weise vielleicht gar nicht bewusst sind. Assessment Center sind dann gut gemacht, wenn sie geeignet sind, die wirklich relevanten Anforderungen einer bestimmten Zielposition, einer bestimmten Zielperspektive oder einer Funktionsgruppe in Gesprächssimulationen und Fallstudien zu repräsentieren und auf diesem Wege eine Einschätzung des erreichten Kompetenzstandes der Teilnehmer zu ermöglichen. Welche Simulationen oder Fallstudien dazu geeignet sind, hängt stark von der Fragestellung ab, die das Assessment Center beantworten soll. Wenn Führungskompetenzen beurteilt werden sollen, liegt auf der Hand, dass wahrscheinlich einige schwierige Mitarbeitergespräche simuliert werden. Wenn vertriebliches Potenzial sichtbar gemacht werden soll, werden sicherlich Präsentationen, Kundengespräche oder Verhandlungen die interessanten Situationen sein. Wenn hingegen ein neuer PR-Leiter gesucht wird, könnten das Abfassen von Pressemitteilungen und schwierige Journalisteninterviews diejenigen Situationen sein, die beobachtet werden sollen. Sollte ein Hotelbesitzer einen Animateur einstellen wollen, werden die Bewerber vielleicht einige Veranstaltungen planen und dann in einer Simulation anmoderieren. Sucht man einen Call-Center-Agent, werden ohne Zweifel herausfordernde Kundentelefonate die Simulationen der Wahl sein. Sollte ein Arbeitgeber sich hingegen für einen neuen Programmierer interessieren, so wird dieser möglicherweise ein Softwarekonzept präsentieren und erklären oder aber Fehler in einem vorgelegten Programmcode suchen. Wenn stattdessen ein neuer Personalreferent eingestellt werden soll, wäre es denkbar, dass eine Betriebsratsverhandlung simuliert wird oder aber ein Beratungsgespräch mit einer Führungskraft, die Probleme mit Mitarbeitern hat. Falls das Interesse eher dahingeht, die Kompetenzen einer neuen Sekretärin zu beurteilen, so sollten notwendig das Abfassen von Korrespondenz, die Arbeitsgeschwindigkeit am Computer oder aber das Verhalten zu internen Ansprechpartnern sauber eingeschätzt werden. Sollte hingegen ein neuer Vorstand gesucht werden, so würden eine Strategiepräsentation, eine Markt- und Wettbewerbseinschätzung oder eine Projektskizze für eine anstehende Fusion interessante Erkenntnisse liefern. Alle genannten Übungen sind im Prinzip Assessment Center-Übungen, denn es werden zukünftige Anforderungen simuliert und daraus Schlüsse über Entwicklungs- und Kompetenzstand gezogen. Man würde mit Bewerbern oder Potenzialkandidaten (gleich, ob intern oder extern) nicht nur ein Gespräch führen, sondern sich bestimmte Fertigkeiten und Fähigkeiten zeigen und vorführen lassen. Eines ist dabei sicher – die Beobachter und Beurteiler werden zweifellos die Gewissheit gewinnen, deutlich mehr über ihr Gegenüber erfahren zu haben, als wenn sie nur mit ihm gesprochen hätten.

1.3 Prinzipien der Assessment Center-Durchführung

Damit Assessment Center erfolgreich sind, ist die Berücksichtigung bestimmter grundlegender Prinzipien empfehlenswert. In den folgenden Abschnitten wird erläutert, in welcher Weise sie ganz praktisch in die Konzeption und Durchführung einfließen können. Wenn diese Prinzipien konsequent umgesetzt sind, ist eine hohe inhaltliche Qualität des Assessment Centers sicher. Diese Prinzipien stellen somit die Kriterien dar, an denen die inhaltliche Qualität von Assessment Centern bewertet werden kann.

1.3.1 Prinzip der Anforderungsgerechtigkeit

Ein wichtiges und ganz und gar nicht triviales Prinzip besteht darin, dass Assessment Center-Übungen wirklich geeignet sein müssen, ein gewünschtes Verhalten oder einen bestimmten Kompetenzstand auch in sinnvoller Weise sichtbar zu machen. Die Assessment Center-Übung muss in der Lage sein, das Verhalten in Bezug auf die gewünschte Anforderung zu »provozieren«. Eine Gruppenübung, in der alle Teilnehmer harmonisch miteinander plauschen, macht die Beobachtung von Durchsetzungsfähigkeit schwer. Oft realisieren Beobachter in einem Assessment Center nicht sofort, dass ihre erlebte Ambivalenz in der Beurteilung der Teilnehmer eigentlich nur die Schwäche der angewandten Übungen widerspiegelt, die gewünschte Beurteilungsdimension auch tatsächlich sichtbar zu machen. Wie dieses Prinzip in der Konzeption der Assessment Center-Übungen berücksichtigt werden kann, wird im Kapitel »Bausteine und Simulationen« dargestellt (vgl. Kapitel 5). Darüber hinaus ist mit diesem Prinzip natürlich gefordert, dass dem Assessment Center tatsächlich die für eine Zielposition oder Zielperspektive relevanten Anforderungen zugrunde liegen. Diese sind nicht immer ganz leicht zu beschreiben, vor allem, wenn man sich jenseits der gern zitierten Worthülsen wie Teamfähigkeit und Flexibilität bewegen möchte. Hierzu wird im Kapitel »Anforderungen definieren und Rahmenkonzepte erstellen« (vgl. Kapitel 3) eine praktische Struktur erläutert, die die Entwicklung differenzierter Anforderungsprofile ermöglicht.

1.3.2 Prinzip des Berufsbezuges

Im beruflichen Kontext sind letztlich nur solche Übungen akzeptabel, die inhaltlich auch in einem Business-Kontext stattfinden. Brücken bauen aus Papier (eine der alten, ganz klassischen Assessment Center-Übungen) oder Ähnliches macht nur wenig Sinn. Grundsätzlich gilt, dass Assessment Center-Ergebnisse desto akzeptabler sind, je enger sie wirklich konkrete Situationen widerspiegeln, die zur Lebenswirklichkeit der Teilnehmer gehören. Es ist nicht unbedingt so, dass nicht auch andere Übungen differenzierte Rückmeldungen ermöglichen würden. Aber es ist sicher, dass insbesondere kritische Rückmeldungen leichter übermittelbar und tragbar sind, wenn dieses Prinzip realisiert worden ist. Neben der Erhöhung der Akzeptanz wird natürlich durch dieses Prinzip auch die Aussagefähigkeit der Ergebnisse bezüglich der beruflich relevanten Anforderungen optimiert.

1.3.3 Prinzip der Mehrfachbeobachtung

Um eine möglichst fundierte und facettenreiche Beurteilung zu erreichen, gilt das Prinzip der Mehrfachbeobachtung. Assessment Center-Ergebnisse haben umso mehr Substanz, je mehr Beobachter in den unterschiedlichen Situationen und Übungen zu ihnen beigetragen haben. In diesem Aspekt liegt nicht nur eine inhaltliche, sondern auch eine organisatorische Herausforderung. Hilfen für die Gestaltung von Zeitplänen mit sinnvollen Mehrfachbeobachtungsmöglichkeiten liefert das Kapitel »Organisation und praktische Gestaltung« (vgl. Kapitel 7).

1.3.4 Prinzip der Transparenz

Nicht nur der inhaltliche Güteanspruch, den viele Unternehmen an ihre Assessment Center stellen, sondern auch die teilweise unglückliche Presse zum Thema Assessment Center macht es in höchstem Maße empfehlenswert, für die Teilnehmer eine hohe Transparenz bezüglich der Inhalte und Ziele des Assessment Center-Prozesses herzustellen. Hierzu gehört beispielsweise die Erläuterung, welche Kriterien beobachtet werden, in welchen Situationen beobachtet wird (beim Mittagessen z. B. nicht) und wie sich letztlich die Deutungen und Interpretationen begründen. Ein persönliches und direktes Feedback ist eine damit zusammenhängende wesentliche Forderung (kein Telefon-Kurz-Feedback irgendwann im Anschluss). Auch schriftliche Ergebnisberichte sollten offengelegt werden, um wirklich Klarheit über das gesamte Instrument herzustellen. Besonders unangenehm für die Teilnehmer sind »Black-Box-Verfahren«. Bei diesen Verfahren wird der Teilnehmer vorher nicht umfassend über Ablauf und Inhalte informiert, ist während des Assessment Centers mit vielen Fragen allein gelassen und kann am Ende auch nicht genau einschätzen, welche Informationen nun über ihn weitergegeben werden. Es liegt auf der Hand, dass hier für viele Assessment Center-Teilnehmer Ambivalenzgefühle in Bezug auf die Methodik zurückbleiben. Tipps für die sinnvolle Gestaltung von Vorabinformationen und Kommunikation des AC-Verfahrens intern wie extern finden Sie in dem Kapitel »Kommunikation in AC-Projekten« (vgl. Kapitel 4), Hinweise zur Gestaltung von Rückmeldeprozessen im Kapitel »Rückmeldung, Aufbereitung und Verwendung von AC-Ergebnissen« (vgl. Kapitel 8).

1.3.5 Prinzip der Teilnehmerorientierung

Es ist egal, ob man ein Auswahl-AC oder ein internes Personalentwicklungs-AC durchführt: Auch die Teilnehmer (und nicht nur der auftraggebende Fachbereich) sind Kunden eines solchen Verfahrens und sollen die Möglichkeit haben, von einem Assessment Center zu profitieren. Der persönliche Gewinn der Teilnehmer liegt hierbei natürlich vor allen Dingen in dem offenen, klaren, direkten und mit konkreten Hinweisen angereicherten Feedback. Aber auch das eigene Erleben in den zukünftigen Anforderungen kann schon Coaching-Effekte haben, zu einer verbesserten Selbsteinschätzung führen und den Teilnehmern helfen, die zukünftigen Herausforderungen besser abzuschätzen. Die inhaltliche Gestaltung eines Assessments sollte diesem Grundsatz Rechnung tragen und ihn an allen Stellen des Assessment Center-Prozesses ins Kalkül ziehen. Auf dieses Prinzip wird in allen weiteren Kapiteln verwiesen werden, wenn sich praktische Implikationen daraus ergeben.

1.3.6 Prinzip der strukturierten Beobachtung

Die Beobachtung in einem Assessment Center sollte entlang von klar definierten und kommunizierbaren Kriterien erfolgen. Wenn als Anforderungen eher abstrakte Eigenschaftsbegriffe definiert werden (z. B. Kommunikationsfähigkeit), ist durch entsprechende Operationalisierungen im Vorfeld zu beschreiben, welche Bewertungskriterien mit dieser Dimension abgedeckt werden sollen. Im Assessment Center sollte dann die Beurteilung auf diesen Operationalisierungen beruhen. Eine »freie«, unstrukturierte Beobachtung kann immer nur der Einstieg in einen Beurteilungsprozess sein. Wie Beobachtungsinstrumente in sinnvoller Weise gestaltet werden können, ist im Kapitel »Beobachtung und Bewerten« nachzulesen (vgl. Kapitel 6).

1.3.7 Prinzip der Übungsvielfalt

Idealerweise doppeln sich die Übungen inhaltlich nur begrenzt, auch wenn sich die mit ihnen erfassten Anforderungen überschneiden. Es ist nicht nur wichtig, dass alle Anforderungsbereiche durch mehrere Übungen erfasst werden (Prinzip der Mehrfachbeobachtung), sondern auch, dass dies in unterschiedlichen Übungen der Fall ist. Je vielfältiger die Übungen sind, desto stärker treten spezifische Leistungsdefizite und Kernkompetenzen mit hoher Schärfe zu Tage, und umso weniger müssen zu Tage tretende Persönlichkeitsmerkmale durch die Besonderheiten einer spezifischen Übungssituation erklärt werden. Hinweise und Hilfen zur Gestaltung unterschiedlicher Übungstypen sind im Kapitel »Bausteine und Simulationen« aufgeführt (vgl. Kapitel 5).

1.3.8 Prinzip der gemeinsamen Deutung und Interpretation

Das letzte Prinzip fordert, Übungen im Assessment Center mit dem Teilnehmer gemeinsam auszuwerten. Dies heißt nicht, dass man der Selbsteinschätzung des Teilnehmers im Hinblick auf seine Leistung folgen muss, sondern nur, dass man seine Einstellungen, Haltungen, Interpretationen und Sichtweisen mit in den Einschätzungsprozess aufnimmt. Hierdurch gewinnt man die größtmögliche Beurteilungstiefe, da man nicht nur das Verhalten selbst einschätzt, sondern auch persönliche Konzepte, Denkweisen und Antriebe, die zu einem bestimmten Verhalten geführt haben, mit erfasst. Manchmal ist diese Information wesentlich entscheidender als die reine Verhaltensbeobachtung. Wie diese Aspekte in die Übungskonstruktion integriert werden können, wird unter »Bausteine und Simulationen« (vgl. Kapitel 5) dargestellt.

1.4 Assessment Center – nur Stress?

Wenn es denn ein Vorurteil gegenüber Assessment Centern gibt, welches sich besonders hartnäckig hält, dann ist es die Auffassung, dass Assessment Center letztlich eine Art »Stress-Test« sind, durch die es gilt, die Belastbarkeit der Teilnehmer zu prüfen. Das ist keineswegs die Grundidee dieses Verfahrens (auch wenn es freilich AC-Durchführende gibt, die das Instrument in dieser Weise interpretieren). Wer Assessment Center dennoch so versteht, beraubt sich um das eigentliche Potenzial der Methodik. Wenn durch ein Assessment Center nur getestet werden soll, wie sich jemand in einer eigenartigen Stress- und Belastungssituation verhält, dann ist das mit dieser Methode natürlich auch möglich. Allerdings ergeben sich in diesem Fall auch ausschließlich Ergebnisse zur Anforderung »Umgang mit Stress«. Wie viel mehr könnte man erfahren, wenn die Teilnehmer nicht durch die Induktion von Stress zu opportunistischem und von Misstrauen geprägtem Verhalten gedrängt würden? Wie viel sicherer könnte die Beurteilung sein, wenn die Teilnehmer ihre wirkliche Maximalleistung präsentieren und damit ein echtes Bild ihrer tatsächlichen Möglichkeiten geben könnten? Assessment Center schränken – wenn sie vorrangig als Stress-Test verstanden werden – die Beurteilungsmöglichkeiten drastisch ein. Assessment Center dürfen anspruchsvoll und fordernd sein, sie dürfen die Grenzen des Verhaltensuniversums der Teilnehmer sichtbar machen. Aber sie dürfen nicht durch einen künstlich erzeugten Druck eindimensional und inakzeptabel werden. Es liegt auf der Hand, dass Teilnehmer unter Stress nicht differenziert beurteilbar sind. Assessment Center sind immer ein gemeinsamer Problemlösungsprozess, der für beide Seiten (Veranstalter und Teilnehmer) gewinnbringend und akzeptabel sein sollte.

1.5 Was wird im Assessment Center beurteilt – Verhalten oder Persönlichkeit?

Die reine Lehre zum Assessment Center beschreibt dieses Verfahren als ein ausschließlich verhaltensorientiertes Verfahren. Demnach wird ein bestimmtes Verhalten (quasi wie im Labor) beobachtet und darauf aufbauend der Stand der Verhaltenskompetenzen eingeschätzt. Dieser Ansatz greift zu kurz. Für eine gute Prognose braucht man mehr als Verhaltensbeobachtungen. So ist es z. B. denkbar, dass jemand ein sehr gutes Mitarbeitergespräch führen kann, dies aber in der Praxis sehr selten tut, weil es ihm zu lästig ist und die Motivation fehlt, sich intensiv mit Mitarbeitern auseinander zu setzen. Die Verhaltensbeobachtung zeigt also immer nur, dass jemand über eine bestimmte Kompetenz auf seiner persönlichen »Verhaltensklaviatur« verfügt. Das sagt jedoch noch nichts darüber aus, unter welchen Bedingungen jemand bereit oder motiviert ist, diese Kompetenz auch zu nutzen, denn das ist eine Frage von Motivation, Einstellungen und Haltungen. Ein gutes Assessment Center muss also nicht nur sichtbar machen, ob jemand beispielsweise über die persönlichen Möglichkeiten verfügt, die ihn zur Führungskraft prädestinieren, sondern auch, ob eine solche Tätigkeit zu seinen Interessen, Einstellungen, beruflichen Hoffnungen und Zielen passt. Dies setzt eine hohe Interaktivität mit den Teilnehmern und eine offene gemeinsame Reflexion von Übungen voraus und steht dem von der »reinen Lehre« geforderten distanzierten Verhältnis und der damit induzierten, oftmals sehr künstlich wirkenden, Laborsituation zwischen Beobachtern und Teilnehmern entgegen. Ein gutes Assessment Center hat dadurch auch Beratungs- und Coachingcharakter.

2 Varianten des Assessment Centers

Als Assessment Center werden mittlerweile verschiedenste Methodiken und Vorgehensweisen bezeichnet. Dieses Kapitel liefert einen Überblick über verschiedene Varianten von Assessment Centern und gibt Kriterien an die Hand, die richtige Art von Assessment Center für eine individuelle Fragestellung zu finden. Es gibt eine Orientierung im mittlerweile entstandenen Begriffsdschungel der verschiedenen Assessment Center. Zunächst wird grundsätzlich zwischen Einzel- und Gruppenverfahren unterschieden, und es werden die zentralen Kriterien benannt, an denen man sich bei der Entscheidung für ein Einzel- oder Gruppenverfahren orientieren kann. Um einen Überblick über die verschiedenen Varianten zu erhalten, werden die häufigsten Arten in ihren Besonderheiten kurz beschrieben und ihre Stärken und Grenzen herausgestellt. Abschließend erfolgt zu jedem Assessment Center eine kurze Beschreibung typischer Einsatzgebiete.

In einem Exkurs über internationale Assessment Center werden die Besonderheiten bei der Auswahl von Expatriates und bei der Durchführung internationaler Verfahren beschrieben.

Tools in diesem Kapitel: *Seite*

- *Interviewleitfaden zur Erfassung der Anforderungen an Expatriates* *41*

2.1 Varianten von Assessment Centern – Welche Methodik ist die richtige?

Betrachtet man die einschlägige Literatur zum Thema Assessment Center sowie die Vielzahl und damit auch Unterschiedlichkeit der in der Praxis eingesetzten Methoden, so wird schnell klar, dass es »das Assessment Center« eigentlich gar nicht mehr gibt. Es handelt sich bei dem Begriff Assessment Center um einen Oberbegriff für eine Vielzahl verschiedener Methoden und Vorgehensweisen, um unterschiedliche Ziele zu erreichen. Typische Ziele sind:

- Verbesserte Auswahl interner oder externer Bewerber zur Besetzung einer konkreten Position
- Qualitativ hochwertigere Auswahl von Bewerbern für besondere interne Entwicklungswege oder Entwicklungsprogramme (z. B. Nachwuchsförderprogramme)
- Systematische Kompetenzüberprüfung bei bereits bestehenden Positionsinhabern (z. B. im Rahmen von Management Audits)
- Effektive Identifikation von Personalentwicklungsbedarf in Bezug auf eine konkrete Zielposition oder Aufgabenart (z. B. Übernahme einer Führungsposition)
- Umfassende, individuelle Standortbestimmung von Mitarbeitern, um maßgeschneiderte individuelle Entwicklungsmaßnahmen definieren zu können oder grundsätzlich vorhandene Potenziale zu identifizieren (dann oft auch Orientierungs-Center oder Development-Center genannt)

Allen genannten Zielstellungen ist gemeinsam, dass das Assessment Center dazu dient, aktuell anstehende oder in der Zukunft liegende Entscheidungen besser fundieren und entsprechend mit verringertem Risiko fällen zu können; dies gilt in vielen Fällen sowohl aus der Perspektive des Unternehmens als auch aus Perspektive der Teilnehmer. Beide Seiten wollen sichergehen, mit der beruflichen Entwicklung eines Teilnehmers einen richtigen, erfolgreichen Weg zu beschreiten.

In jedem Fall sollte man sich im Vorfeld eines Assessment Centers präzise Vorstellungen davon machen, welche Eigenschaften und Verhaltenskompetenzen genau gemeint sind und erfasst werden sollen. Die Basis eines jeden Verfahrens bildet immer eine präzise Anforderungsanalyse (vgl. Kapitel 3).

Bei der Entscheidung für eine bestimmte Assessment Center-Methodik muss man sich zunächst einmal über seine besonderen Bedarfe und Ziele im Klaren sein. Wie beim Autokauf, wo unterschiedliche Arten, wie z. B. Geländewagen,

Sportwagen oder Limousine, nicht an sich gut oder schlecht sind, so orientiert sich auch die Auswahl für ein bestimmtes Assessment Center-Verfahren an den individuellen Bedarfen der Durchführenden.

Dazu werden im Folgenden die gängigsten Varianten von Assessment Centern in ihren charakteristischen Eigenschaften beschrieben und Stärken und Grenzen der jeweiligen Ansätze verdeutlicht. Wie die konkrete Ausgestaltung einzelner Übungen innerhalb der jeweiligen Ansätze aussehen kann, wird im Kapitel »Bausteine und Simulationen« (vgl. Kapitel 5) beschrieben.

2.2 Einzelverfahren oder Gruppenverfahren?

Neben den verschiedenen Varianten und damit grundsätzlichen Vorgehensweisen in der Konzeption und Durchführung von Assessment Centern ist grundsätzlich zwischen Gruppen- und Einzelverfahren zu unterscheiden. Die Entscheidung sollte auf jeden Fall immer dann für ein Einzelverfahren fallen, wenn:

- externe oder interne Bewerber dabei sind, die auf absolute Vertraulichkeit und Diskretion ihrer Bewerbung Wert legen und entsprechend nicht auf andere Mitbewerber treffen möchten
- es richtig oder notwendig erscheint, sich im Verlauf eines Verfahrens sehr individuell auf einzelne Teilnehmer einstellen zu können, um ggf. Übungen spontan individuell zu modifizieren, um einzelne Fragestellungen gezielt zu klären (wobei natürlich die Vergleichbarkeit zwischen zwei Durchführungen beeinträchtigt wird)
- bei einem Auswahlverfahren sowohl externe als auch interne Teilnehmer dabei sind, um Chancenungleichheiten in Gruppensituationen zu vermeiden, die z B. durch Bekanntheit einzelner Teilnehmer untereinander entstehen können
- bei der Potenzialanalyse oder Auswahl auf einer höheren Managementebene durch eine individuelle Durchführung ein höheres Maß an Wertschätzung gegenüber den Teilnehmern demonstriert werden soll
- zur erfolgreichen Bewältigung einer möglichen Zielposition kaum Leistungen in Gruppensituationen erforderlich sind (nicht zuletzt wegen der mit Gruppenübungen generell verbundenen Schwierigkeiten; vgl. Kapitel 5.4)

In der praktischen Durchführung von Einzel-ACs kann es sinnvoll sein, an einem Tag mehrere Teilnehmer zeitversetzt zu betrachten (sogenannte vernetzte Einzel-ACs). Hierzu werden die Zeitpläne so gestaltet, dass die Teilnehmer unterschiedliche Vorbereitungs- und Durchführungszeiten für ihre Aufgaben haben. Ein Beobachterteam kann so mehr als einen Teilnehmer in Einzelsituationen beobachten und bewerten. Die Vorteile dieser drei Verfahrensweisen sind in Tabelle 1 in der Übersicht dargestellt.

Tabelle 1: Vorteile der drei Verfahrensweisen

Einzel-AC	Vernetztes Einzel-AC	Gruppen-AC
• Höhere terminliche Flexibilität, denn es bedarf nur eines Teilnehmers und zwei bis drei Beobachtern. Besonders bei der Personalauswahl muss oft sehr schnell reagiert werden, um geeignete Bewerber am Markt gewinnen zu können.	• Unmittelbarer Vergleich mehrerer Teilnehmer, um sich z. B. in der Auswahl direkt für einen Kandidaten entscheiden zu können	• Unmittelbarer Vergleich mehrerer Teilnehmer, um sich z. B. in der Auswahl direkt für einen Kandidaten entscheiden zu können
• Höhere Flexibilität in der Durchführung. Ohne zeitliche Vernetzung kann je nach Bedarf spontan mehr Zeit für eine Simulation eingeräumt werden.	• Relativ gesehen geringerer Aufwand, weil ein Beobachterteam mehr als einen Teilnehmer sieht.	• Relativ gesehen geringerer Aufwand, weil ein Beobachterteam mehr als einen Teilnehmer sieht.
• Es besteht die Möglichkeit, das Verfahren spontan zu variieren, wenn einzelne Anforderungen schneller als erwartet sicher diagnostiziert werden konnten, oder wenn andere Anforderungen eines »zweiten Blickes« bedürfen.	• Beobachtung mehrerer Teilnehmer im Vergleich, das erleichtert es z. B., den Schwierigkeitsgrad einer Übung einschätzen zu können.	• Beobachtung mehrerer Teilnehmer im Vergleich, das erleichtert es z. B., den Schwierigkeitsgrad einer Übung einschätzen zu können.
• Intensive Konzentration auf nur eine Person, dadurch verbesserte Qualität der Beobachtungen und Beurteilungen.	• Bei Veranstaltungen mit reinem Fördercharakter können sich Teilnehmer aus verschiedenen Unternehmensbereichen kennenlernen, Sichtweisen austauschen und Kontakte knüpfen.	• Bei Veranstaltungen mit reinem Fördercharakter können sich Teilnehmer aus verschiedenen Unternehmensbereichen kennenlernen, Sichtweisen austauschen und Kontakte knüpfen.
	• Die Beobachter können im Verlauf rotieren (verschiedene Teilnehmer sehen), so dass unterschiedliche Teilnehmer in verschiedenen Übungen gesehen und beurteilt werden (vgl. Prinzip der Mehrfachbeobachtung in Kapitel 1).	• Die Beobachter können im Verlauf rotieren (verschiedene Teilnehmer sehen), so dass unterschiedliche Teilnehmer in verschiedenen Übungen gesehen und beurteilt werden (vgl. Prinzip der Mehrfachbeobachtung in Kapitel 1).

Einzel-AC	Vernetztes Einzel-AC	Gruppen-AC
		• Anforderungen, die den erfolgreichen Umgang mit Gruppen beinhalten, können durch die Gruppe der Teilnehmer ökonomisch/realistisch simuliert werden. (im EAC nur durch eine Gruppe von Beobachtern)

Wenn die oben genannten Faktoren gegeneinander abgewogen wurden und eine grundsätzliche Entscheidung über ein Einzel- oder Gruppenverfahren gefällt ist, stellt sich die Frage, welche Art von Konstruktion und Durchführung für die eigenen Ziele am effektivsten ist.

2.3 Das klassische Assessment Center

2.3.1 Was es ausmacht

Das klassische Assessment Center ist in der Regel ein Gruppenverfahren, in dem innerhalb von ein bis drei Tagen mehrere Teilnehmer (üblicherweise 6 – 12) bei der Bearbeitung unterschiedlicher Simulationen und Aufgaben durch Personalfachleute und Personalverantwortliche beobachtet und beurteilt werden. Diese Simulationen und Aufgaben sind so konzipiert, dass sie die im Vorfeld definierten Anforderungen (wie z. B. analytisches Denken, Überzeugungskraft, Leistungsmotivation u. ä.) sichtbar machen sollen. Dabei stehen im klassischen Assessment Center einzelne Übungen für sich und werden innerhalb des Ablaufs möglichst zeitökonomisch aneinander gereiht. Die Beobachtungen aus einzelnen, voneinander unabhängigen Übungen werden zusammengetragen und zu einer Gesamteinschätzung aggregiert. Es wird hierbei kein Wert darauf gelegt, dass eine Position realitätsnah simuliert wird. Die Durchführung der einzelnen Übungen ist dabei prinzipiell auch als Einzelverfahren möglich.

2.3.2 Die Stärken des klassischen Assessment Centers

Das Assessment Center liefert generell eine höhere Objektivität bei der Einschätzung von Teilnehmern als andere Verfahren. Dies wird dadurch umgesetzt, dass mehrere Beurteiler einen Kandidaten in verschiedenen Übungen sehen und unabhängig voneinander einschätzen. Entsprechend werden insgesamt Beurteilungen und daraus resultierende Entscheidungen transparenter und akzeptabler für alle Beteiligten. Die besonderen Stärken des klassischen Assessment Centers gegenüber anderen Arten von ACs liegen vor allem darin, dass je nach Anforderung verschiedene, ggf. bereits vorhandene Übungsbausteine und Simulationen immer wieder neu für einzelne Positionsanforderungen kombiniert und eingesetzt werden können. Als Durchführender kann man so, je nach Bedarf, für einzelne Verfahren einzelne Übungsbausteine ergänzen, austauschen oder neu kombinieren. Entsprechend handelt es sich vor allem in der Konzeption um ein vergleichsweise ökonomisches Vorgehen.

2.3.3 Die Grenzen des klassischen Assessment Centers

Die einzelnen Übungen erscheinen den Teilnehmern oft als »aneinander gereiht«, und es kann ihnen u. U. schwer fallen, sich immer wieder kurzfristig auf vollständig neue Situationen und Anforderungen einzustellen. Die Aussagekraft in Bezug auf zukünftige Leistungen in konkreten Arbeitssituationen ist insofern eingeschränkt, als dass einzelne Übungen zwar einzelne Anforderungen, nicht immer jedoch die Kernaufgaben mit ihren ganzheitlichen Herausforderungen einer möglichen zukünftigen Position widerspiegeln.

Damit stehen einzelne aneinander gereihte Übungen in der Gefahr, recht künstlich zu wirken und unter anderem die Identifikation der Teilnehmer mit den verschiedenen dargestellten Situationen zu erschweren. Dadurch wird es den Teilnehmern nicht ermöglicht, eine realistische Vorstellung der zukünftigen Aufgabe zu gewinnen. So besteht die Möglichkeit, die eigenen Neigungen und Stärken mit den konkreten Anforderungen dieser Aufgabe abgleichen zu können. Die Akzeptanz der mit den Ergebnissen verknüpften Entscheidungen ist in der Konsequenz oft nicht voll gegeben. Anders, als wenn ein Teilnehmer z. B. in einem sehr realitätsnahen Mitarbeitergespräch unmittelbar selbst erkennt, welche Schwierigkeiten er hat, seine Gesprächsziele zu erreichen und dies auch im Rückmeldegespräch aufgezeigt bekommt.

Nicht zuletzt aufgrund der oft entstehenden Anmutung von Künstlichkeit ist hier das Prinzip der Teilnehmerorientierung (Kapitel 1.3.5) nur teilweise erfüllt, und diese Vorgehensweise erfreut sich vor allem bei Teilnehmern aus dem Kreis erfahrener Führungskräfte und Top-Entscheider keiner hohen Akzeptanz.

2.3.4 Typische Einsatzgebiete

Das klassische Assessment Center als ökonomische Kombination verschiedener bestehender Übungen und Simulationen wird verstärkt bei der Auswahl von Auszubildenden oder Hochschulabsolventen eingesetzt. Es bietet eine ökonomische Ergänzung zu klassischen Verfahren wie Interviews oder Tests, um eine bessere Kenntnis überfachlicher, vor allem sozialer und kommunikativer Kompetenzen zu erlangen. Aufgrund seiner mangelnden Akzeptanz bei Führungskräften als Teilnehmer wird es für anspruchsvollere Positionen kaum noch eingesetzt. Seine Anwendungshäufigkeit erscheint gegenüber innovativeren Verfahren, die im Weiteren noch beschrieben werden, rückläufig.

2.4 Das klassische Assessment Center mit Rahmenhandlung

2.4.1 Was es ausmacht

Als Erweiterung des klassischen Assessment Centers werden hier verschiedene Übungen und Simulationen in ein Gesamtszenario eingebettet. Dabei geschieht dies oft vor dem Hintergrund einer konkreten Zielposition, so dass unmittelbar erfolgsrelevante Situationen, die auf die Teilnehmer in der Zielposition zukünftig tatsächlich so oder sehr ähnlich zukommen könnten, abgebildet werden. Es ist jedoch nicht zwingend notwendig, dass das Rahmenszenario dem realen Setting entspricht. Es wird jedoch Wert darauf gelegt, dass in den verschiedenen Übungen (z. B. Handlungsorientierte Fallstudie, Gesprächssimulation, Präsentation usw.) die Rolle der Teilnehmer stets konstant bleibt, so dass diese sich in die dargestellte Situation und das Gesamtszenario im Laufe des Verfahrens sehr gut einfinden können. Es wird hier versucht, nicht nur die relevanten Anforderungen sichtbar zu machen, sondern auch einzelne erfolgskritische Arbeitssituationen in ihrem ganzheitlichen Erscheinungsbild. So kann z. B. ein Verfahren für Nachwuchsführungskräfte oder zur Bewerberauswahl so aussehen, dass verschiedene Situationen im Arbeitsleben eines Abteilungsleiters Einkauf bei einem fiktiven Unternehmen dargestellt und simuliert werden. Weil ein enger Bezug zwischen den einzelnen Übungen besteht, und weil die Teilnehmer Informationen aus vorhergehenden Übungen in späteren wieder verwenden können, wird diese Art auch als teildynamisiertes AC beschrieben.

2.4.2 Die Stärken des klassischen Assessment Centers mit Rahmenhandlung

Die besonderen Stärken dieses erweiterten klassischen Assessment Centers liegen darin, dass den Teilnehmern bei positionsspezifischen Übungen ein ganzheitliches Bild einer zukünftigen Aufgabe oder Position geboten wird, wenn die Rahmenhandlung realistisch ausgewählt wurde. So besteht für sie die Möglichkeit, sich während des gesamten Verfahrens intensiv in eine mögliche zukünftige Rolle hineinzudenken und die eigenen Stärken und Schwächen in Bezug auf eine konkrete Position sehr unmittelbar zu erleben. Darüber hinaus kann unmittelbar die Leistung in erfolgskritischen Situationen für eine Position beobachtet werden, und es kann eine ganzheitliche Einschätzung erfolgen, wie weit der Weg für einzelne Teilnehmer zu einer erfolgreichen Aufgabenbewältigung noch ist, und wie umfangreich begleitende Personalentwicklungsmaßnahmen eingesetzt werden müssten.

Das Verfahren wird als ganzheitlicher erlebt, und es fällt den Teilnehmern oft leichter, sich in die verschiedenen Simulationen hineinzuversetzen. Dieses gilt selbst dann, wenn die Rahmenhandlung nicht den Rahmenbedingungen der realen Position entspricht.

2.4.3 Die Grenzen des klassischen Assessment Centers mit Rahmenhandlung

Auch bei diesem Verfahren besteht trotz eines höheren Maßes an Situationsbezogenheit immer noch eine recht enge Vorgabe bezüglich einzelner Situationen und Aufgabenstellungen. Trotz des Gesamtszenarios stehen die einzelnen Übungen weiterhin nebeneinander und werden nacheinander »abgearbeitet«. Dabei verfügt man hier, wie auch im klassischen Assessment Center, über ein hohes Maß an Standardisierung, das entsprechend ein relativ hohes Maß an Vergleichbarkeit zwischen verschiedenen Teilnehmern aus verschiedenen Durchführungsterminen ermöglicht.

2.4.4 Typische Einsatzgebiete

Klassische Assessment Center, die in eine Rahmenhandlung eingebettet sind, finden heute ihren Einsatz sowohl bei der Auswahl von Bewerbern als auch bei der Identifikation von individuellen Personalentwicklungsbedarfen in Bezug auf eine konkrete Zielposition oder Aufgabenart. Sie bieten, besonders bei der Simulation relevanter Kernaufgaben, durch die als ausreichend empfundene Realitätsnähe einerseits eine gute Akzeptanz bei den Teilnehmern und andererseits eine gute Vergleichbarkeit der Ergebnisse verschiedener Teilnehmer für die Beobachter. Entsprechend werden sie zunehmend häufiger eingesetzt und sind dabei, dem klassischen AC den Rang abzulaufen.

2.5 Dynamisches Assessment Center

2.5.1 Was es ausmacht

Unter einem dynamischen Assessment Center versteht man nicht nur die Einbettung aller Übungen und Simulationen in eine Rahmenhandlung, sondern auch die Möglichkeit der Teilnehmer, einen verstärkten Einfluss auf die weitere Entwicklung des Ablaufs zu nehmen. Entsprechend werden hier oft lediglich auf Basis einer Situationsdarstellung ein oder mehrere Ziele formuliert, die es innerhalb des Verfahrens zu erreichen gilt, um dann den Teilnehmern in relativ weiten Grenzen freien Raum bei der Erfüllung dieser Aufgaben zu geben. Dadurch erhält die gesamte Veranstaltung mitunter den Charakter eines Planspieles.

So können z. B. den Teilnehmern bezüglich der Einteilung ihrer Vorbereitungszeit auf bestimmte Situationen größere Freiräume gegeben werden, so dass individuelle Verhaltensweisen und -stile noch markanter hervortreten können. Es erfolgt zudem eine freiere Gestaltung der Situationen, wodurch auch hier individuelle Verhaltensweisen markanter werden. Mögliche Szenarien sind hierbei z. B. die Fusion zweier Unternehmen, wobei einzelne Teilnehmer als Repräsentant des einen und andere als Repräsentant des anderen Unternehmens in Erscheinung treten und unter dieser Perspektive agieren. Dazu werden Ziele formuliert, wie z. B. die Entwicklung einer gemeinsamen Marketingstrategie oder die gemeinsame Erarbeitung eines Namens für ein neues Produkt. Entsprechend können sowohl überfachliche als auch fachliche und methodische Kompetenzen beobachtet werden. In der Durchführung werden die vorgegebenen Ziele meist ergänzt durch einzelne, in den Zeitplänen der Teilnehmer individuell gesetzte, Termine, wie z. B. einzelne Mitarbeitergespräche, die wiederum in das Gesamtszenario integriert sind. Hier kann es z. B. vorkommen, dass Teilnehmer Informationen aus einzeln geführten Mitarbeitergesprächen wieder als neue Informationen in die Gruppe mit hineinbringen. Je nach Verlauf des Verfahrens werden durch die Moderatoren weitere Informationen und Zielstellungen an die Teilnehmer gegeben.

2.5.2 Stärken des dynamischen Assessment Centers

Die Stärke eines vollständig dynamisierten Assessment Centers liegt zweifelsohne darin, dass den Teilnehmern sehr viel Spielraum gegeben wird, ihre persönlichen typischen Verhaltens- und Erfolgsstrategien zu zeigen. Die Beobachter bekommen die Möglichkeit, die Teilnehmer in relativ natürlichen Entscheidungs- und Gesprächssituationen zu beobachten, da seitens der Teilnehmer oft weniger stark das Bewusstsein vorherrscht, beobachtet zu werden. Statt dessen werden, vergleichbar mit einem Planspiel, konkrete Aufgaben und Probleme gelöst.

2.5.3 Grenzen des dynamischen Assessment Centers

Die Grenzen eines vollständig dynamisierten Assessment Centers liegen zweifelsohne darin, dass es aufgrund des großen Einflusses der Teilnehmer dazu kommen kann, dass zuvor in der Anforderungsanalyse identifizierte relevante Kriterien in einzelnen Übungsabschnitten nicht mehr beobachtbar sind. So kann z. B. eine als konfliktär angelegte Situation durch bestimmtes Teilnehmerverhalten sehr rasch gelöst werden und entsprechendes Konfliktverhalten nicht mehr beobachtet werden. Ist dieses AC als Gruppenverfahren angelegt, so liegt eine Grenze des Verfahrens darin, dass es für die Beobachter noch schwieriger wird, zwischen dem Einfluss der aktuell entstandenen Situation und dem der Person einzelner Teilnehmer bei der Beurteilung von Verhaltensweisen zu unterscheiden, als bei stark standardisierten Verfahren. Außerdem ist hier zumeist durch einen größeren Zeitanteil, der in der Gruppe verbracht wird, schwierig, das Verhalten einzelner Personen unabhängig von anderen Teilnehmern einzuschätzen. Nicht zuletzt dadurch wie auch durch die entstehende Eigendynamik in der Durchführung sind die Ergebnisse kaum noch unabhängig von der jeweiligen Durchführungssituation zu interpretieren. So ist es z. B. für einen eher zurückhaltenden Teilnehmer leichter, bestimmte Verhaltensweisen in einer Gruppe ebenfalls zurückhaltender Teilnehmer zu zeigen, wenn dort Themen grundsätzlich weniger kontrovers diskutiert werden, als dies in einer anderen Gruppe mit stärker offensiven Teilnehmern der Fall wäre.

Die Dynamisierung hat außerdem zur Folge, dass komplexe Interaktionen und Handlungsabläufe entstehen können, die nur noch von psychologisch gut ausgebildeten und erfahrenen Beobachtern erfassbar sind. Darüber hinaus bedarf das vollständig dynamisierte Assessment Center auch einer flexibleren und geschickteren Steuerung durch den jeweiligen Moderator. Als Gruppen-Auswahlverfahren ist es insofern weniger fair, als dass Situationen nicht über verschiedene Durchführungen hinweg konstant sind, und entsprechend individuelle Leistungen nicht vergleichbar werden.

2.5.4 Typische Einsatzgebiete

Typische Einsatzgebiete für eine solche Form des Assessment Centers liegen in der Feststellung individueller Personalentwicklungsbedarfe. Da hier die Einschätzung grundsätzlicher Verhaltensstrategien und Verhaltensspektren von

Einzelnen im Vordergrund steht, erhält man im dynamischen Assessment Center einen guten ganzheitlichen Eindruck der Personen der Teilnehmer. Dies kann als individuelle, umfassende Entwicklungsmaßnahme in der Durchführung z. B. durch Feedbackrunden ergänzt werden, bei denen die Teilnehmer sich gegenseitig Rückmeldung geben über die voneinander wahrgenommenen Verhaltensweisen während der letzten Stunden. Entsprechend können so Fortschritte in der Persönlichkeitsentwicklung der Teilnehmer erfolgen und gezielt gefördert werden. Mitunter werden bei der Durchführung auch Outdoor-Elemente integriert, was den Erlebniswert für die Teilnehmer noch steigern kann. Bedenken sollte man jedoch, dass auch die Aufgaben in einem dynamischen AC um so aussagekräftiger sind, z. B. für beruflichen Entwicklungsbedarf, je stärker der Businessbezug gewahrt bleibt.

Der Einsatz dieses Verfahrens bietet sich an, wenn man stärker an grundsätzlichen Persönlichkeits- und Kompetenzbeschreibungen von Personen interessiert ist als an unmittelbaren Eignungsfeststellungen für bestimmte Positionen. Eine Perspektive, die vor dem Hintergrund sich immer schneller wandelnder Anforderungen und Aufgaben in Unternehmen sicher zukünftig noch größere Bedeutung erlangen wird.

Als Verfahren zur Personalentwicklung hat das dynamische AC mittlerweile einen festen Platz im Methodenspektrum der Personalentwicklung. Trotzdem wird es aufgrund seiner eingeschränkten Anwendungsmöglichkeiten nicht so häufig eingesetzt wie die oben beschriebenen Verfahren.

2.6 Das Reality-Assessment Center

2.6.1 Was es ausmacht

Das Reality-Assessment Center lebt davon, dass man die Teilnehmer die konkreten Anforderungssituationen einer zukünftigen Position oder Aufgabe direkt erleben lässt. Es handelt sich um eine Simulation der, für die Teilnehmer oft zum Zeitpunkt der Durchführung noch unbekannten, Arbeitsrealität. Bei der Konzeption eines Reality-Assessment Centers wird das realistische Arbeitsumfeld einer bestimmten Position im Maßstab 1:1 nachgebildet, so dass die Teilnehmer sich tatsächlich in einer möglichen zukünftigen Bürosituation, einem zukünftigem Ladenlokal oder anders geartetem Arbeitsplatz wiederfinden. Anders als im klassischen oder teildynamisierten Assessment Center verfügen die Teilnehmer nicht über einen detaillierten Zeitplan, sondern werden vom Eintreten bestimmter Situationen überrascht. Es treten, wie im wahren Berufsalltag, plötzlich Kollegen oder Kunden in Erscheinung, oder Vorgesetzte melden sich telefonisch, um einzelne Themen zu besprechen. Diese Art der Durchführung erfolgt zumeist während eines Tages, innerhalb dessen die Teilnehmer in eine mögliche zukünftige Arbeitssituation vollständig hineinversetzt werden. Einzelne Verhaltensweisen sowie die in der Anforderungsanalyse erhobenen Kriterien werden sichtbar gemacht, indem für die Teilnehmer spontan bestimmte Situationen und Konstellationen geschaffen werden. Wichtig ist hierbei, dass eine mögliche zukünftige Realität sehr detailgetreu nachgebildet wird, um den Teilnehmern wirklich zu ermöglichen, sich vollständig in diese Situation hineinzuversetzen und sie zu erleben.

2.6.2 Die Stärken des Reality-Assessment Centers

Die Stärke des Reality-Assessment Centers liegt darin, dass die Beobachter einen sehr realistischen Eindruck konkreter Verhaltensweisen in einem möglichen zukünftigen Arbeitsverhältnis erhalten, und die Teilnehmer tatsächlich einen sehr intensiven »Realistic job-preview« bekommen. Sie können so unmittelbar eine Arbeitssituation erleben, die ihnen zuvor nicht bekannt war, und entsprechend eine gute Selbsteinschätzung vornehmen, inwieweit eine solche Aufgabe ihren persönlichen Neigungen und Fähigkeiten entspricht. Neben dieser sehr hohen situationsbezogenen diagnostischen Aussagekraft zeichnet sich das Reality-Assessment Center durch eine positive Lebendigkeit und spielerische Komponente aus. Dieses Verfahren genießt bei professioneller Konzeption und Durchführung bei Teilnehmern und Beobachtern erfahrungsgemäß eine sehr hohe Akzeptanz und ist für diese auch gleichermaßen spannend wie interessant in der Durchführung.

2.6.3 Die Grenzen des Reality-Assessment Centers

Je nach Arbeitssituation und potenzieller zukünftiger Aufgabe erscheint die Konzeption und Durchführung eines Reality-Assessment Centers zunächst einmal sehr aufwendig. Es muss sozusagen ein echter Arbeitsplatz eingerichtet werden, inklusive des gesamten Umfeldes und der technischen Ausstattung. Außerdem müssen Übungen mit realen, sehr spezifischen Situationen konstruiert werden. Folglich lohnt sich diese Art der Konzeption dann, wenn eine Vielzahl von Durchführungen mit einer größeren Teilnehmerzahl vorgesehen ist. Erst in diesem Fall relativieren sich die Investitionen. Außerdem bedarf es seitens der Rollenspieler unter Umständen sehr guter Branchen- und Fachkenntnisse, um als realistischer Gesprächspartner, als z. B. Kunde oder Mitarbeiter, für die Teilnehmer aufzutreten. Daneben gibt es Tätigkeiten, deren Kernaufgaben gar nicht in einem einzigen Tag realistisch abgebildet werden können, oder deren fachliche und methodische Anforderungen so komplex sind, dass zumindest für berufsunerfahrene Teilnehmer keine ausreichend schnelle Einarbeitung im Vorfeld möglich ist.

Die Grenzen des Verfahrens liegen außerdem darin, dass es zwar eine sehr differenzierte Einschätzung über die Leistungen in einer konkreten Aufgabe ermöglicht, jedoch nur sehr begrenzt generelle Potenzial- und Leistungsaussagen, abstrahiert von der konkreten Situation. Das liegt vor allem daran, dass der Einfluss von Fachkenntnissen und spezifischen Berufserfahrungen auf die Ergebnisse sehr stark sein kann. In der Konsequenz kann diese Einschränkung vor allem bei sich schnell wandelnden Anforderungen und Aufgaben in Unternehmen ein Problem darstellen.

2.6.4 Typische Einsatzgebiete

Gemäß der oben beschriebenen Stärken und Grenzen des Verfahrens erfolgt der Einsatz von Reality-Assessment Centern ausschließlich zur Auswahl von Bewerbern für eine konkrete Zielposition oder zur Definition von Personalentwicklungsbedarfen interner Bewerber, ebenfalls in Bezug auf konkrete Zielpositionen oder Aufgabenfelder. Besonders lohnenswert erscheint diese Art des Assessment Centers, wenn sehr großer Wert darauf gelegt wird, den Teilnehmern einen »Realisitic Job-Preview« zu bieten. So besteht hier z. B. die Möglichkeit, im Vorfeld massiver Umstrukturierungsmaßnahmen den eigenen Mitarbeitern einen Ausblick auf einen möglichen zukünftigen Arbeitsplatz zu gewähren. Entsprechend können im Vorfeld beiderseitig die Entscheidungen für oder gegen eine bestimmte Position erheblich besser fundiert werden. Gerade aufgrund dieser Anwendungsmöglichkeit erfreut sich das Reality-AC in den letzten Jahren zunehmender Anwendung, auch wenn die Häufigkeit immer noch weit hinter der herkömmlicher AC-Verfahren zurückbleibt.

Die weiteren Kapitel beziehen sich aufgrund der Anwendungshäufigkeit der unterschiedlichen Verfahren stärker auf klassische und dynamische Einzel- und Gruppenverfahren als auf Reality-ACs.

Tabelle 2: Übersicht der verschiedenen AC-Verfahren und ihrer Merkmale

Verfahren	Typische Merkmale
Klassisches AC	• Kombination verschiedener Übungen, ohne inhaltlichen Zusammenhang • Zusammenstellung von Einzelübungen je nach zu messenden Anforderungen
Klassisches AC mit Rahmenhandlung	• Erweiterung des klassischen ACs, indem alle Übungen in eine Rahmenhandlung integriert werden • Rahmenhandlung bildet oft den realen Hintergrund z. B. der Zielposition ab • Übungen sind nicht nur nach Anforderungen zusammengestellt, sondern Simulation relevanter Situationen • Möglichkeit der Konstanz der eigenen Rolle für die Teilnehmer
Dynamisches AC	• Teilnehmer gestalten Situationen maßgeblich mit, Planspielcharakter • Einbettung in ein Szenario, innerhalb dessen den Teilnehmern Ziele und Aufgaben vorgegeben werden
Reality-AC	• Simulation der realen Tätigkeit »im Maßstab 1:1«, z. B. in Form eines exemplarischen Tages am Arbeitsplatz • Teilnehmer erhalten zu Beginn keinen Zeitplan, sondern werden von Aufgaben und Situationen überrascht • Anforderungen spiegeln sich in simulierten, typischen Situationen wider

Tabelle 3: Übersicht der verschiedenen AC-Verfahren, Vor- und Nachteile

Verfahren	Vorteile	Nachteile
Klassisches AC	• Ökonomie: verschiedene Übungen können in unterschiedlichen Verfahren einfach kombiniert werden • Jede Übung steht für sich, d. h. auch jeder Teilnehmer hat vor einer neuen Übung wieder die gleichen Chancen • Validere Aussagen als Potenzialanalyseverfahren, die lediglich mit einem Beobachter oder einer Methodik arbeiten (z. B. nur Interview)	• Kein direkter inhaltlicher Positionsbezug (i.S.v. Abbildung realer Aufgaben z. B. einer Zielposition), was zu geringerer Akzeptanz und Aussagekraft führt • Übungen wirken auf Teilnehmer oft aneinander gereiht und entsprechend künstlich

Verfahren	Vorteile	Nachteile
Klassisches AC mit positionsbezogener Rahmenhandlung	• Teilnehmer können sich in eine Position/Person vertieft eindenken • Abbildung typischer Arbeitssituationen einer Zielposition möglich • Inhalte und Ablauf der Übungen ergeben für die Teilnehmer eine innere Logik • Durch aufeinander aufbauende Übungen umfassende Information der Teilnehmer über die simulierte Situation (=verbesserte Handlungsbasis)	• Aufwendiger in der Konstruktion als klassische AC
Dynamisches AC	• Teilnehmer haben größere Spielräume, persönliche Verhaltensstrategien zu zeigen • Durch Planspielcharakter wirkt die Situation für Teilnehmer insgesamt realer, und das Verhalten wird spontaner und authentischer • Verbesserte Beobachtung von Anforderungen, die längeren Zeitraum brauchen, sich zu entwickeln (z. B. eine Führungsrolle in der Gruppe zu übernehmen)	• Bei Gruppen-AC: Geringe Vergleichbarkeit der Ergebnisse zwischen verschiedenen Durchführungen, weil Verhaltensweisen stark abhängig vom Verhalten anderer Teilnehmer • Situationen weniger fest definiert, deshalb sind je nach Verlauf einige Anforderungen schlechter messbar (z. B. Konfliktverhalten in sehr harmonischer Gruppe) • Situationen werden komplexer, Anforderungen an Beobachter steigen
Reality-AC	• Teilnehmer bekommen »Realistic-Job-Preview« • Beobachter sehen Verhalten in den der realen Arbeit sehr nahen Simulationen • Hohe Aussagekraft für die Eignung für eine spezielle Zielposition	• Einrichtung eines »realen« Arbeitsplatzes z. T. sehr teuer oder kaum möglich • Hoher Aufwand in Konzeption, da maximal maßgeschneidert auf bestimmte Position • Durch Positionsspezifität kaum generelle Potenzialaussagen möglich • Rollenspieler brauchen gute Branchen- oder Fachkenntnis, um realitätsnah Kunde, Mitarbeiter usw. sein zu können

2.7 Exkurs: Internationale Assessment Center

Im Anschluss an die Darstellung verschiedener grundlegender Arten von Assessment Centern soll hier ein besonderer Typus näher besprochen werden: Das internationale Assessment Center. Dabei gelten natürlich alle in den folgenden Kapiteln getroffenen generellen Aussagen über eine möglichst optimale, zielgenaue Konzeption, Vorbereitung und Durchführung von Assessment Centern auch in diesem Kontext. Auf der anderen Seite stellt jedoch die Durchführung eines internationalen Assessment Centers alle Beteiligten erfahrungsgemäß noch vor weitere, besondere Herausforderungen.

Zunächst einmal muss grundsätzlich die Frage beantwortet werden, was an einem internationalen Assessment Center eigentlich international ist. Dabei zeigen sich im Wesentlichen zwei unterschiedliche Zielstellungen:

- ein Assessment Center zur Auswahl oder Potenzialanalyse von möglichen Expatriates
- ein internationales Assessment Center, bei dem gleiche Standards und Anforderungskriterien in international durchgeführten Verfahren in verschiedenen Ländern oder mit internationalen Teilnehmern gleichermaßen beurteilt werden sollen.

Da es sich hier um grundlegend divergierende Zielstellungen handelt, werden im Weiteren diese beiden Fälle getrennt voneinander besprochen.

Generell lässt sich sagen, dass die Bedeutung von internationalen Assessment Centern in den letzten Jahren deutlich zugenommen hat. Dies ist zum Großteil auf Fusionen und zunehmend größere Konzernstrukturen zurückzuführen, die einen internationalen Einsatz von Fach- und Führungskräften notwendig werden lassen.

2.7.1 Assessment Center zur Auswahl und Potenzialanalyse von Expatriates

In zunehmend internationalisierteren Unternehmen besteht immer häufiger die Notwendigkeit, Mitarbeiter aus dem eigenen Land in Niederlassungen oder Kooperationsunternehmen weltweit zu entsenden. Nicht selten entscheidet sich dabei der Erfolg oder Misserfolg eines ausländischen Engagements eines Unternehmens daran, wie gut die Personen ausgewählt wurden, die dort tätig sind. Dies bedeutet, dass es bei einem internationalen Assessment Center mit der Zielsetzung, optimal geeignete Kandidaten zur Entsendung ins Ausland zu identifizieren, um ganz spezielle, typische Anforderungen geht.

2.7.1.1 Besondere Anforderungen an Expatriates

Bei der Entsendung von Mitarbeitern ins Ausland sind natürlich generelle Anforderungen relevant, die auch im eigenen Land Bedingungen für die positive Bewältigung anspruchsvoller Fach- oder Führungsaufgaben darstellen.

Neben diesen klassischen Anforderungen gibt es jedoch auch besondere Anforderungen und Erfolgsfaktoren, die maßgeblich über das Scheitern oder Gelingen einer erfolgreichen Tätigkeit im Ausland entscheiden. Nicht zu vergessen ist hier, dass gerade die Entsendung von Mitarbeitern oft mit enormen Investitionen und damit entsprechenden Risiken verbunden ist. Generelle Anforderungen, die über das klassische Anforderungsprofil hinausgehen bzw. dieses weiter spezifizieren, sind im Wesentlichen:

- Einfühlungsvermögen
- Verhaltensflexibilität
- Toleranz
- Eigenständigkeit/Autonomie
- Mobilität

Diese Anforderungen werden im Weiteren in ihrer Bedeutung erläutert.

Einfühlungsvermögen stellt insofern eine Grundvoraussetzung für das erfolgreiche Agieren in einer fremden Kultur dar, als dass der entsandte Mitarbeiter, besonders zu Beginn seiner Tätigkeit im Ausland, immer wieder in Situationen kommen wird, in denen er sehr sensibel dafür sein muss,

- in welcher Stimmung Gesprächspartner sind, und welche Botschaften »zwischen den Zeilen« an ihn übermittelt werden sollen und
- wie er auf andere wirkt.

Entsprechend sind Kandidaten, die über ein sehr hohes Maß an Einfühlungsvermögen verfügen, in der Regel in der Lage, in fremden Kulturen sehr schnell zu lernen.

Selbstverständlich darf es nicht beim Einfühlungsvermögen bestehen bleiben, sondern der erfolgreiche entsandte Mitarbeiter muss seine über sein Einfühlungsvermögen gewonnenen Erkenntnisse auch in Verhaltensänderungen umsetzen können. Dabei kommt es auf zwei Teilaspekte von Verhaltensflexibilität an. Er muss zunächst einmal grundsätzlich den Willen haben, sich in seinem Verhalten anderen Gepflogenheiten und Sitten anzupassen. Ist diese Bereitschaft vorhanden, so entscheidet sich der Erfolg daran, wie schnell er in der Lage ist, neue Verhaltensweisen zu erlernen und einzusetzen.

Eine weitere Grundbedingung des erfolgreichen internationalen Einsatzes ist die persönliche Toleranz der Entsandten. Dies bedeutet natürlich vor allem Toleranz gegenüber jeder Art von Andersartigkeit, der man in einem anderen Kulturkreis begegnet. Zu bedenken ist bei diesem Aspekt, dass Toleranz in einer grundsätzlich anderen Kultur als der eigenen wesentlich mehr bedeutet als das, was man im eigenen Land generell als Toleranz bezeichnet.

Besonders die Kombination der drei oben genannten Anforderungen Einfühlungsvermögen, Verhaltensflexibilität und Toleranz stellt in aller Regel das dar, was in vielen Anforderungsprofilen als interkulturelle Kompetenz bezeichnet wird. Ergänzt werden diese drei Facetten in der Regel dann noch durch die Anforderung internationale Erfahrung bzw. faktische Kenntnis unterschiedlicher Kulturen und Sprachen.

Neben dieser interkulturellen Kompetenz bestehen zumindest noch zwei weitere zentrale Faktoren, die über Erfolg oder Misserfolg einer Entsendung entscheiden. Zum einen handelt es sich hierbei um die Anforderung Eigenständigkeit bzw. Autonomie. Entscheidend ist, in der Lage zu sein, sich wirklich alleine in einem fremden Land »durchzuschlagen«, sein alltägliches Leben zu organisieren und dabei noch eine vielleicht sehr anspruchsvolle Aufgabe für das eigene Unternehmen zu erfüllen. Dieses bedarf eines stark ausgeprägten Selbstbewusstseins, das sich in einer hohen emotionalen Unabhängigkeit und Stabilität widerspiegelt.

Neben diesen charakterlichen und persönlichen Voraussetzungen ist eine weitere unabdingbare Anforderung die Mobilität der Teilnehmer. In diesem Aspekt ist zu beachten, dass Mobilität eben deutlich mehr meint, als das reine Lippenbekenntnis, dass man »je nach Angebot sicherlich« auch einmal bereit sei, irgendwo ins Ausland zu gehen. Insofern kann man hier von der »wahren Mobilität« als Anforderung sprechen. Dass es sich hierbei um eine hohe Anforderung handelt, sieht man daran, dass es trotz des oft geäußerten Lippenbekenntnisses, vor allem von Hochschulabsolventen, selbstverständlich mobil zu sein, immer schwieriger wird, Mitarbeiter für einen Einsatz in einem weniger entwickelten Land als dem eigenen zu gewinnen.

Für ein internationales Assessment Center mit der Zielstellung, Expatriates auszuwählen, besteht also die Frage, wie genau diese besonderen Anforderungen verlässlich und effizient erhoben werden können.

2.7.1.2 Anforderungen an Expatriates messbar machen

Um die oben geschilderten speziellen Anforderungen sichtbar zu machen, müssen klassische Übungstypen, wie z. B. Interview, handlungsorientierte Fallstudie oder Gesprächssimulation um besondere Aspekte ergänzt und modifiziert werden. Für den gesamten Anforderungsbereich interkulturelle Kompetenz mit den Teilfacetten Einfühlungsvermögen, Verhaltensflexibilität und Toleranz bieten sich dafür selbstverständlich vor allem zwischenmenschliche Übungen und Gesprächssituationen an.

Es eignen sich, z. B. zur Erfassung des persönlichen Einfühlungsvermögens, Rollenspiele mit Perspektivenwechsel. So geht es vor allem in der Nachbesprechung von Gesprächssimulationen darum, ein differenziertes Bild davon zu bekommen, wie der Kandidat sein Gegenüber wahrgenommen und dessen Verhalten interpretiert hat. Besonders interessant ist dabei sicherlich festzustellen, an welchen Stellen im Verlauf des Gesprächs ein Teilnehmer zielsicher bemerkt hat, dass er »auf dem Holzweg« war oder in ein »Fettnäpfchen« getreten ist.

Vor allem hinsichtlich der Anforderung Verhaltensflexibilität erzielt man in der Nachbesprechung mit dem Kandidaten die fundiertesten Ergebnisse, indem man ihn nach der Besonderheit seines Verhaltens in dieser speziellen Situation befragt. So zeigen sich verhaltensflexible Kandidaten sehr gut in der Lage, differenziert zu begründen, welche Verhaltensweisen sie an welchem Punkt im Gespräch besonders für diesen Gesprächspartner gezeigt haben, bzw. auf welche Verhaltensweisen sie in diesem besonderen Fall verzichtet haben, die sie sonst häufig einsetzen. Hier ist durchaus der Grad der Differenziertheit der geäußerten Konzepte ein gutes Kriterium für den Willen und die Fähigkeit, sich auf andere Personen einzustellen.

Der Anforderungsbereich Toleranz kann im Rahmen von Gesprächssimulationen mit Gesprächspartnern aus anderen Kulturkreisen gut daran abgelesen werden, wieviel Verständnis ein Teilnehmer im Nachgespräch für sein Gegenüber zeigt bzw. im umgekehrten Fall, wie abfällig oder kritisch er sich über bestimmte Verhaltensweisen oder nationaltypische Äußerungen seines Gesprächspartners auslässt.

Daneben ist vor allem im Gespräch mit im Ausland erfahrenen Teilnehmern das Interview sehr gut geeignet, grundlegende Anforderungen zu eruieren. Gerade bei der Beschreibung persönlicher Erfahrungen im Ausland wird oft sehr schnell deutlich, mit wieviel Toleranz und Offenheit jemand einer anderen Kultur begegnet ist, bzw. wie umfassend er beschreibt, was in anderen Ländern alles »falsch« gemacht wird.

Auch die Anforderung Eigenständigkeit und Autonomie ist recht gut im Interview zu erfassen, indem man z. B. vertieft hinterfragt, inwieweit jemand »seinen eigenen Weg« geht, oder ob er stärker von Zuspruch und Steuerung anderer Menschen in seinem Umfeld abhängig ist. Dazu gehört auch ein klar entwickeltes Selbstkonzept mit einer differenzierten Sicht auf eigene Stärken, Schwächen sowie persönliche Grundhaltungen und Motive. (vgl. Tool 1: Interviewleitfaden zur Erfassung der Anforderungen an Expatriates)

Weitere Übungsvarianten, um interkulturelle Kompetenz zu erfassen, können auch sein, Teilnehmern Videosequenzen von Gesprächssituationen in unterschiedlichen Kulturkreisen zu präsentieren und diese nachher zu bitten, diese zu interpretieren und ggf. Besonderheiten im Vergleich zu Gesprächen im eigenen Kulturkreis darzustellen. Dies kann durch ein vorheriges Briefing über kulturelle Unterschiede in verschiedenen Ländern erfolgen, das dann als Basis für die Betrachtung der Videosequenzen dient. Hier wird schnell sichtbar, welche Teilnehmer schnell auf Grundlage der Vorinformationen in der Lage sind, typische Verhaltensweisen zu identifizieren und zu interpretieren.

Die Grenze der individuellen Mobilität zeigt sich im Rahmen eines Interviews in der Regel erst, wenn Kandidaten mit konkreten Vorschlägen konfrontiert werden, »Was würden Sie sagen, wenn wir Sie z. B. in drei Monaten für ein Jahr nach Japan schicken würden?«. Selbstverständlich darf man hier als Interviewer nicht bei einem einfachen »Ja« oder »Nein« stehen bleiben, sondern interessant ist das vertiefte Hinterfragen, welche Aspekte dem Kandidaten dabei gefallen würden und welche möglicherweise nicht. Häufig erfährt man hier einiges über die individuelle Toleranz und familiären Zumutbarkeiten des Teilnehmers.

Wichtig ist vor allem, bei der Diskussion aller speziellen Anforderungen an Expatriates, im Umgang mit den Kandidaten ein Gesprächsklima zu gestalten, in dem sowohl die Vor- als auch die Nachteile eines solchen Auslandseinsatzes offen und differenziert diskutiert werden können. In diesem Zusammenhang hat es sich als Erfolgsmodell erwiesen, zusätzlich auch erfolgreiche sowie »gescheiterte« Expatriates dazu zu bitten, die von ihren individuellen positiven und vor allem auch negativen Erfahrungen berichten, um so ein realistisches Bild eines Lebens als Expatriate zu zeichnen. Vor allem auch die Diskussion der möglichen Konsequenzen für Freunde, Familie und Lebenspartner bringt hier oft eine frühzeitige Klärung, die hilft, teure Fehlentscheidungen für beide Seiten zu vermeiden.

2.7.2 Internationale Assessment Center zur Erfassung gleicher Standards im internationalen Kontext

Diese Herausforderung eines internationalen Assessment Centers unterscheidet sich deutlich von der Frage, wer als Expatriate geeignet erscheint oder nicht. In solchen Verfahren geht es stärker darum, in international ausgerichteten Unternehmen eine einheitliche Erfassung von Führungspotenzialen oder Management-Kompetenzen zu erzielen. Dies kann z. B. dazu dienen, international anspruchsvolle Führungsaufgaben aus dem unternehmensweiten Pool zielgenau zu besetzen. In aller Regel wird hierbei ein generelles Anforderungsprofil zu Grunde gelegt, das man auch als »General Management Profile« des jeweiligen Unternehmens bezeichnen kann.

Die damit verbundene Problematik im internationalen Kontext erschließt sich recht schnell bei der Betrachtung der zwei grundlegenden Alternativen.

Alternative A: Man definiert ein General Management Profile und ein einheitliches Verständnis davon, was die dort aufgeführten Anforderungsdimensionen bedeuten. Dies heißt dann, dass man durch einheitliche Beobachtungs- und Beurteilungsbögen weltweit ein gleiches Verständnis definiert, was beispielsweise Überzeugungskraft in diesem Anforderungsprofil bedeutet. Die Problematik ist dabei, dass ein hohes Maß an Überzeugungskraft z. B. in Asien zum Teil auf anderen Verhaltensweisen und Erfolgsfaktoren beruht als in Lateinamerika. Dies bedeutet im Prinzip, dass man für das eigene Unternehmen einen internationalen Standard definiert, in den man alle anderen Kulturen, überspitzt gesagt, »hineinzwingt«. Dies kann auch die Konsequenz haben, dass die Teilnehmer, die im Assessment Center die besten Ergebnisse erzielen, nicht unbedingt die Teilnehmer sein müssen, die in ihrem jeweiligen Land am erfolgreichsten arbeiten. Sollte dieser Fall häufiger auftreten, so weist dies darauf hin, dass ein zu stark einseitig länderspezifisches Anforderungsprofil definiert wurde, dass nicht in der Lage ist, die internationalen Erfolgsfaktoren des Unternehmens zu messen. In einem solchen Fall wäre die Sinnhaftigkeit des gesamten Verfahrens in Zweifel gezogen. Es sei denn, es geht um die Auswahl von Teilnehmern ausschließlich für das Mutterland des Unternehmens.

Alternative B besteht darin, dass man zwar ein generelles Anforderungsprofil definiert mit Anforderungsdimensionen wie Überzeugungskraft, Konfliktvermögen, analytisches Denken o. Ä. und dann jeweils länderspezifisch definiert, welche Erfolgsfaktoren auf Verhaltensebene diese Anforderungen ausmachen. Es wird dadurch gegebenenfalls die Vergleichbarkeit zwischen Ergebnissen aus unterschiedlichen Ländern eingearbeitet.

Da bei vielen Verfahren gerade die einheitliche Einschätzung aller internationaler Teilnehmer im Vordergrund steht, wird häufiger Alternative A gewählt, weshalb die weiteren Ausführungen sich vorwiegend auf diesen Fall beziehen.

2.7.2.1 Konzeption von Übungen für international eingesetzte Assessment Center

Möchte man ein Assessment Center konzipieren, das in unterschiedlichen Ländern identisch eingesetzt werden kann oder zu dem ein internationaler Teilnehmerkreis eingeladen wird, so liegt eine der Schwierigkeiten darin, ein für alle Beteiligten faires Instrumentarium aufzubauen. Eine Anforderung, die trivialer klingt, als sie sich später in der konkreten Übungsgestaltung zeigt.

Eine erste Grundbedingung bei der Konzeption international einsetzbarer Übungen ist, dass alle Instrumente für Teilnehmer aus unterschiedlichsten Kulturkreisen gleichermaßen verständlich sein müssen. Dies bedeutet, dass man sich bei der Übungsgestaltung ausschließlich auf international anerkannte und bekannte Standards und Themen beschränken kann. Schon eine analytische Fallstudie, bei der sehr spezifische Arten von Besteuerung eine Rolle spielen, oder ein vielleicht in Deutschland konzipierter klassischer Postkorb, bei dem in einem Vorgang vom TÜV gesprochen wird, disqualifizieren sich offensichtlich. Eine Forderung also, die sich in der praktischen Konzeption mitunter als ausgesprochen schwierig erweisen kann.

Im Zusammenhang mit dieser Art von Verständlichkeit zeigt sich bei der Konzeption internationaler Instrumente, dass auch die Teilnehmerinstruktionen in aller Regel umfassender ausfallen als in national orientierten Konzeptionen. Auch die Tatsache, dass internationale Verfahren oft nicht in der Muttersprache der Teilnehmer durchgeführt werden, zwingt dazu, Teilnehmerinstruktionen möglichst in kurzen, einfachen Sätzen prägnant zu formulieren.

Auf jeden Fall sollten alle Instrumente, die für einen internationalen Einsatz konzipiert wurden, vor der praktischen Anwendung einer Prüfung durch Unternehmensvertreter aus den verschiedensten Ländern und Regionen unterzogen werden.

2.7.2.2 Vorbereitung internationaler Assessment Center

Bei der Vorbereitung internationaler Assessment Center sind sicherlich zunächst einmal eine Vielzahl organisatorischer Hürden zu überwinden. Von Deutschland aus in Asien einen Veranstaltungsort und Materialien für ein aufwendiges Gruppen-AC zu organisieren, ist nicht trivial. Hier wird man sich seiner kulturellen Begrenztheit oft sehr schnell bewusst, wenn man z. B. feststellt, dass ein Instrument wie ein Moderationskoffer in weiten Teilen der Welt vollkommen unbekannt ist. Im besten Fall hat man zu einer der ersten Durchführungen eines internationalen Assessment Centers Vertreter aus den Ländern eingeladen, in denen künftig dieses Verfahren durchgeführt werden soll. So bekommen diese einen unmittelbaren Einblick in die organisatorischen Notwendigkeiten und Voraussetzungen zu einer erfolgreichen Durchführung im eigenen Land.

Abgesehen von diesen technisch-organisatorischen Herausforderungen sind erfahrungsgemäß vor allem drei Aspekte bei der Vorbereitung besonders zu beachten und noch etwas schwieriger als bei nationalen Verfahren:

1. die einheitliche Vorauswahl der Teilnehmer für das Verfahren
2. die Vorauswahl interkulturell kompetenter Beobachter und
3. die Vorbereitung der Beobachter auf kulturelle Besonderheiten.

Sollte im Vorfeld der Durchführung eines internationalen Assessment Centers eine regionale Vorauswahl der Teilnehmer erfolgen, so ist besonders »aus der Ferne« darauf zu achten, dass dabei einheitliche Standards gelten. Es erscheint unter Fairness-Aspekten wenig akzeptabel, wenn in einem Land Teilnehmer spontan von der regionalen Geschäftsführung benannt werden, und in einem anderen Land alle Führungskräfte die Möglichkeit haben, sich selber um die Teilnahme zu bewerben.

Erfahrungsgemäß ist hier besonders zu beachten, dass die Anforderungshöhe, die an die Teilnehmer gestellt wird, einheitlich kommuniziert ist, damit niemand vollkommen unter- oder überfordert wird. Um hier sicherzustellen, dass einigermaßen gleiche Standards bei den Teilnehmern vorhanden sind, empfiehlt es sich, von einer Stelle aus zentral einen Überblick über alle nominierten Teilnehmer zu erlangen. Dies kann erfolgen, indem z. B. alle Lebensläufe angefordert werden, anhand derer eine erste Abschätzung erfolgen kann, welches Qualifikationsniveau und welchen Erfahrungshintergrund die einzelnen Teilnehmer haben.

Ein zweiter wichtiger Erfolgsfaktor bei der Vorauswahl der Teilnehmer ist erfahrungsgemäß die vorherige Einschätzung der individuellen Sprachkompetenz. Bei im internationalen Kontext oft nicht muttersprachlich, sondern zumeist in Englisch durchgeführten Assessment Centern sind Ergebnisse von Teilnehmern, die enorme sprachliche Probleme haben, eben kaum oder gar nicht auswertbar. Hier zeigt die Erfahrung, dass es nicht ausreicht, sich darauf zu verlassen, dass Führungskräfte in den jeweiligen Ländern eine treffende Einschätzung der Sprachkompetenz ihrer Kandidaten vornehmen können. Eine Lösung dieser Problematik besteht darin, einen standardisierten Sprachtest für alle Teilnehmer im Vorfeld verbindlich durchzuführen und einen Mindestwert zu definieren, der erreicht werden muss. Auf diesem Weg lassen sich Missverständnisse, Frustrationen und unauswertbare Assessment Center-Situationen vermeiden.

Neben der Vorauswahl der Teilnehmer besteht selbstverständlich die Notwendigkeit, Beobachter ebenso gezielt auszuwählen. Eine Anforderung, auf die man vor allem achten sollte, wenn man Beobachter in ein anderes Land zur Begleitung eines internationalen Assessment Centers entsendet, ist deren eigene interkulturelle Kompetenz. Auch hier sind Faktoren wie Einfühlungsvermögen, Verhaltensflexibilität und Toleranz gegenüber grundlegend anderen Kulturen wichtige Bedingungsfaktoren, um ein für die Teilnehmer wertschätzendes und positives Klima zu schaffen und eine »kulturell faire« Beurteilung sicherzustellen.

Anschließend an die Vorauswahl der Beobachter sind diese vor allem bei internationalen Verfahren sehr gut vorzubereiten. Auf der einen Seite müssen dazu regionale Führungskräfte, die als Beobachter eine Durchführung begleiten, in einer Beobachterschulung gemäß den in Kapitel 6 beschriebenen Standards zu trainieren (vgl. Kapitel 6.5). Daneben ist es vor allen Dingen wichtig, die aus anderen Kulturen kommenden Beobachter über landestypische Gepflogenheiten des Durchführungslandes zu schulen. So ist es vor allem für die Beobachter, die auch als Rollenspieler fungieren sollen, sehr wichtig, Kenntnis darüber zu erlangen, welche Dinge im Kulturkreis der Teilnehmer z. B. als Mitarbeiter oder Kollege, auf gar keinen Fall sagbar oder aber sehr üblich sind.

Auch ist es bei der Einschätzung wichtig, bestimmte grundlegende Benchmarks bezüglich des Verhaltens und der Einstellung der Teilnehmer aus dem jeweiligen Land zu erhalten. Zum Beispiel kann es bei der Einschätzung der Leistungsmotivation und des Ehrgeizes der Teilnehmer in einem Land absolut üblich sein, dass man neben einer anspruchsvollen Tätigkeit noch ein Abendstudium absolviert, während das in einem anderen Kulturkreis von sehr deutlich überdurchschnittlichem Engagement und Einsatzbereitschaft zeugt. Wenn man vor diesem Hintergrund argumentiert, dass vielleicht z. B. Japaner eben leistungsmotivierter sind als Deutsche oder Franzosen, so nimmt man natürlich in Kauf, dass man mit seinem Verfahren stärker »Stärken« und »Schwächen« der jeweiligen Länder misst als die der individuellen Kandidaten.

2.7.2.3 Durchführung internationaler Assessment Center

Im Unterschied zur Durchführung nationaler Assessment Center sind vor allem drei Faktoren zu beachten:

1. Es sollte mehr Zeit zur Nachbesprechung einzelner Übungen und generell mehr Spielraum im Zeitplan einkalkuliert werden.
2. Es empfiehlt sich, international gemischte Beobachterteams zusammenzustellen.
3. Beim Feedback an die Teilnehmer sind regionale Besonderheiten zu berücksichtigen.

Was die zeitliche Organisation eines internationalen Assessment Centers angeht, so empfiehlt es sich deutlich, mehr zeitlichen Spielraum einzuplanen als in einem straff organisierten deutschen Assessment Center. Dies hat einerseits etwas mit dem unterschiedlichen Zeitverständnis in verschiedenen Kulturkreisen zu tun, liegt andererseits aber auch daran, dass oft mehr Zeit zur Nachbesprechung einzelner Situationen mit den Teilnehmern benötigt wird. Dies ist teils oft auf sprachliche Handicaps der Teilnehmer und Beobachter zurückzuführen, liegt aber auch daran, dass man im internationalen Kontext in der Regel einfach länger braucht, um in der Nachbesprechung z. B. eines Mitarbeitergesprächs ein gutes Verständnis davon zu erlangen, aus welchem Grund ein Teilnehmer sich genau so verhalten hat und welche Sicht er auf seinen Gesprächspartner gewonnen hat.

Der zweite Erfolgsfaktor in der Durchführung internationaler Assessment Center liegt darin, ebenso international gemischte Beobachterteams zusammenzustellen. Im besten Fall hat man z. B. bei einer Durchführung in den USA in jedem Beobachterteam zumindest einen Amerikaner und einen weiteren Beobachter mit internationaler Erfahrung, der ggf. das gleiche Verfahren schon in einem anderen Land erlebt hat. Auf diese Art und Weise können in der Besprechung der Beobachtung und Beurteilung der Teilnehmer sowohl regionale Besonderheiten angemessen berücksichtigt werden als auch eine internationale Vergleichbarkeit sichergestellt werden.

Der dritte Erfolgsfaktor in der Durchführung liegt in der Besonderheit des Feedbacks an die Teilnehmer. Besonders in diesem Aspekt bestehen kulturelle Unterschiede. Es ist den Beobachtern, die nicht aus dem Land der Teilnehmer kommen, dringend empfohlen, sich über deren kulturelle Besonderheiten zum Thema Rückmeldung geben und ggf. Kritik äußern, zu informieren. Nur so kann sichergestellt werden, dass in allen Ländern eine für alle Teilnehmer akzeptable Rückmeldung erfolgt, die nicht zu Verwirrung oder Demotivation führt.

Daneben ist hinsichtlich der Diskussion möglicher Personalentwicklungsmaßnahmen als Konsequenz aus einem Assessment Center zu beachten, welche regionalen Möglichkeiten tatsächlich bestehen. Auch hier bedarf es einigen Fingerspitzengefühls und internationaler Erfahrung der Durchführenden, um Sensibilität für die eigenen Botschaften zu entwickeln. So kann z. B. das Versprechen, »Wir werden Sie individuell fördern«, bei einem deutschen Teilnehmer die Erwartung wecken, an einem Seminar teilnehmen zu dürfen, wohingegen die gleiche Aussage bei einem amerikanischen Hochschulabsolventen die Erwartung wecken kann, dass er an einem exklusiven MBA-Programm teilnehmen darf.

Insgesamt bleibt festzuhalten, dass ein internationales Assessment Center sicherlich in Konzeption und Durchführung noch höhere Anforderungen stellt als ein nationales, wenn man ein solches Verfahren mit breiter internationaler Akzeptanz einführen und durchführen möchte.

Tool 1: Interviewleitfaden zur Erfassung der Anforderungen an Expatriates

Relevante Anforderungen:

- Einfühlungsvermögen
- Verhaltensflexibilität
- Toleranz
- Eigenständigkeit/Autonomie
- Mobilität

Selbstverständlich bekommt man vor allem hinsichtlich der ersten drei Anforderungen ein noch klareres Bild durch entsprechende Gesprächssimulationen und gemeinsame Auswertungen mit den Teilnehmern.

Einfühlungsvermögen

- Wie wichtig ist es Ihnen mitzubekommen, was andere von Ihnen denken? Wie verschaffen Sie sich in Situationen einen Eindruck davon, wie Sie auf andere wirken?
- Wann haben Sie im Umgang mit anderen schon einmal »in ein Fettnäpfchen getreten«? Woran haben Sie das bemerkt?
- Beschreiben Sie bitte anonym einen realen Kollegen oder eine Kollegin von Ihnen. Was ist diesem Menschen im Umgang besonders wichtig? Welche Werte und Grundhaltungen vertritt er? Woran machen Sie das fest?
- Welche Erfahrungen haben Sie in der Zusammenarbeit mit Kollegen aus anderen Ländern? Wo sehen Sie typische Besonderheiten und Verhaltensunterschiede?

Notizen

Der Teilnehmer/Die Teilnehmerin ...

	1	2	3	4	5
... versucht mitzubekommen, was andere über ihn/sie denken.	☐	☐	☐	☐	☐
... kann Signale anderer in Bezug auf die eigene Person gezielt deuten.	☐	☐	☐	☐	☐
... bemerkt auch an kleineren Signalen oder indirekten Äußerungen persönliche »Fehltritte«.	☐	☐	☐	☐	☐
... ist sensibel für Unterschiede zwischen Kollegen aus verschiedenen Ländern.	☐	☐	☐	☐	☐
... ist in der Lage, andere Menschen differenziert einzuschätzen.	☐	☐	☐	☐	☐
Gesamtbeurteilung	☐				

Verhaltensflexibilität

- Wie stellen Sie sich in unterschiedlichen Situationen auf verschiedene Gesprächspartner ein? Bitte beschreiben Sie ein Beispiel.
- Wann in Ihrem Leben mussten Sie sich schon einmal besonderen Spielregeln oder Umständen anpassen? Wo sind für Sie persönlich die Grenzen, wenn es darum geht, sich anderen anzupassen? Bitte schildern Sie ein Beispiel. Inwiefern war hier für Sie eine Grenze erreicht?
- Sie haben eben anonym einen Kollegen/eine Kollegin beschrieben. Wie stellen Sie sich auf diese Person in Ihrem eigenen Verhalten ein? Was daran fällt Ihnen leicht/schwer? Aus welchem Grund fällt Ihnen das leicht/schwer?
- Wenn Sie im Urlaub oder beruflich im Ausland sind, inwiefern passen Sie sich landestypischen Gebräuchen an? Bitte schildern Sie ein Beispiel, wo Sie sich stärker angepasst haben.

Notizen

Der Teilnehmer/Die Teilnehmerin ...

	1	2	3	4	5
... kann belegen, sich in verschiedenen sozialen Situationen erfolgreich unterschiedlich verhalten zu haben.	☐	☐	☐	☐	☐
... ist bereit, sich besonderen Spielregeln oder Umständen anzupassen.	☐	☐	☐	☐	☐
... ist in hohem Maße anpassungsbereit. Steckt die diesbezüglichen Grenzen weit.	☐	☐	☐	☐	☐
... sieht im Kontakt mit anderen Kulturen eine persönliche Wachstumschance für sich.	☐	☐	☐	☐	☐
... kann Strategien beschreiben, mit der er/sie sich bewusst auf unterschiedliche Gesprächspartner einstellt.	☐	☐	☐	☐	☐
Gesamtbeurteilung	☐				

Toleranz

- In welches Land würden Sie auf keinen Fall gehen, um dort längere Zeit (min. 10 Monate) zu arbeiten. Aus welchem Grund?
- Mit welcher anderen Nationalität würde es Ihnen am schwersten fallen als Kollegen zusammenzuarbeiten? Was daran würde Ihnen besonders schwer fallen? Aus welchem Grund?
- Welche Eigenarten und Verhaltensweisen von Kollegen würden Sie nicht akzeptieren? Bitte nennen Sie ein Beispiel, wo es Ihnen besonders schwer gefallen ist, mit jemandem als Person zusammenzuarbeiten.
- Bitte schildern Sie eine Situation, wo Sie grundsätzlich anderer Meinung waren als ein Gesprächspartner. Worin bestanden Ihre unterschiedlichen Sichtweisen? Worauf führen Sie die verschiedenen Standpunkte zurück? Wie haben Sie sich verhalten?
- Bei welchen Dingen bei Auslandsaufenthalten ist es Ihnen einmal schwer gefallen, Verständnis für Verhaltensweisen der Einheimischen zu haben?

Notizen

Der Teilnehmer/Die Teilnehmerin ...

	1	2	3	4	5
... zeigt auch Verständnis für Menschen in einem Land, in das er/sie nie gehen würde.	☐	☐	☐	☐	☐
... bringt anderen Menschen mit verschiedenen Sichtweisen Wertschätzung entgegen.	☐	☐	☐	☐	☐
... findet auch mit schwierigen Gesprächspartnern eine Gesprächsbasis.	☐	☐	☐	☐	☐
... kann persönliche Eigenarten von Gesprächspartnern tolerieren, ohne diese »bekehren« zu wollen.	☐	☐	☐	☐	☐
Gesamtbeurteilung	☐				

Eigenständigkeit/Autonomie

- Wann ist es Ihnen einmal schwer gefallen, mit Kritik an Ihrer Person umzugehen? Was macht es Ihnen schwer damit umzugehen?
- Wie wichtig ist Ihnen das positive Feedback/Zuspruch von anderen? Aus welchem Grund?
- Bitte schildern Sie ein Beispiel, wo Sie sich ohne fremde Hilfe in einer schwierigen Situation zurecht finden mussten. In welcher Situation hatten Sie schon einmal das Gefühl, ganz alleine auf sich selbst gestellt zu sein? Was daran ist Ihnen schwergefallen?
- Wann in Ihrem Leben haben Sie einmal einen Weg verfolgt, von dem Ihnen andere abgeraten haben? Warum haben Sie diesen Weg dennoch verfolgt? Würden Sie das heute wieder so tun? Aus welchem Grund?

Notizen

Der Teilnehmer/Die Teilnehmerin ...

	1	2	3	4	5
... Verarbeitet Feedback konstruktiv	☐	☐	☐	☐	☐
... ist weitgehend unabhängig vom direkten Zuspruch anderer.	☐	☐	☐	☐	☐
... findet sich auch in schwierigen Situationen alleine zurecht.	☐	☐	☐	☐	☐
... zeigt Vertrauen in die eigenen Fähigkeiten und Talente.	☐	☐	☐	☐	☐
... verfolgt konsequent den eigenen Weg, auch gegen andere Meinungen.	☐	☐	☐	☐	☐
Gesamtbeurteilung	☐				

Mobilität

- In welches Land würden Sie auf keinen Fall gehen, um dort längerfristig (mind. 1 Jahr) zu arbeiten? Aus welchem Grund? Welche Region würden Sie präferieren? Was würden Sie sich dort erhoffen?
- Wie bald könnten Sie sich einen Auslandsaufenthalt von vielleicht einem Jahr Dauer vorstellen? Was würden Sie vorher noch regeln oder vorbereiten wollen?
- Haben Sie schon einmal mit Ihrem Lebenspartner/Ihrer Familie die Möglichkeit eines Auslandaufenthaltes besprochen? Wie weit reicht die Bereitschaft Ihres sozialen Umfeldes, einen solchen Schritt mitzugehen? Welche Schwierigkeiten sehen Sie?
- Unter welchen Bedingungen wären Sie bereit, in ein sehr armes oder unterentwickeltes Land zu gehen?

Notizen

Der Teilnehmer/Die Teilnehmerin ...	1	2	3	4	5
... hat für sich die Grenzen der eigenen Mobilität (zeitlich/räumlich) klar reflektiert und definiert.	☐	☐	☐	☐	☐
... würde auch kurzfristig, ohne mehrere Monate Vorlauf, einen längeren Auslandsaufenthalt antreten.	☐	☐	☐	☐	☐
... hat mit dem eigenen sozialen Umfeld bereits geklärt, unter welchen Bedingungen ein Auslandsaufenthalt denkbar wäre.	☐	☐	☐	☐	☐
... ist bereit, auch in ein Land zu gehen, das mit persönlichen Entbehrungen verbunden wäre.	☐	☐	☐	☐	☐
Gesamtbeurteilung	☐				

3 Anforderungen definieren und Rahmenkonzepte erstellen

Neben Aspekten des Personalmarketings und Kosten/Nutzen-Gesichtspunkten ist letztendlich aus Sicht sowohl der Teilnehmer als auch des Unternehmens ein Aspekt für den Erfolg eines Assessment Centers besonders relevant: die Qualität des Ergebnisses. Dieser Erfolg wird maßgeblich durch drei Einflussgrößen determiniert: durch die durchführenden Personen, durch die Organisation und durch die eingesetzten Instrumente. Auf die durchführenden Personen wird im Kapitel 6 »Beobachten und Bewerten« eingegangen. Das Kapitel 7 »Organisation und praktische Gestaltung« liefert Tipps und Hinweise zur erfolgreichen Gestaltung von Assessment Centern. Das vorliegende Kapitel beschäftigt sich mit einigen Grundüberlegungen, die letztendlich entscheidend für die Konzeption der Instrumente, aber auch die Ausgestaltung des gesamten Assessment Centers sind. Sorgfältige konzeptionelle Grundüberlegungen im Vorfeld von Assessment Centern leisten einen nicht zu unterschätzenden Beitrag zur langfristigen Aussagekraft und Verwertbarkeit der Ergebnisse.

Im Kapitel Assessment Center – grundlegende Überlegungen und Philosophien – wurde auf das Prinzip der Anforderungsgerechtigkeit verwiesen (vgl. Kapitel 1.3.1). Dieses Prinzip besagt, dass mit dem Assessment Center tatsächlich erfolgsrelevante Anforderungen an eine Zielposition oder -perspektive abgebildet werden sollen. Dieses zunächst als Selbstverständlichkeit anmutende Prinzip stellt den Praktiker vor einige Herausforderungen, mit deren strukturierter Lösung sich dieses Kapitel befasst. Im Folgenden sind zunächst Grundüberlegungen zur Verwendung von Anforderungsprofilen beschrieben. Es werden im weiteren Verlauf zwei bewährte, unterschiedliche Arten von Anforderungsprofilen diskutiert: das dimensionsorientierte und das aufgabenorientierte Profil. Für beide Profilarten wird detailliert beschrieben, wie sie positionsspezifisch erstellt werden können. Dabei wird die Methode in ihren Einzelschritten systematisch aufgezeigt und anhand von Praxisbeispielen verdeutlicht.
Basierend auf der Grundüberlegung, welche Anforderungen erfasst werden sollen, muss im Prozess der AC-Konzeption entschieden werden, wie diese Anforderungen abgebildet werden sollen. Dieser Schritt wird am Ende des Kapitels erläutert.

Tools in diesem Kapitel: *Seite*

- *Beispiel für ein dimensionsorientiertes Profil mit Dimensionsfacetten* *62*
- *Beispielhafter Ablaufplan für einen Workshop zur Anforderungsanalyse* *64*
- *Leitfaden für ein Experteninterview* *65*
- *Ergebnismatrix* *69*

3.1 Grundüberlegung zur Verwendung von Anforderungsprofilen

Keine Methode der professionellen Eignungsdiagnostik kommt letztendlich ohne eine exakte Definition und Formulierung eines Anforderungsprofils aus. Nicht zuletzt bedingt das Anforderungsprofil die Auswahl eines geeigneten Instruments, welches der Entscheidungsfindung dient. Das Assessment Center ist nur eines von mehreren Instrumenten, mit dem Anforderungen an Bewerber oder Mitarbeiter erfasst werden können. Daneben gibt es Testverfahren zur Erfassung diverser Persönlichkeitsmerkmale, Leistungsmessungen, Interviews, Beurteilungssysteme und darüber hinaus noch eine unüberschaubare Anzahl an individuellen Vorgehensweisen. Das Assessment Center besticht jedoch gegenüber anderen Verfahren mit einem immensen Vorteil: durch einen geschickten Mix von Übungen, Interviews und gegebenenfalls auch Testverfahren lassen sich eine Vielzahl von Anforderungen sehr valide abbilden. Eine solche Vielfalt bietet kein anderes Instrument.

Häufig werden die Anforderungen, die an Bewerber oder zukünftige Mitarbeiter gestellt werden, schon in der Stellenausschreibung aufgeführt. Dies erscheint auch sinnvoll, um eine sinnvolle Selbstselektion der Bewerber zu fördern. Jedoch zeigt eine genaue Betrachtung von Stellenanzeigen, dass »Serviceorientierung«, »Teamfähigkeit«, »Flexibilität«, »Selbstständigkeit« und »Einsatzbereitschaft« augenscheinlich die wichtigsten personenbezogenen Eigenschaften sind, unabhängig davon, ob ein Buchhalter, ein wissenschaftlicher Mitarbeiter oder ein Fundraising-Teamleiter gesucht wird. Die aufgeführten Anforderungen sind sehr allgemein gehalten und differenzieren kaum, auch wenn unterschiedliche Zielpositionen besetzt werden sollen.

Darüber hinaus läuft der Prozess der Personalentscheidungen und der Personalauswahl in der Praxis oft so ab, dass die Entscheidungsträger die in der Ausschreibung genannten Anforderungen aufgrund des hohen Allgemeinheitsgrades kaum erfassen. Manch ein Verantwortlicher trifft seine Entscheidungen häufig aufgrund von Intuition oder wählt mehr oder weniger bewährte Vorgehensweisen aus langjähriger Erfahrung. Beispielsweise verläuft die Besetzung von vakanten Positionen mit internen und externen Kandidaten oftmals nach folgendem Schema ab: Die mit der Auswahl und Benennung betrauten Personen können durch ihre Erfahrung Fragen in einem Interview anbringen, die sich im Laufe der Zeit und mit der zunehmenden Anzahl der durchgeführten Gespräche bewährt haben. Diese Fragen erscheinen deshalb erfolgversprechend, weil durch sie vermeintlich interessante und unkonventionelle Antworten generiert werden und der Befragte zum Nachdenken angeregt wird. Zu diesen Fragen gehören solche nach Stärken und Schwächen, dem Spielen eines

Instruments oder auch nach dem interessantesten Erlebnis des Befragten. Viele solcher Fragen erscheinen durchaus geeignet, einen externen Bewerber kennen zu lernen. Die Reaktionen auf solche Fragen gestatten dem Beobachter unter Umständen Rückschlüsse zur persönlichen Passung eines Bewerbers und können damit zweifelsfrei einen gewissen Beitrag zur Personalauswahl liefern. Der Anforderungsbezug auf vakante Positionen ist jedoch bei diesen oft sehr privaten Fragen meist nicht eindeutig herstellbar. Dem Interviewer fehlt das Rüstzeug, seine Personalentscheidung dezidiert anhand von erfolgsrelevanten Kriterien für die jeweilige Position zu begründen.

Nicht nur zur Neubesetzung von Stellen bieten Anforderungsprofile wesentliche Vorteile, sondern auch zur Definition von individuellen Personalentwicklungsmaßnahmen. Noch heute erfolgt die Auswahl von Weiterbildungs- und Personalentwicklungsmaßnahmen für einzelne Mitarbeiter bisweilen durch Auswahl eines interessant anmutenden Seminars aus einem ansprechend aufbereitetem Weiterbildungskatalog. Durch dieses Vorgehen wird allerdings nicht sichergestellt, dass die ausgewählten Maßnahmen geeignet sind, den Mitarbeiter in seiner täglichen Zielerreichung zu unterstützen. Dazu belegen zu viele Erfahrungen aus der Praxis, dass Mitarbeiter nach der Teilnahme an einem Seminar keine Möglichkeit haben, gelernte Inhalte im Arbeitsalltag umzusetzen. Das kann zum einen darin begründet liegen, dass kaum ein Bezug zwischen Seminarinhalt und Arbeitsalltag besteht. Zum anderen kann es durchaus vorkommen, dass der Inhalt der Weiterbildungsmaßnahme nicht dem Schwierigkeitsgrad entspricht, der für den Teilnehmer angemessen erscheint.

In beiden Situationen, Personalauswahl und Personalentwicklung, gilt es, sich durch Systematisierung zunächst über Erfolgskriterien für die Bewältigung einer Aufgabe Klarheit zu verschaffen. Eben dieses wird getan, indem ein Anforderungsprofil erstellt wird, denn dieses enthält persönliche und aufgabenbezogene Kriterien, die auf die Zielposition abgestimmt sind.

Grundsätzlich erlaubt erst ein Anforderungsprofil den Vergleich zwischen Soll und Ist anhand von klar definierten Kriterien. In der Personalentwicklung und Weiterbildung bietet das Anforderungsprofil die Möglichkeit, die Qualifikationen des Mitarbeiters mit den Vorgaben aus dem Profil zu vergleichen und aus diesem Abgleich entsprechende Maßnahmen zur Weiterbildung und Personalentwicklung abzuleiten.

In der Personalauswahl liefert es Möglichkeiten, das Profil der Zielposition mit dem Profil des Bewerbers zu vergleichen und daraus Aussagen über den potenziellen Erfolg oder Misserfolg in der angestrebten Position herzuleiten. Mit diesem Abgleich lässt sich auch abschätzen, mit welcher Leichtigkeit ein Bewerber sich in eine Position einarbeiten wird und welche Unterstützung vom Unternehmen zu leisten ist. Das Profil umfasst eine Konzentration auf die wesentlichen relevanten Kriterien, die für Entscheidungsprozesse herangezogen werden sollen.

Durch objektive und transparente Anforderungsprofile wird der Auswahlprozess systematisiert, da einheitliche Beurteilungskriterien zugrunde gelegt werden, die von unterschiedlichen Personen eingesetzt werden können. Diese einheitlichen Kriterien implizieren nicht, dass darauf aufbauende Beurteilungen a priori einheitlich und objektiv erfolgen. Die Anforderungen müssen in einem nächsten Schritt operationalisiert und damit messbar gemacht werden (vgl. Kapitel 6.1).

Auch aus Sicht des Personalmarketings erscheint eine Entscheidungsfindung und -begründung anhand von Anforderungsprofilen zielführend. Zumeist ist die Teilnahme an einem Assessment Center oder auch an jeder anderen Beurteilungssituation für einen Teilnehmer keine triviale Situation. Alleine das Gefühl, beurteilt zu werden, die diffuse Angst vor Gesichtsverlust, aber auch antizipierte Konsequenzen und Entscheidungen können schnell Unsicherheit, aber auch Reaktanz hervorrufen. Die Akzeptanz von Beurteilungen und Entscheidungen kann unter mehreren Perspektiven erhöht werden, die hier erwähnt sein sollen:

- Transparenz: bezieht sich auf die Offenlegung von Anforderungen, die Durchführung der Diagnostik und die Erläuterung der Ergebnisse
- Fairness: bezieht sich auf die Vergleichbarkeit der Bedingungen und Kriterien aller beteiligten Kandidaten
- Selbstwertrelevanz: die mögliche Ablehnung ist nicht grundsätzlich persönlich zu bewerten, sondern bezieht sich nur auf die (Nicht-)Passung auf ein konkretes Profil

Diese Aspekte sind durch das Anforderungsprofil alleine nicht erfüllt, jedoch stellt die Zugrundelegung eines Profils eine notwendige Bedingung dar.

3.1.1 Kriterien für die Bewertung von Anforderungsprofilen

Die Verwendung von Anforderungsprofilen als Basis für Assessment Center zur Personalauswahl oder Personalentwicklung setzt bestimmte Qualitätskriterien voraus, denen die erstellten Profile genügen müssen, da ansonsten eine Sicherstellung der oben aufgeführten Vorteile nicht gewährleistet werden kann.

Die dargestellten vier Kriterien zur Definition und Gestaltung von Anforderungsprofilen sollen die Erstellung derselben und die Arbeit mit ihnen möglichst vereinfachen.

Kriterien für die Bewertung von Anforderungsprofilen

- Orientierung am Wertschöpfungspotenzial der Position
- Positionsbezogene und konkrete Beschreibung der Anforderungen
- Aktualität und Einbeziehung zukünftiger Aspekte
- Modulare Konzeption zur Berücksichtigung möglicher Positionsveränderungen

3.1.1.1 Orientierung am Wertschöpfungspotenzial der Position

Der Wertschöpfungsbeitrag einer Position bezieht sich auf folgende Fragestellung: Welchen Beitrag soll die Zielposition zum Unternehmenserfolg leisten? Was ist also das Ziel dieser Position, bzw. wann ist der Stelleninhaber erfolgreich? Alle im Anforderungsprofil enthaltenen Anforderungen sollten daraufhin überprüft werden, ob sie erforderlich sind, um das Ziel der Position zu erreichen.

3.1.1.2 Positionsbezogene und konkrete Beschreibung der Anforderungen

Anforderungen sollten positionsbezogen und konkret beschrieben sein. Am vorangegangenen Beispiel der Stellenausschreibung (vgl. Abschnitt 3.1) wurde deutlich, dass vielfach Begrifflichkeiten als Kriterien genutzt werden, die recht dehnbar sind. Den spezifischen Positionen werden diese Schlagwörter jedoch häufig noch nicht gerecht. Was versteht z. B. der Entscheider unter Flexibilität, der eine Buchhalterin sucht? Er könnte damit meinen, dass diese Buchhalterin zeitlich flexibel sein muss. Es kann auch gemeint sein, dass sie sich auf unterschiedliche Personen einstellen können muss. Weniger wahrscheinlich ist damit eine örtliche Flexibilität gemeint, aber das sind alles nur Mutmaßungen. Prinzipiell gibt es zwei Möglichkeiten, die Anforderungen zu konkretisieren:

- die erste Möglichkeit bezieht sich darauf, dass die Anforderung selbst sehr konkret formuliert ist. So kann sich vermutlich jeder etwas unter einer Anforderung »Strukturiertes und abschlussorientiertes Führen von Verkaufsgesprächen« vorstellen. Diesen Grad an Konkretisierung findet man typischerweise bei aufgabenorientierten Anforderungskriterien (vgl. Abschnitt 3.2.1).
- Bei der zweiten Möglichkeit stellt die Anforderung selber einen eher allgemeingültigen Begriff dar. Die Anforderung »unternehmerisches Denken«

beispielsweise ist sehr dehnbar. Solch übergreifende Konstrukte treten primär beim dimensionsorientierten Anforderungsprofil auf (vgl. Kapitel 3.2.2). Der geringen Konkretisierung kann pragmatisch entgegengewirkt werden, indem die Anforderung durch Unterbegriffe, sogenannte Facetten, definiert wird. So kann die Dimension »unternehmerisches Denken« für einen Marktleiter eines Supermarktes z. B. durch folgende Facetten konkretisiert werden: Kostenkontrolle, Umsatzdenken, Identifikation mit dem Unternehmen, bereichsübergreifendes Denken. Alle im Profil enthaltenen Anforderungen sollten dementsprechend so definiert sein, dass sie eindeutig sind.

3.1.1.3 Aktualität und Einbeziehung zukünftiger Aspekte

Bestehende Anforderungsprofile müssen bei jedem Einsatz auf ihre Aktualität hin überprüft werden.

Da oft prognostische Aussagen anhand eines Anforderungsprofils getroffen werden sollen, gilt es, zukünftige Anforderungen abzubilden, sofern diese absehbar oder ableitbar sind.

3.1.1.4 Modulare Anpassung bei möglichen Positionsveränderungen

Das zu erstellende Anforderungsprofil sollte möglichst konkret formuliert sein, was allerdings zur Folge hat, dass die erstellten Anforderungsprofile regelmäßig und in möglichst kurzen zeitlichen Abständen überprüft und ggf. angepasst oder korrigiert werden müssen. Da dies aber selbst bei einer vergleichsweise kleinen Anzahl an Profilen einen immensen Aufwand bedeutet (dieses gilt umso mehr für aufgabenbezogene Anforderungsprofile), liegt die Lösung in der Verwendung einzelner Module für Funktionsgruppen und Aufgabentypen. Da sich in den seltensten Fällen alle Aufgabengebiete komplett ändern, sondern meist nur Teilaufgaben (Funktionen werden ergänzt oder fallen weg), bietet diese Möglichkeit eine effiziente Vorgehensweise, denn es brauchen nur einzelne Module des Profils angepasst, entfernt oder ergänzt zu werden. In Beispiel 1 ist ein solch modulartiger Aufbau dargestellt:

Beispiel 1: Modulartiger Aufbau eines Anforderungsprofils

Kernaufgabe/ Funktion	**Anforderung/ Aufgabentyp**	**Bewertungskriterium**
• Mitarbeiter führen	• Mitarbeiter auswählen und beurteilen	• kann Anforderungen definieren • beherrscht Fragetechniken • kennt Auswahlinstrumente • …
	• Aufgaben delegieren und kontrollieren	• gibt Aufgaben nach sinnvollen Kriterien ab • zeigt Vertrauen in seinen Mitarbeiter • …
	• Führen mit Zielen	• Vereinbart im Gespräch konkrete, messbare Ziele • Begründet Ziele überzeugend • …
	• …	• …

3.2 Erstellen von Anforderungsprofilen

Es haben sich zwei unterschiedliche Arten von Anforderungsprofilen bewährt: das aufgabenbezogene Anforderungsprofil und das dimensionsbezogene Anforderungsprofil. Das aufgabenbezogene Anforderungsprofil bezieht sich sehr direkt und konkret auf die Aufgaben der Zielposition. Eine Anforderung kann z. B. lauten: »Bereichsergebnisse kontrollieren und mit Unternehmenszielen abgleichen«.

Das dimensionsbezogene Anforderungsprofil besteht hingegen aus übergeordneten Eigenschaften oder Dimensionen (z. B. Ergebnisorientierung), die persönliche Voraussetzungen widerspiegeln, die jemand mitbringen sollte, damit er eine Position optimal ausfüllen kann.

Beide Arten von Anforderungsprofilen haben durchaus ihre Berechtigung (vgl. Tabelle 4), es kann auch sinnvoll sein, den aufgabenbezogenen und den dimensionsbezogenen Ansatz zu kombinieren.

Tabelle 4: Vor- und Nachteile von dimensions- und aufgabenorientierten Anforderungsprofilen

	Aufgabenbezogene Profile sind...	**Dimensionsorientierte Profile sind...**
• Vorteile	• sehr konkret und positionsspezifisch • sehr gut einsetzbar zur Ableitung von Personalentwicklungsmaßnahmen • einfacher an die Teilnehmer zurück zu melden, da sie keine Pauschalaussagen über die Persönlichkeit beinhalten • gut für weitere Instrumente (z. B. Mitarbeitergespräche) zu nutzen	• pragmatisch und schnell in der Konzeption • etwas weniger spezifisch • zur Erfassung genereller Managementkompetenzen absolut ausreichend • gut einsetzbar, wenn keine bestimmt Position im Fokus steht
• Kritikpunkte	• sehr aufwendig in der Konzeption • sehr aufwendig in der Pflege • schwieriger einzuschätzen, wenn der Teilnehmer noch nie ähnliche Aufgaben bearbeitet hat	• sensibel in der Rückmeldung da eher Pauschalaussagen über die Persönlichkeit getroffen werden (z. B. »Ihr Analysevermögen ist unterdurchschnittlich«)

Gerade wenn es um interne Potenzialaussagen geht, bieten sich aufgabenbezogene Profile oft an, denn in diesem sehr sensiblen Prozess ist die Rückmeldung, gerade von schwachen Ergebnissen, für die Teilnehmer etwas selbstwertschonender. So ist es in der Regel für einen Teilnehmer einfacher zu akzeptieren, dass er noch nicht sicher im Umgang mit betriebswirtschaftlichen Kennzahlen ist, als dass sein Analysevermögen oder sein unternehmerisches Denken (wenn der Umgang mit Zahlen denn eine Facette dieser Dimensionen ist) schwach ausgeprägt ist. Aus diesem Beispiel wird auch ersichtlich, dass die Ableitung von Maßnahmen der Personalentwicklung bei aufgabenorientierten Profilen sehr einfach und nachvollziehbar ist. Gerade Effizienz- und Ökonomiegesichtspunkte sprechen jedoch häufig für den dimensionsorientierten Ansatz, denn für dieses etwas allgemeiner gehaltene Profil wird erheblich weniger Zeit zur Konzeption und erfahrungsgemäß auch zur Abstimmung benötigt. Dieser Ansatz bietet auch dann einige Vorteile, wenn für die anstehende Entscheidung berufliche Vorerfahrungen des Teilnehmers keine Rolle spielen sollen. Dieses ist häufig bei Assessment Centern für Berufseinsteiger der Fall. Derjenige Teilnehmer, der schon Mitarbeitergespräche erlebt oder gar geführt hat, hat viele Chancen, eine Anforderung »Mitarbeitergespräche führen« besser zu bewältigen als derjenige, der keine Vorerfahrung hat. Um den Effekt solcher Vorerfahrungen zu mindern, kann es hilfreich sein, eine andere Gesprächssituation abzubilden und dabei auf Dimensionen wie »Überzeugungskraft« oder »Einfühlungsvermögen« auszuweichen.

Im Prinzip lassen sich die Vorteile beider Vorgehensweisen auch kombinieren, indem gemischte Profile erstellt werden: Relevante Aufgaben (z. B. Verkaufsgespräche führen) werden in das Profil integriert und um einige wichtige übergreifende Persönlichkeitseigenschaften (z. B. Leistungsmotivation) ergänzt.

Unbeeinflusst von der Frage, für welche Art eines Anforderungsprofils man sich entscheidet, verläuft die Erstellung nach ganz ähnlichen Kriterien. Ausgangspunkt von Anforderungsprofilen ist die Anforderungsanalyse. Diese lässt sich vom Ablauf her wie folgt skizzieren:

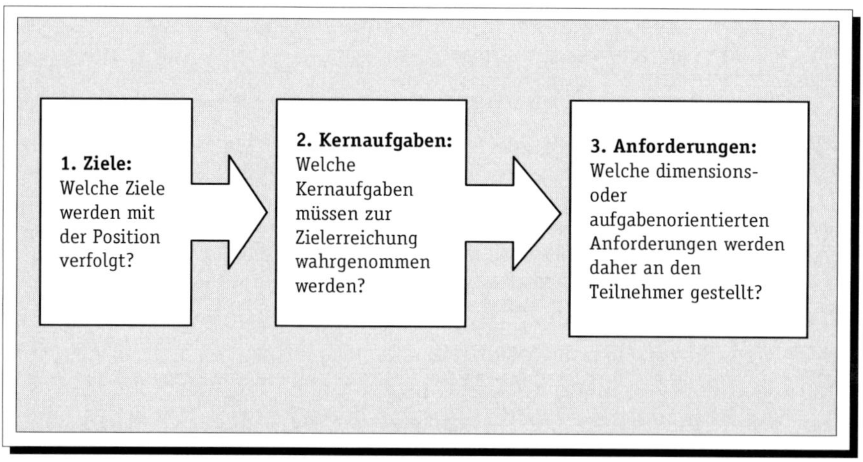

Ziele: Im ersten Schritt geht es um die Auseinandersetzung mit dem Wertschöpfungsbeitrag der Zielposition. Es gilt, die Frage zu beantworten, welche unternehmerischen Ziele mit dieser Position verknüpft werden. Eine hilfreiche Frage hierfür lautet: Woran wird die Unternehmensleitung den Erfolg eines Positionsinhabers maßgeblich bestimmen? Bei der Definition der Positionsziele sind auch Unternehmensziele und Leitbilder sowie deren Implikationen auf die Zielposition zu berücksichtigen.

Aus Gründen der Praktikabilität sollten zur Erstellung von Anforderungsprofilen lediglich drei bis sechs Ziele herangezogen werden. Sollten mehr als sechs Ziele generiert worden sein, so empfiehlt sich zunächst eine Überprüfung, ob in den Zielen nicht schon Kernaufgaben enthalten sind. Hier kommt es häufig zu Überschneidungen. In einem nächsten Schritt können die Ziele entweder durch Zusammenfassung oder Priorisierung auf die wichtigsten reduziert werden. Für einen Vertriebsleiter im Handel wurden beispielsweise folgende Ziele definiert: durch Bündelung von Kräften Etablierung des Unternehmens am Markt, Umsatz, Ertrag.

Kernaufgaben: Aus den Zielen, die im ersten Schritt definiert wurden, werden nun direkt die Kernaufgaben abgeleitet. Mit den Kernaufgaben werden die wesentlichen Aufgabenschwerpunkte erfasst, die unmittelbar der Erfüllung zuvor definierter Ziele dienen.

Beispiel 2: Ausschnitt aus einem möglichen Anforderungsprofil eines Gebietsleiters

Ziel:

Erreichen der regionalen Marketing-Ziele

Kernaufgaben:

- Konzeption von Kundenveranstaltungen
- Teilnahme an Kongressen zur Pflege von Multiplikatoren
- Nutzung, Interpretation und Weitergabe von Marketingdaten
- Marktbeobachtung
- Budgetierung der Werbemittel

...

Bei der Ableitung von Kernaufgaben gilt ein Richtwert von maximal fünf Kernaufgaben pro Ziel. Dabei sollte der Bezug zum Erfolg immer im Vordergrund stehen, so dass weniger wichtige Aufgaben gar nicht erst aufgeführt werden müssen. Bei der Abschätzung der Wichtigkeit einer Kernaufgabe kann folgende Fragestellung hilfreich sein: Kann die Person in der zu beschreibenden Position die Ziele auch erreichen, wenn sie diese Aufgaben weniger gut oder gar nicht ausführt? Nur, wenn diese Frage negativ zu beantworten ist, gehört eine Aufgabe zwingend zu den Kernaufgaben.

Anforderungen: Bei der Ableitung von Anforderungen werden genau diejenigen Kriterien definiert, die eine Person erfüllen muss, um die Kernaufgaben erfolgreich zu bewältigen. Genau hier beginnt nun der Unterschied in der Vorgehensweise, je nachdem, ob man sich für den aufgabenbezogenen Ansatz oder das dimensionsorientierte Profil entschieden hat.

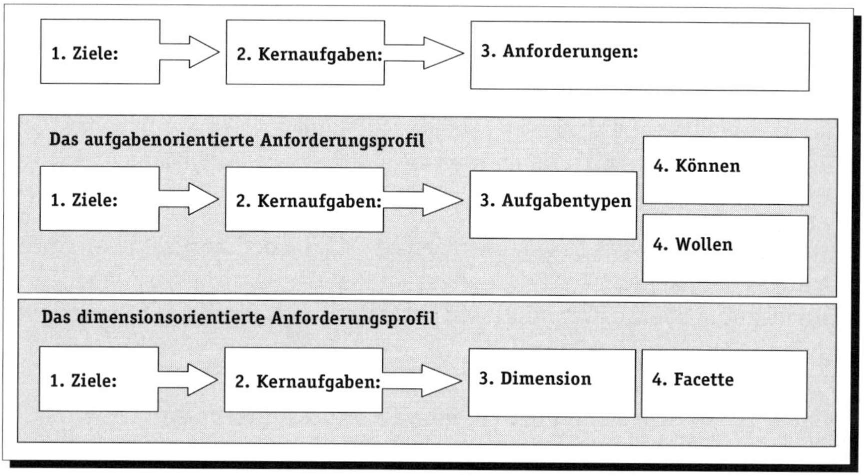

Abbildung 1: Schematischer Ablauf bei der Definition von Anforderungen

3.2.1 Der aufgabenorientierte Ansatz

Im Prinzip sind Kernaufgaben bereits beobachtbares Verhalten. Manch eine Kernaufgabe lässt sich als Anforderung direkt in ein Profil aufnehmen. Jedoch sind häufig die Kernaufgaben auch zu komplex und vielschichtig, um sie als Ganzes zu erfassen. Ferner soll gegebenenfalls auch eine Aussage getroffen werden, welche Teilaspekte einer Kernaufgabe von einem Teilnehmer schon beherrscht werden. Daher ist es ratsam, aus den Aufgabenkomplexen detailliertere Aufgabentypen abzuleiten, die sich für ein Anforderungsprofil eignen.

Aus der Kernaufgabe »Mitarbeiterführung« können z. B. folgende Aufgabentypen abgeleitet werden: Mitarbeitergespräche führen, Mitarbeiter auswählen und beurteilen, Ziele vereinbaren, Aufgaben delegieren, Ressourcen einteilen usw. Diese Aufgabentypen stellen nun eine gute Grundlage für ein aufgabenbezogenes Anforderungsprofil dar. In Beispiel 3 ist ein Profil dargestellt, welches zwei Kernaufgaben erfasst, die durch Aufgabentypen abgebildet werden.

Beispiel 3: Beispielhaftes aufgabenorientiertes Profil für Führungsnachwuchskräfte im Vertrieb

Kernaufgabe: Vertriebssteuerung	**Kernaufgabe: Mitarbeiterführung**
• Eigenverantwortlich und selbstständig arbeiten • Konzipieren • Gestalten und Umsetzten • In Projektteams arbeiten • Ziele verfolgen	• Verantwortung suchen • Feedback geben • Coachen • Motivieren • Ziele vereinbaren und kontrollieren • Konflikte lösen • Teamarbeit fördern

Insbesondere, wenn es um Positionsanforderungen und Erfolgsprognosen geht, macht es Sinn, die Gründe für das Scheitern von Mitarbeitern zu reflektieren. Die Tatsache, dass viele Mitarbeiter auch an solchen Aufgaben scheitern, für die sie eigentlich gut ausgebildet und geschult sind, zeigt, dass nicht immer nur das »Können« im Vordergrund der Betrachtung stehen darf. Ausschließlich das Können zu erfassen, greift in der Regel zu kurz, denn alleine die Tatsache, dass eine Person ein konstruktives und zielorientiertes Mitarbeitergespräch führen kann, bietet noch keine Gewähr, dass dieselbe Person dieses Verhalten auch im Arbeitsalltag zeigen möchte. Scheitern die Positionsinhaber bezüglich der von Ihnen betrachteten Anforderungen eher daran, dass sie die entsprechenden Kompetenzen nicht besitzen oder daran, dass sie wenig motiviert sind?

Genau diese Überlegung soll noch in den aufgabenorientierten Ansatz integriert werden: Sowohl das »Können« als auch das »Wollen« können explizit berücksichtigt werden.

Qualitäten des Könnens: Die Feindefinition der Aufgabentypen entsteht folgendermaßen: Zunächst wird abgeleitet, was eine Person in Bezug auf eine Kernaufgabe konkret können muss. Dabei sind sowohl fachliche Aspekte (z. B. Produktkenntnisse) wie auch außerfachliche Kompetenzen zu berücksichtigen. Hier einige Beispiele aus einem Profil für eine Vertriebsposition:

Beispiel 4: Qualitäten des Könnens für den Aufgabentyp »Verkaufsgespräche führen«

Aufgabentyp	Qualität des Könnens
• Verkaufsgespräche führen	• Baut Gespräche systematisch auf • Kennt die Produkte des Hauses • Kann dem Kunden die Produktvorteile klar und deutlich erklären • Kennt Abschlusstechniken und kann diese anwenden • ...

Qualität des Wollens: In einem weiteren Schritt wird nicht nur berücksichtigt, was jemand können muss, sondern auch, welche Einstellungen gewünscht werden. Dabei ist folgende Fragestellung ausschlaggebend: Welche Motivation des Bewerbers ist für eine erfolgreiche Bewältigung der Position ausschlaggebend? Was will er?

Beispiel 5: Qualitäten des Wollens für den Aufgabentyp »Verkaufsgespräche führen«

Aufgabentyp	Qualitäten des Wollens
• Verkaufsgespräche führen	• Ist motiviert, sich mit Kunden auseinandersetzen • Will sein Produktwissen ständig aktualisieren • Will Vertriebsziele erreichen • ...

Das Außerachtlassen der Beantwortung der Motivfrage kann schwerwiegende Folgen haben, denn im Gegensatz zu Qualitäten des Könnens, die sich oft durch Schulungen, Seminare und andere Lernformen aneignen lassen, zeigen sich Motive sehr viel stabiler und extrem resistent gegenüber externen Beeinflussungsversuchen.

Der dargestellte aufgabenorientierte Ansatz liefert sehr konkrete Anforderungen an eine Position. Der Profilvergleich zwischen Anforderungsprofil und dem Profil des Teilnehmers lässt konkrete Aussagen zu, inwieweit ein Bewerber oder Positionsinhaber zum Zeitpunkt der Erhebung in der Lage ist, die an ihn gestellten Anforderungen zu erfüllen.

3.2.2 Der dimensionsorientierte Ansatz

Um dimensionsorientierte Anforderungen zu definieren, bietet sich folgende Vorgehensweise an: Ausgangsbasis sind, wie bei der aufgabenorientierten Vorgehensweise, die Positionsziele und die daraus abgeleiteten Kernaufgaben.

Aus den Kernaufgaben werden die zur Bewältigung der kritischen Ereignisse geeigneten Verhaltensweisen benannt, und in einem weiteren Schritt werden daraus konkrete Eigenschaftsbeschreibungen als Anforderung abgeleitet. Im Prinzip wird damit die Frage beantwortet, wie eine Person sein muss, damit sie eine Kernaufgabe gut bewältigen kann.

Beispiel 6: Beispielhafte Dimensionen für die Kernaufgaben Vertriebssteuerung und Mitarbeiterführung

Kernaufgabe Vertriebssteuerung	Kernaufgabe Mitarbeiterführung
• Ergebnisorientiert • Analytisch • Zahlenorientiert • Beharrlich • Strategisch • Organisiert • …	• Einfühlungsorientiert • Überzeugend • Durchsetzungsstark • Zielorientiert • Kommunikativ • Geduldig • …

In einem Profil sollten maximal 10–15 solcher Dimensionen enthalten sein, da diese sonst nicht mehr klar voneinander abgrenzbar sind. Wurden nun für alle Kernaufgaben relevante Dimensionen definiert, so kommen erfahrungsgemäß schnell 20–30 mehr oder weniger trennscharfe Persönlichkeitseigenschaften zusammen, die dann reduziert werden müssen. Dazu werden möglichst ähnliche Persönlichkeitseigenschaften zu den Dimensionen zusammengefasst. Es entstehen auf diese Art komplexe Dimensionen, die aber eine ganz spezifische Bedeutung für eine konkrete Position haben. Um einen zu hohen Allgemeinheitsgrad des Profils zu verhindern, hat es sich daher bewährt, diese Anforderungen mit Facetten zu erläutern. Tool 10 stellt ein Anforderungsprofil nach Dimensionen dar. Fett gedruckt ist jeweils die Dimension (z. B. Organisation und Planung), darunter sind die dazugehörigen Facetten (z. B. Prioritäten setzen, Projektmanagement) aufgelistet. Das Beispiel stellt nicht nur ein Anforderungsprofil dar, sondern kann später als Ergebnisprofil genutzt werden (vgl. Kapitel 6).

Tool 2: Beispiel für ein dimensionsorientiertes Profil mit Dimensionsfacetten

- ○ ○ ○ ○ ○ ○ ○ +	**Problemlöseverhalten**
○ ○ ○ ○ ○ ○ ○	Organisation und Planung (Prioritäten setzen, Projektmanagement, Arbeitsabläufe koordinieren, Zeitmanagement)
○ ○ ○ ○ ○ ○ ○	Analysevermögen (Umgang mit Zahlen, Problemanalyse, Analyse von Abläufen, Schlussfolgerndes Denken)
○ ○ ○ ○ ○ ○ ○	Unternehmerisches Selbstverständnis (Kostenorientierung, Bereichsübergreifendes Denken, Identifikation, strategisches Denken, Unternehmenswissen, Schnittstellenmanagement)
○ ○ ○ ○ ○ ○ ○	Kreativität (Entwicklung von Lösungsvorschlägen, Integration verschiedener Sichtweisen)
	Zwischenmenschliches Verhalten
○ ○ ○ ○ ○ ○ ○	Teamorientierung (Feedback geben, Integrationsfähigkeit, Sensibilität)
○ ○ ○ ○ ○ ○ ○	Führungsverhalten (Motivation, Qualifikation, Steuerung, Besprechungsmanagement, Ziele setzen, Selbstverständnis, Informationsverhalten, Delegation)
○ ○ ○ ○ ○ ○ ○	Durchsetzungsvermögen (Umgang mit Widerstand)
○ ○ ○ ○ ○ ○ ○	Partnerschaftlichkeit (Kooperation, Projektarbeit, Einfühlungsvermögen, Bedarfsorientierung)
○ ○ ○ ○ ○ ○ ○	Überzeugungskraft (Begeisterungsfähigkeit, Verhandlungsgeschick, Argumentation, Rhetorik, Präsentieren)
	Motive und Einstellungen
○ ○ ○ ○ ○ ○ ○	Leistungsmotivation (Initiative, Dynamik, Power, Leistungswille)
○ ○ ○ ○ ○ ○ ○	Belastbarkeit (Ausdauer, Stressresistenz)
○ ○ ○ ○ ○ ○ ○	Flexibilität (Offenheit, Lernflexibilität, Veränderungsbereitschaft, Kritikfähigkeit)
○ ○ ○ ○ ○ ○ ○	Umsetzungsorientierung (Entscheidungsverhalten, Risikobereitschaft, Verantwortungsbewusstsein, Maßnahmen festlegen)

3.2.3 Quellen der Anforderungsanalyse

Folgende methodische Vorgehensweisen zur Ermittlung von Zielen, Kernaufgaben und Anforderungen an Zielpositionen können unterschieden werden:

- Analyse von vorhandenem Material: Die Analyse vorhandenen Materials ist sicherlich keine erschöpfende Methode zur Erstellung von Anforderungsprofilen, stellt jedoch für den Konstrukteur eine gute Grundlage der Vorbereitung dar. Berücksichtigt werden sollten bei der Sichtung Unternehmensleitbilder und Visionen, denn bei sinnvoller und konkreter Definition dieser Ideen werden einige Anforderungen direkt ableitbar sein. Darüber hinaus stellt auch die Stellen- bzw. Tätigkeitsbeschreibung, soweit eine aktuelle vorhanden ist, eine gute Möglichkeit zur Informationssammlung für den Konstrukteur dar.

- Experteninterviews: Die Befragung von Stelleninhabern und Vorgesetzten anhand eines strukturierten Interviewleitfadens. Diese Methode der Anforderungsanalyse hat den Vorteil, dass die Anforderungen tatsächlich sehr konkret beschrieben werden. Einen Leitfaden zur Befragung der Experten stellt Tool 4 dar.

- Beobachtungen vor Ort: In der Praxis hat sich die »Best Practise Methode« bewährt. Bei dieser Vorgehensweise wird ein Positionsinhaber in seiner Tätigkeit begleitet, der diese Position nach Ansicht der Führungskräfte hervorragend ausfüllt. Dadurch lässt sich ableiten, was ein Positionsinhaber können muss, um Erfolg zu haben. Ebenfalls geeignet ist die Vorgehensweise, einen Mitarbeiter zu beobachten, der die Position nur unzureichend erfüllt. Die Verhaltensweisen beider Positionsinhaber lassen sich gut gegenüberstellen. Dabei ist jedoch zu beachten, dass es sicherlich nicht nur jeweils eine erfolgreiche und erfolglose Vorgehensweise gibt.

- Anforderungsanalyse-Workshop: Die Durchführung eines Workshops mit allen wesentlichen Entscheidungsträgern und Führungskräften stellt eine effiziente Möglichkeit der Informationsgewinnung, aber auch zur Verdichtung bisheriger Ergebnisse dar. In einem Workshop können unterschiedliche Auffassungen über die Zielposition direkt diskutiert werden, das Ergebnis ist zumeist – bei einer strukturierten Durchführung – ein konkretes Profil, welches von Experten und Entscheidern getragen wird. Dieses Vorgehen ist auch vor dem Hintergrund interessant, dass zukünftige Anforderungen mit berücksichtigt werden können.

Tool 3: Beispielhafter Ablaufplan für einen Workshop zur Anforderungsanalyse

1. Moderatorinput: Ziel des Workshops definieren
2. Moderatorinput: Warum soll das Anforderungsprofil erstellt werden?
3. Moderatorinput: Erklärung der Vorgehensweise: Ziele, Kernaufgaben, Anforderungen
4. Zurufabfrage: Was sind heutige Ziele der Position? Welche zukünftigen Ziele kommen noch hinzu? Diskussion, bis ca. 3–6 Ziele definiert wurden
5. Kartenabfrage: Was sind die heutigen Kernaufgaben? Welche Kernaufgaben werden noch hinzukommen? Diskussion, bis ca. 3–6 Kernaufgaben pro Ziel definiert wurden
6. Gruppenarbeit (je nach Anzahl der Teilnehmer beschäftigen sich Gruppen von je 2–3 Personen mit einer Kernaufgabe: Welche Anforderungen (Aufgabentypen oder Dimensionen) ergeben sich aus den unterschiedlichen Kernaufgaben?
7. Moderation: Vorstellung der Gruppenergebnisse
8. Diskussion: Welches sind die wichtigsten Anforderungen für das Profil? (Es kann hilfreich sein, die Teilnehmer des Workshops punkten zu lassen, welche Anforderungen sie für relevant halten)
9. Moderation: Festlegung eines Szenarios und von Übungstypen, anhand derer die Anforderungen abgebildet werden sollen.

- Critical Incident Technique: Stelleninhaber der Zielebene listen mehr oder weniger typische Vorfälle und Ereignisse ihrer Position auf. Dieser Katalog wird anderen Führungskräften vorgelegt, welche die Aufgabe bekommen zu definieren, mit welchen Verhaltensweisen man die kritischen Ereignisse erfolgreich bzw. weniger erfolgreich bewältigen wird.
- Repertory-Grid Technique: Von Führungskräften werden leistungsfähige und weniger erfolgreiche Kollegen benannt. Experten analysieren dann die Gemeinsamkeiten und Unterschiede in den Verhaltensweisen dieser Personen und schlussfolgern so auf Erfolgs- und Misserfolgsfaktoren.

Die einzelnen Vorgehensweisen zur Sammlung von Informationen über die Zielposition können auch miteinander verknüpft werden. Die Erfahrung zeigt, dass eine Kombination aus Interviews, Workshop und Praxisbegleitung optimal ist. Die Erfahrungen der Experten lassen sich auf diesem Wege sehr direkt und unkompliziert erheben.

Tool 4: Leitfaden für ein Experteninterview

A) Was sind die grundlegenden Voraussetzungen (Ausbildung, Erfahrungen) zur Besetzung dieser Position?

____

____

____

B) Beschreiben Sie bitte einen typischen Tagesablauf in Ihrer Position:

____

____

____

C) Was sind die Ziele an dieser Position? Welche Kernaufgaben muss man zur Zielerreichung erfüllen?

1. Ziel:__________________ Kernaufgaben: ________________

Was muss jemand wissen/wollen/können, um diese Aufgaben zu erfüllen? Was unterscheidet einen erfolgreichen von einem weniger erfolgreichen Positionsinhaber?

____

____

____

2. Ziel:__________________ Kernaufgaben: ________________

Was muss jemand wissen/wollen/können, um diese Aufgaben zu erfüllen? Was unterscheidet einen erfolgreichen von einem weniger erfolgreichen Positionsinhaber?

3. Ziel:__________________ Kernaufgaben: ________________

Was muss jemand wissen/wollen/können, um diese Aufgaben zu erfüllen? Was unterscheidet einen erfolgreichen von einem weniger erfolgreichen Positionsinhaber?

____

____

4. Ziel:____________________ Kernaufgaben: ____________________

____

____

Was muss jemand wissen/wollen/können, um diese Aufgaben zu erfüllen? Was unterscheidet einen erfolgreichen von einem weniger erfolgreichen Positionsinhaber?

____

5. Ziel:____________________ Kernaufgaben: ____________________

____

____

Was muss jemand wissen/wollen/können, um diese Aufgaben zu erfüllen? Was unterscheidet einen erfolgreichen von einem weniger erfolgreichen Positionsinhaber?

____

____

D) Welche Kernaufgaben werden in Zukunft verlangt werden? Welche Anforderungen erbeben sich daraus?

Kernaufgabe:____________________ Anforderungen: ____________________

____________________ ____________________

____________________ ____________________

Kernaufgabe:____________________ Anforderungen: ____________________

____________________ ____________________

____________________ ____________________

3.3 Entwicklung von Assessment Center-Szenarien

3.3.1 Die Auswahl des Übungstyps

Der letzte Schritt im Vorfeld der Konzeption der Assessment Center-Übungen beinhaltet, die Übungstypen festzulegen und dann inhaltlich zu bestimmen, in welchem Kontext die Gesprächssimulationen stattfinden werden. Zunächst einmal wird nun darauf eingegangen, wie die passenden Übungstypen generiert werden. Dabei kann im Wesentlichen wiederum auf die Anforderungsanalyse zurückgegriffen werden, denn die Übungstypen können direkt aus den Kernaufgaben abgeleitet werden. Es wird analysiert, welche Teilaufgaben eine Person bei der Bewältigung der Kernaufgaben erledigt. Diese Teilaufgaben können sehr ähnlich sein, ebenso wie die Aufgabentypen, die im Rahmen der aufgabenbezogenen Anforderungsprofile definiert wurden (vgl. Abschnitt 3.2.1). Es muss dann entschieden werden, welche Aufgaben oder Teilaufgaben sich im Assessment Center simulieren lassen (vgl. Kapitel 5). Der Rückgriff auf die Kernaufgaben hat zwei echte Vorteile: Die Kernaufgaben sind Ausgangspunkt für die Ableitung der Anforderungen. Es wurden ja Anforderungen definiert, die zur Erfüllung der Kernaufgaben notwendig sind. In welchen Situationen kann man die Anforderungen also einfacher beobachten, als bei der Simulation von Kernaufgaben oder Aufgabentypen? Darüber hinaus fordert das Prinzip des Berufsbezuges (vgl. Kapitel 1.3.2) die Entwicklung von Szenarien, die im Business-Kontext eine Rolle spielen. Auch das ist gegeben, wenn die Teilnehmer eines Assessment Centers bei einer Simulation der Kernaufgaben beobachtet werden.

Beispiel 7: Übungstypen

Mögliche Übungstypen für die Kernaufgabe Mitarbeiterführung	Mögliche Übungstypen für die Kernaufgabe Projektleitung
• Einstellungsgespräch • Teamsitzung • Kritikgespräch • Motivationsgespräch • ...	• Präsentation vor Vorgesetzten • Präsentation vor Projektteam • Analytische Übung, bei der ein Projektplan erstellt werden muss • Kollegengespräch • ..

Bei der letztendlichen Festlegung auf die Übungstypen sollten folgende Fragen berücksichtigt werden:

- Ist die Teilaufgabe, die beobachtet werden soll, wirklich abbildbar?
- Ist der Übungstyp für die Zielposition relevant?

- Ist ein solcher Übungstyp für den Teilnehmer akzeptabel?
- Können durch diesen Übungstyp möglichst viele Anforderungen erfasst werden?
- Stellt die Zusammenstellung der Aufgaben einen Querschnitt der tatsächlichen Tätigkeit dar?

Nachdem Übungen ausgewählt wurden, wird in einem weiteren Schritt festgelegt, in welcher Übung welche Anforderung beobachtet werden kann. Als Anhaltspunkt kann gesagt werden, dass sich in Gesprächssimulationen besonders zwischenmenschliche Fähigkeiten, aber auch Motive erfassen lassen. In Fallstudien, Präsentationen und analytischen Übungen lassen sich besonders konzeptionelle Fähigkeiten und Problemlösetechniken beobachten. Das Interview eignet sich nahezu für alle Anforderungen. Bei der Festlegung, welche Anforderung in welcher Übung beobachtet wird, sollten folgende Regeln beachtet werden:

- Jede Anforderung sollte im Assessment Center mindestens zweimal erfasst werden (Prinzip der Mehrfachbeobachtung, vgl. Kapitel 1.3.3)
- Pro Übung sollten nicht mehr als maximal sieben Anforderungen erfasst werden.

In der Praxis hat es sich bewährt, aus dem Ergebnis der vorangegangenen Schritte eine Anforderungsmatrix zu erstellen:

Tool 5: Ergebnismatrix*

Problemlöse-Potenzial	Interview	Fallstudie	Präsentation	Gruppendiskussion	Projektgespräch
Analysevermögen					
Logik und Schlussfolgern					
Kreativität					
Flexibilität und Offenheit					
Umsetzungsorientierung					

Soziale Kompetenz	Interview	Fallstudie	Präsentation	Gruppendiskussion	Projektgespräch
Durchsetzungsvermögen					
Überzeugungskraft					
Einfühlungsvermögen					
Kooperationsverhalten					
Rhetorik					

Motive und Einstellungen	Interview	Fallstudie	Präsentation	Gruppendiskussion	Projektgespräch
Leistungsmotivation					
Unternehmerisches Denken					
Kundenorientierung					
Beharrlichkeit und Ausdauer					
Tatkraft und Dynamik					

* *Ein weißes Feld bedeutet, dass die Anforderung in der jeweiligen Übung gemessen wird.*

3.3.2 Die Auswahl des Kontextes

Die Realitätsnähe eines Assessment Centers wird im Prinzip durch zwei Faktoren bestimmt: Zum einen durch den Grad der Vernetztheit der Übungen, welcher durch die Art des Assessment Centers bestimmt wird, zum anderen durch das ausgewählte Szenario.

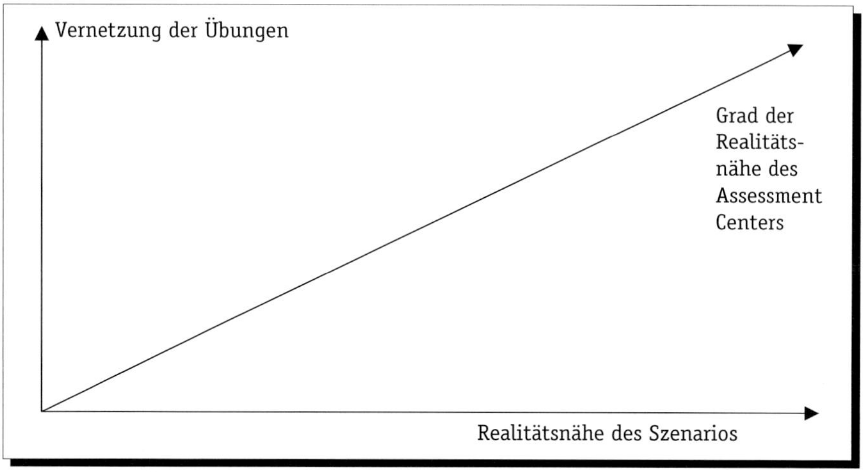

Abbildung 2: Grad der Realität des Assessment Centers

Auch die Auswahl des Szenarios hängt zunächst einmal davon ab, welche Variante eines Assessment Centers (vgl. Kapitel 2) durchgeführt werden soll, denn das Reality-Assessment Center gibt das Szenario, in dem die Übungen sich abspielen, vor. Das Szenario hier kann nur die reale Branche, das spezifische Unternehmen und die individuelle Zielposition sein. Soll beispielsweise die Eignung für eine Tätigkeit als Leiter einer großen Filiale für ein Bankhaus mittels eines Reality-Assessment Centers ermittelt werden, so wird genau diese Tätigkeit in den Übungen und Instruktionen abgebildet werden. Die Szenarien für alle anderen Arten von Assessment Centern lassen sich auf einem Kontinuum von realitätsfern bis realistisch einordnen. Mit Ausnahme des klassischen Assessment Centers finden jedoch alle Übungen innerhalb eines ausgewählten Kontextes statt.

Bei der Auswahl von Szenarien steht zunächst einmal die Frage nach der Realitätsnähe an. Es werden Branche, Unternehmen und Position definiert, innerhalb der die Simulationen stattfinden. Bei dieser Entscheidung sind erfahrungsgemäss folgende Faktoren ausschlaggebend:

- die Zielgruppe
- die Zielsetzung
- Aufwand in der Konzeption

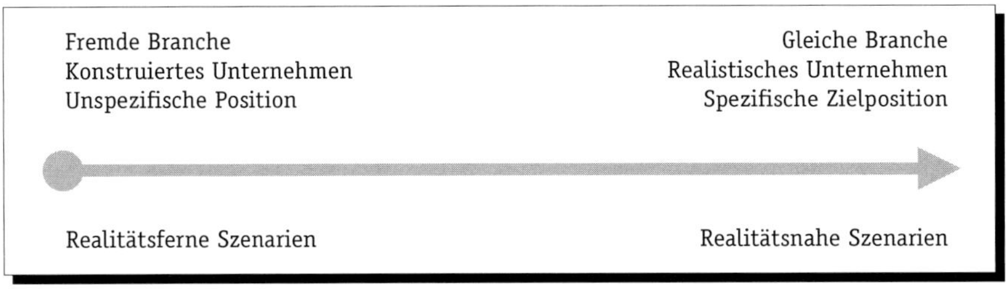

Abbildung 3: Aspekte für die Konzeption von Szenarien

Soll zum Beispiel ein fundiertes Fachwissen über eine Branche Voraussetzung sein, so ist exakt die Branche der Zielposition für ein Szenario geeignet. Prinzipiell sind hier natürlich diejenigen Teilnehmer des Assessment Centers im Vorteil, die ein gutes Branchenwissen haben. Steht das Fachwissen nicht primär im Vordergrund, so können die Aufgaben auch in einem solchen Kontext abgebildet werden, der denjenigen Teilnehmern mit Branchenkenntnissen keine Vorteile verschafft, die Ausgangssituation ist somit für jeden Teilnehmer gleich. Dieses ist häufig der Fall, wenn Hochschulabsolventen rekrutiert werden sollen, bei denen es eher darum geht, allgemeines Potenzial zu erfassen.

Sind sowohl externe als auch interne Teilnehmer an dem Verfahren beteiligt, und sollen die Teilnehmer über Branchenerfahrungen, nicht aber über spezifisches Produktwissen verfügen, so bietet es sich an, ein Szenario zu konstruieren, welches zwar in derselben Branche angesiedelt ist, aber nicht genau das eigene Unternehmen mit denselben Produkten oder Dienstleistungen widerspiegelt, denn dann sind interne Bewerber im Vorteil.

Es geht also bei der Auswahl des Szenariums darum, die nötige Chancengleichheit der Bewerber sicherzustellen, aber dabei auch die Anforderungen abzubilden, die gewünscht sind.

Steht nicht eine bestimmte Zielposition im Vordergrund, so bietet es sich an, ein Szenario zu gestalten, bei dem sich die Teilnehmer alle gleichermaßen mit der dargestellten Position identifizieren können. Häufig hat es sich bewährt, Positionen für das Szenario auszuwählen, die deutlich höher in der Hierarchiestufe sind als die realen Positionen der Teilnehmer.

Letztendlich lässt sich grundsätzlich sagen, dass die Konzeption von Szenarien und Übungen sich umso aufwendiger gestaltet, je realitätsnäher das Verfahren wird. Es sollten im Vorfeld Kosten/Nutzen-Gesichtspunkte abgewägt werden.

Entscheidet man sich nun für ein realitätsfernes Szenario, so sollte man einen Kontext wählen, mit dem sich viele Teilnehmer mit großer Wahrscheinlichkeit identifizieren können und von dem sie ein einheitliches Verständnis haben.

Beispiel 8: Szenario für Nachwuchsführungskräfte für die mittlere Führungsebene

Es sollen Nachwuchsführungskräfte für die mittlere Führungsebene eines internationalen Technologiekonzerns aus dem Pool der internen Mitarbeiter generiert werden. Die internen Bewerber haben sehr unterschiedliche Berufserfahrungen, einige kommen aus der Entwicklung, andere aus dem Controlling usw. Darüber hinaus sind sie für verschiedene Sparten tätig, die vom Bereich Luft- und Raumfahrttechnik bis zum Bereich Landmaschinen reichen.

Alle internen Bewerber sollen dasselbe Verfahren durchlaufen. Es gilt also nun, ein Szenario zu schaffen, bei dem alle Teilnehmer gleiche Chancen und Ausgangsvoraussetzungen haben.

Folgendes Szenario ist hier denkbar:

Die Teilnehmer werden während des Assessment Centers in die Position eines Geschäftsführers eines konstruierten Unternehmens innerhalb der Pharma-Branche versetzt. Das Unternehmen ist spezialisiert auf Medikamente zur Bekämpfung von Erkältungen und Atemwegserkrankungen. In der Funktion als Geschäftsführer haben sie nun die Aufgabe, Konzepte zu entwickeln und zu präsentieren, betriebswirtschaftliche Situationen zu analysieren, Mitarbeitergespräche zu führen und Projekte zu planen, also durchaus Aufgaben zu übernehmen, die für die mittlere Führungsebene relevant sein können.

Dieses Setting bietet sich an, da das konstruierte Unternehmen in der Pharmabranche aus ähnlichen Abteilungen bestehen kann (Forschung und Entwicklung, Vertrieb, Marketing, Qualitätssicherung ...) wie der beschriebene Konzern. Erkältungsmedizin ist ein Produkt, mit dem viele Teilnehmer Erfahrungen gemacht haben, sie haben einen gewissen Bezug dazu. Darüber hinaus ist die Wahrscheinlichkeit groß, dass allen Teilnehmern die Pharma-Branche gleichermaßen fremd ist.

Unabhängig, für welches Szenario man sich nun entscheidet, bei der Konzeption der Übungen (vgl. Kapitel 5) ist zu beachten, dass alle Übungen sich selbst erklären. Das bedeutet, dass alle Informationen, die ein Teilnehmer zur erfolgreichen Bewältigung einer Übung benötigt, aus dem zur Verfügung gestellten Material hervorgehen müssen. Grundsätzlich gilt, dass ein Telnehmer sich umso besser mit einer Situation identifizieren kann, je mehr Hintergrundinformationen er hat.

4 Kommunikation in AC-Projekten

In diesem Kapitel werden die wichtigsten Eckpunkte und Inhalte der internen Kommunikation von Assessment Centern dargestellt. Da Assessment Center in vielen Fällen wichtige persönliche Laufbahnentscheidungen vorzeichnen, haben sie dementsprechend aus Sicht der Teilnehmer eine hohe Bedeutung und Brisanz. Dies macht es notwendig, den Prozess der internen Kommunikation sorgfältig und gut vorbereitet zu gestalten. Am Anfang dieses Kapitels werden Grundüberlegungen zur internen Kommunikation erläutert und die zentralen Fragen der unterschiedlichen Zielgruppen im Unternehmen dargestellt, die bei der Vorbereitung der Kommunikation berücksichtigt werden müssen. Mögliche Musterantworten und Argumentationshilfen runden diesen Bereich ab. Im darauf folgenden Absatz werden praktische Tipps und Hinweise für die interne Prozessgestaltung in der Kommunikation formuliert. Als praktische Hilfe finden sich im nächsten Absatz Vorlagen für den Schriftverkehr mit den Teilnehmern und für die Präsentation eines Assessment Center-Projektes. Abschließend werden noch einmal die häufigsten Argumente von Assessment Center-Kritikern betrachtet und Argumentationshilfen zur Verfügung gestellt.

Tools in diesem Kapitel: *Seite*

- *Einladungsschreiben zu einem Auswahl-Assessment Center* 90
- *Einladungsschreiben zu einem internen Förder-Assessment Center* 93
- *Präsentation eines Assessment Center-Projektes* 95

4.1 Zielgruppen und Gegenstand der Kommunikation

Assessment Center genießen durchaus keine ungeteilte Zustimmung. In jedem Unternehmen wird es eine gewisse Anzahl von Führungskräften, Mitarbeitern oder Betriebsräten geben, die der Durchführung von Assessment Centern sehr skeptisch gegenüberstehen. Diese Skepsis kann mehrere Ursachen haben. Eine liegt darin, dass einzelne Personen selbst ungünstige Erfahrungen als Teilnehmer bei einem Assessment Center gesammelt haben. Es gibt für Assessment Center leider keine allgemeingültigen Qualitätsstandards (die neue DIN-Norm zur Personalauswahl ist zwar ein Anfang, betrifft aber viele qualitätsrelevante Bereiche im AC nicht), und der Begriff Assessment Center subsummiert die unterschiedlichsten Philosophien und Verfahrensweisen. Insofern kann es durchaus vorkommen, dass einzelne Personen sehr negative Erfahrungen mit schlecht gemachten Assessment Centern gesammelt haben und daraus den Schluss ziehen, dass die Methode generell nicht sinnvoll und akzeptabel ist.

Die zweite Ursache, aus der die Skepsis herrühren kann, ist, dass rund um den Begriff Assessment Center immer noch eine Reihe von Mythen existieren, die gerne weitergereicht und weitererzählt werden. Hierzu gehört beispielsweise die immer wieder gehörte Unterstellung, ein Assessment Center sei vorrangig ein Stress- und Belastungstest oder aber würde solch eigenartige Dinge wie Beobachtungen beim Hummer-Essen beinhalten.

Natürlich haben einige Mythen durchaus einen wahren Kern. Beispielhaft sind hier Übungen zu nennen, in denen die Teilnehmer gemeinsam beim Brückenbauen aus Papier beobachtet werden oder 15 Gegenstände nach ihrer Nützlichkeit auf dem Mond sortieren müssen. Viele Bewerbungsratgeber haben natürlich gerade die möglichst eigenartig klingenden Geschichten aus einzelnen Assessment Centern aufgegriffen und dokumentiert. Wenn ein Unternehmen erstmals Assessment Center einführt, wird man immer gegen ein gewisses Unbehagen und manchmal auch eine gehörige Portion Skepsis kommunizieren müssen. Die Erfahrung zeigt aber, dass sehr viele Unternehmen höchst erfolgreich und von allen Interessengruppen im Unternehmen akzeptiert mit Assessment Centern arbeiten.

Dies bedeutet, dass also keinesfalls die Methode selbst zwangsläufig zu unglücklichen Ergebnissen und Auswirkungen führen muss, sondern dass diese eher die Folge von wenig qualitativen Assessment Center-Konzepten und Prozessgestaltungen sind. Wenn Assessment Center professionell, businessbezogen, transparent, teilnehmerorientiert und unternehmensspezifisch gestaltet werden, wird das Verfahren nahezu immer als Erfolg gewertet. Das bedeutet aber, dass gerade bei einer Neueinführung dieser Methode eine hohe Anforderung auf der internen und externen Kommunikation des Assessment Centers liegt, damit alle Beteiligten sich möglichst gut informiert und unvoreingenommen mit dem Verfahren auseinandersetzen.

In den folgenden Abschnitten wird auf diejenigen Fragen und Unsicherheiten eingegangen, die üblicherweise bei der Einführung und Kommunikation von Assessment Centern auftreten und auf die seitens der Personalbereiche reagiert werden muss. Für alle Fragen sind Musterantworten formuliert worden, die direkt oder mit kleiner Abänderung in die schriftliche oder mündliche interne Kommunikation einfließen können, wenn eine ähnliche Philosophie und Herangehensweise wie in diesem Buch angestrebt ist. Natürlich muss der eine oder andere Aspekt unternehmensspezifisch abgeändert werden. Viele Argumente werden sich jedoch relativ gut in die unternehmensspezifische Argumentation integrieren lassen.

4.1.1 Kommunikationshilfen bei Auswahl-Assessment Centern

Zunächst sollen Fragen und Musterantworten dargestellt werden, die solche Problembereiche betreffen, die üblicherweise im Zusammenhang mit Auswahl-Assessment Centern diskutiert werden. Es ist natürlich ein Unterschied, ob interne oder externe Auswahl- Assessment Center durchgeführt werden. Bei internen Bewerbern sieht sich der Betriebsrat wesentlich stärker in der Verantwortung und begleitet den Prozess üblicherweise kritischer. Solche Fragen, die für beide Arten von Assessment Centern relevant sind, werden der Einfachheit halber nur unter einer Rubrik aufgeführt.

4.1.1.1 Typische Fragen der Führungskräfte

Frage: *Warum ist ein Auswahl-Assessment Center überhaupt nötig – bislang haben doch Auswahl-Interviews ausgereicht?*

Antwort: Selbstverständlich erbringen auch Auswahl-Interviews für viele Fragestellungen sinnvolle Ergebnisse. Es soll an dieser Stelle auf die wissenschaftliche Argumentation verzichtet werden, dass Assessment Center in nahezu allen einschlägigen wissenschaftlichen Untersuchungen zu einer besseren Trefferquote geführt haben als reine Einstellungsinterviews. Es gibt für den Nutzen von Assessment Centern auch ein sehr plausibles, praktisches Argument. Man kann sicherlich annehmen, dass Auswahlentscheidungen umso besser werden, je mehr Informationen die Entscheider zur Verfügung haben. Ein typisches Einstellungsgespräch beinhaltet die biografischen Informationen und die Selbstdarstellung im Gespräch. Wenn nun ein Auswahl-Assessment Center geplant ist, wird man auf diese beiden Informationsquellen natürlich nicht verzichten. Ein Auswahl-Assessment Center liefert darüber hinaus Eindrücke, die mit dem direkten Verhalten und der Leistungsfähigkeit in anforderungsrelevanten Situationen zu tun haben, und stellt so eine simulierte Arbeitsprobe dar. Durch die zusätzliche Berücksichtigung dieser Eindrücke kann die Entscheidungsqualität wohl kaum sinken, sondern nur steigen. Die Investition für ein Assessment Center rechnet sich im Allgemeinen schon, wenn nur eine einzige Fehlentscheidung verhindert werden kann. Die Tatsache, dass durch ein Assessment Center Fehlentscheidungen verhindert werden, ist ebenfalls relativ plausibel beweisbar. Häufig ist es so, dass auch in solchen Assessment Centern, die im Anschluss an sorgfältige Auswahl-Interviews geführt werden, einzelne Teilnehmer in den praktischen Arbeitsproben nur sehr wenig überzeugen. Die Erfolgsfaktoren im Einstellungsgespräch kommen dem fröhlichen, eloquenten Selbstdarsteller entgegen. Das Assessment Center ist in der Lage, eine positive Selbstdarstellung im Interview zu verifizieren oder manchmal auch zu falsifizieren.

Frage: *Wie wird sichergestellt, dass unsere spezifischen Stellenanforderungen tatsächlich repräsentiert werden?*

Antwort: In dem geplanten Auswahl-AC werden die verantwortlichen Linien-Führungskräfte des Bereiches als Beobachter mitwirken. Sie werden bei der Vorbereitung des Assessment Centers in die Konzeption der Übungen einbezogen, damit die Übungen sich tatsächlich auf die relevanten Anforderungen und Situationen beziehen können und fachlich plausibel sind. Die Einbeziehung der Führungskräfte als Beobachter hat aber noch einen anderen Hintergrund: Die Führungskräfte der Fachbereiche haben im Laufe ihrer Erfahrung ein implizites Wissen über die Erfolgsfaktoren in ihren Verantwortungsbereichen gesammelt. Dieses Wissen ist nicht komplett sprachlich auszudrücken (dann wirkt es meist trivial), sondern betrifft eher ein Fingerspitzengefühl für diejenigen Personen und Typen, die in diesen Bereichen wirklich zurechtkommen und erfolgreich sind. Ein Assessment Center soll die Führungskräfte in die Lage versetzen, vor dem Hintergrund dieses impliziten Erfahrungswissens eine noch differenziertere Beurteilung der Teilnehmer vornehmen zu können. Den Führungskräften soll die Möglichkeit gegeben werden, noch wesentlich mehr Eindrücke, Beurteilungen und Einschätzungen heranziehen zu können, als dies in einem ausschließlichen Einstellungsgespräch möglich wäre. Eine Vertriebsführungskraft kann die Passung eines Bewerbers zu Produkt-, Kunden- und Kollegenumfeld, zur Verkaufsphilosophie des Hauses und zur Gesprächsqualität sicherlich fundierter beurteilen und mit den Standards des eigenen Bereiches vergleichen, wenn sie den Bewerber in einer solchen Situation beobachten kann und nicht nur darauf angewiesen ist, dass der Bewerber darüber berichtet.

4.1.1.2 Typische Fragen der Teilnehmer

Frage: *Was genau ist ein Assessment Center?*

Antwort: Ein Assessment Center ist ein Auswahlverfahren, in dem die Teilnehmer sich nicht nur in einem Gespräch selbst darstellen, sondern ihre Kompetenzen und Leistungsmöglichkeiten auch bei der Bearbeitung von Fallstudien und Simulationen zeigen, die charakteristisch für die Anforderungen der Zielpositionen sind. Die Teilnehmer werden während der Bearbeitung der Simulationen durch geschulte Personalexperten und Beobachter eingeschätzt und beurteilt. Aus Unternehmenssicht soll ein Assessment Center vor allen Dingen mehr Beurteilungstiefe und mehr Fairness erzeugen. Insbesondere bei Teilnehmern aus technischen Berufen ist häufig beobachtbar, dass diese sich in einem Einstellungsinterview etwas schwerer tun, ihre Leistungsfähigkeit überzeugend darzustellen, als beispielsweise ein Marketingspezialist. Nichtsdestotrotz kann auch ein eher wortkarger und wenig redegewandter Bewerber hervorragende Führungsqualitäten für seinen Bereich mitbringen. Ein Assessment Center bietet die Möglichkeit, dass die Auswahlentscheidung nicht nur auf einem ein- oder zweistündigen Interview basiert, sondern die Teilnehmer in vielen unterschiedlichen Situationen die Gelegenheit haben, ihr Potenzial und ihre Leistungsfähigkeit darzustellen. Gerade für die etwas weniger redegewandten Teilnehmer ist dies oft eine gute Chance.

Frage: *Wie kann ich mich auf ein Assessment Center vorbereiten?*

Antwort: Die Teilnehmer brauchen sich auf ein Assessment Center nicht vorzubereiten. Es ist natürlich vorteilhaft, sich im Vorfeld über die Gestaltung des Verfahrens zu informieren und damit eine Grundidee von den Dingen zu gewinnen, die im Rahmen eines Assessment Centers verlangt werden. Es gibt eine Reihe von Bewerbungsratgebern, die Empfehlungen und Tipps für das Verhalten im Assessment Center beinhalten. Die Erfahrung zeigt, dass diese Tipps oft nicht nützlich sind und das darauf aufbauende Verhalten auch nicht authentisch wirkt. Die Tipps sind häufig trivial und nehmen wenig Rücksicht auf die Komplexität einer Assessment Center-Situation. Die Empfehlung »Stürzen Sie zu Beginn der Gruppendiskussion möglichst schnell ans Flip-Chart« wird von den Beobachtern durchaus nicht immer als positiv verbucht. Das Beste ist, wenn sich Teilnehmer zwar mit der Methodik vertraut machen, sich aber in den jeweiligen Assessment Center-Situationen auf ihre eigenen Erfolgsfaktoren verlassen. Kein vorgetäuschter Erfolgsfaktor kann besser sein als ein authentischer.

Frage: *Nach welchen Kriterien wird die letztliche Entscheidung getroffen?*

Antwort: Üblicherweise sind in einem Assessment Center 8 bis 14 Anforderungskriterien Gegenstand der Beurteilung. Fast nie wird die letztliche Entscheidung für oder gegen einen Bewerber nach einem festen Entscheidungsalgorithmus getroffen, der sich ausschließlich aus den Punktwerten ergibt. Im Allgemeinen werden die Ergebnisprofile noch einmal vor dem Hintergrund des Gesamteindrucks über einen Bewerber diskutiert, und einzelne, weniger starke Kompetenzen können dabei durch Stärken in einem anderen Bereich kompensiert werden. Insofern ist der letztliche Entscheidungsprozess nicht genau quantifizierbar, sondern beruht auf einem Gesamtbild, welches die Beobachter von den Teilnehmern gewinnen.

Frage: *Welchen Nutzen habe ich von einer Teilnahme?*

Antwort: Unabhängig davon, ob die Teilnahme an einem Assessment Center zu einer erfolgreichen Einstellung oder Beförderung geführt hat, wird man in einem guten Assessment Center immer auch bemüht sein, den Teilnehmern ein ernsthaftes Feedback und eine wirkliche Beratung zukommen zu lassen. Nach einem Interview erhalten die Bewerber sehr selten ein wirklich offenes und differenziertes Feedback über ihre Wirkung, und die Gründe für oder gegen eine Einstellung werden selten offen und transparent kommuniziert. Anders ist dies bei einem Assessment Center. Aufgrund des Aufwandes und der Belastung fühlen sich die Unternehmen in einer ganz anderen Weise dazu verpflichtet, den Kandidaten durch die Assessment Center-Teilnahme einen wirklichen Nutzen zu bieten – als Gegenleistung für den Einsatz und das Engagement in der Veranstaltung. Insofern sind gute Assessment Center auch unabhängig von der letztlichen Entscheidung wertvolle Beratungs- und Coachingtage. Auch die Rückmeldung negativer Entscheidungen kann – bei aller Enttäuschung – nach einem Assessment Center deutlich mehr Ansätze für Selbstreflexion und Veränderungsimpulse bieten als die Rückmeldung nach einem Interview. Wenn die Unternehmen negative Besetzungsentscheidungen treffen, tun sie dies meist nach sehr sorgfältiger Abwägung der Assessment Center-Ergebnisse. Der Aufwand, den ein Assessment Center für ein Unternehmen verursacht, signalisiert ja, wie sachgerecht und ernsthaft man die Entscheidungen treffen will.

4.1.1.3 Typische Fragen der Arbeitnehmervertretung

Frage: *Warum sollte durch ein Assessment Center die Auswahl fairer werden? Welcher Zusatznutzen entsteht, wenn wir die Bewerber dieser Belastung aussetzen?*

Antwort: Ein wesentliches Prinzip eines Assessment Centers besteht in der Mehrfachbeobachtung. Üblicherweise ist es so, dass die Beurteilung und Entscheidung in einem Assessment Center durch die Eindrücke vieler Beobachter zu Stande kommt. Dieses Prinzip erhöht natürlich die Fairness und ist dazu geeignet, einzelne, vielleicht extreme Ansichten über den Mitarbeiter zu korrigieren und zu relativieren. Der direkte Zusatznutzen für die Teilnehmer liegt bei einem gut gemachten Assessment Center darin, dass die simulierten Übungen und Arbeitsproben ein echtes Erleben darüber erlauben, wie die Anforderungen der Zielpositionen sich darstellen und sich konkret »anfühlen«. Dieser Nebeneffekt eines Assessment Centers kann den Teilnehmern eine Hilfe bei der kritischen Selbstreflexion darüber sein, ob die gewählte Zielperspektive wirklich den persönlichen Einstellungen und Ambitionen entspricht.

Frage *(bei internen Bewerbern): Durch ein internes Auswahl-AC produzieren wir eindeutige Sieger und Verlierer – ist die Demotivation der Verlierer nicht ein zu hoher Preis für ein Assessment Center?*

Antwort: Die Problematik der internen »Verlierer« ist zunächst einmal völlig unabhängig von der gewählten Methodik. Wann immer es interne Auswahlprozesse gibt, bei denen mehrere Interessenten für wenige Plätze vorhanden sind, wird es interne Verlierer geben. Dies hat also zunächst einmal nichts mit der Methode zu tun, durch die die Auswahlentscheidung letztlich gefällt wird. Die sogenannte Verliererproblematik ist häufig eher eine Transparenzproblematik. Durch ein Assessment Center (natürlich nur, wenn es als Gruppenverfahren organisiert wird) werden Gewinner und Verlierer offensichtlich, wohingegen sich dies bei einem diskreten internen Verfahren vermeiden ließe. Dieser Vorwurf ist nicht von der Hand zu weisen und muss zweifellos bei der Prozessgestaltung ins Kalkül gezogen werden. Für dieses Problem gibt es keine einfache Lösung, sondern hier kann lediglich ein sehr teilnehmerorientierter Prozess, eine gute Unterstützung und Bindung der weniger erfolgreichen Bewerber und eine sehr sorgfältige und sachgerechte Assessment Center-Durchführung die Effekte abmildern. Bei höherrangigen Zielpositionen kann es aus diesen Gründen auch sinnvoll sein, die Assessment Center nicht als Gruppenverfahren, sondern als Einzelverfahren zu konzipieren, um eine diskrete Durchführung zu ermöglichen.

Frage: *Was passiert, wenn jemand im Assessment Center einen »schlechten Tag« hat und aufgrund dieses schlechten Tages seine weitere Karriere gefährdet?*

Antwort: Bei internen Bewerbern wird die letztliche Entscheidung häufig auf einem Mix aus vorliegenden Leistungsdaten, internen Erfahrungen und den Assessment Center-Daten basieren. Sollte es im Assessment Center derartige Minderleistungen geben, die in einem völligen Kontrast zu den bisherigen Leistungsergebnissen stehen, so würde dies ohne Zweifel auffallen. Auf der anderen Seite muss man auch Folgendes sehen: Was genau soll es bedeuten, dass jemand einen »schlechten Tag« hat? Wenn jemand wirklich, beispielsweise durch Krankheit, familiäre Probleme oder sogar einen Schicksalsschlag, sehr eingeschränkt in seinen Leistungsmöglichkeiten ist, so sollte er dies auf jeden Fall zu Beginn des Assessment Centers artikulieren. Üblicherweise fällt so etwas den Beobachtern aber auch auf. In einem solchen Fall wäre ein Assessment Center abzubrechen und, wenn möglich, zu verschieben. Wenn »schlechter Tag« allerdings bedeutet, dass jemand mit einer leichten Übellaunigkeit das Assessment Center startet, so wird man üblicherweise von ihm erwarten können, dass dies keinen großen Effekt auf seine Leistungsfähigkeit hat. Auch in der praktischen Arbeit im Unternehmen wird man normalerweise nicht tolerieren können, dass jemand durch eine moderate schlechte Laune Minderleistungen bringt, die im völligen Widerspruch zu seiner sonstigen Leistungsfähigkeit stehen. Insofern kann man durchaus erwarten, dass auch solche Teilnehmer, die »mit dem linken Fuß zuerst aufgestanden sind«, in einem Assessment Center hierdurch nicht beeinträchtigt werden. Geschieht dies doch, wäre dies schon ein erhebliches Warnsignal für viele Anforderungen im Berufsleben. Darüber hinaus kommt dieses Argument bei jeder Art von Auswahlverfahren zum Tragen, also auch bei einem Interview. Hier kommt der so genannte

»schlechte Tag« sogar noch stärker zum Tragen, weil im Gegensatz zum AC keine Möglichkeit mehr besteht, einen »schlechten Start« durch Leistungen in späteren Übungen zu kompensieren.

4.1.2 Kommunikationshilfen bei Förder- oder Personalentwicklungs-Assessment Centern

Deutlich kommunikationsintensiver als Auswahl-AC sind Personalentwickungs- und Förder-AC. Da diese Verfahren ja keinen unmittelbaren Selektionscharakter haben, müssen die Ziele und die Konsequenzen der Assessment Center-Teilnahme entsprechend sorgfältig definiert werden. Besonders fatal verlaufen Förder-Assessment Center, die klammheimlich eigentlich doch einer Selektionsfragestellung gedient haben. Ein solches Vorgehen gefährdet die Akzeptanz der Methodik für lange Zeit. Bei den nun folgenden Statements wird davon ausgegangen, dass das Ziel des Assessment Centers in einer Laufbahn- und Entwicklungsplanung besteht, die den Teilnehmern eine persönliche Standortbestimmung erlauben soll, individuelle Fördermaßnahmen vorbereiten soll und den weiteren Werdegang im Unternehmen zumindest vorskizziert. Meistens haben auch Förder-Assessment Center eine Perspektivplanung für die Teilnehmer im Sinn und damit auch einen leichten Auswahlcharakter. Es wird zwar nicht zwischen mehreren Bewerbern für eine bestimmte Position entschieden, aber durch die unterschiedliche Zuordnung der Teilnehmer zu unterschiedlichen Fördermaßnahmen zeichnet man dennoch bestimmte Laufbahnentwicklungen vor.

4.1.2.1 Typische Fragen der Führungskräfte

Frage: *Die Teilnehmer des Assessment Centers sind doch hier im Unternehmen teilweise schon jahrelang bekannt – welche zusätzlichen Eindrücke kann ein Assessment Center da noch bieten?*

Antwort: Üblicherweise werden Förder-Assessment Center nicht allen Mitarbeitern angeboten, sondern nur denjenigen, die sich durch ihre bisherigen internen Leistungen hierfür empfehlen. Insofern sind die unternehmensinternen Beurteilungen und die positiven Arbeitsergebnisse Voraussetzung für die Teilnahme an einem Förder-Assessment Center und fließen in dieser Form ein. Ein internes Förder-Assessment Center macht genau dann Sinn, wenn die in dem Assessment Center abgebildeten Anforderungsbereiche und Situationen auf zukünftige Herausforderungen hin ausgerichtet sind und gerade nicht solche Dinge duplizieren, die sich durch die bisherigen Arbeitsergebnisse der Teilnehmer besser beurteilen ließen. Ein Förder-Assessment Center soll es ermöglichen, die Teilnehmer bei der Bewältigung solcher Aufgaben zu beobachten, die in ihrer bisherigen Tätigkeit nicht sinnvoll beurteilt werden können. In Förder-Assessment Centern geht es zumeist um Potenzial. Es ist durchaus denkbar, dass ein Teilnehmer hervorragende Leistungsergebnisse in seiner gegenwärtigen Funktion erbringt, aber dennoch wenig Potenzial für weitergehende Verantwortungen mitbringt. Hier kann ein gut gemachtes Assessment Center hilfreiche zusätzliche Informationen erbringen.

Frage: *Wie ist es zu beurteilen, wenn Führungskräfte ihre eigenen Mitarbeiter im AC beobachten?*

Antwort: Auf diese Frage gibt es keine einfache Antwort. Der »reinen Lehre« nach ist ein solcher Fall aus Objektivitätsgründen zu vermeiden. Allerdings gibt es durchaus auch ein paar Gründe, die dafür sprechen, die direkten Vorgesetzten als Beobachter einzuladen. Zum einen können diese das Verhalten der Teilnehmer noch stärker vor dem Hintergrund des realen Verhaltens in der Praxis deuten und interpretieren. Für die Teilnehmer ist die »Gesichtsverlustproblematik« oft brisanter, wenn hochrangige andere Führungskräfte des Unternehmens beobachten, da die Teilnehmer im Allgemeinen davon ausgehen, dass der eigene Vorgesetzte ihnen wohlgesonnen ist. Falls es zu einem Teilnehmer Eindrücke gibt, die diskrepant zur sonstigen Beurteilung durch den Vorgesetzten sind, so ist dies der jeweiligen Führungskraft leichter zu übermitteln und für diese leichter zu interpretieren, wenn sie selbst bei der Sammlung der Eindrücke im Assessment Center beteiligt war.

4.1.2.2 Typische Fragen der Teilnehmer

Frage: *Welche Konsequenzen sind für mich mit der Teilnahme verbunden? Wie genau sieht die Förderung im Anschluss an das Assessment Center aus?*

Antwort: Die direkten Konsequenzen für die Teilnehmer müssen genau definiert werden. Welche Art von Förderungen wird in welcher Prozessgestaltung für welche mittel- und langfristigen Ziele auf den Assessment Center-Ergebnissen basieren? Den Teilnehmern wird zumeist auch vermittelt werden müssen, dass die Assessment Center-Ergebnisse – wenn überhaupt – nur über eine begrenzte Zeit zum Gegenstand der Personalakte werden und nicht für kurzfristige interne Stellenbesetzungsprozesse herangezogen werden (sonst hätte das Verfahren doch den Charakter eines Auswahlverfahrens). Mit gleicher Ehrlichkeit wird man aber auch auf folgenden Aspekt hinweisen müssen: Die Beobachter des Assessment Centers, die nicht selten auch hochrangige Entscheider sind, sammeln in dem Assessment Center persönliche Eindrücke über die Teilnehmer, die sich nachher nicht mehr »löschen lassen«. Neben den formalen und geplanten Konsequenzen können natürlich aus den positiven und weniger positiven Eindrücken, die einzelne Führungskräfte und Entscheider aus dem Assessment Center mitnehmen, weitere Konsequenzen erwachsen, die nicht genau vorhersagbar sind.

Frage: *Wenn meine Leistungsfähigkeit hier im Unternehmen als positiv bewertet wird, warum muss ich dann noch an einem Assessment Center teilnehmen?*

Antwort: Die positive Leistungsfähigkeit von Mitarbeitern ist bei Förder-Assessment Centern zumeist die Grundlage und die Voraussetzung für ihre Einladung zum Assessment Center. Das Assessment Center selbst ist auf solche Anforderungen ausgerichtet, die durch die bisherigen Leistungen nicht sinnvoll beurteilbar sind (z. B. Führungsfähigkeiten).

4.1.2.3 Typische Fragen der Arbeitnehmervertretung

Frage: Durch ein Förder-AC schaffen wir eine Erwartungshaltung bei den Mitarbeitern im Hinblick auf entsprechende Förderung – wie soll diese Erwartungshaltung erfüllt werden?

Antwort: Üblicherweise bedeutet ein erfolgreiches Absolvieren eines Förder-Assessment Centers zwar das Recht auf eine privilegierte Förderung, aber nicht das Recht auf eine privilegierte Beförderung. Dieser Unterschied muss in der gesamten Kommunikation gegenüber den Teilnehmern mit hoher Deutlichkeit vermittelt werden. Normalerweise werden Beförderungen auch in der Zukunft immer an der konkreten Leistungsfähigkeit eines Mitarbeiters festgemacht und nicht an den vielleicht schon lange zurückliegenden Assessment Center-Ergebnissen. Empfehlenswert ist es, nach dem Förder-Assessment Center mit jedem Mitarbeiter ein Gespräch unter Einbeziehung des eigenen Vorgesetzten und der Personalabteilung zu führen, in dem die für diesen Mitarbeiter sinnvollen Fördermaßnahmen konkret vereinbart und festgelegt werden. Durch diese Festlegung wird die anfangs vielleicht diffuse Erwartungshaltung durch ein sehr konkretes Versprechen ersetzt, welches dann natürlich entsprechend eingelöst werden muss.

Frage: Sind nicht die direkten Vorgesetzten der Teilnehmer eigentlich die besten Beurteiler? Warum glaubt man, dass ein zweitägiges Assessment Center Eindrücke herbeiführen könnte, die der eigene Vorgesetzte aus der Zusammenarbeit ebenso gut beisteuern kann?

Antwort: Die Beurteilungen der direkten Vorgesetzten dürfen auf keinen Fall vernachlässigt werden, sondern müssen in die Vorauswahl der Teilnehmer und in die Besprechung der Assessment Center-Ergebnisse eng miteinbezogen werden. Ein Assessment Center soll den Teilnehmern jedoch gerade die Möglichkeit bieten, sich mit ihrer Leistungsfähigkeit auch einmal unabhängig vom direkten Vorgesetzten profilieren zu können. Der Betriebsrat erkennt hierin zumeist den Vorteil, dass »unentdeckte Potenziale« oder von ihren Vorgesetzten »gedeckelte« Mitarbeiter eine Chance erhalten. Außerdem kann ein Assessment Center so dazu beitragen (auch dies ist ein Argument, welches den Betriebsrat überzeugt), Förder- und Entwicklungsangebote etwas unabhängiger von möglichen Sympathie- oder Antipathieeffekten der direkten Vorgesetzten zu planen.

4.2 Hinweise für die Prozessgestaltung der internen Kommunikation

Der folgende Abschnitt enthält eine Reihe von praktischen Hinweisen für die interne Kommunikation von Assessment Centern und die dabei zu beachtenden Punkte. Erfahrungsgemäß ist in vielen Unternehmen eine offene und transparente Kommunikation eines Assessment Centers gewollt, allerdings verläuft der Prozess selbst nicht immer ganz glücklich und beseitigt nicht alle Unklarheiten. Wenn die nun aufgeführten Punkte beachtet werden, wird man üblicherweise einen erfolgreichen Prozessverlauf realisieren können.

4.2.1 Frühe Einbindung wichtiger Multiplikatoren

Ein Assessment Center wird umso mehr Akzeptanz finden, je frühzeitiger interne Multiplikatoren in die Prozessdefinition und die inhaltliche Ausgestaltung eingebunden werden. Praktisch bedeutet dies, dass es sich anbietet, das gesamte Assessment Center-Projekt (unabhängig davon, ob es sich um ein Auswahl- oder um ein Förder-AC handelt) mit einem Konzeptions-Workshop zu beginnen. In diesem Konzeptions-Workshop würden dann die interessierten Führungskräfte gemeinsam mit den Verantwortlichen des Personalbereiches die Anforderungen herausarbeiten, die Übungsszenarien vordefinieren und den weiteren Projektverlauf vereinbaren. Auf der Basis eines solchen Konzeptions-Workshops kann dann eine Art Pflichtenheft für das Assessment Center entstehen, das Grundlage der weiteren internen Abstimmung ist. Die frühzeitige Einbindung gerade auch kritischer Führungskräfte und das damit verbundene Angebot, aktiv an der inhaltlichen Gestaltung des Assessment Centers mitzuwirken, führt in aller Regel dazu, dass ein Assessment Center-Projekt einen guten Start nimmt und eventuelle Bedenken aufgenommen und im weiteren Prozessverlauf berücksichtigt werden können. Gerade das mit einem solchen Konzeptions-Workshop verbundene Signal, dass man sich in der inhaltlichen Ausgestaltung des Assessment Centers wirklich von den spezifischen Anforderungen des beteiligten Fachbereiches lenken lässt, kommt im Allgemeinen sehr gut an.

4.2.2 Frühzeitiger Start der Abstimmung mit dem Betriebsrat

Wenn das Assessment Center tarifliche Mitarbeiter als Zielgruppe vorsieht, muss der Betriebsrat ohnehin früh eingebunden werden. Gegebenenfalls wird man sogar eine Betriebsvereinbarung zur Assessment Center-Durchführung schließen. Häufig ist es hierbei empfehlenswert, auch einzelne Abgesandte des Betriebsrates in den Konzeptionsprozess mit einzubinden. Gegebenenfalls ist es sogar sinnvoll, einen Betriebsratsvertreter in den oben skizzierten Konzeptions-Workshop einzuladen und so Transparenz über die inhaltliche Diskussion zu schaffen. Sobald der Betriebsrat bereit ist, die inhaltliche Konzeption mit zu begleiten, wird er üblicherweise auch in der Kommunikation gegenüber den Teilnehmern keine skeptische Grundhaltung gegenüber der Assessment Center-Methodik mehr vermitteln. In vielen Unternehmen sieht der Betriebsrat das Assessment Center als sehr positives Instrument, da es zusätzliche Objektivität über die Potenziale der einzuschätzenden Mitarbeiter bietet und die Abhängigkeit von Beurteilungen durch den eigenen Vorgesetzten relativiert.

Darüber hinaus gilt es, mit dem Betriebsrat frühzeitig wesentliche Fragen der Prozesssteuerung zu klären. Für den Betriebsrat stehen hier insbesondere die Fragen zur Vorauswahl der Teilnehmer und zur Dokumentation der Ergebnisse im Vordergrund. Die Frage, ob die Assessment Center-Ergebnisse in der Personalakte aufbewahrt werden, oder wer bei einer abweichenden Aufbewahrungsvereinbarung welches Einsichtsrecht hat, sollte frühzeitig diskutiert werden. Manchmal ist es auch vorteilhaft, ein Betriebsratsmitglied als Beobachter in das Assessment Center einzuladen. Dieses Betriebsratsmitglied beobachtet dann eher den Gesamtprozess und wird üblicherweise nicht in die Bewertung der Teilnehmer einbezogen. Sollte es nach einem Auswahl-AC seitens einzelner Mitarbeiter Rückfragen beim Betriebsrat geben, ist es wesentlich besser, wenn sich ein Betriebsratsmitglied persönlich ein Bild von dem Verfahrensverlauf machen konnte. Falls die Teilnahme eines Betriebsratsmitgliedes intern kritisch diskutiert wird, lässt sich auch eine Regelung vereinbaren, nach der die Teilnehmer, bei denen der Betriebsrat einer Übungsdurchführung beiwohnt, vorher explizit zustimmen müssen.

4.2.3 Definition eines klaren Regelwerkes

Um viele interne Diskussionsprozesse abzukürzen und Unsicherheiten bei den Teilnehmern und Führungskräften zu vermeiden, ist es vorteilhaft, relativ frühzeitig ein klares Regelwerk im Zusammenhang mit allen das Assessment Center betreffenden Fragen zu vereinbaren und zu kommunizieren. Dieses Regelwerk sollte beispielsweise die folgenden Aspekte beinhalten:

4.2.3.1 Vorauswahl der Teilnehmer

Es ist dringend zu empfehlen, bei allen Arten von Assessment Centern den Vorauswahlprozess der Teilnehmer sehr sorgfältig zu definieren und zu kommunizieren. In einigen Unternehmen ist es Praxis, dass gerade zu Förder-Assessment Centern eher »handverlesene« Teilnehmer eingeladen werden. Eine so erfolgte Vorauswahl produziert natürlich bei den nicht eingeladenen Mitarbeitern (die sich aber selbst für geeignet halten) eine große Irritation (natürlich auch bei den Entsandten, die sich fragen, warum gerade sie ausgewählt worden sind). Bei der Frage nach dem Vorauswahlprozess sind darum verschiedene

Punkte ins Kalkül zu ziehen: Eine wichtige Ausgangsfrage ist, ob man eine Selbstbewerbung der Teilnehmer zulässt. Dies ist meist eine Variante, die für den Betriebsrat sehr akzeptabel ist, weil es bedeutet, dass »unentdeckte Potenziale« auch unabhängig vom Votum des jeweiligen Vorgesetzten eine Selbstnominierung vornehmen können. Gleichzeitig führt ein so definierter Prozess häufig zu einer sehr großen Anzahl von Assessment Center-Interessenten, was einerseits unter Ressourcengesichtspunkten, andererseits aber auch unter inhaltlichen Gesichtspunkten oft nicht förderlich ist, weil damit eventuell zu starke Erwartungshaltungen gefördert werden. Insofern bleibt die Frage zu klären, ob es gegebenenfalls eine Vorauswahl-Instanz gibt. Hier kommt natürlich der eigene Vorgesetzte in Frage. Viele Unternehmen haben aber auch gute Erfahrungen mit sogenannten »Sichtungsrunden« gemacht, in denen jeweils Führungskräfte aus benachbarten Bereichen, die ihre Mitarbeiter untereinander kennen, die letztliche Auswahl der Teilnehmer gemeinsam vornehmen. Eine solche Sichtungsrunde führt übrigens auch dazu, dass die beteiligten Führungskräfte einen einheitlicheren Vergleichsmaßstab beim Vorschlag ihrer Mitarbeiter anlegen, wodurch die Gruppe der Assessment Center-Teilnehmer homogener wird.

4.2.3.2 Mögliche Konsequenzen, die aus der Assessment Center-Teilnahme folgen

Ein weiterer Punkt, zu dem es eine klare Sprachregelung geben sollte, betrifft die möglichen Konsequenzen, die mit einer Assessment Center-Teilnahme verbunden sind. Welche Dinge kann ein Teilnehmer bei einer erfolgreichen Absolvierung des Assessment Centers realistischerweise mit welcher Zeitperspektive erwarten? Welche Angebote stehen für die weniger erfolgreichen Teilnehmer zur Verfügung? Welche Erwartungen im Hinblick auf die Karriereentwicklung können durch das Assessment Center nicht erfüllt werden?

4.2.3.3 Umgang mit den Assessment Center-Ergebnissen

Wenn es schriftliche Assessment Center-Ergebnisse gibt, sollte klar definiert und intern kommuniziert sein, wie diese Ergebnisse aufbewahrt werden. Die umfassendste Form der Ergebnisdokumentation besteht darin, einen schriftlichen Ergebnisbericht zum Bestandteil der Personalakte zu machen. Bei Förder-Assessment Centern ist natürlich auch denkbar, dass nur die auf einem Assessment Center beruhenden Förder- und Entwicklungsempfehlungen (gegebenenfalls gemeinsam mit dem auf dem Assessment Center-Feedback aufbauenden Protokoll eines internen Fördergesprächs) in der Personalakte dokumentiert werden. Manchmal werden diese Förderempfehlungen auch separat in der Personalentwicklung aufbewahrt, da sie ja nur dort verwandt werden müssen.

Gegebenenfalls ist es auch möglich, den Teilnehmern freizustellen, ihren Ergebnisbericht der Personalakte beizufügen. Es gibt also eine Reihe von Varianten, die im Hinblick auf den Umgang mit Assessment Center-Ergebnissen denkbar sind. Eine von Anfang an feststehende Regelung darüber, in welcher Weise welche Ergebnisse von welchem Personenkreis verwendet werden, ist in jedem Fall für den Gesamtprozess förderlich.

Bei externen Bewerbern ist ebenfalls die Frage zu klären, ob die AC-Ergebnisse in der Personalakte abgelegt werden. Bei abgelehnten Bewerbern wird man die Ergebnisse idealerweise vernichten. Wenn man bei eingestellten Bewerbern aus den AC-Ergebnissen Empfehlungen über die Einarbeitung und Personalentwicklung ableiten möchte, so empfiehlt sich eine interne Dokumentation.

In Unternehmen, die bislang wenige Erfahrungen mit der Assessment Center-Methodik gemacht haben, bieten sich auch bestimmte Regeln für das Verhalten der Beobachter an. So ist es beispielsweise lohnenswert, mit den Beobachtern klar zu vereinbaren, dass Detailbeobachtungen und Eindrücke zu einzelnen Kandidaten intern diskret behandelt und nicht zum Gegenstand von »Flurgesprächen« werden sollten.

4.2.4 Transparente Vorinformation der Teilnehmer

Sobald die Teilnehmer über die Planung eines Assessment Centers informiert werden, sollten ihnen auch umfangreiche Informationen über Ziele, Inhalte und Prozessgestaltung des Verfahrens zur Verfügung gestellt werden. Im Grunde empfiehlt es sich, eine kurze Broschüre für das Assessment Center zu erstellen, in der alle wichtigen Fragen der Teilnehmer beantwortet werden. Diese Broschüre sollte neben einer konkreten Darstellung über Ablauf und Inhalte des Assessment Centers auch die Durchführungsphilosophie (»kein Stress-Test«) und eventuell auch das Anforderungsprofil offen legen. Darüber hinaus muss die Broschüre über die Regelungen im Zusammenhang mit der Prozessgestaltung informieren. Eine solche Broschüre ist für externe wie interne Teilnehmer nutzbar.

4.2.5 Detaillierte Vorinformation der entsendenden Führungskräfte

Eine besonders wichtige Zielgruppe der internen Kommunikation stellt bei internen Assessment Centern die Gruppe derjenigen Führungskräfte dar, aus deren Bereichen Mitarbeiter an dem Verfahren teilnehmen. Häufig wird diese Zielgruppe vernachlässigt. Es ist aber natürlich so, dass nach der Einladung zu einem Assessment Center die Teilnehmer mit eventuellen Fragen zunächst einmal auf ihren eigenen Vorgesetzten zugehen. Der jeweilige Vorgesetzte wird dann versuchen, die entstehenden Fragen nach bestem Wissen und Gewissen zu beantworten. Es ist aber denkbar (und in der Praxis nicht selten), dass die Führungskräfte im Hinblick auf die Durchführungsmethodik, Ausgestaltung und Philosophie des Assessment Centers Informationen transportieren, die abweichend von den Überlegungen des Personalbereiches sind. Gute Erfahrungen sind beispielsweise damit gemacht worden, den entsendenden Führungskräften eine Liste von Frequently Asked Questions (FAQ) zur Verfügung zu stellen, die diejenigen Punkte betreffen, die Mitarbeiter erfahrungsgemäß gegenüber ihren Vorgesetzten ansprechen, wenn sich Fragen zum Assessment Center ergeben. Eine solche Argumentationshilfe für die Führungskräfte kann viel dazu beitragen, dass die Kommunikation von Assessment Centern einheitlicher verläuft und Missverständnisse vermieden werden. Oftmals sind auch 3–5 prägnante Charts hilfreich, die die Führungskräfte in Teammeetings präsentieren können, und die über das Intranet abrufbar sind.

4.3 Materialien für die Kommunikation von Assessment Centern

Im folgenden Absatz sind verschiedene Materialien zusammengestellt, die direkt in der internen Kommunikation Verwendung finden können. Zunächst sind zwei Einladungsschreiben formuliert, wobei das eine Einladungsschreiben eine Vorinformation der Bewerber umfasst, die zu einem Auswahl-Assessment Center eingeladen werden. In der Vorinformation externer Bewerber kommt neben anderen Dingen auch der Personalmarketing-Gesichtspunkt zum Tragen. Gut gemachte Auswahl-Assessment Center haben immer auch eine Personalmarketing-Funktion und sollen interessanten Bewerbern ein positives und attraktives Bild des Unternehmens vermitteln. Dieses Personalmarketing beginnt bereits mit der Vorinformation der Teilnehmer. Auch die Gestaltung des Assessment Centers selbst hat einen erheblichen Einfluss darauf, wie ein Bewerber ein Unternehmen wahrnimmt.

Der zweite Brief beschreibt eine beispielhafte Vorinformation von Teilnehmern an einem internen Förder-Assessment Center. Im zweiten Absatz sind beispielhafte interne Präsentationsunterlagen aufgeführt, die in vergleichbarer Form zur Information von Entscheidern, Betriebsräten, Beobachtern oder Teilnehmern genutzt werden können.

Tool 6: Einladungsschreiben zu einem Auswahl-Assessment Center

Sehr geehrte/r Herr/Frau XXX,

wir freuen uns darüber, Sie mit diesem Schreiben zu unserem Auswahl-Assessment Center einladen zu dürfen. Gerne informieren wir Sie in diesem Brief über die Methodik und Hintergründe unseres Assessment Center-Verfahrens. Vielleicht haben Sie schon das eine oder andere über diese Methodik gehört oder sind selbst schon einmal als Teilnehmer zu einem Assessment Center eingeladen gewesen. Dennoch gibt es einige Besonderheiten, auf die wir bei der Durchführung eines Assessment Centers Wert legen, und diese möchten wir Ihnen gerne mit dieser Darstellung vermitteln.

Ein Assessment Center ist ein Beurteilungsverfahren, in dem es – im Gegensatz zum Interview – nicht um die Diskussion Ihrer beruflichen Erfahrungen und Kompetenzen geht, sondern um die konkrete und praktische Simulation der Aufgaben und Herausforderungen der zukünftigen Position. Wir möchten Ihnen in dem Assessment Center die Möglichkeit geben, uns in verschiedenen Fallstudien und Gesprächssimulationen einen differenzierten Eindruck von Ihrer Leistungsfähigkeit zu vermitteln.

In der Vorbereitung unseres Assessment Centers sind wir dazu wie folgt vorgegangen: Wir haben zunächst einmal definiert, welche Anforderungen uns als Unternehmen für die erfolgreiche Ausführung der von Ihnen angestrebten Zielposition besonders wichtig sind. Wir werden Ihnen am Vorabend des Assessment Centers diese Anforderungen noch einmal im Einzelnen beschreiben. Vereinfacht gesagt geht es uns um Aspekte Ihrer Problemlösungskompetenz, Ihrer zwischenmenschlichen Fähigkeiten und auch um Fragen Ihrer persönlichen Motivation. Im nächsten Schritt haben wir verschiedene Fallstudien und Rollenspiele vorbereitet, die charakteristisch für die Anforderungen der Zielposition sind. Alle Simulationen benötigen kein spezielles Fachwissen und auch keine besonderen Vorerfahrungen. Für alle Übungen erhalten Sie im Vorfeld ausführliche, schriftliche Instruktionen. Konkret haben wir die folgenden Situationen für Sie vorbereitet:

1. Interview

Zum Einstieg in das Assessment Center werden wir mit Ihnen ein persönliches Interview führen. Hier interessieren uns Ihre bisherigen beruflichen Erfahrungen, Ihre Qualifikationen, Ihre persönlichen Kernkompetenzen und Ihre Interessen und Ziele im Hinblick auf einen möglichen Einstieg in unserem Unternehmen.

2. Präsentation

In dieser Simulation werden wir Sie bitten, zu einem definierten Problembereich, zu dem Sie ausführliche Hintergrundinformationen erhalten werden, eine Lösung zu entwerfen und einem Beobachtergremium zu präsentieren.

3. Mitarbeitergespräch

In dieser Übung werden Sie in der Rolle einer Führungskraft ein Mitarbeitergespräch mit einem Ihnen zugeordneten Mitarbeiter führen. Der Mitarbeiter wird von unserer Seite durch einen Rollenspieler dargestellt.

4. Handlungsorientierte Fallstudie

Bei der Bearbeitung der Fallstudie werden wir Sie darum bitten, sich in verschiedene, komplexe Informationen einzuarbeiten und diese umfassend zu analysieren. Im Anschluss an Ihre individuelle Bearbeitung der Fallstudie möchten wir Ihre Analyseergebnisse und die darauf aufbauenden Maßnahmenvorschläge mit Ihnen diskutieren.

5. Verhandlungsgespräch

In dieser Übung werden Sie in der Rolle einer Führungskraft ein Verhandlungsgespräch mit einem externen Geschäftspartner führen, der ebenfalls durch einen Rollenspieler dargestellt wird.

Selbstverständlich werden Sie im Anschluss an das Verfahren ein ausführliches und differenziertes Feedback der Beobachter erhalten. Wir achten dabei darauf, dass dieses Assessment Center Ihnen – unabhängig vom Ergebnis – als persönlich bereichernder und inspirierender Tag in Erinnerung bleibt. Wir betrachten Sie daher in diesem Assessment Center nicht allein als Bewerber, sondern auch als Kunde, der von dem gegebenen Feedback und der darauf aufbauenden Beratung profitieren soll. Wir werden uns am Ende des Assessment Centers daran messen lassen, ob es uns gelungen ist, diesem Anspruch auch aus Ihrer Einschätzung gerecht geworden zu sein.

Möglicherweise haben Sie auch schon einmal das Vorurteil gehört, in einem Assessment Center ginge es vorrangig um die Auslösung von Stress oder Druck. Hiervon möchten wir uns mit unserem Verfahren sehr klar distanzieren. Wir wollen, dass Sie sich bezüglich der Atmosphäre, der Durchführung und der Gestaltung der Übungen wohl fühlen und in der Lage sind, ein wirklich authentisches und leistungsfähiges Bild von sich zu vermitteln. Insofern werden die Übungen sicherlich schwierig und herausfordernd sein, aber Sie werden nicht erleben, dass wir in irgendeiner Weise zusätzlichen Druck erzeugen.

Wir wollen, dass Sie durch das Assessment Center auch unser Unternehmen und unsere Führungskräfte etwas besser kennen lernen können. Wir haben darum im Rahmen des Assessment Center-Tages bestimmte Zeiten reserviert, in denen Sie sich mit Mitarbeitern und Führungskräften unseres Hauses austauschen und sich so ein Bild von unserem Unternehmen verschaffen können. Außerdem werden wir Ihnen im Rahmen der Veranstaltung auch ausführliche Informationen über unser Unternehmen und über die konkrete

Zielposition präsentieren. Insofern soll auch Ihnen das Assessment Center Entscheidungssicherheit dahingehend vermitteln, dass wir ein wirklich attraktiver neuer Arbeitgeber für Sie sein könnten.

Wir freuen uns sehr darauf, gemeinsam mit Ihnen einen spannenden und interessanten Tag zu verbringen und stehen Ihnen gerne für Rückfragen zur Verfügung.

Mit freundlichen Grüßen

Tool 7: Einladungsschreiben zu einem internen Förder-Assessment Center

Sehr geehrte/r Herr/Frau XXX,

gerne laden wir Sie mit diesem Schreiben zu unserem internen Förder-Assessment Center ein. Wir möchten Sie auch über die Ziele und Hintergründe unseres Förder-Assessment Centers informieren und Ihnen einen Überblick über unsere Überlegungen bei der Vorbereitung und Gestaltung des Verfahrens geben.

Dieses Förder-Assessment Center ist Bestandteil des Führungskräfte-Entwicklungsprogramms unseres Unternehmens. Wir möchten internen Potenzialträgern mit diesem Assessment Center die Möglichkeit bieten, eine persönliche Standortbestimmung im Hinblick auf ihre Führungskompetenzen vorzunehmen, und darauf aufbauend Personalentwicklungs- und Förderaktivitäten definieren. Dieses Förder-Assessment Center verfolgt damit zwei große Ziele: Zum einen möchten wir Ihnen durch das Feedback erfahrener Führungskräfte die Chance offerieren, sich selbst im Hinblick auf den erreichten Entwicklungsstand besser einzuschätzen und sich in Bezug auf Veränderungsnotwendigkeiten coachen und beraten zu lassen. Aus Unternehmenssicht möchten wir zum anderen ein Bild darüber gewinnen, welche mittelfristige Perspektivplanung für Sie am erfolgversprechendsten ist, und mit welchen gemeinsamen Unterstützungsmaßnahmen wir Ihren weiteren Werdegang hier im Hause flankieren können.

Methodisch wird das Förder-Assessment Center wie folgt aufgebaut sein: Wir werden Sie im Rahmen des Assessment Centers bitten, sich mit unterschiedlichen Fallstudien und Gesprächssimulationen auseinander zu setzen, die charakteristisch für die Anforderungen unseres Unternehmens an Nachwuchs-Führungskräfte sind. Bei der Durchführung dieser Übungen werden Sie von erfahrenen Führungskräften beobachtet. Aus der Summe der Beobachtungen formulieren wir dann ein Feedback für Sie und definieren gemeinsam mit Ihnen und Ihrem direkten Vorgesetzten den darauf aufbauenden Entwicklungsbedarf und zielführende Maßnahmen. Es geht uns in diesem Assessment Center nicht um Ihre fachlichen Voraussetzungen, denn diese können natürlich wesentlich besser und differenzierter durch Ihren direkten Vorgesetzten eingeschätzt und entwickelt werden. Für uns stehen vielmehr Ihre persönlichen Kompetenzen, Ihr Führungsverhalten und Ihre konzeptionellen Stärken im Fokus des Interesses. Anders als bei vielen klassischen Assessment Centern werden die Übungen unseres Verfahrens nicht unverbunden nebeneinander stehen, sondern Sie werden die gesamten 2½ Tage in der Rolle eines Projektmitarbeiters agieren, der ein bestimmtes Problem lösen wird. Wir haben darauf geachtet, dass Rahmenbedingungen und Setting sehr eng an unserer Unternehmensrealität orientiert sind und Sie sich leicht mit dem Projekt identifizieren können. Sie brauchen sich somit nicht in irgendeine ungewohnte Rolle zu versetzen, und auch die »Laboratmosphäre«, die vielen Assessment Centern nachgesagt wird, werden Sie aus diesem Grunde bei uns nicht erleben.

Im Gegensatz zu einem Auswahl-Assessment Center geht es in unserem Verfahren nicht um eine Selektions- oder Platzierungsfragestellung. Es gibt keine offenen Stellen, für die zwischen mehreren Bewerbern eine Entscheidung herbeigeführt werden muss. Gleichzeitig gilt dadurch natürlich auch, dass eine erfolgreiche Teilnahme nicht automatisch oder kurzfristig zu einer hierarchischen oder horizontalen Veränderung führen muss. Mit den AC-Ergebnissen stellen wir zunächst einmal Ihren persönlichen Entwicklungsplan auf. Zukünftige Stellenbesetzungen werden nach wie vor durch unseren üblichen internen Bewerbungsprozess vorgenommen.

Neben dem versprochenen Feedback direkt im Anschluss an das Assessment Center erhalten Sie etwa 2–3 Wochen nach der Veranstaltung eine schriftliche Ergebniszusammenfassung. Diese Ergebniszusammenfassung wird Grundlage eines internen Fördergesprächs sein, welches der für Sie zuständige Personalbetreuer gemeinsam mit Ihrem direkten Vorgesetzten und Ihnen führen wird. Wir werden aus diesem Fördergespräch heraus ein Protokoll anfertigen, in dem wir die folgenden Entwicklungsaktivitäten definieren. Hierbei wird es Angebote des Personalbereiches geben. Es wird aber auch solche Entwicklungsvereinbarungen geben, die Sie in Eigeninitiative und Eigenverantwortung steuern werden oder gemeinsam mit Ihrem Vorgesetzten umsetzen. Das Protokoll dieses Gesprächs wird Bestandteil der Personalakte werden, da wir in der Personalentwicklung Zugriff auf die entsprechenden Vereinbarungen benötigen. Der Ergebnisbericht verbleibt im Anschluss an das Fördergespräch ausschließlich bei Ihnen. Wenn Sie es explizit wünschen, kann dieser Ergebnisbericht auch Bestandteil Ihrer Personalakte werden.

Im Anschluss an das Förder-Assessment Center werden wir Sie um ein anonymes und ausführliches Feedback zu unserem Verfahren bitten. Wir möchten uns daran messen lassen, dass Ihnen diese Tage als attraktives Angebot unserer Personalentwicklung in Erinnerung bleiben. Unser Ziel ist es, dass Sie ein im Unternehmensalltag in dieser Intensität und Tiefe selten mögliches Feedback von erfahrenen Führungskräften unseres Hauses erhalten und wichtige Impulse für Ihre Weiterentwicklung in unserem Unternehmen bekommen. Wir freuen uns auf eine interessante und spannende Veranstaltung mit Ihnen und stehen für Rückfragen zu dem Verfahren gern zu Ihrer Verfügung.

Mit freundlichen Grüßen

Tool 8: Präsentation eines Assessment Center-Projektes

Die folgende interne Präsentation ist eher ein »Steinbruch«, welcher zusammen mit den anderen Materialien Ideen für die interne Argumentation und Prozessgestaltung liefern soll.

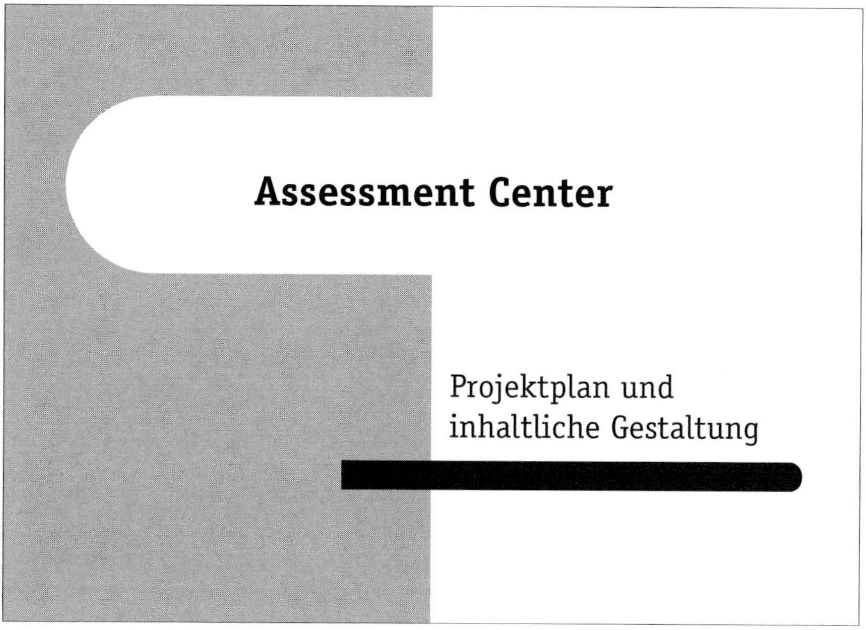

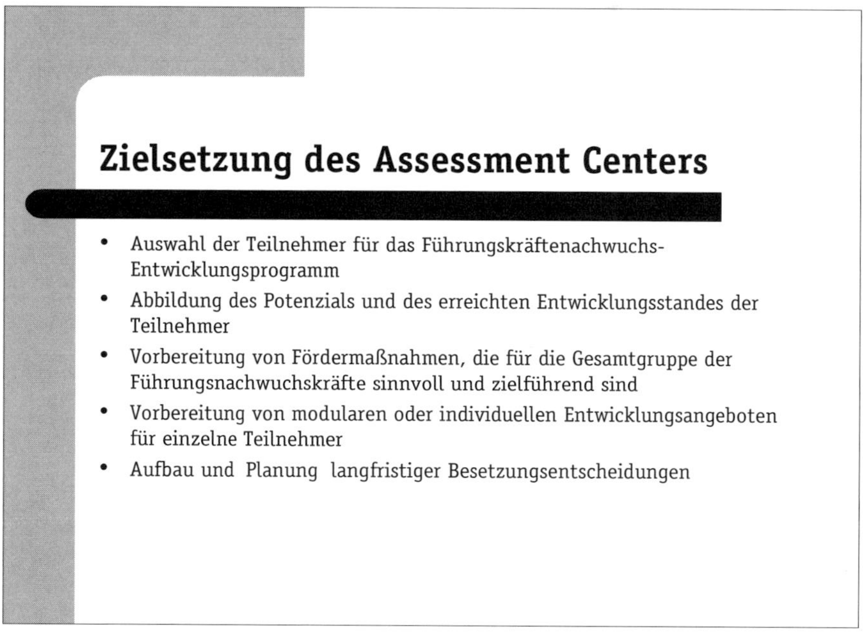

Projektplan

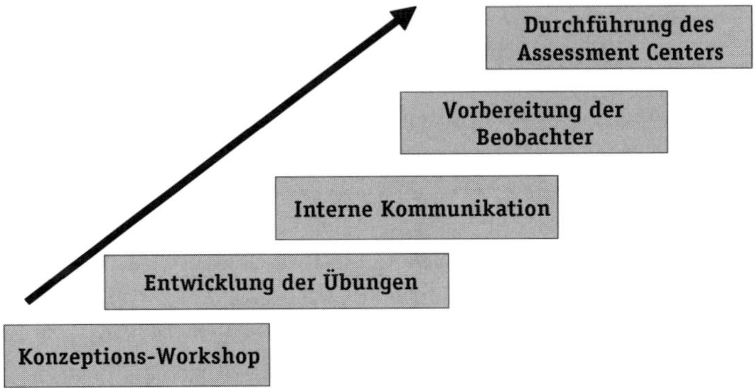

Konzeptions-Workshop

Als Projektstart haben wir einen Konzeptions-Workshop durchgeführt, in dem die Personalabteilung gemeinsam mit Führungskräften des beteiligten Fachbereiches und dem Betriebsrat zu folgenden Punkten Planungen und Festlegungen getroffen hat:

- Definition des Anforderungsprofils, welches dem Assessment Center zugrunde liegt
- Definition der Übungstypen und Grobplanung der Inhalte der verschiedenen Simulationen
- Festlegung des weiteren internen Prozesses
- Planung der Vorinformationen der Teilnehmer und der entsendenden Führungskräfte
- Organisatorische Fragen der Assessment Center-Durchführung

Entwicklung der Übungen

Der Konstruktion unserer Übungen lagen die folgenden Prämissen zugrunde:

- Alle Übungen haben einen sehr engen und klaren Bezug zum Unternehmenskontext und zu den konkreten Aufgaben einer Führungskraft in unserem Hause.
- Die Übungen stehen nicht unverbunden nebeneinander, sondern sind in ein Rahmenprojekt integriert.
- Alle Übungen werden gemeinsam mit den Teilnehmern im Anschluss an die Übung nachbesprochen und reflektiert.
- Alle Rollenspiele werden von geschulten Rollenspielern durchgeführt.

Eingesetzte Übungen

In unserem Assessment Center werden die folgenden Übungen zum Einsatz kommen:

- Interview
- Individuelle Konzeptentwicklung mit anschließender Gruppendiskussion
- Leitung einer Teamsitzung
- Mitarbeitergespräch
- Ausarbeitung einer Entscheidungsvorlage
- Konflikt- und Verhandlungsgespräch
- Handlungsorientierte Fallstudie
- Bearbeitung eines Persönlichkeitsfragebogens zum Selbstbild-/ Fremdbild -Abgleich

Interne Kommunikation

Um alle Beteiligten an dem Assessment Center umfassend zu informieren, haben wir folgende Angebote der internen Kommunikation umgesetzt:

- Erstellung einer ausführlichen Informationsbroschüre für die Teilnehmer
- Bereitstellung einer Informationsunterlage für die Vorgesetzten der Assessment Center-Teilnehmer
- Vorstellung des gesamten Projektes in der Mitarbeiterzeitung und auf der Intranet-Seite der Personalentwicklung
- Definition von Ansprechpartnern in der Personalabteilung, die für Fragen zur Verfügung stehen

Vorbereitung der Beobachter

Um die beobachtenden und beurteilenden Führungskräfte umfassend auf diese Aufgabe vorzubereiten, nehmen diese an einer Beobachterschulung teil, in der folgende Aspekte vermittelt werden

- Zielsetzung des Assessment Centers
- Anforderungsprofil und Kriterien zur Teilnehmerbeurteilung
- Organisation und Ablauf des Assessment Centers
- Ziele und Inhalte der Übungen im Detail
- Psychologie der Wahrnehmung und Beurteilung
- Umgang mit den Beobachtungsinstrumenten
- Gestaltung von Feedback-Gesprächen
- Praktische Übungen zur Beobachtung und zum Feedback-Gespräch

Durchführung des Assessment Centers

Die Durchführung des Assessment Centers findet unter Berücksichtigung der folgenden Prinzipien statt:

- Schaffung einer wertschätzenden und kooperativen Atmosphäre für Teilnehmer
- Möglichkeit zu einer persönlichen Begegnung mit den Führungskräften durch ein gemeinsames Abendessen mit den Beobachtern am Vorabend
- Detaillierte Erläuterung des Ablaufs und der Übungen im Vorfeld des Assessment Centers
- Angebot an die Teilnehmer, die Einzelgespräche auf Video aufzuzeichnen und den Teilnehmern diese Videokassette zur Selbstreflexion zur Verfügung zu stellen
- Differenziertes und ausführliches Feedback für jeden Teilnehmer am Ende der Veranstaltung

4.4 Argumentationshilfen für kritische Diskussionen

Es gibt einige Argumente, die von Skeptikern und Kritikern der Assessment Center-Methode immer wieder gerne herangezogen werden, wenn es gilt, gegen diese Methode zu sprechen. Im folgenden Absatz sind die typischsten Kritiken an der Assessment Center-Methode zusammengestellt und Gegenstandpunkte formuliert.

Kritikpunkt:
»In Assessment Centern gewinnt doch der beste Schauspieler.«

Das Argument, dass in Assessment Centern die besten Selbstdarsteller und Schauspieler gewinnen, gehört zweifellos zu den am häufigsten vorgebrachten Argumenten gegen die Assessment Center-Methodik. Gleichzeitig ist es auch eines der am leichtesten widerlegbaren. Der beste Schauspieler gewinnt eindeutig im Interview. Es ist – was die schauspielerischen Fähigkeiten angeht – um ein Vielfaches einfacher, sich in einem Interview bestimmte Kompetenzen zuzuschreiben und bestimmte Dinge von sich zu behaupten, als diese in einer Arbeitsprobe auch zu zeigen. Das Argument, dass gute Schauspieler und Selbstdarsteller bevorzugt würden, gilt also in einem viel höheren Ausmaß für ein Einstellungsgespräch als für ein Assessment Center. Darüber hinaus gibt es noch einen weiteren, sehr wichtigen Punkt: Man kann letztendlich immer nur die Dinge »schauspielern«, die tatsächlich auch zu den persönlichen Verhaltensmöglichkeiten gehören. Durch Verstellen kann man sich eigentlich nur schlechter machen. Ein schlechter Redner zu sein, aber eine gute Rede vortäuschen, das geht einfach nicht. Wenn jemand eine gute Rede vortäuschen kann, dann kann er auch eine gute Rede halten. Ein uneinfühlsamer Gesprächspartner zu sein, aber ein einfühlsames Kundengespräch vortäuschen, auch das geht nicht. Wer ein einfühlsamer Gesprächspartner sein kann, der hat die Verhaltensmöglichkeiten zu einer einfühlsamen Gesprächsführung in seinem persönlichen Repertoire. Ganz besonders deutlich wird dieses Argument, wenn man beispielsweise die Leistungen einer analytischen Fallstudie betrachtet. Hier wird es für einen intellektuell weniger begabten Teilnehmer sehr schwierig, hervorragende Analysefähigkeiten vorzutäuschen. Das heißt, ein Assessment Center zeigt diejenigen Verhaltensmöglichkeiten, zu denen jemand grundsätzlich in der Lage ist. Dies bedeutet nicht zwangsläufig, dass er im Alltag auch immer motiviert ist, diese Verhaltensweisen zu zeigen. Selbst wenn eine Führungskraft in einem Assessment Center ein hervorragendes Mitarbeitergespräch führt, kann es sein, dass wir im Alltag dieses Verhalten nur selten beobachten können. Das hat dann aber Gründe, die eher in der Motivation, in den Einstellungen und persönlichen Prioritäten liegen. Ein Assessment Center kann zumindest zeigen, ob jemand über die grundsätzlichen Verhaltensmöglichkeiten in seinem Repertoire verfügt.

Kritikpunkt:
»Ein Assessment Center ist teuer und für viele Fälle zu aufwendig.«

Dieses Argument scheint auf den ersten Blick oft recht plausibel. Es ist unbestritten so, dass – wie bei allen unternehmensinternen Entscheidungen – Kosten und Nutzen in einer sinnvollen Relation stehen müssen. Es gibt sicherlich Besetzungsentscheidungen, für die sich aufwendige Verfahren mehr lohnen als für andere. Trotzdem muss auch folgende Überlegung berücksichtigt werden: Wenn man bei einem gesprächsorientierten Verfahren davon ausgeht, dass im Regelfall mindestens zwei Gespräche, teilweise unter Anwesenheit von zwei Gesprächspartnern, geführt werden, so ist häufig der Gesamtaufwand an Mannstunden, der für ein kompaktes Assessment Center eingesetzt werden muss, nur unbedeutend größer. Die Eindrucksvielfalt über die Teilnehmer dürfte aber in einem Assessment Center größer sein als bei ausschließlich gesprächsorientierten Verfahren (z. B. Einstellungsgesprächen). Wenn es nun gelingt, durch diese zusätzlichen Eindrücke nur hin und wieder die eine oder andere Fehlentscheidung zu verhindern, so hat sich der Aufwand eines Assessment Centers extrem rasch amortisiert. Letztlich ist nicht nur die Vermeidung von Entscheidungsfehlern ausgesprochen wertschöpfend, sondern auch eine optimale Platzierung. Selbst wenn die »Wertschöpfungsdifferenz« zwischen einem guten und einem sehr guten Mitarbeiter mit 20% Unterschieden im Output sehr konservativ geschätzt würde, sieht man sofort, dass eine optimierte Auswahl immense Wertschöpfungspotenziale beinhaltet.

Kritikpunkt:
»Assessment Center üben einen hohen Druck auf die Kandidaten aus und testen letztlich nur Belastbarkeit und Stressresistenz.«

Auch dieses Argument gibt es immer noch recht häufig in der Diskussion über den Sinn von Assessment Centern. Es ist sicher so, dass es Unternehmen gibt, die Assessment Center durchführen, auf die der oben formulierte Vorwurf zutrifft. Ein solches Assessment Center wäre aber sicherlich nicht sachgerecht. Üblicherweise sind die Anforderungen, die in einem Assessment Center abgebildet werden sollen, deutlich komplexer und fokussieren keinesfalls nur auf Belastbarkeit oder Verhalten unter Stress. Wenn nun ein Assessment Center so gestaltet ist, dass es in übertriebener Weise Belastung und Stress bei den Teilnehmern erzeugt, verliert es seine Differenzierungskraft im Hinblick auf die vielen anderen Anforderungen und wird letztendlich sehr eindimensional. Dies kann aber nicht das Ziel aus Sicht der Assessment Center-Verantwortlichen sein. Viel sinnvoller ist es, den Teilnehmern durch die Gestaltungsform und die Atmosphäre die Chance zu bieten, ihre maximale Leistungsfähigkeit unter Beweis zu stellen. Eine Fokussierung auf die Erzeugung von Stress ist dazu sicher nicht geeignet.

Kritikpunkt: »Interne Assessment Center produzieren Gewinner und Verlierer. Bei den Verlierern bleibt eine hohe Demotivation zurück.«

Hier gilt zunächst einmal das Argument, dass nicht die Assessment Center-Methode zu Gewinnern oder Verlierern führt, sondern die Notwendigkeit einer Selektionsentscheidung – ganz gleich mit welcher Methode man diese vornehmen würde. Trotzdem ist an diesem Argument natürlich etwas dran. Ein Assessment Center produziert ja zumindest Transparenz über Gewinner und Verlierer. Was jedoch haben die sogenannten Verlierer eigentlich tatsächlich »verloren«? Sie haben eine Rückmeldung seitens des Unternehmens erhalten, dass man sie in aller Regel in der gegenwärtigen Position nach wie vor für sehr leistungsfähig hält (ansonsten hätte man vermutlich gar keine Einladung zum Assessment Center ausgesprochen), aber ihnen zunächst keine weitergehenden Perspektiven offerieren möchte. Die Teilnehmer haben also ihre Hoffnung verloren, rasch eine Position zu erklimmen, für die sie aber offensichtlich aus Unternehmenssicht aktuell nicht die erforderlichen Voraussetzungen mitbringen. Wäre es nun verantwortungsvoller oder sachgerechter gewesen, die Teilnehmer in der Illusion zu belassen, dass sie in absehbarer Zeit eine Beförderung zu erwarten haben? Wären die dadurch entstandenen Motivationseffekte langfristig hilfreicher oder tragfähiger gewesen? Wenn jemand intern eine Beförderung anstrebt, diese aber nicht erhält, kann dadurch Wechselmotivation entstehen (unabhängig davon, ob mit oder ohne Assessment Center ausgewählt wurde). Es gibt aber immer auch den Fall, dass Teilnehmer nach dem Erleben eines Assessment Centers und der sorgfältigen Rückmeldung und Beratung einsehen können, dass es – bei aller persönlicher Enttäuschung – ernsthafte und nachvollziehbare Gründe dafür gibt, sie derzeit nicht für eine Beförderung vorzusehen und ihnen auf diese Weise auch ein mögliches Scheitern oder zumindest eine dauernde Überforderung erspart bleibt. Ein Assessment Center bietet eine sehr intensive Gesprächsgrundlage, um dies mit den Teilnehmern zu thematisieren. Natürlich produziert ein internes Auswahl-AC auch Enttäuschungen. Dies lässt sich nicht vermeiden. Man kann aber durch die Methode durchaus vermitteln, dass man als Unternehmen die Auswahlfragestellung mit hohem Verantwortungsbewusstsein, hoher Ernsthaftigkeit und hoher Bereitschaft zu einer offenen und unterstützenden Rückmeldung gestaltet hat. Dies ist ohne Zweifel auch für die sogenannten »Verlierer« ein positives Signal.

5 Bausteine und Simulationen

Eines der Prinzipien des Assessment Centers besteht in seiner Methodenvielfalt. Im Gegensatz zu anderen Verfahren zur Personalauswahl und Potenzialanalyse profitiert das AC hinsichtlich seiner Aussagekraft gerade von der Zusammenstellung verschiedenster Übungstypen, Tests und persönlichen Gesprächen. Je nach abzubildendem Anforderungsbereich und relevanten Kernaufgaben sind dabei verschiedene Bausteine sinnvoll, und je nach gewähltem Baustein gilt es, besondere methodische Herausforderungen zu berücksichtigen. In Kapitel fünf sind die verschiedenen Arten von AC-Bausteinen und Simulationen ausführlich dargestellt:

- Interviews (5.1)
- Analytisch-konzeptionelle Übungen (5.2)
- Gesprächssimulationen (5.3)
- Gruppenübungen (5.4)
- Präsentationen (5.5)
- Testverfahren (5.6)

Der Aufbau der Unterkapitel folgt jeweils einer vergleichbaren Struktur. Unter der Überschrift »Dafür eignet sich ...« wird zunächst einmal dargestellt, für welche Fragestellung die jeweilige Übungsart oder der Baustein sinnvoll angewandt werden kann. Es werden Antworten auf die Frage gegeben, welche Kernaufgaben mit Hilfe des Bausteins besonders gut abgebildet werden sowie auch darauf, welche Anforderungen durch eine bestimmte Übungsart sichtbar gemacht werden können.

Im nächsten Schritt wird unter der Überschrift »Das macht eine gute Übung aus« jeweils auf die besonderen Herausforderungen in der Bausteinkonzeption und Anwendung hingewiesen. Praxisnahe Tipps helfen, methodischen Schwierigkeiten zu begegnen und Übungen und Bausteine so zu konzipieren, dass sie maximal aussagekräftig sind.

Schließlich wird für jede Bausteinart (mit Ausnahme von Testverfahren) Schritt für Schritt erläutert, wie die entsprechenden Instrumente systematisch entwickelt werden können. Beispiele runden das Kapitel ab.

Tools in diesem Kapitel: *Seite*

- *Interviewleitfaden zur Beurteilung von Bewertungskriterien im Bereich der Mitarbeiterführung* 117
- *Checkliste zur Auswahl von Testverfahren* 207
- *Überblick über gängige Testverfahren* 211

5.1 Interviews

In vielen Assessment Centern sind auch Interviews mit den Teilnehmern Bestandteil der Übungen, auch wenn das Interview genau genommen nicht auf der Grundidee des Assessment Centers (»Zeigen lassen«) basiert. Nichtsdestotrotz liefert es Eindrücke und Hinweise, die wertvolle Ergänzungen der Simulationen darstellen, und es gibt keinen Grund, diese Eindrücke nicht in eine Gesamteinschätzung einzubeziehen. Damit ein Interview einen sinnvollen Platz in einem Assessment Center einnehmen kann, sind einige Aspekte zu beachten. Wie alle anderen Übungen auch, muss ein gutes Interview sich durch einen hohen Anforderungsbezug auszeichnen. Eine reine Lebenslaufreflexion reicht also nicht aus und ließe sich von der Bewertungsstruktur her kaum sinnvoll in eine Gesamtsystematik integrieren. Gerade bei Gruppen-Assessment Centern ist es natürlich auch wichtig, dass mit allen Teilnehmern ein vergleichbares Gespräch geführt wird, damit die Ergebnisse sinnvoll diskutierbar und fair sind. Hierfür eignen sich Interviewleitfäden mit vorformulierten Frageideen und Auswertungshilfen. Dieses Kapitel liefert einige Grundüberlegungen zur Interviewführung sowie eine detaillierte Anleitung, wie gute Interviewfragen und sinnvolle Gesprächsleitfäden entwickelt werden können. Das Ziel eines guten Interviews ist es, hierdurch wirklich etwas Persönliches über den Gesprächspartner zu erfahren, und dazu müssen die richtigen Fragen gestellt werden. Schließlich geht es auch darum, durch ein Interview solche Informationen zu erhalten, die sich gar nicht sinnvoll in das Anforderungsprofil integrieren lassen, wie beispielsweise die Wechselmotivation, die konkreten fachlichen Erfahrungen und die weiteren beruflichen Ziele.

5.1.1 Dafür eignet sich ein Interview im Assessment Center

Grundsätzlich eignet sich ein Interview im Assessment Center für die Erfassung nahezu aller Arten von Bewertungskriterien. Gerade das macht den besonderen Nutzen eines Interviews aus und dürfte einer der Hauptgründe dafür sein, warum oftmals das Interview das alleinige oder gewichtigste Auswahlinstrument darstellt. Es gibt nichts, wonach man nicht fragen kann. Grundsätzlich ist damit ein Interview zunächst einmal ein hochflexibles Instrument, das übrigens auch von Teilnehmern sehr geschätzt wird. Diese empfinden Interviews im Allgemeinen als eine sehr faire Situation, die sie als vergleichsweise gut kontrollierbar erleben. Wenn man nun die Konzeption eines Interviews im Rahmen eines Assessment Centers mit der Konzeption anderer Übungen vergleicht, gibt es zahlreiche Parallelen. Ausgangspunkt der Entwicklung einer Übung ist immer die Frage, welche Bewertungskriterien beurteilt werden sollen. Auch beim

Interview wird man sich zunächst also diese Frage stellen. Um bestimmte Reaktionen beim Teilnehmer sichtbar zu machen, benötigt man aber hier keine Teilnehmerinstruktion, denn die Situation des Interviews ist kaum erklärungsbedürftig. Analog zu einer Instruktion benötigt man aber gute Interviewfragen. Ideal ist es, mit vorbereiteten Interviewleitfäden zu arbeiten, damit sowohl Fragen als auch Interviewverlauf bei den einzelnen Assessment Center-Teilnehmern vergleichbar sind.

5.1.2 Abbildung von Bewertungskriterien in Interviewfragen

Wenn Kernaufgaben aus der Anforderungsanalyse im Interview abgebildet werden sollen, sind folgende wichtige Grundüberlegungen zu beachten: Die entscheidende Frage ist, ob jemand bestimmte Dinge überhaupt schon einmal gemacht hat, und die diskutierten Situationen wirklich aus dem eigenen Erleben kennt. Ein Verkaufsgespräch kann man sich *zeigen lassen*, selbst wenn jemand noch nie eines geführt hat und so den Grad der persönlichen Reife und Reflektiertheit, mit der das Gespräch gestaltet wird, gut beurteilen – auch wenn die Situation selbst für einen Teilnehmer neuartig ist. Man wird jedoch kaum einen Teilnehmer, der noch nie im direkten Kundenkontakt tätig war, nach seinem Verkaufsverhalten befragen können.

Bei den Kernaufgaben, die im Interview abgebildet werden, sind also zwei Fälle zu berücksichtigen:

1. Kernaufgaben, die bereits zu den Tätigkeiten eines Teilnehmers gehörten
2. Kernaufgaben, die neue und noch nicht direkt erlebte Bewertungskriterien beinhalten

Im ersten Fall können zwei Dinge zum Gegenstand einer Interviewphase gemacht werden: Zum einen die direkten Erfahrungen und Situationsbeschreibungen ***(episodische Fragen)***, die sich auf die jeweilige Kernaufgabe beziehen, zum anderen die Einstellungen, Haltungen und Sichtweisen ***(selbstreflektorische Fragen)***, die der Teilnehmer in Bezug auf sein eigenes Verhalten in diesen Situationen mitbringt. Die nächste Tabelle zeigt, wie sich eine Kernaufgabe mit den beiden Fragetypen in einem Interview repräsentieren könnte.

Beispiel 9: Interviewfragen zu Kernaufgaben, die bereits zu den Tätigkeiten eines Teilnehmers gehörten

Kernaufgabe	Fragen zu Erfahrungen und Situationen (episodische Fragen)	Fragen zu Einstellungen, Haltungen und Sichtweisen (selbstreflektorische Fragen)
Eigenständig Projekte leiten mit fachlich zugeordneten Mitarbeitern	• Welche Erfahrungen haben Sie mit der Leitung von Projekten? • Welche Projekte haben Sie mit welchem Ergebnis geleitet? • Wie haben Sie die Projekte strukturiert? • Welche besonderen Herausforderungen und Schwierigkeiten lagen in den Projekten? • Wie haben Sie die fachliche Führung der Mitarbeiter gestaltet? • Welche Probleme sind Ihnen bei einer rein fachlichen Mitarbeiterführung begegnet, und wie haben Sie diese gelöst? • Was sind Ihre praktischen Beiträge zum Erfolg der Projekte gewesen?	• Wie würden Sie Ihren Stil der Projektleitung charakterisieren? • Welche Ihrer Eigenschaften waren besonders hilfreich für den Erfolg der Projekte, mit welchen haben Sie sich möglicherweise auch mal im Weg gestanden? • Was schätzt man an Ihnen als Projektleiter, woran reibt man sich möglicherweise? • Was muss man Ihrer Einschätzung nach besonders beachten, wenn man nur über die fachliche Führung verfügt? • Wie würden Ihre Projektmitarbeiter Sie als Projektleiter charakterisieren? • Wie haben sich Ihr Vorgehen und Ihre Handschrift in der Projektleitung durch Ihre Erfahrungen verändert? • Was macht Sie sicher, dass der Erfolg des Projektes auf Sie persönlich zurückgeht?

Wichtig ist, dass in einem Interview immer beide Bestandteile enthalten sind, nämlich die konkreten Erfahrungen und die Reflexion dieser Erfahrungen. In dieser Kombination liefert das Interview den höchsten Zusatznutzen zu den reinen AC-Beobachtungen. Die Entwicklung dieser Fragen ist natürlich ein kreativer Akt, aber es gibt einige Grundüberlegungen, die beim Formulieren von Fragen hilfreich sind. Die erste Klasse von Fragen, die episodischen Fragen, lässt sich dadurch generieren, dass man die verschiedenen mit der Kernaufgabe verbundenen Situationen reflektiert und daraus Fragen ableitet. Diese beinhalten dann eine Diskussion der Handlungen und der erreichten Ergebnisse in der Situation. Der zweiten Klasse von Fragen, den selbstreflektorischen

Fragen, liegt folgende Frage-Idee zu Grunde: Sie sollen eruieren, was genau die erzählte Episode über die Persönlichkeit des Bewerbers verrät. Alle selbstreflektorischen Fragen lassen sich im Prinzip unter folgender Meta-Frage zusammenfassen: »Bitte helfen Sie uns zu verstehen, was wir durch Ihre Antwort über Sie persönlich lernen können«. Letztlich haben alle selbstreflektorischen Fragen in der obigen Tabelle diesen Grundcharakter. Die beiden Grundstrukturen von Interviewfragen können beim Formulieren von Fragen und beim Erstellen von Interviewleitfäden hilfreich sein. Im konkreten Gespräch besteht die Anforderung an den Interviewer, zwischen beiden Fragearten zu wechseln. Prägnant gesagt, lautet die Regel für ein tiefgehendes Interview: Wenn ein Bewerber eine Geschichte über sich erzählt (episodisch), versucht der Interviewer durch entsprechendes Vertiefen aus dieser Geschichte eine Schlussfolgerung auf die Gesamtpersönlichkeit zu ziehen (selbstreflektorisch). Wenn ein Bewerber etwas über sich behauptet (selbstreflektorisch), versucht der Interview für diese Behauptung Beweise und Belege aus den bisherigen Erfahrungen zu sammeln (episodisch).

Im zweiten Fall (ein Teilnehmer hat die zu erfragende Kernaufgabe noch nicht ausgefüllt) kann man natürlich nicht direkt nach gesammelten Erfahrungen fragen. Es gibt in dieser Situation nur zwei Möglichkeiten – entweder man verzichtet darauf, die Kernaufgabe überhaupt zum Gegenstand des Interviews zu machen (sondern bildet sie in einer Assessment Center-Übung ab), oder man fragt nach analogen Situationen, die nicht direkt die tatsächlichen Aufgaben betreffen, aber vergleichbare Bewertungskriterien repräsentieren. Wie beispielsweise Interviewfragen für einen Teilnehmer aussehen können, der in Bezug auf die Kernaufgabe »Verkaufsgespräche führen« interviewt wird, aber selbst noch keine Verkaufsgespräche geführt hat, zeigt das nächste Beispiel.

Beispiel 10: Interviewfragen zu Kernaufgaben, die neue und noch nicht direkt erlebte Bewertungskriterien beinhalten

Kernaufgabe	**Fragen zu Erfahrungen und Situationen (episodische Fragen)**	**Fragen zu Einstellungen, Haltungen und Sichtweisen (selbstreflektorische Fragen)**
Verkaufsgespräche führen	• Welche Erfahrungen haben Sie mit schwierigen Überzeugungssituationen? • In welchen Bereichen mussten Sie schon einmal komplexe Sachverhalte erklären und vermitteln? • Welche Erfahrungen haben Sie damit gesammelt, andere Menschen für Ihre Ideen zu gewinnen? • Wie sind Sie dabei vorgegangen? • Welche Überzeugungssituationen haben Sie zu Ihrer persönlichen Zufriedenheit gestalten können, welche sind nicht in Ihrem Sinne verlaufen? • Wo haben Sie bei sich beobachtet, dass Sie über verkäuferische Fähigkeiten verfügen?	• Welches sind Ihre persönlichen Erfolgsfaktoren, wenn Sie andere Menschen gewinnen wollen? • Was vermuten Sie, sind die Gründe, warum man Ihnen glaubt und sich von Ihnen überzeugen lässt? • Welche Rückmeldungen haben Sie in Bezug auf Ihr Verhalten in solchen Situationen erhalten? • Welche Ihrer Fähigkeiten prädestinieren Sie Ihrer Einschätzung nach besonders für das Führen von Verkaufsgesprächen, in welchen Bereichen müssen Sie sich noch entwikkeln?

Auch in diesem Fall kann natürlich die oben erläuterte Fragelogik beibehalten werden – einer Frage nach Situationen und Erfahrungen folgt eine, die eruiert, welche Einstellungen und Sichtweisen diesen Erfahrungen zugrunde liegen.

Die Situation, dass ein Teilnehmer die im Vordergrund des Interviews stehenden Kernaufgaben noch nie bearbeitet hat, verführt häufig zur Formulierung von hypothetischen Fragen (»Wie würden Sie ein Verkaufsgespräch führen?«), allerdings ergeben diese Fragen meist nicht allzu viel. Zum einen ist es für den Teilnehmer sehr einfach, solche Fragen opportunistisch zu beantworten, denn er braucht keinen Beleg anzutreten. Zum anderen ist die Antwort doch zumeist eher spekulativ. Dies gilt vor allem, wenn es bei den Fragen eher um allgemeine Verhaltensweisen geht (»Wie würden Sie Konflikte zwischen Ihren Mitarbeitern angehen, wenn Sie Führungsverantwortung tragen würden?«). Hypothetische Fragen machen aber durchaus Sinn, wenn sie einen wirklichen Testcharakter besitzen. Insbesondere dann, wenn sie eher komplexe und durchaus Know-how-nahe Bereiche betreffen. Zur Kernaufgabe »Innovative Personalmarketing-Konzepte gestalten« wäre die folgende Frage eine durchaus legitime hypothetische Frage an einen Bewerber für die Funktion eines Personalleiters:

»Sie kennen ja die Außenwirkung unseres Unternehmens über Ihr Branchen-Know-how. Wie würden Sie als Personalleiter unser Personalmarketing verbessern? Welche innovativen Gedanken und Ansätze würden Sie bei uns verwirklichen wollen? Was könnten wir im Falle einer Zusammenarbeit von Ihnen lernen?« Hier sind diese hypothetischen Fragen sehr zielführend, da man sich von einem Bewerber tatsächlich neue Ideen und Inspirationen verspricht und es darum in höchstem Maß anforderungsrelevant ist, dieses zu testen. Im Gegensatz zur ersten hypothetischen Frage nach dem Verkaufsgespräch lässt sich die Qualität der Antwort viel besser einschätzen.

5.1.3 Beobachtung und Beurteilung im Interview

Grundsätzlich gibt es im Interview zwei Quellen, aus denen man als Beobachter und Beurteiler seine Eindrücke gewinnt. Die erste Quelle an Beurteilungsmöglichkeiten sind solche Beurteilungsaspekte, die Verhalten und Stil der Darstellung und Gesprächsführung im Interview betreffen. Dafür eignen sich natürlich vor allen Dingen solche Kompetenzbereiche, die persönliche Wirkung und Gesprächsverhalten betreffen. Bei diesen Beurteilungen kommt es vorrangig nicht auf den eigentlichen Inhalt an, sondern auf Aspekte wie Ausdrucksvermögen, Eloquenz oder Souveränität. Die zweite Quelle betrifft die eigentlichen Inhalte des Gesagten, also die Antworten im Hinblick auf die erfragten Kompetenzbereiche. Diese Beurteilungen beruhen dann eben nicht auf dem persönlichen Eindruck, sondern auf der Interpretation des gesprochenen Wortes. Ein Interviewleitfaden, der im Assessment Center Einsatz findet, sollte idealerweise hinsichtlich seiner Auswertungslogik analog zu den Beobachtungsbögen der Assessment Center-Übungen gestaltet sein. Das heißt, dass er neben den Interviewfragen auch Bewertungskriterien enthalten sollte, die anhand einer Skala eingeschätzt werden können. Auf diese Weise werden Interview-Ergebnisse unmittelbar mit den Ergebnissen anderer Assessment Center-Übungen vergleichbar und fügen sich in der Auswertung in die Gesamtlogik ein.

Im Folgenden werden Beispiele für diese beiden Arten von Auswertungen dargestellt.

Beispiel 11: Aus dem Verhalten des Interviewten beurteilbare Kriterien

Dimension	Im Interview beobachtbare Facetten
Überzeugungskraft	• Inhaltlich stringente Argumentation • Souveräne Darstellung der persönlichen Erfahrungen
Einfühlungsvermögen	• Konzentriertes Zuhören und Eingehen auf den Interviewer • Gutes Auseinandersetzen mit dem wirklichen Informationsbedarf der Fragen
Rhetorik	• eloquente Formulierungen • Positive Wirkung von Stimme, Mimik und Gestik
Energie und Temperament	• Agiles und dynamisches Auftreten im Interview • Erkennbare innere Involviertheit in Bezug auf die dargestellten Themen

Alle in der obigen Tabelle genannten Aspekte lassen sich tatsächlich in sinnvoller Weise durch das Gesprächsverhalten beobachten und sind unabhängig von den inhaltlichen Aussagen. Wie die Beurteilungsaspekte eines Interviews nun in inhaltlicher Hinsicht aussehen können, zeigt die nächste Tabelle, wobei sich diese aus Gründen der Stringenz auf einige der bereits oben skizzierten Interviewfragen bezieht (es handelte sich um die folgende Anforderung: Eigenständig Projekte leiten mit fachlich zugeordneten Mitarbeitern).

Beispiel 12: Aus den Antwortinhalten ableitbare Beurteilungen

Interviewfrage	Durch die Antwort beurteilbare Kriterien
Welche Erfahrungen haben Sie mit der Leitung von Projekten?	• Kann seine Projektleitungserfahrungen differenziert und fundiert erläutern
Welche Projekte haben Sie mit welchem Ergebnis geleitet?	• Hat durch seine Projektleitung nachweisbare Erfolge erzielt
Welche besonderen Herausforderungen und Schwierigkeiten lagen in den Projekten?	• Kann die besonderen Bewertungskriterien und typischen Stolpersteine der ihm anvertrauten Projekttypen umfassend erklären
Wie haben Sie die Projekte strukturiert?	• Kennt sich mit den zentralen Methoden des Projektmanagements aus • Hat Belege für die Anwendung
Wie haben Sie die fachliche Führung der Mitarbeiter gestaltet?	• Kennt die Besonderheiten der Führung von Projektmitarbeitern • Kann durch gute Beispiele belegen, über sinnvolle Ideen und Konzepte zur Führung dieser Mitarbeiter zu verfügen
Was schätzt man an Ihnen als Projektleiter, woran reibt man sich möglicherweise?	• Verfügt über ein differenziertes Selbstverständnis seiner Fähigkeiten und seines persönlichen Stils • Die dargestellten Persönlichkeitsfacetten stehen im Einklang mit den Rahmenbedingungen und der Projektkultur
Wie haben sich Ihr Vorgehen und Ihre Handschrift in der Projektleitung durch Ihre Erfahrungen verändert?	• Persönlichkeitsentwicklung und Lernerfahrungen sind nachvollziehbar • Die dargestellten Veränderungen sprechen für die Bereitschaft, die eigenen Kompetenzen immer weiter zu verbessern

Damit ist nun auch vollständig beschrieben, was für ein wirklich gutes Interview benötigt wird: Zunächst braucht man sinnvolle Interviewfragen, die sich tatsächlich auf das abzubildende Anforderungsprofil beziehen. Dann werden Beobachtungs- und Beurteilungshilfen benötigt, die den genauen Informationsbedarf charakterisieren, also das, was man am Ende wissen und beurteilen will – sei es aus der Beobachtung der Interviewsituation gewonnen, sei es durch die Interpretation der Antworten generiert.

Bei aller Flexibilität des Interviews für die verschiedensten Anforderungsbereiche gibt es jedoch einen großen Bereich, der sich im Interview praktisch nicht wirklich fundiert einschätzen lässt, obwohl er oft eine sehr wichtige Anforderungsdimension markiert: die intellektuellen Fähigkeiten eines Gesprächspartners. Besonders markante Leistungen oder intellektuelle Schwierigkeiten wird man zwar erahnen und vermutlich durch die Differenziertheit der Antworten oder auch die Antwortgeschwindigkeit oft richtig erkennen, aber im breiten Mittelfeld wird man durch ein Gespräch alleine oft keine wirklich fundierte Aussage treffen können. Analytische Schärfe, Denkgeschwindigkeit und Fähigkeit zum Umgang mit komplexen Problemen sind im Interview kaum sinnvoll abzubilden. Bei Einstellungsprozessen, in denen nur mit einem Interview gearbeitet wird, bleibt diese Klasse von Bewertungskriterien im Allgemeinen unberücksichtigt, oder man verlässt sich auf die Beurteilungen anderer (z. B. durch Schulnoten oder Universitätsabschlüsse). Im Assessment Center lassen sich intellektuelle Fähigkeiten natürlich sehr gut und differenziert abbilden (z. B. durch schwierige und komplexe Fallstudien), das Interview trägt aber nur wenig dazu bei.

5.1.4 Das macht die Durchführung eines guten Interviews aus

Die Qualität der Interviews schwankt erheblich, da der Kompetenz und der Ausbildung des Interviewers eine große Bedeutung zukommt. Fast alle Führungskräfte müssen regelmäßig auch Bewerberinterviews führen, oftmals ohne auf diese Aufgabe sinnvoll vorbereitet worden zu sein.

Es gibt ein paar Stolpersteine, die typisch und häufig sind und die sich durchaus bei der Vorbereitung von Interviews berücksichtigen lassen. Nachstehend werden die verschiedenen Herausforderungen im Interview zusammengefasst und Möglichkeiten dargestellt, mit ihnen umzugehen.

Herausforderung im Interview: Bewerber erzählen im Interview im Allgemeinen *Geschichten* über sich. Zwei Aspekte lassen sich durch diese Geschichten meist noch nicht sinnvoll erschließen: Beschreibt ein Bewerber mit einer Geschichte wirklich eine persönliche Leistung, oder verrät er in Wirklichkeit eher etwas über Rahmenbedingungen, die er vorgefunden hat? Ein Beispiel hierfür ist ein Verkäufer, der Erfolg auf sich persönlich, mittelprächtige Ergebnisse aber auf den schwierigen Markt zurückführt. Was ist nun wahr? Das ist allein im Gespräch sehr schwer zu entscheiden.

Konsequenzen für die Gestaltung und die Fragetechnik: Die Konsequenz aus dieser Schwierigkeit, die ja letztlich dem Interview inhärent ist, kann nur sein, nicht bei den Geschichten stehen zu bleiben. Eine Geschichte kann nur das »Material« sein, das mit einem Interviewten weiter interpretiert wird. Eine Geschichte ist ein Beispiel, welches man benutzen kann, um die folgende Frage zu diskutieren: »Was sagt diese Geschichte über Sie aus? Was hat uns diese Geschichte über Ihren Stil, Ihre persönliche Handschrift, Ihre Persönlichkeit und Ihre Motivation verraten? Wie haben Sie sich durch diese Erfahrungen verändert? ...«

Herausforderung im Interview: Die andere Schwierigkeit mit Geschichten ist, dass bei bestimmten Leistungen und Geschichten nicht das *typische* Verhalten eines Bewerbers im Vordergrund steht, sondern eine *Extremsituation*. Viele Interviewfragen werden sogar explizit so formuliert (»Was war Ihr größter Erfolg und Misserfolg?«). Bei solchen Fragen ist nur schwer zu entscheiden, was wirklich typisch für einen Bewerber ist und sich verallgemeinern lässt.

Konsequenzen für die Gestaltung und die Fragetechnik: Im Beispiel 12 finden sich Fragen zu den Einstellungen und Sichtweisen, die selbstreflektorischen Fragen. Oftmals bleiben Interviews beim »Geschichten-Erzählen« stehen. Die wirklich intensive gemeinsame Durchdringung und Interpretation einer Geschichte wird nicht geleistet. Dadurch werden viele Beurteilungsmöglichkeiten und Chancen zur Verallgemeinerung einer Geschichte auf die Gesamtpersönlichkeit eines Bewerbers nicht genutzt.

Herausforderung im Interview: In dem Kapitel zur Anforderungsanalyse wurde ausführlich beschrieben, dass Können und Wollen, Kompetenzen und Motivation wichtig sind. Gerade das Interview eignet sich, um bestimmte Aspekte des Wollens und der Motivation direkt zu erfragen: »Was sind Ihre persönlichen Motivatoren? Woher nehmen Sie Ihre Leistungslust? Was sind die Gründe und Antriebe für Ihr hohes Engagement?« Dies sind natürlich Fragen, die im Regelfall sehr anfällig für opportunistische Antworten sind (»Ich suche neue Herausforderungen«).

Konsequenzen für die Gestaltung und die Fragetechnik: Auch bei diesen Fragen darf man letztlich nicht bei den ersten Antworten stehen bleiben, allerdings hat die Vertiefung einen anderen Charakter als das Hinterfragen von Erfahrungen und Situationen. Selbstbeschreibungen und persönliche Charakterisierungen im Interview hinterfragt man durch solche Fragen, die einen Beleg für die dargestellte Selbstdarstellung fordern: »Wo in Ihrem bisherigen Leben kann ich das, was Sie gerade über sich gesagt haben, am besten erkennen? Welche neuen Herausforderungen haben Sie in Eigeninitiative gesucht und bewältigt?« Auch durch diese Fragetechnik soll die Verallgemeinerbarkeit der Antworten erhöht werden und damit die Beurteilung und Interpretation sicherer gemacht werden. Für viele Interviewer bringt diese Fragetechnik die Herausforderung mit sich, wirklich eng am Anforderungsprofil zu interviewen und sich nicht durch interessante Geschichten des Bewerbers vom eigentlichen Thema abbringen zu lassen (sondern die interessante Geschichte vielleicht später zu einem anderen Thema wieder aufzugreifen).

Herausforderung im Interview: Nicht selten zeichnet sich das Verhalten eines Interviewers auch durch ein Vorgehen aus, durch das es dem Interviewten sehr schwer gemacht wird, etwas von sich preiszugeben. Dazu gehören so profane Dinge wie die Verteilung der Redezeit. Manche Interviewer beanspruchen davon recht viel für sich selbst. Es ist aber vor allem ein eher von Misstrauen geprägter Fragestil, der viele Bewerber dazu bringt, im Gespräch nur wenig Authentizität zu zeigen und stattdessen ganz auf Selbstpräsentation zu setzen. Wenn der Interviewer als eine Art Habicht erscheint, der nur eine verletzliche Stelle sucht, wird man gerade diese besonders bewusst verbergen.

Konsequenzen für die Gestaltung und die Fragetechnik: Sowohl die Fragen, die man im Interview stellt als auch das eigene Verhalten als Interviewer sollte man immer dahingehend überprüfen, ob sie förderlich sind, einen Gesprächspartner zu motivieren, die Wahrheit zu sagen. So genannte »Stressinterviews« tun dies sicher nicht. Sie steigern eher Taktik und Misstrauen, gewiss aber nicht Authentizität oder die Bereitschaft, sich zu öffnen. Es empfiehlt sich, einem Bewerber offen, neugierig, wohlwollend, interessiert, fördernd und mit einer signalisierten Bereitschaft zu einer konzentrierten Auseinandersetzung zu begegnen.

Herausforderung im Interview: Ein weiteres Problem im Interview betrifft die Wahrhaftigkeit des Erzählten, wobei hier zwei Aspekte wichtig sind: Hat sich das, was ein Bewerber oder Teilnehmer erzählt, wirklich so zugetragen? Würden uns andere Menschen, die die Geschichte miterlebt haben, diese in vergleichbarer Weise und mit vergleichbaren Schwerpunkten erzählen?

Konsequenzen für die Gestaltung und die Fragetechnik: Das erstgenannte Problem lässt sich nicht lösen. Wenn jemand im Interview bestimmte Dinge nicht erzählen mag und verschweigen will, dann wird ihn eine zivilisierte Fragetechnik nicht dazu bringen können. Das andere Problem bezieht sich auf mögliche Diskrepanzen zwischen Selbst- und Fremdbild. Es gibt Führungskräfte, die im Interview ihre Offenheit für Kritik betonen und dies auch deswegen so glaubwürdig darstellen, weil sie selbst von der Richtigkeit dieser Einschätzung überzeugt sind. Würde man jedoch die Mitarbeiter befragen, würden die das möglicherweise ganz anders sehen. Solche Selbst- und Fremdbilddiskrepanzen lassen sich auch durch eine gute Fragetechnik oft nicht aufdecken, selten sind die Darstellungen so einfach, dass offensichtliche Widersprüche auftauchen. Hier wird natürlich der besondere Wert des Assessment Centers deutlich – der Vergleich der Selbstdarstellung im Interview mit den Beobachtungen in den Übungen bietet in der Gesamtkombination eine ideale Möglichkeit, solche Abweichungen zwischen Selbst- und Fremdsicht abzubilden.

5.1.5 Schritte in der Entwicklung von Interviewleitfäden

Um einen guten Interviewleitfaden zu entwickeln, der sich in sinnvoller Weise in ein Assessment Center einfügt, sind nun die folgenden Schritte notwendig.

5.1.5.1 Definition der Anforderungen, die erfasst werden sollen

Zunächst ist es wichtig, eine sinnvolle Auswahl an Anforderungsbereichen zu treffen, die zum Gegenstand des Interviews werden sollen. Diejenigen Kompetenzen, die man im Interview beobachten kann (Überzeugungskraft, Argumentation, Rhetorik, etc.) kann man üblicherweise leicht integrieren, weil sie keine Gesprächszeit kosten und gut im Anschluss an das Gespräch beurteilt werden können. Darüber hinaus empfiehlt es sich, dann jene Anforderungsbereiche abzugreifen, die eher zum »Wollen« und zur Motivation gehören und in den anderen Übungen nicht so gut beobachtbar, sondern bestenfalls erschließbar sind. Hierzu gehören beispielsweise Leistungsmotivation, Gestaltungsmotivation oder auch Dinge wie die Einstellungen zu bestimmten Produkten oder Branchen. Auch wenn diese Anforderungsbereiche in anderen Assessment Center-Übungen ebenfalls repräsentiert sein können, sollten sie in einem Interview auf keinen Fall fehlen, denn im Interview kann sich der Interviewer durch entsprechende episodische Fragen »Beweise« und Beispiele für eine entsprechende Ausprägung dieser Motivation erzählen lassen. Nun ist es noch eine Frage der zur Verfügung stehenden Gesprächszeit, wie viele Anforderungsbereiche noch eingefügt werden können. Wenn beispielsweise im Assessment Center-Zeitplan 40 Minuten für ein Interview vorgesehen sind, so empfiehlt es sich, maximal 4 – 5 Kompetenzen zu erfassen, die wirklich besprochen werden müssen (also über die beobachtbaren Anforderungen hinausgehen). Gehört das Thema Mitarbeiterführung zum Anforderungsprofil, so würde sich das in nächster Priorität empfehlen, weil man auf Basis der Darstellung der Führungskonzepte eines Teilnehmers und seiner Selbstsicht einen guten Abgleich mit den späteren Rollenübungen zur Mitarbeiterführung vornehmen kann. Danach können dann diejenigen Anforderungsbereiche aufgenommen werden, die in den anderen Übungen am wenigsten repräsentiert sind.

5.1.5.2 Definition des Gesprächsablaufs

Für den Interviewleitfaden brauchen Sie nun noch eine Definition des Gesprächsablaufs. Welche Einführung erhält der Teilnehmer in das Interview? Mit welcher ersten Frage beginnt die »Aufwärmphase« im Gespräch, damit der Teilnehmer zunächst einmal offen über sich berichten kann (weil sich das Interview besonders als »Aufwärmübung« eignet, macht es oft Sinn, in einem Assessment Center mit dieser Situation zu beginnen). Eine beispielhafte Einführung in das Gespräch könnte wie folgt lauten:

> Wir begrüßen Sie herzlich zu diesem Interview, der ersten Übung in diesem Assessment Center. Haben sich zu dem Gesamtablauf für Sie noch Fragen ergeben, oder war die Einführung in der Gruppe ausreichend? In diesem Interview wird es einen Moderator geben, der das Gespräch hauptsächlich mit Ihnen führt, die anderen Beobachter werden sich aber sicherlich hin und wieder mit einer zusätzlichen Frage an Sie wenden. Wir haben für das Interview einen Gesprächsleitfaden vorbereitet, der die Themen und Diskussionspunkte für dieses Gespräch definiert. Wir benutzen einen solchen Leitfaden aus Fairnessgründen, damit alle Interviews in einer vergleichbaren Form geführt werden, und werden uns darum auch immer wieder Notizen machen. Bevor wir jetzt detailliert einsteigen, möchten wir Sie zu Beginn des Gesprächs bitten, uns noch einmal die wesentlichen Stationen Ihres bisherigen Lebenslaufs darzustellen. Bitte fokussieren Sie dabei nicht nur auf ein Nacherzählen der Daten und Fakten, sondern stellen Sie vor allen Dingen die für Sie in beruflicher Hinsicht prägenden persönlichen Erfahrungen dar.

5.1.5.3 Formulierung der Interviewfragen und der Auswertungshilfen

Nun müssen zu allen Anforderungsbereichen passende Interviewfragen und Auswertungshilfen formuliert werden. Die Hinweise zur Formulierung von Fragen und der dazugehörigen Auswertungen wurde oben ausführlich beschrieben. Wichtig ist noch der Hinweis, dass auch vorformulierte Fragen letztlich nicht wortwörtlich vorgelesen werden sollten (es sind ja keine Prüfungsfragen), sondern semantisch und sprachlich an den Gesamtgesprächsverlauf adaptiert werden müssen. Ein gutes Interview ist kein »Abfragen«, sondern ein flüssiges Gespräch. Dennoch liefern vorformulierte Fragen dem Interviewer das Material und die Ideen, die es ihm erlauben, seine Aufmerksamkeit im

Gespräch ganz auf den Gesprächspartner zu richten und nicht während des Gesprächs gedankliche Kapazitäten für das kreative Formulieren guter Interviewfragen verwenden zu müssen. Dadurch gewinnt ein Gespräch seinen Tiefgang und seine Differenziertheit. Wer einmal mit wirklich guten Interviewleitfäden gearbeitet hat, wird sie nicht mehr missen wollen. Gute Interviewleitfäden werden mit der Zeit und der häufigen Anwendung sogar immer besser, weil man Erfahrungen darüber gesammelt hat, welche Fragen bei welcher Zielgruppe fundierte Antworten hervorrufen. Sie werden auch deswegen besser, weil der Vergleichsmaßstab zwischen unterschiedlichen Bewerbern natürlich differenzierter wird, wenn unterschiedliche Antworten auf die gleiche Frage verglichen werden können. Ein Interview muss nicht in dem Sinne kreativ sein, dass man mit unterschiedlichen Bewerbern immer wieder mit neuen oder neuartigen Fragen arbeitet. Besser ist, überall mit den gleichen Frageideen zu arbeiten und dann sinnvoll die Antworten vergleichen zu können.

Der folgende Interviewleitfaden ist ein Beispiel für einen anforderungsbezogenen Interviewleitfaden, der ausschließlich auf Mitarbeiterführung fokussiert.

Tool 9: Interviewleitfaden zur Beurteilung von Bewertungskriterien im Bereich der Mitarbeiterführung

Aufgabe: Bitte schildern Sie Ihren bisherigen beruflichen Werdegang mit einem Fokus auf Ihre prägenden persönlichen Erfahrungen. Bitte gehen Sie dabei vor allen Dingen auf solche Aspekte ein, die Sie in Ihren Herangehensweisen und Haltungen in der Führung von Mitarbeitern charakterisieren.

Anforderung: Aufbau präziser Erwartungen (Ziele vereinbaren, Aufgaben delegieren, Ergebnisse kontrollieren)

Beispiele für Interviewfragen:

1. Welche Ziele erarbeiten Sie gemeinsam mit Ihren Mitarbeitern? Nennen Sie Beispiele.
2. Was schätzen Sie an dem Thema Zielvereinbarung, was finden Sie daran weniger gut?
3. Wie steuern Sie Mitarbeiter, die offensichtlich andere Ziele verfolgen, als Sie wünschen? Inwieweit ist diese Vorgehensweise typisch für Sie?
4. Wie gehen Sie mit Abweichungen/Nicht-Erreichen von Zielen um?
5. Nach welchen Kriterien geben Sie Verantwortlichkeiten an Ihre Mitarbeiter weiter?
6. Welche Prinzipien sind Ihnen bei der Delegation von Aufgaben wichtig? Wie setzen Sie diese Prinzipien praktisch um?
7. Wonach entscheiden Sie, ob Sie eine Aufgabe selbst bearbeiten oder delegieren? In welchen Bereichen behalten Sie die Verantwortung lieber selbst? Wie erleben die Mitarbeiter Ihr Delegationsverhalten?

8. Wo haben Sie negative Erfahrungen mit der Delegation von Verantwortung gemacht? Was haben Sie daraus gelernt? Wie hat sich Ihre Herangehensweise in dieser Hinsicht verändert?
9. Bei welchen Arbeiten Ihrer Mitarbeiter verzichten Sie auf eine detaillierte Kontrolle?
10. In welchen Bereichen gilt für Sie der Satz: »Vertrauen ist gut, Kontrolle ist besser«? Wann würde das umgekehrte (»Kontrolle ist gut, Vertrauen ist besser«) gelten?
11. Nennen Sie Beispiele dafür, wie Sie bei Mitarbeitern kontrollierend eingegriffen haben. Inwieweit hat sich das auf Sie und Ihren Mitarbeiter ausgewirkt? Wie hat das die weitere Beziehung geprägt? Wie würden Sie vor diesem Hintergrund Ihren persönlichen Stil im Bereich der Kontrolle beschreiben?
12. Ist Ihr Vertrauen in einen Mitarbeiter schon einmal enttäuscht worden? Was hat sich danach geändert?

Beurteilung

- Kann sinnvolle Ziele entwickeln (Spezifisch, messbar, anspornend, realistisch, terminiert) ❑
- Bezieht Mitarbeiter in die Zielvereinbarung mit ein (Vereinbarung statt Vorgabe) ❑
- Hält Zielerreichung nach und ergreift klare und transparente Konsequenzen im Falle von Zielabweichungen ☐
- Verfügt über differenzierte Konzepte bezüglich einer sinnvollen Delegation ☐
- Kann praktische Beispiele für sein erfolgreiches Delegationsverhalten nennen ☐
- Zieht die unterschiedliche Leistungsfähigkeit seiner Mitarbeiter in Betracht, um Unter- oder Überforderungen zu vermeiden ❑
- Delegiert Aufgaben, die für die Mitarbeiter herausfordernd sind ❑
- Delegiert Aufgaben, die für den Mitarbeiter den Erwerb neuer Kompetenzen beinhalten ❑
- Delegiert auch Aufgaben, die er selbst besser machen könnte, um die Mitarbeiter zu fördern ❑
- Bekennt sich zur offenen Kontrolle der Aufgaben (nicht verdeckt) ❑
- Kontrollmaßstäbe werden transparent gemacht
- Verzichtet darauf, über jede kleine Entscheidung von seinen Mitarbeitern informiert zu werden ❑

Anforderung: Motivation von Mitarbeitern (Verschiedene Motivatoren einsetzen, Bedürfnisse erkennen, Identifikation sicherstellen, persönlichen Kontakt herstellen)

Beispiele für Interviewfragen:

1. Wie motivieren Sie Ihre Mitarbeiter? Was unterscheidet Sie dabei von anderen Führungskräften?
2. Was sind Ihres Erachtens wirkungsvolle Motivatoren im beruflichen Kontext? Erläutern Sie anhand von Beispielen, wie Sie sich diese zu Nutze machen. Welche Form der Motivation ist für Sie typisch? Welchen Weg würden Sie nie beschreiten?
3. Wie binden Sie Top-Mitarbeiter? Bitte nennen Sie ein Beispiel.
4. Wie verschaffen Sie sich ein Bild von den Wünschen und Bedürfnissen Ihrer Mitarbeiter? Bitte beschreiben Sie einen konkreten Mitarbeiter.
5. Wie motivieren Sie schwierige Mitarbeiter zu Verhaltensänderungen oder mehr Leistung? Bitte nennen Sie Beispiele.
6. Wie geben Sie Ihren Mitarbeitern Feedback? Nennen Sie Beispiele.
7. Wie würden Sie das Verhältnis zu Ihren Mitarbeitern beschreiben?
8. Wie würden Ihre Mitarbeiter das Verhältnis zu Ihnen beschreiben?
9. In welcher Weise integrieren Sie Ansichten und Vorschläge der Mitarbeiter in Ihre persönlichen Entscheidungen?
10. Wie stellen Sie sicher, dass Ihre Mitarbeiter sich mit Ihrem Unternehmen identifizieren?

Beurteilung

- Hat differenzierte Vorstellungen über Wege der Mitarbeitermotivation ❑
- Geht individuell auf seine Mitarbeiter ein, verfährt nicht nach »Schema F« ❑
- Fördert Eigeninitiative und Entscheidungsfreude bei seinen Mitarbeitern ❑
- Kann Mitarbeitern Feedback zu Fehlverhalten geben, ohne dabei zu verletzen ❑
- Erkennt die Leistung seiner Mitarbeiter auf eine authentische Art und Weise an ❑
- Kennt verschiedene Wege der Mitarbeiterbindung ❑
- Ist sich seiner Vorbildfunktion bewusst ❑
- Lebt das gewünschte Verhalten selbst vor (walk the talk) ❑
- Ist in der Lage, einen persönlichen Kontakt zu seinen Mitarbeitern aufzubauen ❑
- Legt Wert auf gegenseitiges Vertrauen ❑

- Lässt auch bei wichtigen Prozessen dem Mitarbeiter freie Hand ❑
- Stärkt Mitarbeitern bei Problemen den Rücken ❑

Anforderung: Entwicklung von Mitarbeitern (Beurteilungsgespräche durchführen, Personalentwicklungsinstrumente einsetzen, Coaching durch die Führungskraft)

Beispiele für Interviewfragen:

1. Bitte beschreiben Sie einen Ihrer Mitarbeiter hinsichtlich seiner Stärken und Schwächen. Für welche Aufgaben halten Sie ihn für besonders geeignet? Welche Fördermaßnahmen würden Sie vorsehen? Durch welche zusätzlichen Aufgaben könnte er gefördert werden?
2. Welche Aspekte beachten Sie bei der Beurteilung Ihrer Mitarbeiter?
3. Nennen Sie ein Beispiel dafür, wie Sie einen Mitarbeiter falsch eingeschätzt haben. Wie hat dies Ihre weitere Führungsarbeit beeinflusst?
4. Wie melden Sie Ihren Mitarbeitern den gegenwärtigen Leistungsstand zurück? Was in Ihrem Verhalten ist hierbei besonders charakteristisch für Sie?
5. Welchen Aufbau verfolgen Sie bei einem »Kritik-Gespräch«? Worauf achten Sie dabei besonders? Aus welchem Grund?
6. Was tun Sie, um die persönliche Entwicklung Ihrer Mitarbeiter zu fördern?
7. Welche Kompetenzen sehen Sie in Zukunft als besonders erfolgskritisch an? Wie stellen Sie sicher, dass Ihre Mitarbeiter diesen Ansprüchen genügen werden?
8. Was können Ihre Mitarbeiter von Ihnen lernen, und wie vermitteln Sie das?
9. Welche derzeitigen PE-Maßnahmen halten Sie für sinnvoll, bei welchen sehen Sie Optimierungsmöglichkeiten?

Beurteilung

- Verfügt über differenzierte Konzepte zu den Stärken und Schwächen seiner Mitarbeiter ❑
- Kann gezielte Maßnahmen zur Entwicklung aus Stärken und Schwächen ableiten ❑
- Setzt sich für die Entwicklung seiner Mitarbeiter innerhalb des Unternehmens ein ❑
- Macht klar, dass er keine Probleme damit hat, andere Personen »neben sich groß werden zu lassen« ❑
- Bereitet sich im Vorfeld eines Mitarbeitergesprächs gut vor ❑

- Zieht zur Beurteilung klare und beobachtbare Verhaltensweisen heran ❑
- Hat aus Fehleinschätzungen in der Vergangenheit gelernt ❑
- Verfolgt eine Systematik in der Mitarbeiterbeurteilung, kann seine Maßstäbe benennen ❑
- Beherrscht die Regeln konstruktiven Feedbacks ❑
- Verfügt über differenzierte Kenntnisse von PE-Instrumenten ❑
- Zeigt eine hohe Bereitschaft, sich selbst aktiv in die Weiterbildung seiner Mitarbeiter einzubringen ❑
- Stellt dar, dass er Personalentwicklungsmaßnahmen bedarfsgerecht und anforderungsbezogen plant ❑

Anforderung: Auswahl neuer Mitarbeiter (Anforderungen definieren, Kriterien beurteilen, Instrumente beherrschen, Talente identifizieren)

Beispiele für Interviewfragen:

1. Woran orientieren Sie sich bei der Auswahl von Mitarbeitern? Welche Aspekte stehen in Ihrer Beurteilung im Vordergrund?
2. Wie bringen Sie in Erfahrung, ob ein Bewerber diesen Anforderungen genügt?
3. Wie verschaffen Sie sich ein Bild davon, ob ein Bewerber leistungsmotiviert ist? (z. B. anspruchsvolle Ziele, bisherige Entwicklung, hohe Leistungsstandards, herausragende Ergebnisse und Leistungen)
4. Welche Methoden zur Personalauswahl kennen Sie? Welche Methode halten Sie für welche Fragestellung als besonders geeignet?
5. Wo sehen Sie die Grenzen der Personalauswahl? Welche Dinge bleiben Ihnen bei einem Einstellungsgespräch vermutlich verborgen?
6. Welche negativen Erfahrungen haben Sie bei der Auswahl von Mitarbeitern gemacht? Welche Konsequenzen habe Sie für sich daraus gezogen?
7. Was ist Ihre »Lieblingsfrage« in Einstellungsgesprächen? Welche Informationen erhoffen Sie sich dadurch? (mögliche Standardantwort aus Bewerbersicht geben und Reaktion beobachten)
8. Wie stellen Sie fest, ob jemand Talent für eine Aufgabe besitzt, die er bislang noch nie ausgefüllt hat? Woran würden Sie festmachen, ob jemand Führungspotenzial besitzt?

Beurteilung

- Geht bei der Auswahl nach einem konkreten Menschenbild/ Grundschema vor ❑
- Arbeitet bei der Personalauswahl anforderungsbezogen (z. B. mit Anforderungsprofilen) ❑

- Kann seine persönlichen Auswahlkriterien differenziert darstellen und begründen ❑
- Beherrscht Techniken, einzelne Bewertungskriterien zielorientiert zu erfragen ❑
- Kennt verschiedene Techniken der Personalauswahl und Potenzialanalyse ❑
- Kann verschiedene Auswahlmethoden kritisch bewerten und gezielt einsetzen ❑
- Kennt seine persönlichen Grenzen in der Beurteilung von Bewerbern ❑
- Hat bei der Personalauswahl aus Fehlern in der Vergangenheit gelernt ❑
- Vermeidet Standardfragen bzw. gibt sich nicht mit Standardantworten zufrieden ❑
- Verfügt über Ideen/Strategien, um Talent und Potenziale zu beurteilen ❑

5.2 Analytisch-konzeptionelle Übungen

Stehen intellektuelle und unternehmerische Anforderungen im Fokus des Interesses, so kommen analytisch-konzeptionelle Übungen zum Einsatz. Vor allem intellektuelle Fähigkeiten können in keiner anderen Übungsform, mit Ausnahme von Tests, abgebildet werden. In Postkorbübungen, Handlungsorientierten Fallstudien und Übungen zur Konzeptentwicklung sollen Teilnehmer zumeist sehr umfangreiches Datenmaterial analysieren und aufbauend darauf Konzepte und Strategien entwickeln oder auch operative Entscheidungen treffen. Die Konzeption dieser Übungen ist recht aufwendig und erfordert eine durchdachte, systematische Vorgehensweise, um aussagekräftige Übungen zu entwickeln, die zum einen genau die Anforderungen sichtbar machen, die von Interesse sind und darüber hinaus auch den angestrebten Schwierigkeitsgrad aufweisen. Das folgende Kapitel vermittelt, für welche Zielsetzungen es sich lohnt, den vergleichsweise hohen Aufwand in Kauf zu nehmen und eine analytisch-konzeptionelle Übung zu entwickeln. Dabei werden verschiedene Arten von analytisch-konzeptionellen Übungen hinsichtlich ihrer Einsatzmöglichkeiten miteinander verglichen und Konsequenzen für die Art der Auswertung der Übungsergebnisse abgeleitet. Konkrete Tipps und Hinweise helfen, den übungsspezifischen Herausforderungen effektiv zu begegnen und Übungen zu konzipieren, die aussagekräftige Ergebnisse erzielen. Dabei wird gesondert auf Fact-Finding-Übungen eingegangen, eine spezielle Form der Konzeptentwicklung, die einige methodische Schwierigkeiten in sich birgt. Schließlich wird Schritt für Schritt und anhand von Beispielen eine Vorgehensweise dargestellt, anhand derer Postkorbübungen, Konzeptentwicklungen und Handlungsorientierte Fallstudien systematisch entwickelt werden können.

5.2.1 Dafür sind analytisch-konzeptionelle Übungen geeignet

Um zu beschreiben, was genau im Assessment Center mit analytisch-konzeptionellen Übungen beobachtbar und somit einschätzbar gemacht werden kann, muss man zunächst einmal einen genaueren Blick darauf werfen, welche Formen von analytisch-konzeptionellen Übungen es überhaupt gibt. Die Bezeichnung »analytisch-konzeptionell« besagt zunächst, dass es sich um Übungen handelt, in denen Teilnehmer aufgefordert sind, Sachverhalte zu analysieren und aufbauend auf diese Analyseergebnisse aufgrund der gewonnenen Kenntnisse Maßnahmen, Strategien und Pläne für eine weiteres Vorgehen zu entwickeln. Im Gegensatz zu Gesprächssimulationen wird hier also der Fokus auf die Analyse von Daten und Informationen verschiedenster Art sowie auf die Ausarbeitung von Handlungsempfehlungen gelegt. Es handelt sich insofern nicht um Simulationen interaktiver Situationen (Gespräche, Diskussionen, Präsentationen), sondern um Simulationen von operativen oder strategischen Entscheidungssituationen, die die Teilnehmer mit Papier und Stift bzw. am Computer bearbeiten, wobei die Ergebnispräsentation durchaus auch interaktiv gestaltet werden kann.

5.2.1.1 Verschiedene Übungsarten innerhalb der analytisch-konzeptionellen Übungen

Innerhalb dieser Definition sind nun verschiedene Übungsarten denkbar. In der Abbildung 4 ist eine Kategorisierung verschiedener analytisch-konzeptioneller Übungstypen anhand zweier Dimensionen dargestellt. Die Übungen unterscheiden sich demnach zum einen hinsichtlich des Fokus der Aufgabenstellung, zum anderen hinsichtlich der Standardisierbarkeit der Auswertung der Übungen, die maßgeblich auf deren Komplexität zurückzuführen ist.

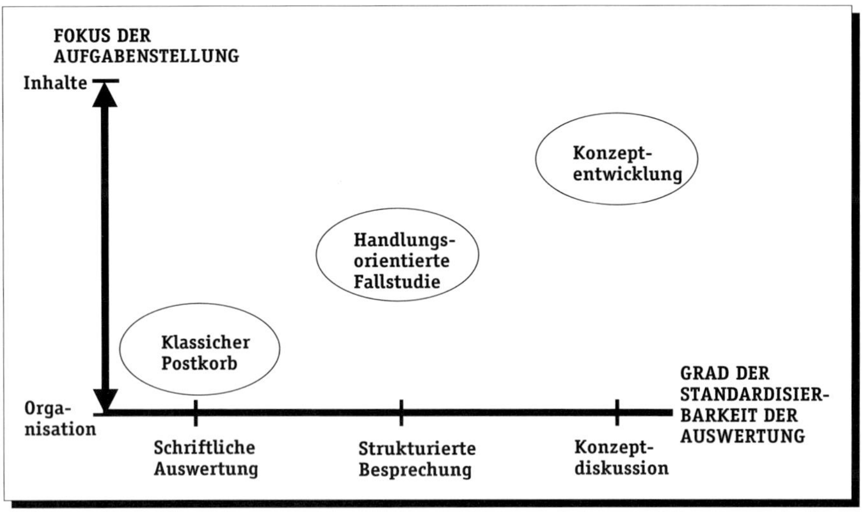

Abbildung 4: Systematik analytisch-konzeptioneller Übungen

Betrachtet man nun die verschiedenen analytisch-konzeptionellen Übungen bezüglich des Fokus der Aufgabenstellung, so ist festzustellen, dass sie zum Teil so angelegt sind, dass der Teilnehmer sich in der Bearbeitung vor allem auf organisatorische Fragestellungen konzentrieren soll. Der Teilnehmer ist also aufgefordert, anhand von Informationen aus verschiedenen alltäglichen Dokumenten organisatorische Entscheidungen zu treffen, so z. B. Prioritäten zu setzen oder Termine zu vereinbaren.

Andere analytisch-konzeptionelle Übungen fokussieren in der Aufgabenstellung weniger auf organisatorische als vielmehr auf inhaltlich geprägte Fragestellungen. Hier sollen vertieft Inhalte von Dokumenten und Daten analysiert, miteinander verknüpft und so schließlich die Gesamtsituation mit Problemfeldern und Chancen bewertet werden. Dabei handelt es sich z. B. um Unternehmensfallstudien (Case studies), in denen den Teilnehmern Daten über das Unternehmen und dessen Umfeld zur Verfügung gestellt werden, so dass sie Strategien bzw. operative Entscheidungen für das Unternehmen ableiten können.

Neben dieser Unterscheidung bzgl. des Aufgaben-Schwerpunktes bestehen auch Unterschiede in der Standardisierbarkeit der Auswertung der analytisch-konzeptionellen Übungen. So gibt es zum einen Übungen, die sehr stark vorstrukturiert sind, und die eine eindeutige Bewertung der Entscheidungen des Teilnehmers als »richtig« oder »falsch« erlauben. Es ist beispielsweise möglich, eindeutig zu bewerten, ob ein Teilnehmer eine Terminkollision in seinem Terminplan erkannt hat oder nicht. Je komplexer jedoch die zu analysierenden Unterlagen und die damit verbundene Aufgabenstellung, desto schwerer fällt es, eindeutige Aussagen bzgl. der Richtigkeit einer getroffenen Entscheidung oder Empfehlung zu treffen. Welche ist schon die richtige Strategie für ein Unternehmen, welche hingegen ist auf jeden Fall eine falsche? Vor allem im Falle von komplexen Konzeptentwicklungen, wie z. B. die bereits erwähnten Strategieentwicklungen im Rahmen von Case studies, bestehen Bewertungsmöglichkeiten für die von Teilnehmern entwickelten Konzepte weniger bzgl. der absoluten Richtigkeit, sondern vielmehr hinsichtlich der logischen Stringenz des Konzeptes sowie der umfassenden Berücksichtigung von Einflussfaktoren oder mittelfristigen Konsequenzen. Die Auswertung solcher komplexen analytisch-konzeptionellen Übungen erfolgt daher zumeist nicht schriftlich anhand von Notizen eines Teilnehmers, sondern findet im Rahmen einer Diskussion statt, so dass Ideen und Konzepte gemeinsam mit den Beobachtern besprochen und hinterfragt werden können.

Werden nun diese beiden Dimensionen »Fokus der Aufgabenstellung« und »Grad der Standardisierbarkeit der Auswertung« zur Unterscheidung von analytisch-konzeptionellen Übungen genutzt, welche typischen Übungsarten gibt es dann?

Da ist zunächst die klassische Postkorbübung. Die Aufgabenstellung im klassischen Postkorb ist stark organisatorisch geprägt. Dabei ist die fiktive Situation zumeist derart definiert, dass der Teilnehmer nach längerer Abwesenheit zurück an seinen Arbeitsplatz kommt und dort verschiedene Unterlagen (Briefe, E-Mails, interne Mitteilungen, Telefonnotizen, Nachrichten auf dem Anrufbeantworter etc.) vorfindet. Es handelt sich um alltägliche Dokumente und Notizen, durch die er im Unternehmen Informationen erhält. Ein Organigramm hilft dem Teilnehmer, sich in seinem fiktiven Arbeitsumfeld zurechtzufinden. Es gilt nun, die verschiedenen Informationen zu gewichten, Prioritäten zu setzen, Termine zu vereinbaren, dabei möglichst effizient vorzugehen und Kollisionen zu vermeiden, Informationen weiterzuleiten und Aufgaben zu delegieren. Der Teilnehmer soll sich selbst organisieren. Die Form der Auswertung kann aufgrund der eindeutigen Bewertbarkeit von Entscheidungen schriftlich erfolgen. Der Teilnehmer notiert anhand eines Formulars, welche Termine er vereinbart, welche Priorität er vergibt etc. Aufgrund der veränderten Form der Kommunikation und Organisation am Arbeitsplatz werden Postkorbübungen verstärkt auch computergestützt durchgeführt und ausgewertet. Die hohe Eindeutigkeit der Teilnehmerentscheidungen macht eine standardisierte computergestützte Auswertung gut möglich.

Eine weitere Übungsart ist die Konzeptentwicklung. Die Konzeptentwicklung ist bezüglich der beiden dargestellten Dimensionen der klassischen Postkorbübung konträr gegenübergestellt. Es handelt sich hierbei um eine Aufgabenstellung, die nicht organisatorisch ausgelegt ist, d. h. der Teilnehmer soll keine operativ-organisatorischen Maßnahmen planen. Hier geht es vielmehr darum, auf der Basis diverser Informationsgrundlagen unternehmerische Konzepte zu entwickeln. Im Falle von Case studies sind dies häufig differenzierte Unternehmensstrategien. Aufgabenstellungen können jedoch auch die Konzeption von Marketingstrategien, Projektplanungen, Fusionsentscheidungen etc. darstellen. Die dem Teilnehmer zur Verfügung gestellten Materialien sind daher verschieden von denen in der klassischen Postkorbübung. Unterlagen sind hier z. B. Umsatztabellen, Marktdaten, Benchmark-Ergebnisse, Ergebnisse von Kunden- oder Mitarbeiterbefragungen, Zeitungsartikel, Qualitätskennziffern, Kostenanalysen etc. Da diese verschiedenen Informationsquellen in der Gesamtsicht zumeist ein sehr komplexes Problemfeld darstellen, kann die Auswertung dieser Übungsart nicht schriftlich erfolgen. Die vom Teilnehmer entwickelten Strategien werden gemeinsam mit dem Beobachterteam diskutiert.

Schließlich werden häufig Handlungsorientierte Fallstudien verwendet. Bei der Handlungsorientierten Fallstudie handelt es sich um eine Mischvariante zwischen klassischem Postkorb und Konzeptentwicklung. Demnach ist der Teilnehmer hier aufgefordert, zum einen einige organisatorische Entscheidungen zu treffen und operative Maßnahmen zu planen. Zum anderen erhält er durch die Materialien auch einige Informationen zu Stärken und Problemfeldern seines fiktiven Verantwortungsbereiches. Er arbeitet somit auf zwei Ebenen, wobei die Anforderungen bzgl. der konzeptionellen Arbeit nicht derart hoch ist, dass eine ausgefeilte Unternehmensstrategie entwickelt werden soll. Wohl aber kann er, z. B. in der Gesamtsicht von tabellarisch dargestellten Kundenumsätzen seines fiktiven Verantwortungsbereiches und einem Zeitungsartikel zur Entwicklung der Marktstrukturen, erste Ideen für eine neue Form der Kundenbearbeitung entwickeln. Eine konkrete operative Maßnahme könnte darin bestehen, dass er ein Treffen mit der Marketing-Abteilung verabredet. Auch in diesem Falle ist eine schriftliche Auswertung nicht ausreichend, denn der Teilnehmer – um bei diesem Beispiel zu bleiben – hätte auch ein Brainstorming-Meeting mit dem kompletten Vertriebsteam als eine ebenso sinnvolle Maßnahme wählen können. Es ist daher nicht eindeutig bestimmbar, ob eine Maßnahme richtig oder falsch ist. Allerdings kann eindeutig als korrekt bewertet werden, dass der Teilnehmer den Zusammenhang zwischen den zwei Dokumenten »Tabelle Kundenumsätze« und »Zeitungsartikel« erkannt hat. Die Auswertung dieser Mischform innerhalb der analytisch-konzeptionellen Übungen stellt daher auch eine Mischung der bisher dargestellten Vorgehensweisen dar. Sie sollte, ebenso wie im Falle der Konzeptentwicklung, in einem persönlichen Gespräch mit dem Teilnehmer erfolgen. Sie kann jedoch anhand einer Checkliste vorstrukturiert werden, die es den Beobachtern erleichtert zu überprüfen, inwieweit wichtige Informationen und Verknüpfungen erkannt wurden.

5.2.1.2 Abbildung von Kernaufgaben und Anforderungen in analytisch-konzeptionellen Übungen

Aus der Unterscheidung der verschiedenen Übungstypen innerhalb der analytisch-konzeptionellen Übungen wird unmittelbar deutlich, dass sich diese jeweils zur Abbildung unterschiedlicher Kernaufgaben einer Tätigkeit im Rahmen eines Assessment Centers eignen.

So kann eine Konzeptentwicklung Kernaufgaben abbilden, die darin bestehen, weitreichende unternehmerische Entscheidungen zu treffen oder Strategien und Konzepte zur Lösung von Problemen im Arbeitsumfeld zu entwickeln. Gehören derartige Aufgaben zu den erfolgsrelevanten Tätigkeitsschwerpunkten einer Position, so eignet sich die Konzeptentwicklung als Übung für Potenzialaussagen in Hinblick auf diese Position. Die folgende Aufstellung stellt Beispiele für mögliche Aufgabeninhalte von Konzeptentwicklungen dar:

- Konzept zur Entscheidung für einen Fusionspartner inkl. weiterem Vorgehen
- Konzept zur Entscheidung für einen Zulieferer und Entwicklungspartner inkl. Projektplanung
- Konzept für eine generelle Unternehmensstrategie
- Konzept zum Aufbau einer neuen Abteilung im Unternehmen
- Konzept für eine Marketingstrategie

- Konzept für die Reorganisation eines Unternehmensbereiches
- Konzept für das Personalmarketing im Vertrieb
- ...

Gemäß dieser Übungsinhalte sind mit Hilfe von Konzeptentwicklungen bestimmte Anforderungen abbildbar.

Anforderungen im Bereich der intellektuellen Fähigkeiten:

- Analysevermögen und Auffassungsgabe
- Logisches Schlussfolgern
- Vernetztes Denken

Anforderungen im Bereich der unternehmerischen Fähigkeiten:

- Gesamtunternehmerisches Denken
- Strategisches Denken
- Risikofreude und Entscheidungsbereitschaft
- Verantwortungsbereitschaft
- Innovationskraft
- Kreativität
- Kundenorientierung

Im Gegensatz zur Konzeptentwicklung können mit Hilfe klassischer Postkorbübungen vor allem solche Kernaufgaben abgebildet werden, die organisatorischer Natur sind. Hier geht es um Aufgaben, wie z. B.

- Tages-/Wochenplanungen erstellen
- Termine koordinieren und vorbereiten
- Prioritäten definieren
- Informationen filtern und weiterleiten
- Aufgaben delegieren

Da die erfolgreiche Bewältigung dieser Aufgaben spezifische Anforderungen an den jeweiligen Positionsinhaber stellt, bestehen zwischen Konzeptentwicklungen und klassischen Postkorbübungen nur zu einem geringen Teil Überschneidungen bezüglich der mit Hilfe der Übungen abbildbaren Anforderungen:

Anforderungen im Bereich der intellektuellen Fähigkeiten:

- Analysevermögen und Auffassungsgabe
- Logisches Schlussfolgern
- Vernetztes Denken

Anforderungen im Bereich der organisatorischen Fähigkeiten:

- Arbeitseffizienz (Selbstmanagement, Zeitmanagement)
- Gründlichkeit und Gewissenhaftigkeit
- Bereitschaft zur Delegation und Informationsweitergabe

Sowohl die abbildbaren Kernaufgaben als auch die Anforderungen geben einen Hinweis darauf, warum die klassische Postkorbübung in der Vergangenheit immer häufiger als wenig geeignete Assessment-Übung bewertet worden ist, was schließlich dazu geführt hat, dass im Vergleich zu früheren Assessment-Verfahren heute weniger Unternehmen Postkorbübungen verwenden. Die Ursache hierfür liegt unter anderem darin begründet, dass die klassische Postkorbübung für den größten Teil der im AC relevanten Zielpositionen nicht genau die Kernaufgaben abbildet, die schwerpunktmäßig zum Erfolg oder Misserfolg eines Positionsinhabers beitragen. Die Konzentration auf rein organisatorische Aufgaben ist genau genommen vor allem für eine Zielgruppe im Unternehmen besonders repräsentativ, und dies sind die Sekretariatsfunktionen. Für Mitarbeiter in dieser Funktion macht die effektive Bewältigung genau der oben geschilderten Tätigkeitsschwerpunkte tagtäglich den beruflichen Erfolg aus. Insofern sollte in einem AC für die Zielposition Sekretariat unbedingt ein Postkorb zu den verwendeten Übungen gehören.

Die meisten im Unternehmen durchgeführten Assessment Center werden jedoch im Hinblick auf andere Zielpositionen konzipiert, in vielen Fällen Führungspositionen. Sicherlich gehören auch Aufgaben wie »Prioritäten definieren« und »Informationen filtern und weiterleiten« zu den Tätigkeiten einer Führungskraft (sowie auch aller weiteren Positionen im Unternehmen). Häufig werden jedoch diese organisatorischen Aufgaben wie auch die organisatorischen Fähigkeiten nicht als derart erfolgsrelevant erachtet, dass eine ganze Übung hierzu gerechtfertigt erscheint. Man entscheidet sich zur Erfassung intellektueller Fähigkeiten daher häufiger für eine Konzeptentwicklung – oder eben für eine Handlungsorientierte Fallstudie.

In ihrer Zwitterposition ermöglicht es die Handlungsorientierte Fallstudie häufig besser als der klassische Postkorb, die relevanten Aufgaben und Anforderungen abzubilden, denn hier finden durchaus operativ-organisatorische Aufgaben Berücksichtigung, ohne dass sie jedoch alleine in den Mittelpunkt gerückt werden. Gleichzeitig kann auch die Entwicklung erster Ideen für Problemlösungen dargestellt werden, so dass die Handlungsorientierte Fallstudie es ermöglicht, sowohl die Anforderungen im Bereich der intellektuellen als auch im Bereich der organisatorischen Fähigkeiten und in Teilen der unternehmerischen Fähigkeiten beobachtbar zu machen. Inwieweit unternehmerische Fähigkeiten abgebildet werden können, hängt dabei von der Art des zur Verfügung gestellten inhaltlichen Informationsmaterials ab. Prinzipiell ist es jedoch möglich, folgende Anforderungen in der Handlungsorientierten Fallstudie abzubilden:

Anforderungen im Bereich der intellektuellen Fähigkeiten:

- Analysevermögen und Auffassungsgabe
- Logisches Schlussfolgern
- Vernetztes Denken

Anforderungen im Bereich der unternehmerischen Fähigkeiten:

- Risikofreude und Entscheidungsbereitschaft
- Verantwortungsbereitschaft
- Kreativität
- Kundenorientierung

Anforderungen im Bereich der organisatorischen Fähigkeiten:

- Arbeitseffizienz (Selbstmanagement, Zeitmanagement)
- Gründlichkeit und Gewissenhaftigkeit
- Bereitschaft zur Delegation und Informationsweitergabe

Wenngleich nicht alle Facetten der unternehmerischen Fähigkeiten im Rahmen einer Handlungsorientierten Fallstudie sinnvoll bewertbar sind, insbesondere nicht die strategischen Fähigkeiten, so führt die recht breite Nutzbarkeit in Hinblick auf die Bewertbarkeit verschiedenster Anforderungsbereiche doch dazu, dass die Handlungsorientierte Fallstudie immer häufiger alternativ zur klassischen Postkorbübung verwendet wird.

5.2.2 Das macht eine gute analytisch-konzeptionelle Übung aus

Wie aber sollten die jeweiligen analytisch-konzeptionellen Übung konzipiert sein, um die beschriebenen Anforderungen tatsächlich möglichst gut sichtbar zu machen? Im Folgenden sind einige Empfehlungen dargestellt, die verdeutlichen, welches die maßgeblichen Kriterien in der Konzeption von Postkorbübungen, Handlungsorientierten Fallstudien und Konzeptentwicklungen sind, die eine erfolgreiche Durchführung ermöglichen.

5.2.2.1 Postkorbübungen und Handlungsorientierte Fallstudien

Das erste Prinzip der Konzeption von effektiven Postkorbübungen und Handlungsorientierten Fallstudien besteht in der zielgerichteten Entscheidung für eine der beiden Übungsarten. Wie zuvor dargestellt, stellt die klassische Postkorbübung für sehr viele Zielpositionen keine ideale Möglichkeit dar, die erfolgsrelevanten Kernaufgaben darzustellen, so dass in den meisten Fällen die Entscheidung zugunsten der Handlungsorientierten Fallstudie fallen wird, es sei denn, die Zielposition verfügt über eindeutige organisatorische Aufgabenschwerpunkte.

Eine Handlungsorientierte Fallstudie zu wählen, bedeutet nun auch, sich für eine strukturierte Form der Auswertung zu entscheiden, die im Gespräch mit dem Teilnehmer stattfindet. Häufig wird aus Zeitgründen eine schriftliche Form der Auswertung von Handlungsorientierten Fallstudien gewählt, was jedoch dazu führen kann, dass Teilnehmer durchaus hervorragende Ideen zum Umgang mit den verschiedenen Problemsituationen entwickelt haben, diese aber nicht mit den Ideen derjenigen übereinstimmen, die die Übung konzipiert haben. Der Teilnehmer erhält daher eine geringere Bewertung als derjenige, der offensichtlich das Glück hatte, die Ansätze der Entwickler der Fallstudie besser zu treffen. Dabei wäre im Gespräch und bei näherem Nachfragen deutlich geworden, dass beide Ansätze gleichermaßen sinnvoll sein können. Handlungsorientierte Fallstudien, die keine eindeutige Bewertung von Teilnehmerentscheidungen im Sinne von »richtig« oder »falsch« ermöglichen, sollten daher unbedingt im Gespräch mit dem Teilnehmer bewertet werden.

Explizite Differenzierung zwischen Postkorb und Handlungsorientierter Fallstudie

In diesem Text ist von dem »klassischen Postkorb« die Rede, da es sich hierbei um ein sehr bekanntes Instrument der AC-Methodik handelt. Fragt man einen zukünftigen AC-Teilnehmer, welche Übungen er in dem Verfahren zu bearbeiten erwartet, so wird mit hoher Wahrscheinlichkeit der Begriff »Postkorb« fallen. Dieser hohe Bekanntheitsgrad der klassischen Postkorbübung kann zu Problemen bei der Verwendung von Handlungsorientierten Fallstudien führen, denn mit der hohen Bekanntheit der Postkorbübung sind auch Handlungsempfehlungen aus Bewerber-Ratgebern und -Schulungen sowie Tipps von Bekannten, die bereits eine entsprechende Übung im Rahmen eines ACs bearbeitet haben, verbunden. Die Empfehlungen beziehen sich auf die klare Benennung von Prioritäten, zu beachten, dass möglichst viele Informationen an andere Kollegen weitergeleitet werden, dass möglichst immer überprüft wird, ob Aufgaben eventuell delegiert werden könnten etc. Diese Empfehlungen, die im Umgang mit klassischen Postkorbübungen durchaus erfolgversprechend sein können, sind jedoch in der Bearbeitung Handlungsorientierter Fallstudien häufig sogar hinderlich, denn anstatt die oben erwähnte Tabelle mit den Kundenumsätzen inhaltlich zu analysieren, kommt der Teilnehmer eventuell zu dem Entschluss »Das ist zwar wichtig, aber nicht dringlich. Ich lese das morgen im Zug!« und legt das Dokument ungelesen zur Seite. Durch die Konzentration auf rein organisatorische Aufgaben und Anforderungen entgehen Teilnehmern so in Handlungsorientierten Fallstudien zuweilen wichtige inhaltliche Informationen.

Aufgrund dessen sollte bei Verwendung einer Handlungsorientierten Fallstudie zum einen nicht der Titel »Postkorb« verwendet werden, zum anderen sollten die Teilnehmer explizit auf die Zielsetzung und den Unterschied zum Postkorb hingewiesen werden. Ein entsprechender Hinweis in der Instruktion der Übung hilft zusätzlich, Missverständnisse zu vermeiden. Auch die schriftliche Ankündigung der Fragen, die in der Besprechung der Ergebnisse mit dem Beobachterteam gestellt werden, in der Instruktion erleichtert die Konzentration auf die wesentlichen Herausforderungen der Übung:

- Welche wichtige Information haben Sie dem Dokument entnommen?
- Inwieweit haben Sie Zusammenhänge zu anderen Dokumenten festgestellt?
- Welche Maßnahmen wollen Sie nun ergreifen?

Erzeugung eines gewünschten Schwierigkeitsniveaus

Postkorbübungen und Handlungsorientierte Fallstudien sind häufig durch ein fiktives Szenario charakterisiert, das beinhaltet, dass nur eine eng begrenzte Bearbeitungsdauer zur Verfügung steht. Die Übungen erhalten einen bestimmten Schwierigkeitsgrad dadurch, dass komplexe Informationen schnell analysiert, verarbeitet und in entsprechende Maßnahmenvorschläge umgesetzt werden müssen. Darüber hinaus wird der Anspruch häufig auch dadurch erhöht, dass Dokumente nicht eindeutig in ihrer Aussage sind bzw. wichtige Informationen zwischen wenig relevanten »versteckt« werden. So findet sich z. B. die Information bezüglich des Stopps eines zentralen Projektes aufgrund einer Geschäftsführungsentscheidung inmitten von anderen Tagesordnungspunkten auf einer Agenda für die nächste Bereichsleitersitzung. Findet der Teilnehmer diese Information inmitten der anderen Tagesordnungspunkte nicht, so fährt er in der Bearbeitung der Übung weiter fort, sich um die Steuerung des Projektes zu kümmern.

Die entscheidende Frage, die sich hier stellt, ist, inwieweit durch diese Vorgehensweise tatsächlich relevante Anforderungen abgebildet werden. Im Unternehmensalltag wird die zentrale Anforderung wohl seltener darin bestehen, in unbekannten Dokumenten subtile und versteckte Informationen zu identifizieren, ähnlich einem Rätsel. Die Schwierigkeit, die es abzubilden gilt, besteht vielmehr darin, dass für sich genommen eindeutige Einzelinformationen in der Gesamtsicht durchaus nicht unbedingt eindeutig eine Lösung nahe legen. Auf das Beispiel »Projektstopp« übertragen, könnte diese bedeuten, dass die Information der Geschäftsführungsentscheidung in einer extra formulierten Mail eines Kollegen aus dem Projektteam vermittelt wird. Die Schwierigkeit wird erst dadurch erzielt, dass gleichzeitig andere – für sich genommen höchst eindeutige Dokumente – dafür sprechen, dass das Projekt unbedingt weitergeführt werden sollte. Die letzte Empfehlung zur Konzeption von Postkorbübungen und Handlungsorientierten Fallstudien lautet daher, ein angestrebtes Schwierigkeitsniveau durch einen bestimmten Grad an Komplexität der Verknüpfungen zwischen Dokumenten zu erzeugen, die jeweils für sich genommen eindeutig in ihrer Aussage sind.

5.2.2.2 Konzeptentwicklungen

Schritt 1: Definition der Aufgabenstellung

Die erfolgreiche Gestaltung einer aussagekräftigen Konzeptentwicklung beginnt mit der eindeutigen Aufgabendefinition. Für die Bearbeitung der zumeist sehr komplexen Fragestellungen werden den Teilnehmern umfangreiche Materialien zur Verfügung gestellt. Die eigentliche Zielstellung geht in dieser Informationsflut leicht unter. Darüber hinaus kann nicht immer davon ausgegangen werden, dass verschiedene Teilnehmer das Gleiche unter der Aufgabenstellung »Entwickeln Sie auf Grundlage der zur Verfügung stehenden Materialien eine Marketingstrategie für die neue Produktlinie« verstehen. Wichtig ist, die Aufgabenstellung möglichst präzise zu formulieren, um Missverständnisse zu vermeiden. So kann z. B. eine Konkretisierung der Zielstellung anhand von Fragestellungen erfolgen, die im Rahmen des Konzepts beantwortet werden sollten.

Schritt 2: Zusammenstellung aller relevanter Informationsmaterialien

Zur Beantwortung dieser Fragen müssen dem Teilnehmer umfassende Informationen zur Verfügung gestellt werden. Zwar ist es häufig Ziel, die Kreativität der Teilnehmer in Hinblick auf die von ihnen entwickelten Konzepte zu beobachten. Zuweilen erfordern Konzeptionsübungen jedoch auch Kreativität derart, dass Teilnehmer sich in der Situation sehen, fiktive Daten zu ergänzen, die zur Beantwortung der relevanten Fragen benötigt werden, jedoch in den

Übungsunterlagen nicht enthalten sind. Dies führt leicht zu einer eingeschränkten Vergleichbarkeit von Teilnehmerergebnissen sowie auch zur Verunsicherung der Teilnehmer. Es ist daher empfehlenswert, Übungen zur Konzeptentwicklung vor der ersten Anwendung zunächst in Probedurchführungen auszutesten, um unter anderem feststellen zu können, ob die Übungsmaterialien vollständig sind.

Schritt 3: Aufbereitung der Informationsmaterialien in typischer Form

Auch die Art der Aufbereitung der Materialien stellt eine wichtige Voraussetzung für eine aussagekräftige Übung dar. Hier spielt das Prinzip des Berufsbezuges (vgl. Kapitel 1.3.2) eine wichtige Rolle. Die benötigten Informationen sollten möglichst in für die Situation und Aufgabenstellung typischer Form aufbereitet sein. Wird mit der Übung eine konzeptionelle Aufgabe eines Bereichsleiters abgebildet, so stellt sich die Frage »Welche Informationen würde sich ein realer Bereichsleiter beschaffen, um diese Fragestellung zu bearbeiten?«. So können Informationen über Planungen des Wettbewerbs in Form eines Artikels einer Fachzeitschrift vermittelt werden, während Informationen über die Umsatzentwicklungen einer Produktlinie aus den im Unternehmen üblichen, vom Controlling zur Verfügung gestellten Listen ersichtlich sind. Eine Einschränkung ergibt sich hier lediglich in Hinblick auf die Verständlichkeit von internen Dokumenten für externe Bewerber. Hier müssen eventuell Vereinfachungen oder Erläuterungen vorgenommen werden.

Schritt 4: Sicherstellung vergleichbarer Voraussetzungen

Realitätsnähe anzustreben, bedeutet allerdings immer auch, die Herausforderung anzunehmen, gleiche Ausgangsvoraussetzungen für alle Teilnehmer, unabhängig von deren Aufgabengebiet, sicherzustellen. Gerade in Assessment Center, in denen Teilnehmer aus ganz verschiedenen Bereichen und mit unterschiedlichen Ausbildungshintergründen teilnehmen, sollte daher darauf geachtet werden, dass keine Vorteile für einen Teil der Teilnehmer entstehen. So wäre es z. B. nicht unproblematisch, die oben skizzierte Konzeptionsaufgabe der Entwicklung einer Marketingstrategie zu verwenden, wenn ein Teil der Teilnehmer über vertieftes Marketing-Know-how verfügt, ein anderer nicht.

Schritt 5: Planung der Vorbereitungszeit

Häufig ist zu beobachten, dass die Vorbereitungszeit für komplexe Konzeptentwicklungen knapp bemessen ist, was dazu führt, dass Anforderungen wie z. B. schnelle Auffassungsgabe beobachtbar werden. Zumeist wird die Konzeptionsentwicklung jedoch als Übung ausgewählt, wenn strategische und unternehmerische Kompetenzen im Mittelpunkt des Interesses liegen. Um diese Anforderungen nun auch möglichst zuverlässig beobachtbar zu machen, ist es wichtig, den Teilnehmern ausreichend Zeit zur Verfügung zu stellen, um im Rahmen ihrer strategisch-unternehmerischen Kompetenzen möglichst optimale Konzepte entwickeln zu können. Im Unternehmen besteht die Herausforderung beim Entwickeln von Strategien und weitreichenden Konzepten in den seltensten Fällen darin, diese besonders schnell zu entwickeln. Die Anforderung liegt in der absoluten Güte des Konzepts, nicht in der Qualität der Konzeption relativ zur dafür benötigten Zeit. Stehen also weniger solche Anforderungen im Vordergrund, die eine möglichst schnelle Analyse und Entscheidungsfindung erfordern, so sollte ruhig etwas mehr Zeit für die Vorbereitung von Konzeptentwicklungen eingeplant werden. Zwei bis drei Stunden sind hier durchaus realistisch.

Schritt 6: Erzeugung eines gewünschten Schwierigkeitsniveaus

Schließlich stellt sich auch bei der Konzeptentwicklung die Frage, wie ein bestimmter Grad an Schwierigkeit hergestellt werden kann. Hierzu gibt es prinzipiell zwei Möglichkeiten.

Zum einen kann in der Konzeptentwicklung ein hohes Anforderungsniveau dadurch erzeugt werden, dass die Informationsmaterialien ambivalente Implikationen nahe legen. In dem Marketing-Beispiel könnte es zum Beispiel der Fall sein, dass die Marktentwicklungen (ersichtlich anhand einer Auswertung eines Marktforschungsinstitutes) dafür sprechen, als Zielgruppe die ältere Generation zu wählen, da hier die größten Wachstumspotenziale bestehen. Auf der anderen Seite wird aus der Wettbewerberanalyse deutlich, dass das eigene Unternehmen im Vergleich zu anderen noch über keinen nennenswerten Anteil in diesem Zielgruppensegment verfügt, der Ausbau von Marktanteilen in anderen Segmenten deutlich leichter fiele. Darüber hinaus stehen nur recht geringe Mittel für entsprechende Marketing-Maßnahmen zur Neupositionierung zur Verfügung (ersichtlich aus der Budgetaufstellung). Wie in diesem Beispiel wird das Anspruchsniveau der Übung dadurch erzeugt, dass für sich genommen eindeutige Informationen unterschiedliche Handlungsempfehlungen nahe legen. Die Herausforderung für den Teilnehmer besteht darin, die jeweiligen Vor- und Nachteile, Chancen und Risiken gegeneinander abzuwägen. Die Beobachter konzentrieren sich in der Besprechung des Konzepts vor allem auf Schlüssigkeit und Vollständigkeit der Argumentation des Teilnehmers.

Eine zweite Möglichkeit zur Variation des Anspruchsniveaus besteht darin, eindeutige, aber schwer zu interpretierende Informationen zur Verfügung zu stellen. So gehört häufig ein gewisses Vorwissen dazu, um bestimmte Kennziffern sicher interpretieren zu können. Darüber hinaus ist häufig auch Erfahrung gefragt, um nicht nur die bestehenden Kennwerte zu verstehen, sondern sie auch zielsicher in Hinblick auf ihre möglichen Auswirkungen, so z. B. deren Bedeutung für die weitere Entwicklung des Marktumfeldes, einzuschätzen. Wird dieser Weg der Variation von Schwierigkeit gewählt, so sollten sich die beteiligten Beobachter und Entscheider jedoch klar darüber sein, dass hier Wissen und Erfahrung einen ganz entscheidenden Anteil an der von Teilnehmern gezeigten Leistung haben. Dies widerspricht der weiter oben aufgeführten Empfehlung, die Voraussetzungen für alle Teilnehmer eines ACs möglichst vergleichbar zu gestalten. Für ein AC, in dem generell Potenziale von Teilnehmern aufgezeigt werden sollen, ist dieses Vorgehen auch tatsächlich ungeeignet. Zur aktuellen Besetzung einer bestimmten Position mit Hilfe eines ACs jedoch kann es durchaus sinnvoll sein, Erfahrungswissen mit einfließen zu lassen, denn hier sind weniger die generellen Potenziale eines Teilnehmers von Interesse, sondern vielmehr seine aktuellen Kompetenzen im Hinblick auf das kurzfristig erfolgreiche Bekleiden einer bestimmten Position.

5.2.2.3 Fact-Finding-Übung

Die Fact-Finding-Übung stellt eine besondere Form der Konzeptentwicklungen dar. Dabei entspringt die eigentliche Idee der Fact-Finding-Übung der Problematik, in allen analytisch-konzeptionellen Übungen zwar Anforderungen im Bereich der analytischen Kompetenzen erfassen zu wollen, jedoch nie den Analysevorgang selbst beobachten zu können. Vielmehr wird häufig aufgrund der Analyse- und Konzeptionsergebnisse auf das Analyseverhalten des Teilnehmers zurückgeschlossen. Wie er sich jedoch im Einzelnen den verschiedenen Informationsmaterialien genähert, diese strukturiert, Hypothesen und Lösungsansätze aufgestellt und später wieder verworfen hat, ist in der Besprechung der Übungsergebnisse nicht mehr direkt beobachtbar.

In der Fact-Finding-Übung werden dem Teilnehmer daher zunächst lediglich einige Basisinformationen zur Verfügung gestellt. Er kann so Hypothesen bezüglich der in dem fiktiven Szenario bestehenden Problemfelder oder auch Chancen aufstellen, diese jedoch noch nicht absichern. Vertiefende Details erhält der Teilnehmer im Gespräch mit einem Beobachterteam, das über ein breites Spektrum an Informationen verfügt. Durch geschickte Fragen kann er nun immer mehr Fakten von den Beobachtern erhalten (Daher der Name »Fact-Finding«!) und systematisch seine Hypothesen überprüfen, verwerfen, neue entwickeln und so schließlich im Gespräch eine möglichst optimale Konzeption oder Lösungsstrategie entwickeln. Auf diese Art und Weise sind die Beobachter in der Lage, den Analyseprozess selbst zu beobachten, wodurch sie wertvolle Zusatzinformationen erhalten, die ihnen verschlossen bleiben, wenn der Teilnehmer die Analyse allein durchführt. Anforderungen wie gedankliche Flexibilität werden so sichtbar.

Insofern erscheint die Fact-Finding-Übung nahezu ideal zur Bewertung von intellektuell-analytischen Kompetenzen. Sie ist jedoch mit einigen nicht zu unterschätzenden methodischen Schwierigkeiten verbunden. Die größte Schwierigkeit besteht dabei in der Standardisierung des Beobachterverhaltens im Hinblick auf deren Informationsbereitschaft. So ist es nie eindeutig definierbar, wie konkret ein Teilnehmer nach Fakten fragen muss, damit er die Information von den Beobachtern erhält. Eine sehr offene Frage in der Form »Worin bestehen denn die Probleme des Unternehmens?« werden die Beobachter wohl nicht beantworten wollen, denn dann wäre die Analysephase damit beendet, dass die Beobachter selbst die komplette Problematik schildern. Eine konkretere Frage eines Teilnehmers könnte z. B. lauten »Wie ist es um die Zufriedenheit der Mitarbeiter im Unternehmen bestellt?«. Liegen nun dem Beobachterteam Informationen zur Mitarbeiterfluktuation vor, so könnte ein Beobachter der Ansicht sein, dass die Fluktuationsquote ein Ausdruck der Mitarbeiterzufriedenheit sei und daher dem Teilnehmer diese Information sehr bereitwillig zur Verfügung stellen. Ein anderer Beobachter wird argumentieren, dass der Teilnehmer nicht direkt nach der Mitarbeiterfluktuation gefragt habe, daher gibt er auch diese Information nicht an den Teilnehmer.

Auch ein weiteres methodisches Problem der Fact-Finding-Übung wird anhand dieses Beispiels deutlich. Die Beobachtungen zu analytischen Kompetenzen werden häufig überlagert durch Kompetenzen der Gesprächsführung, nämlich die Fähigkeit, möglichst geschickt offene Fragen zu formulieren. Es stellt sich daher die Frage, ob hier tatsächlich das gemessen wird, was ursprünglich beabsichtigt war.

Schließlich besteht in der Fact-Finding-Übung für Teilnehmer die Gefahr, von Beginn an auf »das falsche Pferd zu setzen«. Konzentriert er sich bereits zu Beginn auf zwei Hypothesen und Lösungsansätze, die sich im Austausch mit den Beobachtern als falsch erweisen, so kann es passieren, dass er im Gespräch spontan keine weiteren Ideen bezüglich der bestehenden Problematik und entsprechenden Lösungsstrategien entwickeln kann. Von diesem Zeitpunkt an sind alle weiteren Aspekte der analytischen Kompetenzen (mit Ausnahme der Fähigkeit, möglichst flexibel im Generieren und Verwerfen von Hypothesen zu sein) nicht mehr sinnvoll bewertbar.

Aufgrund der hier dargestellten methodischen Schwierigkeiten sollte von der Nutzung von Fact-Finding-Übungen in den meisten Fällen abgesehen werden, da die Probleme kaum positiv beeinflussbar sind. Eine Ausnahme zu dieser Empfehlung besteht dann, wenn die Kenntnis der richtigen Fragen bzw. eine geschickte Fragetechnik selbst relevante Anforderungen darstellen. Bewirbt sich ein Teilnehmer z. B. um eine Position in einem Produktionsunternehmen, das mit Hilfe sehr komplexer Technik produziert, so könnte eine aussagekräftige Aufgabenstellung darin bestehen, einen Störfall zu schildern, den der Teilnehmer anhand der richtigen Fragen hinsichtlich der Problemursache analysieren muss. In diesem Falle kommt es tatsächlich auf die Kenntnis der richtigen Fragen an. In einem anderen Fall könnte in einem AC für Personalreferenten eine Übung in Form eines Bewerbergesprächs durchgeführt werden. Aufgabe des Teilnehmers ist die Analyse der Person im Hinblick auf definierte Anforderungskriterien. In dieser Zwischenform aus Fact-Finding-Übung und Gesprächssimulation kommt es auf die richtige Fragetechnik an. Ist somit das Wissen um die richtigen Fragen bzw. die geeignete Fragetechnik selbst eine Anforderung, so kann eine Fact-Finding-Übung durchaus sinnvoll sein.

5.2.3 Konzeption von analytisch-konzeptionellen Übungen Schritt für Schritt

5.2.3.1 Postkorbübungen und Handlungsorientierte Fallstudien

Wie kann nun eine zielführende Entwicklung von Postkorbübungen und Handlungsorientierten Fallstudien aussehen, die die dargestellten generellen Überlegungen und Empfehlungen zur Entwicklung der Übungen berücksichtigt? Im Folgenden ist eine mögliche Vorgehensweise Schritt für Schritt erläutert. Dabei wird jeweils zur Verdeutlichung des Vorgehens als Beispiel die Entwicklung einer Handlungsorientierten Fallstudie im Vertriebsumfeld vorgestellt.

Schritt 1: Definition der Position und Grobskizze der Organisation

Im ersten Schritt wird definiert, welche Position der Teilnehmer in dem fiktiven Unternehmen laut Übungsinstruktion einnehmen soll. Idealerweise wird hierbei wiederum aus Gründen der Realitätsnähe eine Position gewählt, die der Zielposition möglichst ähnlich ist. Mit der Grobskizze eines Organigramms, d. h. der grundsätzlichen organisatorischen Struktur des Unternehmens oder des Unternehmensbereiches, in dem die fiktive Position angesiedelt ist, wird das Wirkungsfeld des Teilnehmers näher definiert. Die Organigramm-Skizze sollte bereits in diesem ersten Schritt erstellt werden, da die Unternehmensstruktur für die weitere Übungsentwicklung vordefiniert, über welche Befugnisse und Verantwortungsbereiche der Teilnehmer verfügt, wo im Unternehmen welche Aufgaben und Verantwortungsbereiche angesiedelt sind, wer wem hierarchisch übergeordnet ist, und mit welchem Bereich der Teilnehmer auf der Position bzgl. welcher Fragestellung zusammenarbeiten müsste. Auch bei der Grobplanung der Organisationsstruktur ist eine Orientierung an den realen Gegebenheiten empfehlenswert. Es sollte jedoch gerade für externe Teilnehmer eines ACs darauf geachtet werden, dass das Organigramm leicht verständlich und überschaubar bleibt, selbst wenn es in der Realität komplexer gestaltet ist. Vor allem solche Bereiche, die für das Handlungsumfeld des Teilnehmers auf der definierten Position weniger relevant sind, können durchaus vereinfacht dargestellt werden.

In der Beispiel-Übung einer Handlungsorientierten Fallstudie im Vertriebsumfeld könnte die gewählte Position z. B. die eines Gebietsleiters im Vertrieb eines Produktionsunternehmens sein. Beispiel 13 zeigt die Grobstruktur des Organigramms.

Beispiel 13: Grobskizze einer Organisation

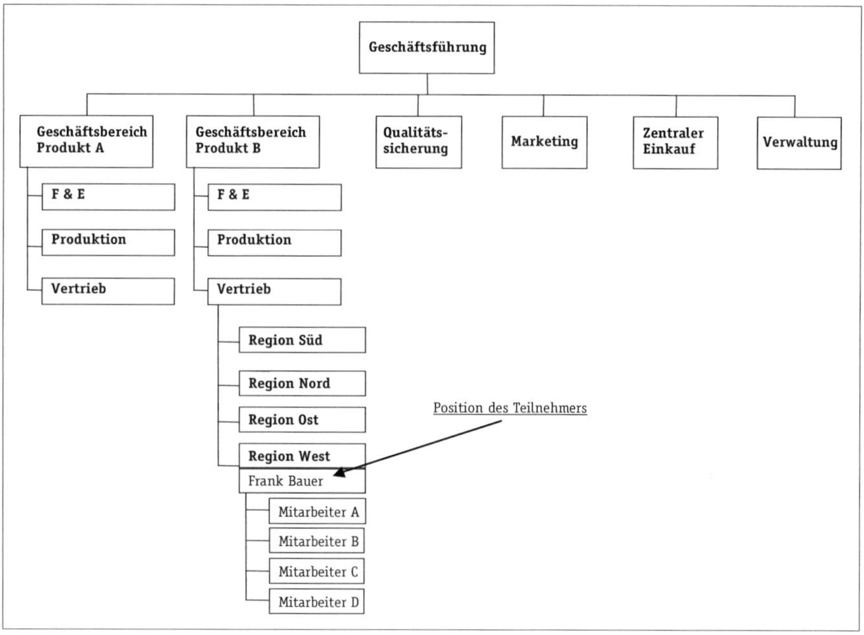

Schritt 2: Bestimmung typischer Problemfelder und Festlegung von Verknüpfungen

Nachdem Position und Organisationsstruktur definiert sind, wird häufig ein eher ungünstiger Weg in der Übungskonzeption beschritten: Es werden typische Materialien gesammelt, mit denen sich ein realer Positionsinhaber täglich beschäftigt. Aus diesen Materialien wird eine möglichst große Vielfalt an Dokumenten ausgewählt, die auch im Postkorb oder der Handlungsorientierten Fallstudie Verwendung finden sollen. In diese Dokumente werden dann normalerweise die entsprechenden Informationen eingebracht und dabei Verknüpfungen zwischen den Dokumenten eingeplant. Diese Vorgehensweise führt leicht dazu, dass sich der Übungsentwickler der Herausforderung gegenübergestellt sieht, wichtige Informationen und komplexe Verknüpfungen in den bereits fest definierten Dokumenten unterzubringen. Konsequenz dieser Vorgehensweise ist nicht selten, dass die Dokumente hinsichtlich ihres Informationsgehaltes eben doch nicht, wie zuvor gefordert, eindeutig sind und Informationen in Dokumenten zwischen anderen Informationen oder gar in einem Nebensatz untergebracht werden müssen. Das Resultat sind häufig die bereits erwähnten »versteckten« Informationen, die jedoch die Aussagekraft der Übung negativ beeinflussen können.

Der Start der inhaltlichen Planung der Übung sollte daher nicht in einer Dokumentensammlung, sondern vielmehr in der Sammlung von für die Position typischen Problemfeldern bestehen. Erst nachdem festgelegt worden ist, welche organisatorischen Schwierigkeiten und inhaltlichen Problemstellungen im Rahmen der Übung bearbeitet werden sollten, um die Kernaufgaben möglichst gut abzubilden, kann in einem nächsten Schritt bestimmt werden, in welche Dokumente die für die Problemstellung relevanten Informationen idealerweise eingefügt werden sollten. Auf diese Art und Weise bestimmen die Inhalte die Art der zur Verfügung gestellten Unterlagen und nicht umgekehrt. Dokumente mit eindeutigen Informationen zu erstellen, fällt auf diese Art und Weise deutlich leichter.

Bei der Planung der inhaltlichen Schwerpunkte, Themen- und Problemfelder ist es nun wichtig, kritisch zu überprüfen, inwieweit die Fragestellungen und Themen dazu geeignet sind, die jeweils interessierenden Anforderungen einschätzbar zu machen. So ist es notwendig, dass einige kundenbezogene Problemstellungen (Kundenreklamationen, Kundentermine etc.) in der Übung enthalten sind, um z. B. die Kundenorientierung des Teilnehmers anhand der Handlungsorientierten Fallstudie einzuschätzen. Zur Einschätzung der Gewissenhaftigkeit und Genauigkeit in einer Postkorbübung müssen ausreichend Detailinformationen (Fehlerhafte Dokumente oder Rechnungen, Terminüberschneidungen etc.) vorhanden sein, um diese wiederum beobachtbar zu machen.

Da Komplexität, wie oben geschildert, vor allem dadurch erzielt wird, dass verschiedene Dokumente auf einen Themenkomplex Bezug nehmen und somit untereinander verknüpft sind, gilt es nun, nachdem die Themen- und Problemfelder benannt sind, zu bestimmen, wie komplex diese realisiert werden – sprich, wie viele Dokumente sich auf die jeweilige Problemstellung beziehen sollen. Dabei ist es wichtig, unterschiedlich komplexe Verknüpfungen in einer Übung zu vereinen. So wird es Themen geben, die erst in der Gesamtsicht von fünf Dokumenten differenziert betrachtet werden können und andere, die aus einer Zweierverknüpfung bestehen (z. B. eine Terminkollision anhand gegensätzlicher Angaben in zwei Dokumenten) oder auch nur in einem einzigen Dokument behandelt werden. Eine möglichst effiziente Vorgehensweise im Sinne einer möglichst optimalen »Verplanung« der Anzahl der Dokumente wird erzielt, wenn zunächst die komplexen Verknüpfungen, die die Form einiger Dokumente determinieren, geplant werden und dann nach und nach die weniger komplexen Verknüpfungen definiert werden. Eine Zweier-Verknüpfung gegen Ende dieses Prozesses noch sinnvoll in bereits bestimmte Dokumente einzufügen, fällt deutlich leichter als eine komplexe, für die vier Dokumente benötigt würden.

Auf diese Art und Weise entsteht nach und nach eine Übungsstruktur mit Problemfeldern und unterschiedlich komplexen Verknüpfungen, die anhand verschiedener typischer Dokumente realisiert werden sollen. Ein sehr hilfreiches Instrument zur prägnanten Veranschaulichung dieser Übungsstruktur ist die Themen-/Dokumenten-Übersicht. Diese Übersicht stellt die wichtigste Arbeitsgrundlage für die weitere Entwicklung einer Postkorbübung oder Handlungsorientierten Fallstudie dar. Eine Themen-/Dokumenten-Übersicht für eine Handlungsorientierte Fallstudie im Vertriebsumfeld ist in Beispiel 14 dargestellt.

Dokument / Themenfeld	Dokument 1: Vorschlag Veranstaltungsorte von Sekretärin	Dokument 2: Infoschreiben F&E: Produktinnovation	Dokument 3: Tabelle Umsatzentwicklung Region West	Dokument 4: Protokoll letztes Regionalleiter-Meeting	Dokument 5: Brief Kundenbeschwerde	Dokument 6: Lebensläufe von Bewerbern	Dokument 7: Budgetaufstellung Werbemittel/-maßnahmen	Dokument 8: Info Vertriebscontrolling: Umsatzentwicklung Stand Dokumentationen	Dokument 9: Ausschreibung Großunternehmen	Dokument 10 …	Dokument 11: Zeitungsartikel Konkurrenzprodukt	Dokument 12 …	Dokument 13: Mitteilung von der Geschäftsführung	Dokument 14: Zeugnisentwurf von Personalabteilung
Problemmitarbeiter Meyer			Meyer hat weniger Umsatzrückgang als andere Kollegen		Meyer vernachlässigt Kundenpflege	Einer der Bewerber könnte einen sinnvollen Ersatz für Meyer darstellen		Meyer vernachlässigt Dokumentation von Kundenkontakten	Meyer hält interne Regelungen nicht ein				Geschäftsführer während Abwesenheit mit Meyer gesprochen, guter Draht Meyer-Gf	
Umsatzrückgang		F&E hat neues Produkt in Pipeline, Nutzen ist größer als neues Konkurrenzprodukt	Umsatzrückgang Region West Starke Differenzen zwischen Mitarbeitern					Umsatzrückgang ist überregionaler Trend			Konkurrent hat neues Produkt, dass von Kunden positiver bewertet wird als eigenes		Geschäftsführung erwartet bis Ende der Woche Plan zum Stoppen des Umsatztrends	
Kundenveranstaltung	Nur wenige genügen den definierten Anforderungen. Falscher Termin wurde bei Anfrage weitergeleitet			Anforderungen für Veranstaltungsort definiert	Kunde ist für die Veranstaltung eingeladen		Budget ist bereits überschritten						Budgetierung unterstützender Maßnahmen muss vorgenommen werden	

Dokument / Themenfeld	Dokument 1: Vorschlag Veranstaltungsorte von Sekretärin	Dokument 2: Inforschreiben F&E: Produktinnovation	Dokument 3: Tabelle Umsatzentwicklung Region West	Dokument 4: Protokoll letztes Regionalleiter-Meeting	Dokument 5: Brief Kundenbeschwerde	Dokument 6: Lebensläufe von Bewerbern	Dokument 7: Budgetaufstellung Werbemittel/-maßnahmen	Dokument 8: Info Vertriebscontrolling: Umsatzentwicklung Stand Dokumentationen	Dokument 9: Ausschreibung Großunternehmen	Dokument 10 …	Dokument 11: Zeitungsartikel Konkurrenzprodukt	Dokument 12 …	Dokument 13: Mitteilung von der Geschäftsführung	Dokument 14: Zeugnisentwurf von Personalabteilung
…														
Akquise-Chance				Kontakt steht nicht auf Gästeliste	Kunde ist Tochterunternehmen im Konzern				Chance für großen Auftrag					
Terminkollision 16.04.	Termin für Kundenveranstaltung: 16.04.								Terminvorschlag 16.04.					
…														
Fehlerhaftes Zeugnis														Widersprüchliche Aussagen über den Mitarbeiter
Einstellung neuer Mitarbeiter						Herr Braun ist der geeignetste aufgrund der drei Lebensläufe								
…														

Beispiel 14: Themen-/Dokumentenübersicht einer Handlungsorientierten Fallstudie

Schritt 3: Formulierung der Dokumente sowie der Teilnehmerinstruktion

Mit dem zweiten Schritt ist bereits der größte Teil der konzeptionellen Arbeit abgeschlossen. Im dritten Schritt werden nun entlang der Themen-/Dokumenten-Übersicht die einzelnen Dokumente erstellt. Dabei steht wiederum die Realitätsnähe im Hinblick auf Darstellungsform, optische Gestaltung und Sprachstil im Vordergrund. In diesem Schritt kann z. B. auch die Entscheidung fallen, eine Postkorbübung computergestützt durchzuführen, da die organisatorischen Aufgaben in der Realität zumeist mit Hilfe eines Computerprogramms und anhand von Informationen per Mail erledigt werden.

Neben den einzelnen Dokumenten muss darüber hinaus auch eine Teilnehmerinstruktion formuliert werden, die folgende Informationen beinhalten sollte:

- Ziel der Übung (bei Handlungsorientierter Fallstudie mit Hinweis auf Abgrenzung gegenüber Postkorb!)
- Name, Funktion und Verantwortungsbereich des Teilnehmers auf der fiktiven Position
- Evtl. aktuelle Projekte oder Arbeitsschwerpunkte des fiktiven Positionsinhabers
- Angaben zur aktuellen Situation (Datum, Uhrzeit, Ort, Aktivitäten der letzten Tage)
- Inhaltliche Begründung dafür, dass alle Unterlagen in der vorgegebenen Zeit bearbeitet werden sollten (z. B. anschließende Dienstreise)
- Konkretisierung der Aufgabe
  - hinsichtlich der Form der Auswertung (schriftlich oder mündlich)
  - anhand der jeweils zu beantwortenden Fragen
    Welche wichtige Information haben Sie dem Dokument entnommen?
    Inwieweit haben Sie Zusammenhänge zu anderen Dokumenten festgestellt?
    Welche Maßnahmen wollen Sie nun ergreifen?
  - hinsichtlich der zur Verfügung stehenden Hilfsmittel (Terminkalender, Taschenrechner etc.)
  - hinsichtlich der zur Verfügung stehenden Zeit für die Bearbeitung sowie für eine eventuelle Besprechung mit einem Beobachterteam

Schritt 4: Vervollständigung des Organigramms

Erst nachdem definiert ist, in welchen Dokumenten welche Informationen enthalten sein werden und in den Dokumenten auch konkrete Personen als Absender benannt sind, kann das Organigramm, das bisher nur in seiner Grobstruktur besteht, vervollständigt werden. Alle in den Dokumenten erscheinenden unternehmensinternen Absender sollten im Organigramm hinsichtlich ihrer Aufgaben und Bedeutung kenntlich gemacht sein.

Schritt 5: Erstellung einer Checkliste für Beobachter

Sowohl in der Postkorbübung als auch in der Handlungsorientierten Fallstudie erfolgt die Auswertung in strukturierter Form. Für die Beobachter stellt eine Checkliste, in der die Verknüpfungen, ableitbaren Konsequenzen und Lösungsmöglichkeiten aufgeführt sind, eine hilfreiche Unterstützung zur Besprechung der Ergebnisse des Teilnehmers dar. Erfolgt die Auswertung schriftlich, so ist eine differenzierte Checkliste, in der jede Verknüpfung, Prioritätensetzung und notwendige Handlungen sowie korrekte Termine aufgeführt sind, unerlässlich, um eine standardisierte schriftliche Ergebnisauswertung vorzunehmen. Aufgrund der größeren Komplexität der Handlungsorientierten Fallstudie müssen hier die Angaben in der Checkliste häufig allgemeiner gehalten werden. Zuweilen können hier nur Formulierungen wie »leitet Maßnahme zur Analyse der Qualitätsprobleme ein« gewählt werden, wobei offen bleibt, um welche Maßnahme es sich genau handeln soll. Voraussetzung ist hier natürlich, dass die Beobachter aufgrund ihres Erfahrungshintergrundes selbst bewerten können, inwieweit eine vorgeschlagene Maßnahme tatsächlich sinnvoll ist.

Schritt 6: Durchführung mehrerer Probebearbeitungen

Der Postkorb bzw. die Handlungsorientierte Fallstudie ist nun mit allen benötigten Dokumenten und Materialien fertiggestellt. Bevor die Übung nun zum ersten Mal zum Einsatz kommt, sollten mehrere Probebearbeitungen von Personen durchgeführt werden, die über einen der Zielgruppe ähnlichen Erfahrungshintergrund verfügen. Anhand dieser Probebearbeitungen sollten folgende Aspekte überprüft werden:

- Sind die Dokumente eindeutig formuliert, d. h. kommt es leicht zu Missverständnissen bzw. werden wichtige Informationen doch als »versteckt« empfunden?
- Ist die Checkliste praktikabel, und sind die dort aufgeführten erwarteten Lösungsansätze tatsächlich realistisch aus den Informationen ableitbar?
- Ist der Zeitbedarf realistisch geplant, d. h. schaffen es die meisten Probanden, die umfassenden Dokumente zumindest überblicksartig zu bearbeiten?

5.2.3.2 Konzeptentwicklung

Im Vergleich zur Entwicklung von Postkorbübungen und Handlungsorientierten Fallstudien gibt es einige Parallelen. So stellt auch hier die Grundlage für eine systematisch entwickelte Übung eine tabellarische Übersicht dar. Wie genau im Falle der Konzeptentwicklung vorgegangen werden kann, ist im Folgenden wiederum Schritt für Schritt dargestellt. Zur Verdeutlichung wird jeweils das bereits oben erwähnte Beispiel der Entwicklung einer Marketing-Strategie für eine neue Produktlinie verwendet.

Schritt 1: Auswahl einer im Sinne der Zielposition typischen Konzeptionsaufgabe

Der erste Schritt besteht darin, eine für die Zielposition typische und zugleich für die Teilnehmer gleichermaßen lösbare Konzeptionsaufgabe zu finden. Im Falle von Auswahl-Assessments für bestimmte Zielpositionen fällt es häufig leichter, eine entsprechende Aufgabenstellung zu entwickeln, denn hier können prinzipiell alle konzeptionellen Aufgabenstellungen aus dem Arbeitsalltag verwendet werden. Da Bewerber auf eine spezifische Position zumeist über einen relativ vergleichbaren Erfahrungshintergrund verfügen, wird eine solche, dem Arbeitsalltag entnommene, Aufgabe prinzipiell für alle Teilnehmer lösbar sein. Hier muss lediglich darauf geachtet werden, dass bei Teilnahme externer Bewerber kein unternehmensspezifisches Know-how gefordert ist. Gerade bei einer gemischten Teilnehmergruppe von internen und externen Personen können die Ergebnisse sonst insofern verzerrt werden, als dass interne Teilnehmer einen Vorteil gegenüber den externen hätten. Der Wissensvorsprung der internen Teilnehmer ist jedoch nicht entscheidungsrelevant, da in den meisten Fällen das unternernehmensspezifische Know-how im Gegensatz zu den generellen Kompetenzen und dem unternehmensunabhängigen Know-how recht schnell zu erwerben ist. Sollte diese Problematik bei der Nutzung von realen Aufgabenstellungen auftreten, so sollte die Aufgabenstellung in ein anderes Szenario, d. h. ein anderes Unternehmen, verlegt werden.

Schwieriger ist es häufig, eine sinnvolle Konzeptionsaufgabe für eine Zielgruppe zu finden, die sehr heterogen ist. Dies ist vor allem der Fall, wenn eine Auswahl nicht im Hinblick auf eine bestimmte Position, sondern für ein Programm (Trainee-Programm, Führungsnachwuchskreis) erfolgen soll oder aber gar keine Auswahl stattfindet, sondern ein Entwicklungs-AC für eine Gruppe interner Teilnehmer. Hier sollte die Konzeptentwicklung durchaus charakteristisch für eine mögliche zukünftige Aufgabe sein, sofern diese einzugrenzen ist, d. h. im Falle der Trainee-Auswahl eine typische Konzeptentwicklung eines Trainees oder im Falle des Führungsnachwuchskreises eine typische Konzeptionsaufgabe für eine Führungskraft. Dabei muss sichergestellt sein, dass die Aufgabenstellung ohne spezifisches Fach-Know-how, sondern mit gesundem Menschenverstand und einem, je nach Zielgruppe, bereits vorhandenen Verständnis zur Funktionsweise von Unternehmen gelöst werden kann. Das Beispiel mit der Aufgabenstellung »Konzeption einer Marketing-Strategie« eignet sich recht gut für gemischte Zielgruppen, vor allem, wenn es sich dabei um Konsumgüter handelt, die jeder Teilnehmer aus dem alltäglichen Leben kennt. Bevorteilung von einzelnen Personen findet hier nur dann statt, wenn einige Teilnehmer über vertieftes Marketing-Know-how verfügen.

Schritt 2: Formulierung von zu beantwortenden Fragestellungen

Zur Verdeutlichung der Aufgabenstellung sollten, wie bereits oben erwähnt, möglichst in der Konzeption zu beantwortende Fragen geschildert werden. In dem Beispiel der Marketingstrategie könnte es sich z. B. um folgende Fragen handeln:

- Wie soll die neue Produktlinie gegenüber Wettbewerber-Produkten positioniert sein?
- In welchem Preissegment wollen Sie die neue Produktlinie positionieren?
- Welche Zielgruppen wollen Sie ansprechen?
- Wie soll das Produktportfolio in Zukunft aussehen?
- Welche Vertriebskanäle wollen Sie nutzen?

Schritt 3: Auswahl typischer Daten und Dokumente

Nachdem nun die relevanten Fragestellungen definiert sind, die im Rahmen der Konzeption beantwortet werden sollen, gilt es, Informationsmaterial zusammenzustellen, das umfassende Informationen für die Beantwortung der Fragestellungen bereithält. Wie oben ausführlich geschildert, sollte das Informationsmaterial nicht nur umfassend, sondern auch so gestaltet sein, dass es typische Dokumente enthält, die auch in der Realität zur Bearbeitung der Fragestellungen herangezogen würden. Ergebnis dieser Überlegungen ist wiederum eine tabellarische Übersicht. In diesem Falle handelt es sich jedoch um eine Fragestellungen-/Dokumenten-Übersicht, in die bereits eingetragen wird, welche Informationen das jeweilige Dokument hinsichtlich der Beantwortung der jeweiligen Fragestellung hat.

Wie oben dargestellt, wird Schwierigkeit und Komplexität in der Konzeptentwicklung vor allem dadurch erzeugt, dass die für sich genommen eindeutigen Informationen zusammengenommen zu ambivalenten Entscheidungssituationen führen. Die Herausforderderung für den Teilnehmer besteht darin, die jeweiligen Vor- und Nachteile der durch die Daten implizierten Lösungsmöglichkeiten abzuwägen und ein in sich stimmiges Konzept zu entwickeln. In Beispiel 15 ist ein Auszug aus einer Fragestellungen-/Dokumenten-Übersicht dargestellt.

Dokument / Fragestellung	Dokument 1: Imageanalyse eigenes Unternehmen (Auswertung Media-Agentur)	Dokument 2: Positionierung Wettbewerber/Marktanteile bezüglich Zielgruppen (Auswertung Media-Agentur)	Dokument 3: Umfrageergebnisse Kundenwünsche (Artikel in Fachzeitschrift)	Dokument 4: Unternehmensleitbild (firmeninternes Dokument)	Dokument 5: Preisvergleich Wettbewerber bzgl. bisheriger Produkte (Analyse internes Marketing)	Dokument 6: Entwicklung Umsätze nach Preissegmenten (Vertriebscontrolling)	Dokument 7: Demografische Daten Bevölkerungsentwicklung (Statistisches Bundesamt)	Dokument 8: Umsätze Wettbewerber bzgl. der Produktlinie (Analyse internes Marketing)	Dokument ...
Wie soll die neue Produktlinie gegenüber Wettbewerber-Produkten positioniert sein?	Unternehmen hat klar konservatives Image, völlige Neupositionierung wird nur mittelfristig und mit größeren Investitionen möglich sein	Positionierungsschwerpunkt: Firma X: Qualität (wie eigenes Unternehmen auch) Firma Y: Innovation Firma Z: Genuss/Lifestyle		Unternehmen positioniert sich auch intern konservativ				Stärksten Umsatzzuwachs hatte Firma Z (Positionierung: Genuss/Lifestyle)	
In welchem Preissegment wollen Sie die neue Produktlinie positionieren?			Kunden legen weniger Wert auch Qualität als früher, mehr auf niedrige Preise		Erfolgreichste Wettbewerber (Firma Y) liegen im Niedrigpreissegment	Eigene Umsätze sind bezüglich aller Preissegmente gleichmaßen gefallen, im Niedrigpreissegement treten Margenprobleme auf		Firma Y hat die höchsten Marktanteile, Firma Z den stärksten Zuwachs	
Welche Zielgruppen wollen Sie ansprechen?		Zielgruppenschwerpunkte: Firma X (geringste Marktanteile, geringste Zuwächse): Ältere Menschen Firma Y (höchster Marktanteil): Menschen im mittleren Alter Firma Z (höchste Zuwächse): Junge Menschen					Anteil älterer Menschen wird immer größer		

Dokument / Fragestellung	Dokument 1: Imageanalyse eigenes Unternehmen (Auswertung Media-Agentur)	Dokument 2: Positionierung Wettbewerber/Marktanteile bezüglich Zielgruppen (Auswertung Media-Agentur)	Dokument 3: Umfrageergebnisse Kundenwünsche (Artikel in Fachzeitschrift)	Dokument 4: Unternehmensleitbild (firmeninternes Dokument)	Dokument 5: Preisvergleich Wettbewerber bzgl. bisheriger Produkte (Analyse internes Marketing)	Dokument 6: Entwicklung Umsätze nach Preissegmenten (Vertriebscontrolling)	Dokument 7: Demografische Daten Bevölkerungsentwicklung (Statistisches Bundesamt)	Dokument 8: Umsätze Wettbewerber bzgl. der Produktlinie (Analyse internes Marketing)	Dokument ...
Wie soll das Produktportfolio in Zukunft aussehen?			Kunden wünschen sich bessere Betreuung rund um das Produkt						

Beispiel 15: Fragestellungen-/Dokumentenübersicht einer Konzeptentwicklung

Schritt 4: Erstellung der Dokumente sowie der Teilnehmerinstruktion

Die Fragestellungen-/Dokumenten-Übersicht stellt wiederum das Herzstück der Fallstudie dar, anhand dessen nun die Dokumente erstellt werden. Auch eine Teilnehmerinstruktion wird im vierten Schritt erstellt, die folgende Informationen beinhalten sollte:

- Ziel der Übung
- Generelle Position und Aufgaben des Teilnehmers in der fiktiven Situation
- Hintergrund des Konzeptionsauftrages
  - Anlass des Konzeptionsauftrages
  - Auftraggeber
- Weitere Hintergrundinformationen zum fiktiven Unternehmen:
  - Größe, Umsatz, Anzahl der Mitarbeiter, Ertragssituation
  - Geschichte des Unternehmens, Unternehmenskultur
  - Allgemeine Stärken und Schwächen des Unternehmens
  - Aktuelle Herausforderungen für das Unternehmen
- Konkretisierung der Aufgabe
  - anhand der zu beantwortenden Fragestellungen
  - hinsichtlich der Form der Auswertung (mündlich)
  - hinsichtlich der zur Verfügung stehenden Hilfsmittel (Informationsmaterial, Taschenrechner etc.)
  - hinsichtlich der zur Verfügung stehenden Zeit für die Bearbeitung sowie für eine eventuelle Besprechung mit einem Beobachterteam

Bezüglich der Zielsetzung der Übung ist es vor allem in ACs mit gemischter Teilnehmergruppe und somit gleichermaßen wenig ausgeprägtem Fach-Know-how der Teilnehmer auch sehr hilfreich, darauf hinzuweisen, dass es in der Konzeption weniger darauf ankommt, Konzepte zu entwickeln, die in der Realität tatsächlich Bestand hätten, als vielmehr darauf, dass diese logisch stringent entwickelt wurden und gut durchdacht sind.

Schritt 5: Erstellung einer Diskussionshilfe für Beobachter

Im Gegensatz zur Checkliste, die im Falle der Postkorb-Übung oder der Handlungsorientierten Fallstudie erstellt werden muss, ist es in der Konzeptentwicklung kaum möglich, eine systematische Auswertung in Hinblick auf richtige Lösungen, bestimmte Maßnahmen etc. vorzunehmen. Für die Beobachter wird daher keine Checkliste erstellt. Im Sinne der Übersichtlichkeit, gerade im Falle sehr komplexer Übungen, ist es für die Beobachter sehr hilfreich, eine Übersicht über die Dokumente und die darin enthaltenen Kerninformationen zu erhalten. Den Beobachtern sollte daher entweder eine Übersicht über die Dokumente mit den entsprechenden Kerninformationen oder auch eine leicht verständliche Form der Fragestellungen-/Dokumenten-Übersicht zur Verfügung gestellt werden.

Schritt 6: Durchführung mehrerer Probebearbeitungen

Schließlich sollte auch eine Konzeptentwicklung vor ihrem ersten Einsatz in mehreren Probebearbeitungen überprüft werden. Dabei stehen folgende Fragestellungen im Vordergrund:

- Sind die zur Verfügung gestellten Daten tatsächlich umfassend und vollständig, um die Fragestellungen zu beantworten?
- Ist der Zeitbedarf realistisch geplant, d. h. schaffen es die meisten Probanden, das Material tief zu analysieren und die Fragestellungen ausführlich zu beantworten?
- Falls notwendig: Sind die Fragestellungen tatsächlich sinnvoll ohne Fach-Know-how bzw. unternehmensspezifisches Know-how lösbar?

Abschließend lässt sich feststellen, dass analytisch-konzeptionelle Übungen einen wichtigen Beitrag leisten, diejenigen Anforderungen zu erfassen, die durch das Interview oder Rollenspiele kaum abzubilden sind. Neben analytisch-intellektuellen Fähigkeiten können so auch fachliche Aspekte und Anforderungen mit Hilfe der analytisch-konzeptionellen Übungen mit einbezogen und überprüft werden.

5.3 Gesprächssimulationen

Gesprächssimulationen sind allesamt dialogische Übungen, bei denen es letztendlich um ein Gespräch zwischen einem Teilnehmer und mindestens einem Rollenspieler geht. In diesem Kapitel wird beschrieben, welche Anforderungen und Kernaufgaben im sozialen und kommunikativen Bereich grundsätzlich durch eine solche Art von Instrument sichtbar und messbar gemacht werden können. Darauf aufbauend werden die wesentlichen Herausforderungen in der Konzeption und Anwendung von Gesprächssimulationen beschrieben und diskutiert, und es werden Tipps und Anregungen gegeben, wie eine professionelle und systematische Erstellung und Anwendung erfolgen kann.

Die typischen Fehler und Probleme, die häufig auftauchen, werden beschrieben, alternative Vorgehensweisen dargestellt. In der Summe werden so Qualitätskriterien definiert, anhand derer eine eigene systematische Konzeption neuer oder eine kritische Betrachtung und Einschätzung bereits bestehender Gesprächssimulationen erfolgen kann.

5.3.1 Dafür sind dialogische Gesprächssimulationen geeignet

In vielen Assessment Center-Verfahren nehmen Gesprächssimulationen einen großen Raum ein. Dies ist sicherlich darauf zurückzuführen, dass kaum noch eine Position existiert, bei der man alleine für sich »im Elfenbeinturm« arbeitet, sondern es in vielen Tätigkeitsbildern zu den Hauptaufgaben gehört, Gespräche mit anderen Menschen zu führen. Dies spiegelt sich nicht zuletzt in Stellenausschreibungen wider, in denen wohl keine Anforderung so häufig genannt wird wie Teamfähigkeit.

Als Gesprächssimulationen werden hier alle dialogischen Übungen verstanden, in denen es darum geht, als Teilnehmer in einem Assessment Center ein Gespräch mit einem oder mehreren Rollenspielern zu führen. Zum Teil werden auch Gespräche zwischen zwei Teilnehmern eingesetzt. Bei diesen gelten die gleichen Regeln, Besonderheiten und Tipps, wie sie im Kapitel 5.4 unter Gruppenübungen beschrieben werden.

Noch stärker als andere Instrumente in Assessment Center-Verfahren stehen gerade Gesprächssimulationen oft in dem Ruf, dass es hierbei um Schauspielerei gehe. Ein Aspekt, der sicherlich immer besonders dann zutrifft, wenn die durchgeführte Gesprächssituation die zentralen Anforderungen nicht abbildet oder eine geringe Realitätsnähe aufweist.

Wie auch bei anderen eingesetzten Instrumenten, stellt sich zunächst die Frage, wofür diese Art von Übungen eigentlich geeignet ist.

Auf der Ebene Kernaufgaben sind dialogische Situationen natürlich grundsätzlich dafür geeignet, alle mit der tatsächlichen Aufgabe oder Position verbundenen Gesprächssituationen zu simulieren. Dazu gehören klassisch:

- Mitarbeitergespräche
- Verkaufsgespräche
- Kollegengespräche
- Verhandlungsgespräche
- Kundengespräche

Vor allem in der Kernaufgabe Mitarbeitergespräche gibt es eine große Bandbreite möglicher typischer Gesprächssituationen zwischen einer Führungskraft und einem Mitarbeiter. Dazu gehören zum Beispiel Kritikgespräche, Coachinggespräche, Zielvereinbarungsgespräche oder Beurteilungsgespräche. Ergänzend dazu stellt sicherlich auch ein Personalauswahlinterview eine zentrale Aufgabe einer Führungskraft dar.

Grundsätzlich kann man alle diese Gespräche danach unterscheiden, ob eine Hierarchie zwischen dem Teilnehmer bzw. seiner Rolle und der des Rollenspielers besteht. Ein Verhältnis also, das in der Definition Mitarbeitergespräch immanent enthalten ist, wobei auch hier grundsätzlich die Möglichkeit besteht, ein Gespräch zwischen z. B. einem Projektleiter und einem Projektmitarbeiter ohne disziplinarische Weisungsbefugnis zu simulieren. Ein anderes grundlegendes Unterscheidungsmerkmal ist, ob der Teilnehmer mit einem internen oder einem externen Gesprächspartner konfrontiert wird. Typische externe Gesprächspartner, die durch den Rollenspieler zu simulieren sind, sind hierbei Einkäufer, Verkäufer, externe Dienstleister, Projektpartner etc.

Vor allem bezüglich der Fragestellung, welche Kernaufgaben abbildbar sind, werden in Assessment Centern ungewöhnliche Formate, die der realistischen, bei Auswahl-ACs dann zukünftigen Position entsprechen, oft vernachlässigt. Solche eher ungewöhnlichen Formate sind beispielsweise:

- ein Gespräch mit einem Betriebsrat
- ein Gespräch mit einem Pressevertreter
- ein Gespräch mit dem eigenen Vorgesetzten
- ein Radiointerview
- ein telefonisches Mitarbeitergespräch

Die Empfehlung an dieser Stelle ist, auch vor diesen eher ungewöhnlichen Formaten nicht zurückzuschrecken, wenn diese Art von Gespräch tatsächlich erfolgsrelevant für eine bestimmte Aufgabe oder Position ist und wichtige Anforderungen sichtbar machen kann.

Neben den Kernaufgaben sind in dialogischen Gesprächssituationen eine Vielzahl von Anforderungen abbildbar. Dazu gehören das ganze Spektrum an kommunikativen und sozialen Kompetenzen, wie zum Beispiel:

- Gesprächsführung
- Rhetorik
- Dialektik und Argumentation
- Einfühlungsvermögen
- Durchsetzungsvermögen
- Überzeugungskraft
- Sensibilität

Außerdem alle Teilfacetten des Anforderungsbereiches »Mitarbeiterführung«, die sich in Mitarbeitergesprächen sichtbar machen lassen, wie zum Beispiel:

- Mitarbeitersteuerung im Gespräch
- Mitarbeiterentwicklung
- Delegationsvermögen
- Mitarbeitermotivation
- Coaching

Neben diesem breiten Spektrum an kommunikativen und sozialen Kompetenzen lassen sich auch eine Vielzahl persönlicher Kompetenzen im Sinne von Sichtweisen, Werthaltung und Motiven sichtbar machen. Dieser motivatorische Komplex umfasst zum Beispiel Anforderungen wie:

- Dynamik
- energisches Auftreten
- Einsatzbereitschaft
- Zielorientierung
- Beharrlichkeit
- Tatkraft
- Kundenorientierung
- Frustrationstoleranz

Betrachtet man alle möglichen Kernaufgaben und Anforderungen, die in einer dialogischen Gesprächssituation abbildbar sind, scheint gerade diese Art von Übungen bestens geeignet, ein breites Spektrum an diagnostischen Fragestellungen abzudecken und wesentliche, für die Zielstellung relevante Informationen zu bieten.

So universell diese Einsatzmöglichkeiten erscheinen, so eingeschränkt werden sie auf der anderen Seite, wenn man berücksichtigt, dass man sich letztendlich in jeder Art von Gesprächssituation auf einzelne besonders wichtige Kernaufgaben oder einzelne Anforderungen fokussieren muss. Sicher ist keine Gesprächsübung in der Lage, alle oben genannten Anforderungen auf einmal in einem Gespräch abzubilden. Darüber hinaus gilt hier – wie bei anderen Instrumenten auch – dass sich die tatsächliche Aussagefähigkeit letztendlich an einer qualitativ hochwertigen Gestaltung entscheidet.

5.3.2 Das macht eine gute dialogische Gesprächssimulation aus

Die Qualität in Gestaltung und Durchführung einer guten Gesprächssituation ist im Wesentlichen an der Bewältigung von vier zentralen Herausforderungen festzumachen:

- Die definierten Kernaufgaben und Anforderungen müssen im Gespräch zwingend sichtbar werden.
- Es muss eine in sich stimmige, realitätsnahe Situation geschaffen werden.
- Die Rollenspieler müssen diese Situation zum Leben erwecken und Anforderungen gezielt »testen« können.
- Es muss verständlich werden, inwieweit das durch den Teilnehmer gezeigte Verhalten für ihn oder sie typisch und nicht lediglich durch die Besonderheit der Umstände und der Situationen bestimmt ist.

Diesen Herausforderungen professionell zu begegnen, entscheidet darüber, ob die Chancen dialogischer Situationen in Asessment Centern umfassend genutzt oder vertan werden.

5.3.2.1 Anforderungen zwingend sichtbar machen

Die erste grundlegende Herausforderung bei der Konzeption und Durchführung einer dialogischen Gesprächssituation liegt darin, die vorab definierten Anforderungen und Kernaufgaben eindeutig sichtbar werden zu lassen. Das bedeutet, es bedarf in der Instruktion für diese Situation eindeutig definierter

Gesprächsziele bzw. definierter Themen, die das Potenzial haben, die relevanten Anforderungen sichtbar werden zu lassen. Dies heißt zum Beispiel, dass für den Anforderungsbereich »Konfliktbereitschaft« eine Situation konzipiert werden muss, in der definitiv ein Konflikt zustande kommt. Auch für andere Anforderungen muss den Teilnehmern Gelegenheit gegeben werden, ihre Fähigkeiten und Fertigkeiten in diesem Anforderungsbereich unter Beweis zu stellen. Entsprechend bedarf es für Anforderungen wie Sensibilität auch Anspielungen, Botschaften oder indirekter Signale des Rollenspielers, die für den Teilnehmer unterschiedlich leicht identifizierbar sind. Nur so kann ein differenzierbares Ausmaß an Sensibilität und Gespür für Gesprächssituationen einschätzbar gemacht werden.

Sollen Anforderungen aus dem Bereich der persönlichen Motivationen oder Werthaltungen sichtbar gemacht werden, so muss den Teilnehmern die Chance geboten werden, diese im Gespräch offenkundig werden zu lassen. So kann selbstverständlich nur da Beharrlichkeit beobachtet werden, wo im Gespräch auch Notwendigkeit besteht, beharrlich zu argumentieren oder konsequent die eigenen Ziele zu verfolgen, um insgesamt erfolgreich zu sein.

5.3.2.2 Schaffung einer stimmigen, realitätsnahen Situation

Um sich nicht dem Vorwurf von Schauspieler-Qualitäten als oberste Anforderungen auszusetzen, bedarf es Gesprächssituationen, die die tatsächlichen Anforderungen und realistischen Gespräche der relevanten Positionen realitätsnah abbilden. Dazu gehört zum Beispiel, dass von dem Gesprächspartner, auf den die Teilnehmer treffen, ein »rundes« und stimmiges Gesamtbild des Charakters der Person und der Situation, in der diese sich befindet, entworfen wird. Das heißt auch, dass in der Instruktion für die Teilnehmer ein ausreichendes Maß an Hintergrundinformationen und Fakten verfügbar sein muss. Der Maßstab für den anzustrebenden Idealzustand ist dabei immer, die Informationen zu geben, die der Teilnehmer in der tatsächlichen Gesprächssituation gehabt hätte.

An dieser Stelle wird deutlich, dass die mögliche Menge an Informationen, die ein Teilnehmer bei einer vielleicht 30- bis 45minütigen Vorbereitung auf eine solche Gesprächssituation verarbeiten kann, durchaus begrenzt ist. Dies ist vor allem deshalb relevant, weil hier gerade nicht analytisches Denkvermögen und kognitive Verarbeitungsgeschwindigkeit ausschlaggebend für Erfolg oder Misserfolg sein sollen. Eine sehr gute Möglichkeit bietet hier, Rückgriff auf Informationen zu nehmen, die den Teilnehmern bereits im Vorfeld zugänglich gemacht wurden. So kann zum Beispiel eine Gesprächssituation in einem Szenario stattfinden, das sich schlüssig aus einer bereits besprochenen Fallstudie oder Postkorbübung ergibt. Auf diesem Wege kann sehr ökonomisch ein recht umfassendes und realistisches Bild der gesamten Situation geschaffen werden (vgl. hierzu auch Kapitel 2.4).

Realität sollte auch der entscheidende Maßstab sein, wenn die Gesprächsdauer geplant wird, d. h. die Gesprächszeit sollte im Hinblick auf die Anzahl der Themen und Gesprächsziele angemessen sein. Welche Führungskraft würde im wahren Führungsleben schon ein 15- bis 30minütiges Mitarbeitergespräch ansetzen, um vier oder fünf sehr kritische Verhaltensaspekte aus der Vergangenheit zu thematisieren oder vielleicht sogar die mögliche Alkoholproblematik mit dem eigenen Mitarbeiter zu besprechen? Gerade hier wird in vielen Assessment Center-Verfahren eine sehr große Realitätsferne hergestellt, wodurch die Qualität und Aussagekraft der Ergebnisse zum Teil deutlich abnimmt. Es ist daher vorteilhaft, eine eher geringe Anzahl an Gesprächsthemen einzubringen, um innerhalb der Themen dann wiederum eine differenzierte Beobachtung der relevanten Kernaufgaben und Anforderungen vornehmen zu können.

Zu der Realitätsnähe gehört auch, Situationen zu beschreiben, in denen sowohl positive als auch negative Aspekte über den Gesprächspartner vermerkt sind, oder in denen beiderseitige Interessen dargestellt sind. Dies bedeutet zum Beispiel, ein Mitarbeitergespräch zu konzipieren, in dem sowohl der Teilnehmer in der Rolle als Führungskraft etwas bei seinem Mitarbeiter erreichen möchte als auch umgekehrt die Führungskraft mit Wünschen oder Forderungen des Mitarbeiters konfrontiert wird.

Gerade bei Teilnehmern, die in der simulierten Gesprächssituation bereits berufliche Erfahrung haben, ist es unabdingbar, eine insgesamt realitätsnahe und stimmige Situation zu konzipieren und diese dann auch ebenso realitätsnah von Rollenspielern umsetzen zu lassen.

Abschließend zu dieser Herausforderung einer möglichst realitätsnahen Situation versteht es sich von selbst, insgesamt eine anspruchsvolle Situation zu konzipieren, die eben in ihrem Schwierigkeitsgrad so gewählt ist, dass sie nicht von allen Teilnehmern insgesamt gleichermaßen erfolgreich oder weniger erfolgreich absolviert wird, sondern so, dass eine gute Differenzierung zwischen verschiedenen Teilnehmern möglich ist. So gelingt es fast jedem Teilnehmer, z. B. in einem Verkaufsgespräch einem sehr interessierten, ehrlichen, aufgeschlossenen Kunden, dessen Bedarf vollkommen identisch ist mit dem Angebot des Verkäufers, ein entsprechendes Produkt oder eine Dienstleistung zu verkaufen. Auf der anderen Seite wird es niemandem gelingen, in einem kurzen Gespräch als Führungskraft einen Mitarbeiter davon zu überzeugen, einen Veränderungsprozess gut zu finden, der für ihn persönlich ausschließlich Nachteile mit sich bringt.

5.3.2.3 Als Rollenspieler Situationen zum Leben erwecken und Anforderungen gezielt testen

Neben der Konzeption entscheidet bei dialogischen Übungen zweifelsohne die Durchführungsqualität maßgeblich über die Aussagekraft des Instrumentes. Ein noch so gut, schlüssig und anforderungsgerecht konzipiertes Kollegengespräch gerät zur Farce, wenn ein Rollenspieler einfach nicht in der Lage ist, ein adäquates, realitätsnahes Kollegenverhalten in der entsprechenden Situation an den Tag zu legen. Dies bedeutet, dass als Grundanforderung an Rollenspieler eine vertiefte Kenntnis der besonderen Gesprächssituation und möglicher Inhalte und Vorgehensweisen der Gesprächspartner vorhanden sein muss. Dies bedeutet weiter, dass die in vielen Verfahren eingesetzten Rollenspieler, wie zum Beispiel Praktikanten, Trainees oder Schauspielschüler, oft ungeeignet sind, einen realistischen Kunden, Mitarbeiter oder Kollegen zu spielen.

Neben der Anforderung, ein realistisches Gespräch als Rollenspieler führen zu können, gilt natürlich aus Gründen der Vergleichbarkeit zwischen verschiedenen Teilnehmern, dass eine vergleichbare Simulation des Gesprächs erfolgt. Dies heißt nicht, dass in allen Gesprächen von den Rollenspielern konsequent die gleichen Aussagen getroffen werden müssen. Es geht hier darum, in einer Rollenspieleranweisung grundlegende Argumente und vor allen Dingen eine schlüssige Position des Rollenspielers zu beschreiben. Daneben bedarf es einer stimmigen psychologischen Beschreibung des Charakters, zumindest in einigen kurzen Anweisungen. So ist es zweifelsohne für die Vergleichbarkeit der unterschiedlichen Gespräche sehr wichtig, ob die Teilnehmer es alle gleichermaßen mit einem eher ungeduldigen, vielleicht aufbrausenden oder hektischen Gesprächspartner zu tun haben oder vielleicht mit jemandem, der eher introvertiert, ruhig, zurückhaltend und schüchtern ist.

Die Herausforderung für den Rollenspieler besteht in der Durchführung dann darin, innerhalb dieser definierten Rahmenbedingungen in Bezug auf Charakter und Argumentation in den einzelnen Gesprächssituationen angemessen und entsprechend den Verhaltensweisen der Teilnehmer zu reagieren. Es leuchtet ein, dass ein Mitarbeiter als Rollenspieler anders reagieren muss, wenn eine Führungskraft ihn in den ersten fünf Minuten lautstark mit Vorwürfen überhäuft, als wenn ein anderer Teilnehmer durch viele Fragen in einem positiven, angenehmen Klima ein Gespräch beginnt. Auch dies zeigt, dass dem Rollenspieler in seiner eigenen Sensibilität, Flexibilität und argumentativen Kompetenz eine höchst anspruchsvolle Aufgabe zukommt.

Aber die Anforderungen an den Rollenspieler reichen bei einer qualitativ hochwertigen Durchführung noch weiter. Im besten Falle hat der Rollenspieler ein Selbstverständnis als »Tester« des ihm gegenübersitzenden Probanden. Dies bedeutet, er muss im Verlauf des Gesprächs stets parallel berücksichtigen, welche Anforderungen und Kernaufgaben sichtbar gemacht werden sollen. Nur wenn er dies kann und ein Gespräch flexibel in eine bestimmte Richtung zu lenken vermag, ist er auch in der Lage, bestimmte Verhaltensmöglichkeiten zu »provozieren«. So muss ein guter Rollenspieler zum Beispiel im Verlauf eines Mitarbeitergesprächs feststellen können, wann es offenbar ist, dass der Teilnehmer beispielsweise über ein gutes Maß an Durchsetzungsorientierung verfügt. Dann ist seine Aufgabe, ergänzend dazu zu testen, inwieweit sein Gegenüber auch auf Kooperationsangebote reagieren kann, um im Nachhinein eben auch eine Einschätzung von Kriterien wie Einfühlungsvermögen oder Kooperationsbereitschaft vornehmen zu können.

In der Durchführung von Assessment Centern erfahrene Personalfachleute und Berater wissen, dass die Aufgabe des Rollenspielers einen sehr hohen Anspruch an die entsprechende Person stellt. Im besten Falle denkt diese auf mehreren Ebenen gleichzeitig. Es geht darum, sich gleichzeitig ein Bild von seinem Gegenüber zu machen, bestimmte Verhaltensweisen zu ermöglichen, inhaltlich realistisch auf Fragen und Argumente seines Gesprächspartners reagieren zu können und dabei auch nonverbale Signale seines Gegenübers auszuwerten. Ergänzend dazu gehört auch die Fähigkeit, selbst in einer realistischen, vielleicht kritischen Gesprächssituation seine persönliche Betroffenheit und Involviertheit als Rollenspieler zwar zu spielen, sich aber trotzdem eine innere Distanz zu wahren.

In diesem Zusammenhang passiert es häufiger, dass interne Führungskräfte als Rollenspieler die Gesprächssituationen persönlich gewinnen möchten oder die Notwendigkeit sehen, gegenüber anderen Beobachtern besonders positiv zu erscheinen. Hier entsteht vor allem für interne Teilnehmer oft eine ambivalente Situation, in der es schwer ist, noch zu unterscheiden, inwieweit eine Führungskraft noch den eigenen Mitarbeiter spielt oder ihre persönliche Dominanz als z. B. Hauptabteilungsleiter ausspielt. Diese Einflussfaktoren können sich nur ungünstig auf die Qualität der Ergebnisse auswirken. Gewarnt sei in diesem Zusammenhang auch davor, Rollenspieler einzusetzen, die aus Spaß am Rollenspiel sehr extreme Situationen darstellen. So kommt es mitunter vor, dass Rollenspieler zum Beispiel als Mitarbeiter ein derartiges Ausmaß an Resistenz und Widerspenstigkeit an den Tag legen, dass in einer realistischen Situation vermutlich eine Abmahnung oder Kündigung folgen müsste. Die Frage, die sich dann stellt, ist, inwieweit tatsächlich ein Abmahnungs- oder Kündigungsgespräch zu den erfolgskritischen Hauptaufgaben einer Zielposition gehört oder ob nicht andere Anforderungen relevanter sind. Hier, wie im gesamten Assessment Center-Verfahren besteht nicht zuletzt aus ökonomischen Erwägungen immer die Notwendigkeit, sich auf wesentliche Kernaufgaben und sehr zentrale, erfolgskritische Anforderungen zu konzentrieren, um einen vertretbaren Aufwand in Konzeption und Durchführung nicht zu übersteigen.

5.3.2.4 Sichtbar machen, welche Verhaltensweisen für Teilnehmer typisch sind

Bei dieser Herausforderung geht es um die Frage, inwieweit die Verhaltensweisen, die ein Teilnehmer in einer Gesprächssimulation zeigt, eigentlich repräsentativ für sein sonstiges Arbeitsverhalten sind. Dazu können vor allem bei berufserfahrenen Teilnehmern möglichst realitätsnahe Gespräche simuliert werden, die die bevorzugten persönlichen Verhaltensstrategien unmittelbar sichtbar machen. Darüber hinaus sollte in der Nachbesprechung einer jeden Übung mit dem Teilnehmer genau diese Frage explizit geklärt werden (»Was an Ihrem Verhalten in dieser Situation war typisch für Sie?«), um sich als Beobachter ein Bild von »typischen« Verhaltensweisen machen zu können (vgl. hierzu auch Kapitel 6).

5.3.3 Konzeption von dialogischen Gesprächssimulationen Schritt für Schritt

Bei der Konzeption des Instrumentes Gesprächssimulationen geht es in aller Regel darum, eine Teilnehmerinstruktion und eine Rollenspielerinstruktion zu formulieren. Ein typischer, klarer Aufbau für eine solche Instruktion ist der folgende:

1. Kurze Beschreibung, welche Art von Gespräch der Teilnehmer führen soll (»Sie führen gleich ein Gespräch mit einem Kunden, ...«) und einer kurzen Beschreibung, welche relevanten Anforderungen hier sichtbar gemacht werden sollen (»Wir werden in dieser Übung darauf achten, wie konsequent Sie Ihren Standpunkt vertreten, Ihren Gesprächspartner überzeugen und ...«)
2. Beschreibung der persönlichen Situation des Teilnehmers in dieser Simulation (»Sie sind Herr Meier, Abteilungsleiter im Bereich Fertigung bei der Muster AG. Sie verantworten einen Bereich von ..., Ihre aktuell größten Herausforderungen bestehen darin, ...«)
3. Allgemeine Informationen über den Gesprächspartner (»Sie sprechen gleich mit Herrn Baum, der in Ihrem Mitarbeiterteam als Spezialist für ... eingesetzt wird. Herr Baum ist seit 5 Jahren in Ihrem Unternehmen und seit 2 Jahren in Ihrer Abteilung tätig. Er befasst sich aktuell vor allem mit ....«). Daneben erfolgt hier eine kurze Beschreibung der gemeinsamen Historie von Führungskraft und Mitarbeiter oder die Geschichte des Mitarbeiters. Dazu können auch kurze Informationen über den privaten Hintergrund eines Mitarbeiters gehören, wie zum Beispiel Familiensituation oder Hobbies – alles

Informationen, die eine reale Führungskraft zweifellos vom eigenen Mitarbeiter hätte.

4. Themen und Ziele für das Gespräch – hier folgt eine klare Beschreibung der einzelnen Gesprächsthemen bzw. -ziele. Es können aktuelle Verhaltensweisen des Gesprächspartners aus jüngster Vergangenheit beschrieben werden, und es sollte dem Teilnehmer deutlich werden, was Anlass, Sinn und Zweck dieses Gesprächs sind.
5. Definition des Zeitrahmens und Möglichkeit, noch Fragen zu stellen – abschließend werden die Teilnehmer in der Instruktion aufgefordert, sich nun auf die kommende Gesprächssituation vorzubereiten, und es wird mitgeteilt, wie viel Zeit zur Vorbereitung und zur anschließenden Durchführung des Gesprächs zur Verfügung steht. Als hilfreich hat sich erwiesen, hier noch einmal explizit auf die Möglichkeit, bei Unklarheiten Fragen zu stellen, hinzuweisen, damit die Teilnehmer in der Lage sind, ein wirklich realistisches und individuell notwendiges Maß an Informationen zu bekommen.

Die inhaltliche Konzeption innerhalb dieser Systematik kann dann in drei wesentlichen Schritten erfolgen.

Schritt 1: Auswahl der Kernaufgaben und relevanten Anforderungen

Zu Beginn der Konzeption einer dialogischen Gesprächssituation stellt sich zunächst einmal die Frage, welche Kernaufgaben bzw. -anforderungen eigentlich sichtbar gemacht werden sollen. Vor allem aus einer Anforderungsanalyse, bei der auch relevante Kernaufgaben generiert wurden, lassen sich konkrete Gesprächssituationen entwickeln. Vorteilhaft ist hier, wenn ebenfalls über die Anforderungsanalyse eine gute Kenntnis möglicher »typischer« Gesprächsthemen vorhanden ist. In der Konzeption erfolgt zunächst eine Auflistung der Kernaufgaben oder zentralen Anforderungen und ein erster Entwurf, wie diese grundsätzlich in einem Gespräch sichtbar gemacht werden können. Dazu gehört sicherlich auch eine erste Vorstellung davon, wie der Charakter und die psychologische Logik des Gesprächspartners bei diesen Themen aussehen könnte. Dies veranschaulicht nachstehendes Beispiel.

Beispiel 16: Entwurf von Gesprächsthemen für einzelne Kernaufgaben für ein Mitarbeitergespräch

Gesprächsart: Mitarbeitergespräch (Vertriebsleiter – Außendienstmitarbeiter)	
Anforderungen/ Kernaufgaben	**Mögliche Gesprächsthemen**
Integrationsvermögen	Mitarbeiter hat z. B. Konflikt(e) mit Kollegen, unangemessenes Verhalten gegenüber Kollegen
Überzeugungskraft	Überzeugung von einem Thema, auf das der Mitarbeiter sich nur ungern einlassen wird (z. B. Veränderungen mittragen)
Durchsetzungsvermögen	Striktes Einfordern von Regeln, an die der Mitarbeiter sich nicht halten will
Ziele vereinbaren	Konkrete Zielvereinbarung treffen (z. B. Umsatz, Qualität)
Feedback geben	Positive und negative Aspekte in der Arbeit des Mitarbeiters (z. B. aktueller Verkaufserfolg, aber auch Beschwerde von Kollegen oder Kunden)
Mitarbeiter: sehr selbstsicher (evtl. arrogant), erfolgreicher Verkäufer, statusorientiert, pragmatischer Macher, der sich nicht immer an Regeln hält	

Nach dieser allgemeinen Beschreibung der Anforderungen und möglicher, daraus resultierender, Charakteraspekte oder Gesprächsthemen geht es darum, ein angemessenes Rahmenszenario auszuwählen.

Schritt 2: Ein angemessenes Setting auswählen

Bei der Suche nach dem richtigen Rahmenszenario ist zunächst einmal zu entscheiden, ob dies vor dem Hintergrund einer für die Teilnehmer bekannten oder aktuell realen Branchen- oder Unternehmenssituation passieren soll, oder ob zum Beispiel aus Fairness- und Vergleichbarkeitsgründen ein Szenario gewählt wird, welches vermutlich allen Teilnehmern gleichermaßen unbekannt ist (vgl. dazu Kapitel 3).

Wie eingangs erwähnt, empfiehlt es sich erfahrungsgemäß, ein solches Szenario vielleicht aus einer vorher besprochenen Übung, zum Beispiel Fallstudie oder Postkorb, abzuleiten. Auf diesem Wege sind eine Vielzahl relevanter Fakten bereits vorhanden, die eine realistische Information der Teilnehmer ermöglichen, ohne die Vorbereitungszeit sehr weit ausdehnen zu müssen. So wie in Schritt 1 die grundlegenden Themen und Anforderungen beschrieben werden, so wird hier das Gesamtszenario entworfen. Dies kann z. B. bedeuten: »Gespräch findet statt in einer Vertriebsorganisation, z. B. bei einem holzverarbeitenden Unternehmen, aktuelle Themen sind z. B. Einführung eines Shop-in-Shop-Verkaufskonzeptes und Erweiterung der aktuellen Produktpalette...«. Zu beachten ist hier, dass eine passende Auswahl der Anforderungen und möglicher situativer Aspekte vorgenommen wird, um ein für die Teilnehmer angemessenes, realitätsnahes Szenario zu schaffen. Für das oben genannte Beispiel könnte ein Rahmenszenario in etwa so aussehen:

Unternehmen ist erfolgreicher Hersteller von Parkettböden (größeres Mittelständisches Unternehmen)

- Situation spielt in Vertriebsorganisation, die regional in Verkaufsgebiete unterteilt ist
- Produkte werden über Baumärkte und Händler verkauft
- Einführung neuer Produkte oder eines neuen Marketingkonzepts

Bei der Definition der Anforderungen und Themen sowie des Szenarios selbst sollte darauf verzichtet werden, eine »richtige« Lösung der Situation vorzugeben. Zuweilen werden in Gesprächssimulationen Informationen verborgen, die Teilnehmer dann »entdecken« müssen (z. B. durch detektivisches Fragen), ohne die ein erfolgreicher Gesprächsverlauf nicht mehr möglich wird. Dazu gehört ein, hinter den eigentlichen Themen verstecktes, Kernthema, wie zum Beispiel ein Alkoholproblem des Mitarbeiters. So wird für alle Teilnehmer, die nicht per Zufall oder aufgrund von eigenen Vorerfahrungen auf diese Thematik im Gespräch kommen, eine erfolgreiche Lösung der Gesprächssituation unmöglich gemacht. In Gesprächssimulationen sollte es nicht darum gehen, als Teilnehmer die »richtige« Lösung zu finden, sondern darum, relevante Anforderungen sichtbar zu machen. Das bedeutet, der Prozess des Gesprächs steht im Vordergrund.

Wenn die Anforderungen und Themen und das Rahmenszenario klar definiert sind, erfolgt die Integration dieser Aspekte.

Schritt 3: Kernaufgaben und Anforderungen in das Szenario integrieren

Im dritten Schritt werden die beiden vorher definierten Aspekte miteinander verknüpft, um so eine verständliche, stimmige und anforderungsbezogene Situation zu konzipieren. In diesem Schritt würde jetzt in unserem Beispiel festgelegt werden, dass innerhalb des beschriebenen Unternehmens ein Mitarbeitergespräch zwischen einem regionalen Vertriebsleiter und einem Außendienstmitarbeiter geführt wird. In diesem Szenario werden dann die relevanten Themen und Anforderungen spezifisch auf die Situation bezogen. So könnte z. B. der Konflikt mit einem Kollegen anhand eines Konfliktes mit einem Mitarbeiter aus dem Vertriebsinnendienst dargestellt sein, und die Thematik »Einfordern von Regeln« könnte darin bestehen, dass der Mitarbeiter nicht regelmäßig an Meetings teilnimmt oder eine Kundendatenbank nicht pflegt. Wichtig ist, dass die Themen innerhalb des Szenarios einen realistischen Sinn ergeben.

Gemäß des möglichen Aufbaus, wie er eingangs dieses Teilkapitels (vgl. Abschnitt 5.3.3) beschrieben wird, werden die einzelnen Elemente der Teilnehmer- und Rollenspielerinstruktionen konzipiert. So folgt eine Beschreibung der grundlegenden Gesprächssituationen und der beobachteten Anforderungen, die Situation wird kurz beschrieben, in der sich der Teilnehmer befindet, und allgemeine Informationen über den Gesprächspartner werden innerhalb dieses definierten Settings abgefasst.

Aufgrund der relevanten Kernaufgaben und -anforderungen ergeben sich im Rahmenszenario konkrete Themen und mögliche Gesprächsziele. Dabei ist vor allem darauf zu achten, dass der zeitliche Rahmen dem Umfang der definierten Situation und der Anzahl der Themen entspricht. So sollten in einem 20 bis 30minütigen Gespräch in der Regel nicht mehr als 2 bis 4 getrennt voneinander bestehende Themen besprochen werden. Erfahrungsgemäß erhält man später in der Durchführung einen höheren Informationsgewinn dadurch, dass man beobachtet, wie die Diskussion um ein bestimmtes Gesprächsthema vertieft verläuft, anstatt bei einer Vielzahl verschiedener Themen die, im Prinzip oftmals immer gleiche, kurze, oberflächliche Behandlung durch die Teilnehmer zu sehen.

Ist es Ziel des Assessment Centers, in den Übungen die realistische Situation in einer Zielposition exemplarisch abzubilden, ist es durchaus ratsam, die so erstellte Gesprächssimulation einem aktuellen Positionsinhaber oder der Führungskraft eines Positionsinhabers vorzulegen, um sich abschließende Hinweise und Tipps geben zu lassen, wie ein solches Gespräch im wahren Arbeitsleben verlaufen kann bzw. häufig verläuft – Informationen, die vor allem für das Briefing der Rollenspieler sehr vorteilhaft sind.

Beispiel 17: Exemplarisches Mitarbeitergespräch

Mitarbeitergespräch im Vertriebskontext – Instruktion an den Teilnehmer

Ziel dieser Übung:

In dieser Übung werden Sie in der Rolle einer Führungskraft ein Gespräch mit einem Ihnen zugeordneten Mitarbeiter führen. Das Gespräch findet im Außendienstkontext statt, allerdings nicht in Ihrer Branche. Ziel ist es hierbei, intensive fachliche Diskussionen nach Möglichkeit aus dem Gespräch herauszuhalten und sich ganz auf Führungsaspekte zu fokussieren. Wir werden in dieser Übung unter anderem darauf achten, wie Sie Feedback geben, Ihren Gesprächspartner überzeugen und Vereinbarungen treffen.

Inhalt der Übung/Ihre Situation:

Sie sind Herr Mais, Vertriebsleiter Süd der Woodbar GmbH, einem Hersteller von Parkettböden. Das Unternehmen erzielte im vergangenen Jahr einen Umsatz von ca. 350 Mio. Euro, davon werden etwa 80 % in Deutschland realisiert. Ihr Unternehmen ist auf exklusive Echtholzböden spezialisiert, wobei Sie seit drei Jahren auch Wand- und Deckenverkleidungen aus Echtholz im Programm haben. Ihr Slogan ist: »Natürlich mit Holz leben«, und Sie legen großen Wert auf qualitativ hochwertige Produkte und Produkte für biologisches Bauen. Entsprechend sind Ihre Außendienstmitarbeiter sowohl verkäuferisch als auch fachlich gut ausgebildet.

Ihre Produkte werden über große Baumärkte und Fachhändler vertrieben. Dort versuchen Sie seit einem Jahr verstärkt, ein »shop in shop«-Konzept zu platzieren, wo unter der Überschrift »Natürlich mit Holz leben« Ihr gesamtes Produktspektrum ansprechend dargeboten wird. Dabei ist es nicht immer leicht, Ihre Kunden davon zu überzeugen, 15 bis 25 qm Verkaufsfläche für Ihren Produktstand zur Verfügung zu stellen. Derzeit erreichen Sie bei der relevanten Händlergruppe eine Erfolgsquote von etwa 35%.

Sie selbst arbeiten seit einem guten Jahr als Vertriebsleiter der Region Süd und führen insgesamt 14 Vertriebsmitarbeiter. Sie sind bereits seit 5 Jahren für die Woodbar GmbH tätig und haben einige Jahre als erfolgreicher Außendienstler gearbeitet. Im Vergleich zu den anderen 7 Vertriebsgebieten in Deutschland liegt Ihr Gebiet stets im oberen Mittelfeld. Dies ist für Sie, aufgrund der schwierigen Konkurrenzsituation in der Region, ein zufriedenstellendes Ergebnis. Ihr stärkster Konkurrent, die Firma Pirosa, hat aus der Unternehmenshistorie bedingt in Ihrer Region einen Marktanteil von ca. 60%, deutschlandweit lediglich 35%.

Informationen über Ihren Gesprächspartner:

Sie haben für heute ein Mitarbeitergespräch mit Herrn Reinders vereinbart. Herr Reinders ist seit einem Jahr für das Gebiet München 1 zuständig. Vorher hat er vier Jahre lang höchst erfolgreich das Gebiet in und um Nürnberg aufgebaut und dort unerwartete Umsatzzuwächse erzielt (pro Jahr ca. 10% Steigerung). Trotz der ausgesprochen schwierigen Konkurrenzsituation in München hat Herr Reinders auch hier ungewöhnliche Steigerungen erzielen können.

Bevor er nach Nürnberg ging, wurde ihm von Ihrem Vorgänger zugesichert, dass er nach spätestens drei Jahren eine attraktive Perspektive im Münchener Umfeld bekomme, aus dem er privat herstammt. Als München 1 durch eine Kündigung frei wurde, haben Sie Herrn Reinders, wie vereinbart, das Gebiet anvertraut, und er hat einen absoluten Senkrechtstart hingelegt. Er hat im Gebiet eine Umsatzsteigerung von 25% erzielt und ist damit deutschlandweit auf Rang fünf aller Verkaufsmitarbeiter aufgestiegen (Platz eins hält seit Jahren Herr Maxter aus Hamburg). Herr Reinders sieht sich nicht zuletzt deshalb als absoluten Top-Verkäufer. In seinem Gebiet hat er das »shop in shop«-Konzept schon zu fast 50% durchgesetzt. Erst gestern haben Sie erfahren, dass er die Top-Bau-Baumärkte (vier Märkte allein in München) für das »shop in shop«-Konzept gewinnen konnte.

Herr Reinders ist allerdings, trotz seiner Erfolge, im Kollegenkreis nicht gerade beliebt. Er ist bekannt für seine selbstdarstellerische Art, seinen aufbrausenden Charakter und sein mitunter arrogantes Auftreten im Unternehmen. Dies wird durch Äußerlichkeiten, wie z. B. exklusive Sportarmbanduhren und teure Markenbekleidung, noch unterstützt.

Herr Reinders ist 34 Jahre alt und alleinstehend.

Themen für das Gespräch:

Sie haben Herrn Reinders heute nun zu einem Mitarbeitergespräch eingeladen. Herr Reinders gab sich etwas überrascht (»Was liegt denn an, Herr Vertriebsleiter?«), und es gab einiges Hin und Her in der Terminfindung, was Sie bereits ziemlich verärgerte. Herr Reinders schien Ihnen zu vermitteln, dass er der wichtigste Mann in der Vertriebsregion ist, und eben nicht sofort Zeit habe, wenn Sie »rufen«. Es gibt – neben den grundsätzlichen Aspekten – auch ein paar ganz konkrete Themen für das Gespräch.

- Unabhängig vom persönlichen Umsatzerfolg gibt es einige Regeln, die Ihrer Ansicht nach für alle gelten. Dazu gehört z. B. die Pflege des Kundeninformationssystems (KIS), in das alle Angaben zu Kundenbeziehungen einzupflegen sind. Einzupflegen sind unter anderem die relevanten Ansprechpartner im Unternehmen, welche Verkaufsaktionen geplant oder durchgeführt werden, und welche Vereinbarungen getroffen wurden. Diese Informationen dienen einerseits dem Marketing, andererseits der vereinfachten Vertretung oder Übergabe in Gebieten. Alle Außendienstmitarbeiter sind mit Laptops ausgestattet, um auch unterwegs Zugriff auf alle Daten zu haben und Ergänzungen direkt nach einem Kundengespräch eingeben zu können.

Herr Reinders hat auch zu seiner Zeit in Nürnberg dieses System nur sehr unvollständig gepflegt, was von Ihrem Vorgänger offensichtlich toleriert wurde. Im vergangenen, ersten Jahr in München hat Herr Reinders bei diesem Thema immer wieder betont, dass er zu wenig Zeit habe und »lieber Umsätze« mache, als »Geschichten zu schreiben, die eh keinen interessieren«. Eine genauere Überprüfung dieses Themas hat ergeben, dass alleine bei 30% seiner Kunden (z. B. Müllster und Söhne oder Prakto-Bau) keine aktuellen Telefonnummern eingepflegt sind. Auch werden offensichtlich nicht alle Vereinbarungen und Gesprächsinhalte dokumentiert. Dies zeigt sich auch an dem Kunden Top-Bau-Baumärkte. Erst gestern haben Sie »per Zufall« vom Vertriebsinnendienst erfahren, dass er die Top-Bau-Baumärkte (vier Märkte allein in München) letzte Woche für das »shop in shop«-Konzept gewinnen konnte.

Sie wollen darauf hinwirken, dass er die KIS-Datenbank in Zukunft vollständig pflegt und die Versäumnisse der letzten 12 Monate aufarbeitet.

- Ein anderer, für Sie absolut verbindlicher Aspekt, ist die regelmäßige und aktive Teilnahme an den Region-Süd-Meetings. Hier kommen monatlich alle Außendienstmitarbeiter der Region zusammen. Herr Reinders hat in den letzten sechs Monaten lediglich dreimal teilgenommen und ist vergangenen Montag ohne Entschuldigung fern geblieben. Wenn er teilnimmt, zeigt er gerne sein Desinteresse, indem er permanent in seinen Unterlagen blättert und lediglich durch vereinzelte abfällige oder spöttische Bemerkungen auffällt.

Sie wollen erreichen, dass er regelmäßig teilnimmt und sich aktiver und vor allem konstruktiver einbringt.

- Vorgestern haben Sie mit dem Leiter des Vertriebsinnendienstes Herrn Wertheim gesprochen. Er hat sich über die »cholerische« und stark fordernde Art von Herrn Reinders beschwert. Im Umgang mit seinen Mitarbeitern würde dieser sich »unmöglich aufführen«. So habe er vergangene Woche z. B. Frau Sommer angebrüllt »Wenn Sie die Klamotten nicht in 3 Tagen bei Rapp&Rapp haben, dann hole ich Sie persönlich von Ihrem Sessel!« Eine Äußerung, die Herr Wertheim persönlich gehört habe, weil Frau Sommer das Telefon auf Lautsprecher gestellt habe, als er vorbeigekommen sei. Auch zynische Kommentare, wie z. B. am Ende eines

Gesprächs zu sagen »legen Sie sich wieder hin«, sind für Herrn Wertheim indiskutabel. Sie wissen selber, dass die Abläufe im Vertriebsinnendienst noch nicht optimal sind und manche Dinge sehr lange brauchen. Trotzdem können Sie einen solchen Umgangston nicht tolerieren. Herr Wertheim bemerkte bereits, dass die Bereitschaft seiner Mitarbeiter, mit Herrn Reinders zusammenzuarbeiten, bald ein Ende haben könnte.

Sie wollen durch dieses Gespräch sicherstellen, dass Herr Reinders sich in Zukunft deutlich beherrscht und einen »normalen« Umgangston pflegt. Sie fürchten auch um das Ansehen Ihres Bereiches im Unternehmen.

Sie haben jetzt 45 Minuten Zeit, sich auf das Gespräch mit Herrn Reinders vorzubereiten. Für das Gespräch stehen Ihnen 30 Minuten zur Verfügung.

Bitte bereiten Sie sich jetzt auf das Gespräch vor. Wenn Sie noch Fragen haben, so stellen Sie diese bitte jetzt.

Mitarbeitergespräch im Vertriebskontext – Instruktion an den Rollenspieler

Sie sind Herr Reinders, Vertriebsmitarbeiter bei der Firma Woodbar GmbH, einem Hersteller von Parkettböden. Die weiteren Hintergründe des Gesprächs entnehmen Sie bitte der Teilnehmerinstruktion.

Sie sind bekannt dafür, dass Sie mitunter recht aufbrausend und forsch agieren. Ihnen ist durchaus bewusst, dass das nicht immer gut ist. Auf der anderen Seite haben Sie das Gefühl, dass sich sonst teilweise im Unternehmen »nichts bewegt«. Sie sind sich bewusst darüber, dass Sie einer der besten Verkäufer der Woodbar GmbH sind und tragen dieses Selbstverständnis als »erfolgreicher Vertriebsprofi« gerne nach außen. In zwei bis drei Jahren könnten Sie sich vorstellen, selber als regionaler Vertriebsleiter zu arbeiten.

Thema Kundeninformationssystem (KIS):

- Sie denken, das KIS-System ist nur lästig. Sie kennen Ihre Kunden und haben die wichtigsten Informationen im Kopf.
- Sie sind der Ansicht, als Verkäufer Ihre Zeit besser für Kundengespräche zu nutzen als für Formalitäten.
- Die wichtigsten Telefonnummern haben Sie ohnehin in Ihrem Handy gespeichert – da haben Sie direkten Zugriff, wenn Sie unterwegs sind.
- Wenn Herr Mais Ihnen Ihren Nutzen und die Notwendigkeit der KIS-Pflege aufzeigen kann, zeigen Sie Bereitschaft, das Thema »irgendwann« einmal anzugehen.

Thema Region-Süd-Meetings:

- Sie denken, in vielen Meetings wird nur »drum rum« geredet, aber nichts Konkretes getan. Wenn alle Kollegen sich »so reinhängen« würden wie Sie, bräuchte man keine Meetings.
- Wenn Sie nicht zu Meetings gekommen sind, hatten Sie immer wichtige Kundentermine – man muss Prioritäten setzen.
- Sie glauben nicht, dass Ihre Kollegen an Ihren Tipps und Beiträgen interessiert sind, die suchen nur Ausreden, warum das bei ihnen nicht geht.

Thema Verhältnis zum Vertriebsinnendienst:

- Sich regen sich eben manchmal über den Innendienst auf, die sind einfach »zu lahm«.
- Bei Frau Sommer ging es darum, dass Sie bei Rapp&Rapp versprochen hatten, dass kurzfristig neue Prospekte und Muster für den »shop in shop«-Stand kommen. Frau Sommer sprach von Lieferschwierigkeiten und dass die Kunden sich dann »eben mal gedulden müssen«. Da haben Sie rot gesehen.
- Grundsätzlich sehen Sie ein, dass Beleidigungen nicht in Ordnung sind, aber Druck machen müsse man schon. Das erwarten Sie auch von Herrn Mais. Er soll als Vertriebsleiter schließlich dafür sorgen, dass seine Außendienstmitarbeiter »den Rücken frei« haben.

5.4 Gruppenübungen

Geht man nach der Anwendungshäufigkeit, so kann man sicherlich behaupten, dass Gruppenübungen oder Gruppendiskussionen in Assessment Centern zu den beliebtesten Übungen gehören. In Gruppenübungen ist der Teilnehmer aufgefordert, zusammen mit anderen Teilnehmern Themen zu diskutieren sowie Lösungen und Konzepte zu erarbeiten, so dass sein Verhalten im Team beobachtet und somit eine wichtige Kernaufgabe vieler Positionen abgebildet werden kann. Die besondere Beliebtheit liegt sicherlich auch daran, dass die Gruppenübungen die ökonomischste Form der AC-Übungen darstellen, denn hier kann ein Beobachterteam parallel mehrere Teilnehmer beobachten und beurteilen. Da die Zeit der Beobachter in einem Gruppen-AC stets eine Engpass-Ressource darstellt, sind Gruppenübungen eine willkommene Möglichkeit, möglichst viele Beobachtungen und Bewertungen in einem begrenzten Zeitrahmen vorzunehmen. Darüber hinaus erscheinen Gruppenübungen häufig auf den ersten Blick als die am einfachsten zu konzipierenden Übungen, denn einer Gruppe ein Diskussionsthema vorzugeben und dann zu beobachten, wie die einzelnen Teilnehmer versuchen, sich durchzusetzen, zu überzeugen, mit anderen zu kooperieren etc., erscheint recht simpel. Bei genauerer Betrachtung stellt sich jedoch heraus, dass Gruppenübungen tatsächlich die größten Herausforderungen für eine zuverlässige Eignungs- oder Potenzialaussage mit sich bringen. In diesem Kapitel ist dargestellt, für welche Anwendungsfelder die Gruppenübung tatsächlich sinnvoll ist. Es wird erläutert, worin die übungsspezifischen Herausforderungen bestehen, wie auf sie reagiert werden kann und wo jedoch auch die Grenzen der Methodik liegen. Schließlich wird eine Anleitung dargestellt, wie Schritt für Schritt eine zielführende Gruppenübung konzipiert werden kann.

5.4.1 Dafür sind Gruppenübungen geeignet

Gruppenübungen repräsentieren für sehr viele Positionen wichtige Kernaufgaben, die maßgeblich für den Erfolg der Positionsinhaber sind. Heute ist kaum eine Position im Unternehmen vorstellbar, auf der ein Mitarbeiter nicht regelmäßig an Besprechungen, Arbeitskreisen oder auch an informellen Diskussionsrunden teilnimmt. Ein großer Anteil der Abstimmungsprozesse im Unternehmen findet in solchen Besprechungen in größeren Gruppen, d. h. mit mehr als zwei Personen, statt. Gruppenübungen bilden daher augenscheinlich sehr gut zentrale Kernaufgaben der meisten im AC relevanten Zielpositionen ab. Der Rahmen und die Zielsetzung der für bestimmte Positionen typischen Meetings kann dabei sehr unterschiedlich sein:

- Regelmäßiges Team-Meeting
- Regelmäßiger Management Jour Fixe
- Projektteam-Meeting/Arbeitsgruppensitzung
- Treffen einer Entscheiderrunde
- Kurzfristig einberufenes Treffen zum Trouble-Shooting

All diese verschiedenen Gruppensituationen haben gemein, dass sich mehrere Kollegen zusammenfinden, um gemeinsam Probleme zu besprechen, Lösungen zu erarbeiten und Entscheidungen zu treffen. Dabei verfolgen die einzelnen Teilnehmer unterschiedliche Interessen und Ansichten, so dass sich in der Realität häufig angeregte Diskussionen oder auch Konflikte entwickeln. Genau diese Situation versucht man nun im AC mit der Gruppenübung abzubilden. Prinzipiell sind hierfür alle aufgeführten Besprechungs-Typen aus dem Arbeitsalltag in entsprechende Gruppenübungen übertragbar. Lediglich in der Realität bestehende hierarchische Unterschiede zwischen den Teilnehmern einer Besprechung wird man aus Gründen der Vergleichbarkeit in einer Gruppenübung nicht abbilden.

Die im Rahmen von Gruppenübungen abbildbaren Anforderungen liegen auf der Hand. Wie bereits geschildert, besteht die Herausforderung in Besprechungen und somit auch in Gruppenübungen vor allem darin, andere von den eigenen Ansichten zu überzeugen, die eigenen Interessen zu vertreten und gemeinsam mit den anderen Gesprächspartnern zu einer möglichst guten Problemlösung zu gelangen. Der Schwerpunkt der in Gruppenübungen abbildbaren Anforderungen liegt daher im Bereich der kommunikativen und sozialen Kompetenzen. Hierzu gehören z. B.

- Überzeugungskraft
- Durchsetzungsvermögen
- Kooperationsbereitschaft
- Dialektik und argumentative Stringenz
- Einfühlungsvermögen

Darüber hinaus werden durch das Verhalten einzelner Teilnehmer im Laufe der Diskussion auch grundlegende persönliche Eigenschaften deutlich, die sich vor allem auf Aspekte der Dynamik einer Person beziehen, so z. B.

- Beharrlichkeit
- Einsatzbereitschaft
- Zielorientierung
- Flexibilität

Schließlich liegt auch die Überlegung nahe, nicht nur zu betrachten, wie sich die Teilnehmer verhalten, sondern auch, welche Standpunkte sie vertreten bzw. welche Argumente sie anführen. So werden auch bestimmte berufsbezogene Einstellungen und Werthaltungen deutlich. Je nach Diskussionsthema können auch Anforderungen wie die folgenden in einer Gruppenübung abgebildet werden:

- Kundenorientierung
- Wirtschaftliches Denken
- Gesamtunternehmerisches Denken
- Strategisches Denken

Um diesen Bereich der Anforderungen, der sonst zumeist nur im Interview oder in analytischen Fallstudien eingeschätzt wird, sichtbar zu machen, ist es jedoch zum einen erforderlich, durch das Diskussionsthema sicherzustellen, dass Teilnehmer sich in erforderlichem Umfang, z. B. zum Umgang mit Kunden (Kundenorientierung) äußern. Zum anderen gilt es hier, in der Konzeption der Gruppenübung noch weitere Herausforderungen zu meistern, um tatsächlich stichhaltige Beobachtungen vornehmen zu können. Hinweise hierzu sind im nächsten Abschnitt ausführlich geschildert.

5.4.2 Das macht eine gute Gruppenübung aus

Gruppenübungen gehören wohl zu den, hinsichtlich ihres konzeptionellen Anspruchs, am meisten unterschätzten Übungen im Assessment Center. Erfahrene AC-Anwender wissen jedoch, dass es eben nicht ausreicht, einer Gruppe ein aktuelles Diskussionsthema vorzugeben und sie dann bzgl. ihres Diskussionsverhaltens zu beobachten, um tatsächlich aussagekräftige Ergebnisse zu erzielen. Nicht selten stellen Beobachter fest, dass Diskussionsrunden im AC unrealistisch harmonisch ablaufen, kein sinnvolles Ergebnis erbringen, und häufig herrscht Unsicherheit bezüglich der Einschätzung des Verhaltens Einzelner. Um Gruppenübungen möglichst zielführend zu konzipieren und in der Durchführung sensibel mit den verschiedenen auftretenden Schwierigkeiten umzugehen, sollten vor allem die folgenden drei, für diese Übungsart typischen, Herausforderungen bewältigt werden:

1. Provokation einer sinnvollen inhaltlichen Auseinandersetzung
2. Faire und gezielte Auswertung einer kaum standardisierbaren Situation
3. Einheitlicher Umgang mit bestimmten wiederkehrenden Verhaltensmustern in der Gruppe

5.4.2.1 Provokation einer sinnvollen inhaltlichen Auseinandersetzung

Gruppenübungen laufen immer wieder ausgesprochen harmonisch ab. Dagegen ist prinzipiell nichts einzuwenden, denn auch im Berufsalltag sind konstruktive Besprechungen, in denen die Diskussionspartner offen aufeinander zugehen und gemeinsam nach der für alle Seiten sinnvollsten Lösung suchen, absolut erstrebenswert. Im Assessment Center geht es auch nicht darum, in Gruppenübungen Teilnehmer »aufeinanderzuhetzen«, was übrigens tatsächlich eine Befürchtung vieler Teilnehmer vor einem Assessment Center ist. Vielmehr wird angestrebt, eine sinnvolle inhaltliche Auseinandersetzung zu erzielen, in der die Teilnehmer sich bei aller Kooperationsbereitschaft für ihre eigenen Interessen einsetzen und ihre Meinung vertreten. Da aber die sachlichen Ergebnisse einer Gruppendiskussion für die Teilnehmer keinerlei Konsequenzen haben, lohnt es sich für sie auch häufig nicht, sich in die Auseinandersetzung zu begeben, auch nicht in eine Auseinandersetzung, in der sie sich im Berufsalltag sehr klar positioniert und für ihre Interessen gekämpft hätten. Bei der Suche eines Themas für eine Gruppenübung sowie der Konzeption der einzelnen Übungsfacetten besteht daher eine der zentralen Herausforderungen darin, die Teilnehmer zu einer sinnvollen inhaltlichen Auseinandersetzung zu veranlassen, damit letztendlich das gezeigte Verhalten auch tatsächlich aussagekräftig in Hinblick auf das Diskussionsverhalten im Berufsalltag ist. Um diese Form der Auseinandersetzung zu erzielen, werden in der AC-Praxis unterschiedliche Wege gegangen, die nur zum Teil von Erfolg gekrönt sind. Auf der anderen Seite lassen sich auch einige Erfolgsfaktoren zur inhaltlichen Gestaltung von Gruppenübungen definieren, die die Wahrscheinlichkeit einer intensiven Auseinandersetzung erhöhen.

Realitätsbezug

Hier ist zunächst wiederum der unmittelbare Bezug des gewählten Diskussionsthemas zum Arbeitsalltag zu erwähnen. Zuweilen begegnet man Gruppenübungen, in denen die Teilnehmer aufgefordert sind, aktuelle Themen der Art »Gewalt im Fernsehen« zu diskutieren. Die Problematik derartiger Themenstellungen liegt auf der Hand. Abgesehen von der Tatsache, dass die Teilnehmer sich je nach Interessensschwerpunkt unterschiedlich tief mit solchen Themen auseinandergesetzt haben und hierdurch ungleiche Voraussetzungen entstehen können, sind diese Themen nur wenig geeignet, tatsächlich bei einem großen Teil der Teilnehmer ein hohes Maß an persönlicher Involviertheit zu erzielen. Die Wahrscheinlichkeit ist groß, dass ein solches allgemeines Thema bei einem Großteil der Teilnehmer auf Gleichgültigkeit stößt und somit sicherlich nicht zu einer intensiven Auseinandersetzung führt. Dennoch werden derartige Themen auch heute noch gerade in der Auswahl von Bewerbern ohne

Berufserfahrung verwendet. Da dies häufig zu den geschilderten enttäuschenden Konsequenzen einer dahin schleichenden Diskussionsrunde führt, sollte auch für diese Zielgruppen ein Thema gefunden werden, das einen stärkeren Bezug zu der angestrebten Position hat und dennoch ohne größeres Vorwissen diskutiert werden kann. So könnte z. B. in einer Gruppe von Bewerbern für Ausbildungsplätze die Aufgabe gestellt werden, ein aus ihrer Sicht sinnvolles Ausbildungsprogramm zu entwickeln. Hierzu müssen selbstverständlich entsprechende Unterlagen mit Lernzielen der Ausbildung und Rahmenbedingungen zur Verfügung gestellt werden.

Ein- und mehrdimensionale Entscheidungssituationen

Soll in der Gruppe eine Entscheidung getroffen werden, so sollte diese mehrdimensional angelegt sein. Was bedeutet in diesem Zusammenhang mehrdimensional? Die meisten Gruppenübungen haben zum Ziel, dass die Teilnehmer gemeinschaftlich zu einer Entscheidung gelangen. Sie sollen am Ende der Gruppenarbeit ein eindeutiges Ergebnis präsentieren können. Dabei ist die Entscheidungssituation häufig so ausgelegt, dass die Entscheidung bedeutet, Gewinner und Verlierer zu produzieren, »Ja« oder »Nein« zu beschließen, einzelnen Teilnehmern eine Ressource zuzuteilen oder nicht. Diese eindimensionalen Entscheidungssituationen sind dadurch charakterisiert, dass keine kreative Lösungsfindung möglich ist, sondern lediglich zwischen zwei Alternativen entschieden oder eine Ressource zwischen den Teilnehmern verteilt werden kann, was zwangsläufig dazu führt, dass sich einige Teilnehmer durchsetzen und andere nachgeben müssen. Hier ist z. B. die schon beinahe klassische Übung »Dienstwagen-Zuteilung« zu erwähnen. Die Teilnehmer sollen hier entscheiden, wer von ihnen ein Anrecht auf die limitierten Dienstwagen hat. Ein weiteres Beispiel für eine eindimensionale Entscheidungssituation besteht in der Entscheidung für einen von zwei Unternehmensstandorten, wobei die Teilnehmer jeweils an einem der beiden Standorte tätig sind. In diesen Situationen kommen die Teilnehmer irgendwann, wenn die Argumente ausgetauscht sind, in die ambivalente Situation, sich durchsetzen zu müssen oder sich teamorientiert-kooperativ zu verhalten. Es stellt sich die Frage: »Was wird jetzt in dieser Patt-Situation von mir erwartet?« Die Entscheidung für den einen oder anderen Weg an dieser einen Stelle der Diskussion ist jedoch häufig stärker davon abhängig, was der Teilnehmer glaubt, was von ihm erwartet wird, als davon, wie er sich normalerweise im Team verhält.

Die Alternative zu diesen eindimensionalen Entscheidungssituationen besteht darin, die Aufgabenstellung für die Gruppe mehrdimensional zu gestalten, was auch den meisten Aufgabenstellungen im Unternehmensalltag sehr viel besser entspricht. Mehrdimensional bedeutet in diesem Falle, dass gemeinsam ein

Problem oder eine Aufgabe bewältigt werden muss, die Entscheidung aber nicht in einem »Ja« oder »Nein«, »Du« oder »Ich« besteht, sondern in einem Maßnahmenplan oder einem komplexen Konzept mit vielen Facetten. Zu jeder dieser Facetten können die einzelnen Teilnehmer ihre Ideen einbringen, an der ein oder anderen Stelle ihre Ansichten und Interessen durchsetzen, bezüglich anderer Punkte Kompromisse eingehen. Das Verhalten der Teilnehmer wird hierdurch deutlich repräsentativer für ihr Vorgehen im Alltag. Darüber hinaus berichten auch Teilnehmer im Anschluss an die Übung, dass sie sich in solchen Gruppenübungen deutlich wohler fühlen als in forcierten »Alles oder Nichts«-Entscheidungsrunden. Aufgabenstellungen können hier z. B. das oben erwähnte Konzept für einen Ausbildungsplan oder die Erarbeitung eines Konzepts zur Steigerung der Produktivität sein.

Vorgegebene Standpunkte und Rollen

Verfolgt man das Ziel, eine intensive Auseinandersetzung in der Gruppenübung zu erzielen, was liegt dann näher, als den Teilnehmern konträre Standpunkte vorzugeben, die sie in der Runde vertreten sollen? Infolge dieser Überlegung wird in vielen Gruppenübungen auch tatsächlich so verfahren. Allerdings führt auch die Vorgabe von zu vertretenden Ansichten häufig nicht zu dem gewünschten Effekt. Dieses Vorgehen führt im Gegenteil sehr leicht dazu, dass sich die Teilnehmer mehr denn je als Schauspieler fühlen, da sie unter Umständen Ansichten vertreten müssen, die ihnen eigentlich sehr fremd sind. Nicht selten wirkt das Teilnehmerverhalten auch tatsächlich nicht sehr authentisch. In vielen Fällen bemängeln Teilnehmer, dass sie sich durch die vorgegebenen Ansichten in ihrer eigentlichen Argumentationsfähigkeit eingeschränkt gefühlt haben. Da demnach eine hohe Wahrscheinlichkeit für eine Verzerrung der Beobachtungen entsteht, sollte auf die Vorgabe von Standpunkten und Meinungen auf jeden Fall verzichtet werden.

Eine Variante dieses Vorgehens besteht in der Vorgabe von Rollen, so wird z. B. einem Teilnehmer die Rolle des Vertriebsleiters, einem anderen die des Leiters Controlling, einem dritten die des Personalleiters und schließlich dem vierten Teilnehmer die Rolle des Produktionsleiters zugewiesen. Sollen nun diese Personen über zukünftige Möglichkeiten zur Budgeteinsparung diskutieren, ergeben sich aufgrund der zugewiesenen Rollen unterschiedliche Interessen, die es zu vertreten gilt, die jedoch nicht explizit im Sinne von Standpunkten oder Forderungen vorgegeben sind. Dieses Vorgehen vermeidet die oben geschilderten Probleme, denn die eigentlichen Standpunkte kann der Teilnehmer selbst entwickeln, wenn er sich in die jeweilige Rolle versetzt. Allerdings erzeugt die alleinige Vorgabe von Rollen auf der anderen Seite wiederum keine hohe Identifikation mit der vorgegebenen Position oder Funktion, so dass der »Vertriebsleiter« häufig doch nicht sehr stark aus Vertriebssicht argumentiert. Wird dieser Weg der Vorgabe von Rollen gewählt, so muss berücksichtigt werden, dass gerade bei sehr realitätsnahen Diskussionsthemen keiner der Teilnehmer bevorteilt wird, da er die gleiche Rolle wie im Arbeitsalltag innehat und demnach auch durch entsprechendes Wissen und Fakten überzeugen kann, worüber andere nicht verfügen.

Erarbeitung eines Standpunktes

Die beste Möglichkeit, um eine möglichst realistische und kontroverse Diskussion zu erreichen, besteht darin, bei den Teilnehmern ein echtes Commitment bezüglich ihres dort vertretenen Standpunktes zu erzielen. Dies erreicht man eben nicht durch die Vorgabe von Standpunkten und Ansichten, sondern durch die intensive Erarbeitung eines Standpunktes. Gibt man Teilnehmern die Aufgabe, sich mit einer komplexen Problemstellung auseinander zu setzen, Lösungsalternativen durchzuspielen und sich so schließlich eine Meinung bezüglich der besten Problemlösung zu bilden, so erzielt man die maximale Wahrscheinlichkeit, dass Teilnehmer diese Lösungsansätze in der Gruppe mit realistischem Engagement und persönlichem Commitment vertreten. Für die Konzeption der Gruppenübung bedeutet dies, dass die Aufgabenstellung häufig wie eine Fallstudie oder Übung zur Konzeptentwicklung (vgl. Kapitel 5.2) formuliert und aufbereitet wird.

So kann z. B. ein Konzept zur Reorganisation eines fiktiven Unternehmensbereiches anhand umfassender Informationen zum Unternehmen in der Vorbereitung auf die Gruppendiskussion entwickelt werden. Ein besonders hohes Commitment gegenüber der eigenen Konzeption wird vor allem dann erzielt, wenn die Teilnehmer zunächst ihre individuellen Konzepte in der Gruppe präsentieren, bevor sie diese mit den anderen Teilnehmern diskutieren. Ziel der Diskussionsrunde ist es dann, zu einer gemeinsam getragenen Lösung zu kommen, nachdem zunächst alle Teilnehmer ihre Lösungsansätze vorgestellt haben. Wichtig ist bei diesem Vorgehen, dass die zur Verfügung gestellten Daten unterschiedlichste Lösungsansätze gleichermaßen nahe legen, so dass tatsächlich Diskussionsbedarf besteht. Die Diskussion muss jedoch nicht unbedingt auf fiktiven Daten aufbauen. Handelt es sich um interne AC-Teilnehmer, so kann auch auf deren Wissen über das Unternehmen zurückgegriffen und Konzepte für das eigene Unternehmen entwickelt werden. In diesem Falle ist jedoch kritisch zu überprüfen, wie wahrscheinlich es ist, dass die Teilnehmer tatsächlich zu unterschiedlichen Ansätzen und Konzepten kommen werden und somit tatsächlich eine kontroverse Diskussion sichergestellt ist.

Bereitstellung unterschiedlicher Informationen

Wird die geschilderte Vorgehensweise des Erarbeitens eines eigenen Standpunktes gewählt, so besteht eine weitere Verstärkungsmöglichkeit zur Provokation einer angeregten Diskussion darin, den Teilnehmern zum Teil unterschiedliche Informationen zur Verfügung zu stellen. Diese dürfen zwar nicht komplett widersprüchlich sein (z. B. einmal Daten bzgl. Umsatzrückgang und einmal bzgl. Umsatzwachstum), jedoch durchaus jeweils andere Facetten der fiktiven Situation beleuchten. Auf diese Art und Weise müssen in der Diskussion flexibel neue Aspekte aufgenommen und diskutiert werden. Hierbei ist jedoch darauf zu achten, dass die Teilnehmer, trotz zum Teil unterschiedlicher Informationen, vergleichbare Voraussetzungen zur Entwicklung eines schlüssigen Konzepts vorfinden, um die Fairness des Verfahrens sicherzustellen. Darüber hinaus sollten die Teilnehmer bereits in der Instruktion darüber informiert werden, dass sie über zum Teil unterschiedliche Informationsgrundlagen verfügen.

Vermeidung des »Megakompromisses«

Schließlich ist in Gruppenübungen auch häufig eine Tendenz zur Vertagung der Entscheidung oder zum Suchen eines »Megakompromisses« zu beobachten, der zwar die Interessen aller berücksichtigt, jedoch nicht realistisch umsetzbar wäre. Daher sollte die Instruktion der Gruppenübung eine klare Aussage beinhalten, die deutlich macht, dass in der Runde eine eindeutige Entscheidung getroffen bzw. ein gemeinsames Konzept verabschiedet werden muss. Im Szenario ist dies stets leicht zu begründen durch die Forderung der Unternehmensleitung, eine Entscheidung vorzulegen. Darüber hinaus müssen auch Rahmenbedingungen definiert werden, die die Planung des »Megakompromisses« unmöglich machen. Diese könnten so aussehen, dass z. B. nicht alle Maßnahmenvorschläge der Teilnehmer berücksichtigt werden können, da das Budget begrenzt und quantifiziert ist.

5.4.2.2 Faire und gezielte Auswertung einer kaum standardisierbaren Situation

Die zweite große Herausforderung der Gruppenübungen besteht darin, dass sie im Vergleich zu allen anderen Übungen am wenigsten standardisierbar sind. Die Möglichkeiten jedes einzelnen, sich in bestimmter Art und Weise in die Gruppe einzubringen, hängen immer von der Gruppenzusammensetzung ab. Ist ein Teilnehmer sehr dominant, so beeinflusst dies auch das Verhalten der anderen Teilnehmer, indem sie z. B. besonders nachgiebig reagieren oder auch aktiv den Konflikt eingehen, was sie in einer sehr harmonischen Runde nicht getan hätten. Teilnehmer einer Gruppenübung sind eben nicht geschulte Rollenspieler, die das Verhalten anderer Teilnehmer systematisch abtesten (vgl. Kapitel 5.3.2.3). Diese Schwierigkeit ist übungsimmanent und kann letztendlich auch nicht vermieden werden. Es gibt lediglich einige Möglichkeiten, damit möglichst sensibel umzugehen:

Zunächst sollten die Beobachter für diese Besonderheiten von Gruppenübungen besonders sensibilisiert werden. Im Rahmen von Beobachterschulungen (vgl. Kapitel 6.5) sollte diese Problematik daher thematisiert werden, wenn Gruppenübungen Verwendung finden. Auch eine gewisse Erfahrung der Beobachter mit vielen verschiedenen beobachteten Gruppenübungen hilft, die durch die Gruppenzusammensetzung gegebenen Voraussetzungen in der Bewertung der Beobachtungen entsprechend zu berücksichtigen. Es besteht darüber hinaus auch generell die Gefahr, dass in Gruppenübungen bestimmte Beobachtungsfehler besonders leicht entstehen, so z. B. der Kontrasteffekt (vgl. Kapitel 6.4). Extremes Verhalten eines Teilnehmers – im Positiven wie Negativen – führt leicht dazu, dass andere Teilnehmer bezüglich desselben Verhaltens genau entgegengesetzt über- oder unterbewertet werden. Ist z. B. ein Teilnehmer herausragend argumentativ geschickt, so kann es passieren, dass die anderen bezüglich ihrer argumentativen Stärke weniger positiv eingeschätzt werden, als dies der Fall gewesen wäre, wenn dieser herausragende Teilnehmer nicht in der Runde anwesend gewesen wäre. Auch für diese Effekte müssen Beobachter in der Beobachterschulung sensibilisiert werden.

Des Weiteren sollten weitere Beeinflussungen des Teilnehmerverhaltens untereinander dadurch vermieden werden, dass in internen Assessment Center Kollegen, die auch im Alltag häufig zusammenarbeiten, möglichst nicht aufeinandertreffen. Eine solche Situation bedingt zum einen, dass den Teilnehmern die Diskussion eines fiktiven Themas im gewohnten Kollegenkreis eher noch unwirklicher und somit als Schauspiel vorkommt. Zum anderen führt es in einer gemischten Gruppe von untereinander bekannten und weniger bekannten Diskussionsteilnehmern wiederum zu ungleichen Voraussetzungen.

Darüber hinaus sollte bei Gruppenübungen eine Teilnehmerzahl von fünf Personen nicht überschritten werden. Auf diese Art und Weise wird vermieden, dass eher zurückhaltende Personen gerade bei Anwesenheit dominanterer Persönlichkeiten kaum zu Wort kommen.

Da jedoch die Problematik der mangelnden Standardisierbarkeit und Steuerbarkeit von Gruppenübungen nicht endgültig gelöst werden kann, bleibt schließlich nur noch die Empfehlung, Gruppenübungen nur dort zu verwenden, wo sie tatsächlich die Kernaufgaben repräsentieren, und diese Übungsart auch nicht aus Gründen der Ökonomie zu überstrapazieren. Nicht selten bestehen AC aufgrund des Zeitmangels aus mehreren Gruppenübungen, die jedoch die größten methodischen Probleme mit sich bringen. Zu den bereits dargestellten Schwierigkeiten ist noch hinzuzufügen, dass die Gruppenübung häufig die am wenigsten authentischen Reaktionsweisen hervorruft. Dies liegt neben den genannten Effekten vor allem auch daran, dass sie den Teilnehmern viel Zeit zur Reflexion der Situation gibt. So gewinnt man als Beobachter häufig den Eindruck, ein Teilnehmer sage nach einer längeren Zeit der Zurückhaltung innerlich zu sich selbst: »Jetzt muss ich mich aber mal wieder beteiligen.« und wird überraschend wieder aktiv. Im Gegensatz hierzu ist z. B. in einer Gesprächssimulation (vgl. Kapitel 5.3) spontanes Handeln gefragt, denn im direkten Gespräch mit dem Gegenüber muss permanent agiert werden. Es verbleibt nicht so viel Zeit, sich über sozial erwünschtes Verhalten Gedanken zu machen.

Die einzige Möglichkeit, dieser Problematik Herr zu werden, besteht darin, wie oben geschildert, ein für die Teilnehmer möglichst attraktives Thema zu finden und das Commitment bei den Diskussionsteilnehmern zu erreichen, damit diese immer voll und ganz in den Diskussionsprozess involviert bleiben. Dies ist z. B. in dynamischen Assessment Centern der Fall, in denen die Teilnehmer das gesamte Verfahren gemeinsam als Gruppe bestreiten (vgl. Kapitel 2.5). Hier wird durch eine möglichst interessante und komplexe Aufgabenstellung, die eigenverantwortlich über einen oder gar mehrere Tage von der Gruppe bearbeitet wird, ein hohes Commitment bei den Teilnehmern erzielt und der Situation somit eine positive Eigendynamik verliehen.

5.4.2.3 Einheitlicher Umgang mit bestimmten wiederkehrenden Verhaltensmustern in der Gruppe

In Gruppenübungen treffen Beobachter immer wieder auf typische Verhaltensmuster von Teilnehmern, die zum Teil Schwierigkeiten in der Bewertung des Verhaltens bedingen. Hierzu gehören vor allem zwei Typen: Der Stille und der Moderator.

Der »Moderator« konzentriert sich in der Diskussionsrunde auf die Steuerung des gemeinsamen Erarbeitungs- und Diskussionsprozesses. Dies führt dazu, dass er seinen eigenen Standpunkt nicht vertritt und auf der inhaltlichen Ebene kaum an der Diskussion beteiligt ist. Wie aber bewertet man ein solches Verhalten? Soll z. B. Zielorientierung bewertet werden, so hat er seine eigentlichen Ziele nicht verfolgt, auf der anderen Seite aber sein persönliches Ziel, nämlich den Prozess möglichst stringent zu steuern, klar erreicht. Dieses Ziel zu verfolgen, stellt jedoch völlig andere Anforderungen an einen Teilnehmer. Ein solches Dilemma sollte dadurch vermieden werden, dass bereits in der Instruktion explizit darauf hingewiesen wird, dass der Teilnehmer sich inhaltlich positionieren, keine rein moderative Rolle eingenommen werden soll.

Der »Stille« hingegen hält sich insgesamt im Diskussionsgeschehen zurück, hat kaum Redeanteile. In dieser Situation sind einige Anforderungen nicht bewertbar. Dabei handelt es sich vor allem um den Bereich der berufsbezogenen Einstellungen und Werthaltungen (Kundenorientierung, Wirtschaftliches Denken, Gesamtunternehmerisches Denken, Strategisches Denken), denn diese beziehen sich nicht auf das gezeigte Verhalten, sondern auf den Inhalt der Beiträge. Wenn jedoch ein Teilnehmer kaum Redebeiträge hatte, können auch die Inhalte seiner Beiträge nicht sicher bewertet werden. Im Gegensatz hierzu sind jedoch die meisten Anforderungen im Bereich der sozialen Kompetenzen einschätzbar. So ist das Durchsetzungsvermögen bei diesem Teilnehmer sicherlich in dieser Situation sehr gering ausgeprägt. »Nicht-Verhalten« ist daher für manche Anforderungen bewertungsrelevant, für andere nicht. Diesbezüglich sollte sauber unterschieden werden. Sind Anforderungen tatsächlich nicht eindeutig bewertbar, so sollte auch keine Bewertung vorgenommen werden.

Eine Möglichkeit, fehlende Einschätzungen aufgrund der Gruppenübung zu verhindern, besteht in der Realisierung einer Kombination aus Präsentation und Gruppendiskussion. Ist es, wie oben dargestellt, Aufgabe der Teilnehmer, ein Konzept zu entwickeln, um es in der Gruppe zu diskutieren, so kann die Diskussion laut Instruktion auch damit beginnen, dass zunächst jeder Teilnehmer sein Konzept im Team präsentiert. Erst nach den Einzelpräsentationen gehen die Teilnehmer zur Diskussion über. Auf diese Art und Weise haben auch stille Teilnehmer bereits zu Beginn inhaltliche Beiträge erbracht, die auch die oben dargestellten Anforderungen einschätzbar machen. Ein Beispiel für eine solche Gruppendiskussion mit integrierter Präsentation ist am Ende dieses Kapitels dargestellt.

5.4.3 Konzeption von Gruppenübungen Schritt für Schritt

Schritt 1: Auswahl eines geeigneten Diskussionsthemas

Im ersten Schritt muss nun ein geeignetes Diskussionsthema gefunden werden. Will man dem Prinzip des Berufsbezuges gerecht werden, so eignen sich prinzipiell zwei Arten von Themen:

1. Diskussion eines Themas aus dem realen Unternehmensumfeld, z. B.
   - Internationalisierungsstrategie des Unternehmens
   - Zukünftige Produktschwerpunkte
   - Steigerung der Produktivität in der Instandhaltung
2. Diskussion eines für die Zielposition typischen Themas innerhalb eines fiktiven Umfeldes, z. B.

- Auswahl eines potenziellen Kooperationspartners
- Budgetplanung
- Krisensitzung aufgrund negativer Presseberichte

Um eine möglichst aussagekräftige und kontroverse Diskussion zu erzielen, sollte die Auswahl des Themas, unabhängig davon, um welche der beiden Arten von Diskussionsthemen es sich handelt, anhand der folgenden Fragestellungen erfolgen. Bei einem gut geeigneten Diskussionsthema können viele der Fragen mit »Ja« beantwortet werden.

- Ist die Art des Themas wirklich typisch für die Zielposition?
- Kann sich jeder Teilnehmer aufgrund seiner Vorerfahrung bzw. mit Hilfe der zur Verfügung gestellten Informationen prinzipiell gleichermaßen fundiert in die Diskussion einbringen?
- Ist das Thema geeignet, um Interesse oder gar hohe persönliche Involviertheit der Teilnehmer zu erzeugen?
- Ist es wahrscheinlich, dass verschiedene Teilnehmer auch unterschiedlicher Ansicht sind bzw. zu unterschiedlichen Vorschlägen gelangen?
- Handelt es sich um ein Thema, bzgl. dessen die Standpunkte weit auseinander liegen können?

Schritt 2: Definition des Rahmenszenarios und der Zielsetzung

Ist ein Thema gefunden, das die verschiedenen aufgeführten Aspekte erfüllt, so muss zunächst entschieden werden, ob die Gruppenübung in ein Rahmenszenario eingebettet werden soll, oder ob die Teilnehmer in ihrer eigenen Rolle in der Gruppe auftreten. Im Falle der Diskussion eines Themas innerhalb eines fiktiven Umfeldes nehmen die Teilnehmer die Rolle eines bestimmten Gremiums, einer Projektgruppe, eines Management-Teams o.ä. ein. Im Falle der Diskussion eines realen Themas ist dies nicht unbedingt notwendig.

Der Vorteil einer Gruppenübung ohne fiktives Rahmenszenario besteht darin, dass die Teilnehmer weniger leicht den Eindruck gewinnen, eine Rolle spielen zu müssen. Der Vorteil eines definierten Rahmenszenarios besteht hingegen darin, dass sich die Gruppenübung harmonisch in ein eventuell konzipiertes Gesamtszenario eines ACs gemeinsam mit anderen Übungen einfügen lässt. Auch hierdurch verliert die Situation an Künstlichkeit. Darüber hinaus können, wie bereits erwähnt, auch Rollen zwischen den Teilnehmern verteilt werden, die aufgrund dessen verschiedene Interessen vertreten werden.

Bei der Definition des Rahmenszenarios sollte wiederum darauf geachtet werden, dass es den Teilnehmer in eine Situation versetzt, die – falls vorhanden –

typisch für die Zielposition ist. Für die oben dargestellten Beispiel-Themen kämen z. B. folgende Rahmensettings in Frage:

Internationalisierungsstrategie des Unternehmens	Projektgruppe Internationalisierung, bestehend aus Führungskräften verschiedener Abteilungen
Zukünftige Produktschwerpunkte	Meeting der Führungskräfte der Bereiche Marketing und Vertrieb
Steigerung der Produktivität in der Instandhaltung	Teamleitersitzung der Abteilung Instandhaltung
Auswahl eines potenziellen Kooperationspartners	Jour Fixe des Management-Kreises
Budgetplanung	Abteilungsmeeting mit allen Teamleitern
Krisensitzung aufgrund negativer Presseberichte	Teambesprechung im Bereich Public Relations

Zur Definition des Rahmenszenarios gehört darüber hinaus auch eine Beschreibung des aktuellen Anlasses des Meetings sowie, im Falle eines fiktiven Szenarios, umfangreiche Daten zum Unternehmen, dessen Wettbewerberumfeld etc. Erst wenn das Szenario beschrieben ist, macht es Sinn, eine Zielsetzung für die Gruppenübung zu definieren. Die Zielsetzung kann z. B. darin bestehen, eine Entscheidung zu treffen, eine Entscheidungsvorlage zu erarbeiten oder auch einen Projektplan zu erstellen.

Wichtig ist in diesem zweiten Schritt, dass die unter anderem in Kapitel 5.4.2 aufgeführten Qualitätskriterien und Empfehlungen berücksichtigt werden. Bei einer zielführenden Konzeption eines Rahmenszenarios können die folgenden Fragen mit »Ja« beantwortet werden:

- Erscheint das Rahmenszenario inklusive der Zielsetzung der Gruppenübung in sich schlüssig?
- Ist die von den Teilnehmern zu treffende Entscheidung mehrdimensional angelegt?
- Werden Rollen an Stelle von Standpunkten vorgegeben?
- Wenn Teilnehmer eine Rolle einnehmen sollen: Ist dies aufgrund der Vorerfahrung für alle gleichermaßen möglich?
- Ist eine definitive Entscheidung bzw. eine eindeutige Empfehlung gefordert?
- Wird durch die Rahmenbedingungen ein »Megakompromiss« vermieden?

Schritt 3: Erstellung der Teilnehmerinstruktion

Schließlich werden auch für die Gruppenübung die bisher erarbeiteten Rahmenbedingungen und Zielsetzungen in eine Teilnehmerinstruktion überführt. Eine umfassende Instruktion für eine Gruppenübung sollte folgende Informationen beinhalten:

- Ziel der Übung
- Rolle des Teilnehmers (nimmt er eine fiktive Position ein, oder ist er »er selbst«)
- Bei einem fiktiven Szenario: Aktueller Anlass der Diskussion
- Bei einem fiktiven Szenario: Hintergrundinformationen zum fiktiven Unternehmen je nach Diskussionsthema
- Konkretisierung der Aufgabe, am besten anhand von zu beantwortenden Fragestellungen
    - Hinweis auf die Notwendigkeit einer inhaltlichen Diskussion anstelle der Übernahme einer rein moderierenden Funktion
    - Evtl. Hinweis darauf, dass zunächst eine Präsentation der Einzelvorschläge in der Gruppe erfolgen soll (vgl. Kapitel 5.4.2.1.4)
    - Evtl. Hinweis darauf, dass die Teilnehmer z. T. unterschiedliche Informationen erhalten haben (vgl. Kapitel 5.4.2.1.5)
    - Hinweis auf die zur Verfügung stehende Zeit für die Vorbereitung sowie die Durchführung der Diskussion

Die Gruppenübung bleibt auch unter Berücksichtigung dieser Empfehlungen eine der methodisch herausforderndsten Übungen. Allerdings ist sie die einzige Übung, die es erlaubt, Teilnehmerverhalten in einer Gruppe zu beobachten. Da jedoch gerade die erfolgreiche Arbeit in Teams zu den zentralen Kernaufgaben vieler Positionsgruppen gehört, wird die Gruppenübung auch weiterhin zum Standardrepertoir des Assessment Centers gehören. Dabei sollte jedoch alles getan werden, um die Aussagefähigkeit dieser Übungsart mit den beschriebenen Mitteln zu maximieren, und immer wieder kritisch hinterfragt werden, inwieweit bereits verwendete Gruppenübungen weiter optimiert werden können.

Beispiel 18: Gruppendiskussion für ein internes Förder-AC

Ziel dieser Übung

In dieser Übung wollen wir beobachten, wie Sie in der Gruppe mit Kollegen zu einem aktuellen Thema aus Ihrem Arbeitsumfeld diskutieren und dabei sowohl Ihre Interessen vertreten als auch eine gemeinsam getragene Lösung zusammen mit den Kollegen erarbeiten.

Ihre Situation

Im Zuge aktueller Maßnahmen innerhalb des Sanierungskonzepts der XY GmbH hat die Unternehmensleitung eine Arbeitsgruppe ins Leben gerufen, um Konzepte zur Effektivitätssteigerung innerhalb des Unternehmensbereiches Allgemeine Verwaltung zu entwickeln und zu etablieren. Sie sind als Gruppenleiter Allgemeine Verwaltung der Niederlassung Süd Mitglied dieser Arbeitsgruppe, die erarbeiten soll, welche Möglichkeiten bestehen, um die Effizienz dieses Unternehmensbereiches bei gleichzeitiger Sicherstellung der internen Serviceleistungen, zu steigern. Die Umsetzung der von der Arbeitsgruppe begleiteten Maßnahmen soll in zwei Jahren erfolgt sein.

Ein erstes kurzes Meeting dieser Arbeitsgruppe, die neben Ihnen noch aus den zwei anderen Gruppenleitern Allgemeine Verwaltung (Niederlassung West und Niederlassung Ost) besteht, hat bereits stattgefunden. Dabei wurde deutlich, dass vor allem Outsourcing-Maßnahmen im Mittelpunkt der Einsparungsmaßnahmen stehen werden. Am Ende der ersten Sitzung haben Sie und Ihre Kollegen sich darauf verständigt, dass zunächst jedes Arbeitsgruppenmitglied ein erstes Grobkonzept zur Effizienzsteigerung im Bereich Allgemeine Verwaltung erstellt, so dass die verschiedenen Ansätze im zweiten Meeting vorgestellt und diskutiert werden können. Sie haben sich darauf geeinigt, dass Ihre Konzepte jeweils folgende Fragestellungen beantworten sollen:

Welche Stärken und welche Verbesserungsfelder sehen Sie generell in der Allgemeinen Verwaltung?

Wo sehen Sie außerhalb von Outsourcing Ansätze zur kurz- und langfristigen Effizienzsteigerung?

Anhand welcher Kriterien wollen Sie entscheiden, ob ein Dienstleistungsbereich outgesourced werden soll oder nicht?

In wieweit sehen Sie daraufhin Möglichkeiten, durch Outsourcing eine Effizienzsteigerung zu erzielen? Welche Kernkompetenzen sollten jedoch auf keinen Fall outgesourced werden?

Wie sieht Ihr Vorschlag zum weiteren Vorgehen in der Arbeitsgruppe aus?

Die Unternehmensleitung hat bereits angekündigt, dass im Anschluss an diese Arbeitsgruppensitzung ein erstes Konzept bzgl. Ansatzpunkten und nächsten Schritten präsentiert werden soll. Sie müssen daher am Ende des zweiten Meetings als Gruppe zu einer eindeutigen Empfehlung kommen.

Nächste Schritte

Sie haben für die Erarbeitung Ihres Konzepts nun insgesamt 90 Minuten Zeit. Wir möchten Sie zunächst bitten, eine maximal 10-minütige Präsentation mit Ihrem persönlichen Vorschlag zu den aufgeführten Fragen in Einzelarbeit zu erstellen. Hierzu können Sie die vorhandenen Präsentationsmedien nutzen. Projektor, Flip-Chart und Pinnwand werden für Ihre Präsentation zur Verfügung stehen.

Im Anschluss daran treffen Sie mit den zwei Kollegen aus der oben beschriebenen Arbeitsgruppe zusammen. Bei den Kollegen handelt es sich um andere Teilnehmer dieses ACs, die ebenso jeweils ein Konzept zur Effizienzsteigerung entwickelt haben werden. Wir möchten Sie darum bitten, dass zu Beginn der Arbeitsgruppensitzung zunächst jeder individuell seine persönliche Präsentation vor dem Team vorstellt. Für diese Phase sind dementsprechend maximal 30 Minuten eingeplant. Insgesamt stehen Ihnen und den Kollegen für die Arbeitsgruppensitzung 60 Minuten zur Verfügung.

Wir wünschen Ihnen nun eine erfolgreiche Vorbereitung der Übung!

5.5 Präsentationen

Präsentationen gehören sowohl zu den methodisch unkompliziertesten als auch am breitesten einsetzbaren Tools im AC. Dies liegt vor allem daran, dass sie inhaltlich nahezu alle Themenfelder abdecken und somit auch alle möglichen Anforderungsbereiche abbilden können. Letztlich handelt es sich bei einer Präsentation um eine spezielle Darstellungsform von Inhalten, die auch in anderen Übungen thematisiert werden können. Allerdings folgt die Präsentationsübung dabei, genau wie das Interview, dem Prinzip des »Erzählen lassens«. In einer Präsentation kann ein Teilnehmer prinzipiell zu jedem beliebigen Thema und somit auch jedem Anforderungsbereich Stellung beziehen. Er kann davon berichten, wie er bestimmte Situationen bewältigt hat bzw. bewältigen will. Auch seine persönliche Sichtweise zu relevanten Themen kann er in einer Präsentation, ähnlich wie im Interview, darstellen. Im Sinne des Prinzips »Zeigen lassen« können darüber hinaus Anforderungen im kommunikativen Bereich beobachtet werden. Nicht zuletzt aufgrund dieser breiten Anwendbarkeit zur Abbildung verschiedenster Anforderungen sind Präsentationsübungen sehr verbreitet. In diesem Kapitel wird dargestellt, wann der Einsatz von Präsentationen tatsächlich sinnvoll ist, und wie die universellen Einsatzmöglichkeiten von Präsentationsübungen am besten genutzt werden können. Qualitätskriterien für die Entwicklung von Präsentationsübungen geben Hinweise zur Gestaltung von Übungen, in denen Teilnehmer aufgefordert sind, eine Gruppe von Zuhörern zu informieren und für sich und ihre Ansichten zu gewinnen. Schließlich wird Schritt für Schritt erläutert, wie Präsentationsübungen systematisch entwickelt werden können.

5.5.1 Dafür sind Präsentationen geeignet

Präsentationen gehören, ähnlich wie die Gruppen- und Postkorbübungen, zu den Klassikern der AC-Methodik. Teilnehmer erhalten die Aufgabe, zu einem bestimmten Thema oder einer spezifischen Fragestellung vor einem Auditorium Stellung zu beziehen, Fakten, Ideen und Lösungsansätze zu präsentieren. Dies geschieht zumeist mit Hilfe von üblichen Präsentationsmedien. Inwieweit eignen sich diese Präsentationssituationen eigentlich wirklich für Eignungs- oder Potenzialaussagen, und inwieweit sind sie repräsentativ für die erfolgsrelevanten Kernaufgaben der Zielpositionen in Assessment Centern. Schon allein aus Gründen der Methodenvielfalt werden Präsentationsübungen nahezu standardmäßig in ACs verwendet. Allerdings ist dies auch häufig der Fall in Assessment Centern für Zielpositionen, deren Inhaber kaum in die Situation kommen, Präsentationen vor einer größeren Gruppe von Personen zu halten. Bevor man sich daher für diese Form der Übung entscheidet, sollte kritisch überprüft werden, ob hiermit tatsächlich repräsentativ Kernaufgaben abgebildet werden. Diese Kernaufgaben können z. B. folgende Präsentationssituationen beinhalten:

- Kundenpräsentationen (z. B. Unternehmens- oder Produktpräsentationen)
- Präsentationen vor internen Gremien (z. B. Lenkungskreis, Unternehmensleitung)
- Präsentationen vor dem eigenen Team (z. B. Vorstellung der Unternehmensziele)
- Schulungspräsentationen (z. B. Produktschulung für neue Mitarbeiter)

All diese verschiedenen Präsentationen, die sich zum einen hinsichtlich des Auditoriums, zum anderen hinsichtlich der präsentierten Inhalte unterscheiden, sind prinzipiell auf das AC übertragbar. Um das Prinzip des Berufsbezugs zu berücksichtigen (vgl. Kapitel 1.3.2), könnten also jeweils sowohl Auditorium als auch Thema in das Szenario einer Präsentationsübung übernommen werden. Alle Kernaufgaben, die mit der Darstellung von Sachverhalten vor einer Gruppe von Zuhörern zu tun haben, sind sehr gut in einer Präsentation abbildbar. Die Grenzen liegen hier lediglich in der 100%ig realitätsgetreuen Abbildung sehr großer Auditorien. Hier können nur stellvertretend einige Beobachter das Auditorium darstellen.

Hinsichtlich der abbildbaren Anforderungen ist zunächst einmal offensichtlich, dass Präsentationsübungen einige Facetten im Bereich der kommunikativen und sozialen Kompetenzen sehr gut einschätzbar machen, so z. B.:

- Überzeugungskraft
- Rhetorik und Ausdrucksvermögen
- argumentative Stringenz
- Begeisterungsfähigkeit
- Kompetenzen im Bereich der Präsentationstechnik

Nutzt man nun noch die Möglichkeit, Beobachter nicht nur als stilles Auditorium einzusetzen, sondern auch als kritisches Publikum, das Fragen stellt, Kritik anbringt und rege diskutiert, so sind darüber hinaus auch interaktive Kompetenzen beobachtbar, wie z. B.:

- Durchsetzungsvermögen
- Diplomatisches Geschick
- Souveränität
- Argumentative Flexibilität

Betrachtet man die verschiedenen Formen von Präsentationsübungen noch genauer, so stellt man fest, dass die Präsentationsübung über diese übungstypischen Anforderungsbereiche hinaus ein Universal-Tool ist, mit Hilfe dessen tatsächlich alle möglichen Anforderungsbereiche sichtbar gemacht werden können. Wie ist dies zu begründen?

Theoretisch kann jedes erdenkliche Thema zu einem Präsentationsthema gemacht werden. Der Teilnehmer kann zu allen möglichen berufsbezogenen (theoretisch auch zu nicht berufsbezogenen) Fragen Stellung beziehen und dies in Form einer Präsentation tun. Das heißt, in einer Präsentation kann man – genau wie im Interview (vgl. Kapitel 5.1) – auffordern, sowohl zu verschiedenen Facetten des Anforderungsbereiches »Persönliche Kompetenzen und berufsbezogenen Einstellungen« die eigenen Sichtweisen darzustellen (Bitte präsentieren Sie, wodurch sich aus Ihrer Sicht eine verantwortungsvolle Führungskraft auszeichnet, und wie Sie dies in der angestrebten Position als Abteilungsleiter »Interne Dienste« realisieren wollen) als auch die bisherige Vorgehensweisen in verschiedenen beruflichen Situationen zu präsentieren (Bitte erstellen Sie eine Präsentation zur Planung Ihres letzten Softwareentwicklungsprojektes inklusive ihrer Erfahrungen in der Umsetzung).

Es können jedoch nicht nur typische Fragestellungen aus dem Interview in Form einer Präsentation beantwortet werden. Auch die Ergebnisse einer Konzeptentwicklung (vgl. Kapitel 5.2) können in einer Präsentation dargestellt werden. So bietet es sich durchaus an, ein entwickeltes Konzept zur Reorganisation eines Unternehmensbereiches vor der Unternehmensleitung zu präsentieren. Letztlich stellen Präsentationen mit aktiv beteiligter Zuhörerschaft auch eine Form von Gesprächssimulation dar (vgl. Kapitel 5.3). Befinden sich im Auditorium Mitarbeiter, so sind Facetten der Führungskompetenz abbildbar, handelt es sich um Kunden, so können Anforderungen wie Kundenorientierung, Verhandlungsgeschick etc. eingeschätzt werden.

Die Besonderheit der Präsentationsübungen liegt demnach darin, dass sie genau genommen gar keine eigene Übungsart darstellen, sondern vielmehr eine eigene Darstellungsform, eine besondere Form der Realisierung anderer Übungstypen. Aus diesem Blickwinkel überrascht es nicht, dass in Präsentationen, je nach Auditorium und Thema, alle Anforderungsbereiche sinnvoll abgebildet werden können.

5.5.2 Das macht eine gute Präsentation aus

Präsentationsübungen sind im Vergleich zu anderen Übungsarten relativ unkompliziert in der Anwendung und verursachen nur wenige methodische

Schwierigkeiten. Dennoch sollten vor allem zwei wichtige Qualitätskriterien berücksichtigt werden, die den Erfolg einer guten Präsentationsübung ausmachen:

Schaffung von Realitätsbezug

Abbildung von Interaktions-Kompetenzen

5.5.2.1 Schaffung von Realitätsbezug

Auch bei Präsentationsübungen ist immer wieder zu beobachten, dass die in der Realität vorhandenen Rahmenbedingungen und Voraussetzungen nur bedingt berücksichtigt werden. Dies beginnt bereits beim ausgewählten Präsentationsthema. Es besteht tatsächlich kein überzeugender Grund dafür, einen AC-Teilnehmer aufzufordern, Präsentationen zu halten, die nichts mit den Inhalten zu haben, die er auch in einer zukünftige Zielpositionen im Rahmen von Präsentationen vertreten muss. Eine Ausnahme besteht lediglich dann, wenn Inhalte des Interviews in Form einer Präsentation realisiert werden. So kann die oben erwähnte Frage nach den eigenen Vorstellungen zu einer verantwortungsvollen Führungskraft in Bezug auf die angestrebte Position ein genauso sinnvolles Präsentationsthema sein, wie die nach der Darstellung persönlicher Stärken und Verbesserungsfelder in Hinblick auf eine Position im Call-Center.

Wird ein realitätsnaher Präsentationsinhalt gewählt, so muss selbstverständlich wiederum gewährleistet sein, dass der Teilnehmer über die entsprechenden unternehmensspezifischen Informationen verfügt bzw. die realistische Präsentationsaufgabe in ein fiktives Szenario verlegt wird, was ihr den Charakter einer analytisch-konzeptionellen Übung verleiht. Eine gleichermaßen sehr pragmatische wie zielführende Möglichkeit besteht auch darin, einen externen oder internen Bewerber, der sich auf der angestrebten Position noch nicht gut auskennt, aufzufordern, eine bereits bestehende Präsentation mit vergleichbarer Zielsetzung zum AC mitzubringen und zu halten. Allerdings muss berücksichtigt werden, dass die Vergleichbarkeit zwischen den Teilnehmern hierdurch eingeschränkt wird.

Realitätsbezug bedeutet im Zusammenhang mit Präsentationsübungen jedoch vor allem auch, dass Teilnehmer realistische Rahmenbedingungen vorfinden sollten. Hierzu gehört sowohl eine realistische Vorbereitungszeit als auch möglichst gewohnte Präsentationsmedien. Manche Assessment Center fordern von ihren Teilnehmern, nach einer nur wenige Minuten andauernden Auseinandersetzung mit der Instruktion eine Stehgreifpräsentation zu halten. Hierdurch werden sicherlich Anforderungen wie Stressresistenz und Flexibilität messbar. Die zentralen Anforderungen, die man normalerweise an eine gute Präsentation stellt, wie z. B. argumentative Stringenz, Begeisterungsfähigkeit etc. werden jedoch leider durch eben solche Eigenschaften wie Stressresistenz überstrahlt, wodurch die Aussagefähigkeit der Übung deutlich eingeschränkt wird. Darüber hinaus gehört es wohl in den allerseltensten Fällen zu den Kernaufgaben von Positionsinhabern, Stehgreifpräsentationen zu halten.

Um Teilnehmern tatsächlich die Möglichkeit zu geben, ihre für sie typische maximale Leistung zu zeigen, sollte eher das Präsentationsthema komplex und die Vorbereitungszeit dafür lang sein. So kann je nach Thema die Vorbereitungszeit zwei bis drei Stunden betragen. Dies ist zum Beispiel bei Präsentationen in der Form von Ergebnisdarstellungen von Handlungsorientierten Fallstudien oder Konzeptentwicklungen durchaus realistisch.

Des Weiteren kann die Instruktion für die Präsentationsübung auch durchaus bereits vor dem AC herausgegeben, an die Teilnehmer per Post versandt und die Präsentation schon vor Beginn des ACs fertiggestellt werden. Diese für den Teilnehmer optimale Vorbereitungszeit führt dazu, dass für die Beobachter deutlich wird, was der Teilnehmer tatsächlich an Leistung erbringen kann, wenn er optimal vorbereitet ist. Auch der Teilnehmer kann nicht argumentieren, er habe einfach zu wenig Zeit gehabt. Darüber hinaus ermöglicht dieses Vorgehen dem Teilnehmer auch, tatsächlich gewohnte Medien, beispielsweise einen Beamer, zu verwenden, denn für die Erstellung einer Power Point-Präsentation ist im Rahmen eines ACs tatsächlich zumeist nicht genügend Zeit vorhanden. Hier muss leider häufig auf Flip-Chart und handschriftliche Folien zurückgegriffen werden. Schließlich eignet sich dieses Vorgehen auch sehr gut für die Durchführung von Einzel-Assessments, denn im Gegensatz zum Gruppen-AC besteht die knappe Ressource hier nicht in der Beobachterzeit, sondern in der Zeit des Teilnehmers (vgl. Kapitel 7.2.2.3). Soll dessen Zeit optimal genutzt werden, so stehen im Laufe der zumeist eintägigen Dauer des Einzel-Assessments kaum mehrere Stunden Vorbereitungszeit für eine Präsentation zur Verfügung.

Voraussetzung für die Vorbereitung einer Präsentation vor Beginn des ACs ist selbstverständlich, dass es sich um ein Präsentationsthema handelt, das komplex genug ist, so dass es nicht eine »richtige« Lösung oder einen »richtigen« Ansatz gibt, sonst bestände die Gefahr, dass dieser sich bei einem Gruppenverfahren oder auch bei mehreren Teilnehmern einer Einzel-Assessment-Reihe herumspricht und die Voraussetzungen für die Teilnehmer nicht mehr identisch wären.

5.5.2.2 Abbildung von Interaktions-Kompetenzen

Wie bereits dargestellt, besteht in der Präsentation die Möglichkeit, auch Interaktionskompetenzen abzubilden, wenn die Beobachter ein aktives und diskussionsfreudiges Auditorium darstellen. Genau wie in Rollenübungen muss hier jedoch ein adäquates Verhalten der Diskussionspartner des Teilnehmers sichergestellt werden. Sie übernehmen in der Präsentationsübung die Funktion von Rollenspielern, so dass für sie auch all diejenigen Anforderungen gelten, die an Rollenspieler gestellt werden (vgl. Abschnitt 5.3.2.3). Dies bedeutet zum einen, dass die Beobachter sowohl über einen entsprechenden Erfahrungshintergrund verfügen müssen, um mit dem Teilnehmer sowohl inhaltlich als auch rhetorisch auf einer Ebene diskutieren zu können. Zum anderen sollten sie sich nicht dazu verleiten lassen, einen falschen Ehrgeiz zu entwickeln, als »Gewinner« aus der Diskussion zu gehen. Vielmehr ist es das Ziel, systematisch bestimmte Anforderungen abzutesten, so z. B. zu überprüfen, wie flexibel und diplomatisch der Teilnehmer auf verschiedenste Arten von Fragen und Zuhörertypologien reagieren kann.

Dieser letzte Hinweis auf Zuhörertypologien macht deutlich, dass auch für eine Präsentation, in der die Zuhörer aktiv in die Diskussion mit dem Teilnehmer einsteigen, Rollenspieler-Instruktionen für die Beobachter formuliert werden sollten. Nur so ist sichergestellt, dass diese auch tatsächlich in sich stimmige Charaktere darstellen und sich bezüglich ihrer Grundhaltung vergleichbar kritisch oder unterstützend gegenüber verschiedenen Teilnehmern verhalten.

5.5.3 Konzeption von Präsentationen Schritt für Schritt

Schritt 1: Auswahl einer geeigneten Präsentationsaufgabe

Im ersten Schritt muss nun ein geeignetes Präsentationsthema gefunden werden. Hier kommen tatsächlich vielfältigste Möglichkeiten in Frage, die sich grundsätzlich in vier verschiedene Kategorien einordnen lassen:

- Selbstpräsentation
- Frei wählbares Thema
- Präsentation zu einem für die Zielposition typischen Thema
- Präsentation der Ergebnisse einer Fallstudie bzw. Konzeptentwicklung

Selbstpräsentation

Bei der Selbstpräsentation handelt es sich um Themenstellungen, die dem Interview entliehen sind (vgl. Abschnitt 5.1). Entsprechend berichtet der Teilnehmer also etwas über sich, seine Erfahrungen, Erwartungen und Pläne. Mögliche Themen sind z. B.

- Präsentation des Lebenslaufs anhand der wichtigsten Stationen

- Präsentation der persönlichen Motivation zur Übernahme einer bestimmten Position sowie der wichtigsten Erfolgs- und Misserfolgerlebnisse, inklusive daraus gezogener Konsequenzen
- Präsentation der Erwartungshaltung bezüglich der Zielposition inklusive nächster Karriereschritte

Der Vorteil der Selbstpräsentation liegt vor allem darin, dass relevante personenbezogene Fragestellungen neben dem Interview noch einmal vertieft betrachtet und diskutiert werden können. Gerade bei Personen, die noch wenig Erfahrung auf einer potenziellen Zielposition haben oder bisher noch über gar keine Berufserfahrung verfügen, stellt die eigene Person selbstverständlich ein Präsentationsthema dar, in dem sie sich bereits gut auskennen.

Die Selbstpräsentation verfügt aber auch über einen entscheidenden Nachteil: Sie ist nicht repräsentativ für Präsentationen im Unternehmensalltag. Die oben dargestellten Themen werden wohl kaum Inhalt einer Präsentation im Unternehmenskontext werden. Darüber hinaus ist es hier zwar für die Beobachter möglich, Verständnisfragen zu klären und auch vertieft nachzuhaken. Kontroverse Diskussionen, wie im Falle von realitätsnahen Präsentationen, in denen z. B. vom Teilnehmer entwickelte Konzepte oder Strategien präsentiert werden, sind hier zum einen inhaltlich nicht sinnvoll, zum anderen auch nicht adäquat, wenn ein Teilnehmer von seinen persönlichen Erfahrungen berichtet.

Frei wählbares Thema

Sollen lediglich die für Präsentationen typischen Anforderungen im kommunikativen und sozialen Bereich eingeschätzt werden, so ist hierfür prinzipiell jedes Präsentationsthema aus dem Berufskontext nutzbar – also auch ein vom Teilnehmer frei wählbares. So kann der Teilnehmer z. B., wie schon erwähnt, eine bereits bestehende Präsentation verwenden oder zu einem Thema seiner Wahl eine Präsentation erstellen. Hier werden häufig in der jüngeren Vergangenheit durchgeführte Projekte oder auch Planungen und Konzepte dargestellt, die bislang noch nicht realisiert werden konnten, für die sich der Teilnehmer jedoch begeistert engagiert. Der Vorteil dieser Vorgehensweise liegt darin, dass der Teilnehmer in einer für ihn sehr realitätsnahen Situation beobachtet wird, nämlich in einer Präsentation, in der er sich inhaltlich sehr sicher fühlt.

Probleme können hier jedoch dann entstehen, wenn die Inhalte der Präsentation so speziell sind, dass die Beobachter sie nicht verstehen oder kritisch hinterfragen können. Daher sollte der Teilnehmer bereits sehr frühzeitig ankündigen, zu welchem Thema er präsentieren möchte, so dass entschieden werden kann, ob sich dieses Thema auch tatsächlich eignet. Bei mehreren Teilnehmern sollte darüber hinaus kritisch betrachtet werden, ob möglicherweise die Vergleichbarkeit der Anforderungen durch diese Vorgehensweise in Frage gestellt wird.

Präsentation zu einem für die Zielposition typischen Thema

Die beste Möglichkeit zur Abbildung der Kernaufgaben einer Zielposition besteht sicherlich, wenn das Thema der Präsentation unmittelbar in Zusammenhang mit der Zielposition steht und ein Thema so gewählt ist, dass der Präsentationsinhalt typisch für die Position ist. Hier sind genauso viele Varianten denkbar, wie es verschiedene Präsentationsthemen auf einer bestimmten Position gibt.

Eine besondere Form besteht darin, zwar keine dem Alltag entliehene Präsentation zu halten, dennoch aber ein Thema zu wählen, das auf die Zielposition konkret Bezug nimmt. So könnte z. B. ein interner Bewerber, der auf der angestrebten Position ein neues Team mit einer neuen Funktion im Unternehmen aufbauen würde, eine Präsentation dazu halten, wie er das Team aufbauen, strukturieren und im Unternehmen positionieren will. Am Ende des Abschnitts »Präsentationen« ist eine entsprechende Beispiel-Übung dargestellt.

Die Grenzen dieser Variante liegen im Vergleich zu den drei anderen jedoch in der Notwendigkeit eines guten Vorwissens sowohl allgemeiner fachlicher Art als auch in Bezug auf positionsspezifisches Know-how. Will man einem externen Bewerber die gleiche Aufgabe geben, so muss er mit sehr umfangreichem Informationsmaterial versorgt werden.

Präsentation der Ergebnisse einer Fallstudie bzw. Konzeptentwicklung

Eine sinnvolle Alternative zu einem komplett realistischen Präsentationsthema besteht in der Präsentation der Ergebnisse einer analytisch-konzeptionellen Übung (vgl. Abschnitt 5.2). Ist diese trotz des fiktiven Szenarios realitätsnah konzipiert, so können hier sowohl relevante Kernaufgaben sehr gut abgebildet als auch Personen ohne unternehmensspezifisches Wissen mit der Aufgabe betraut werden. Auch für ACs ohne konkrete Zielposition und hinsichtlich des Erfahrungshintergrundes gemischter Teilnehmergruppen ist dies sicherlich die beste Variante.

Der Nachteil der Verwendung einer Handlungsorientierten Fallstudie oder Konzeptentwicklung liegt eindeutig in dem vergleichsweise hohen Konzeptionsaufwand.

Schritt 2: Erstellung der Teilnehmerinstruktion

Nachdem nun das Thema der Präsentation definiert ist, gilt es im zweiten Schritt, die Informationen zusammenzustellen, die für die Vorbereitung und Durchführung der Präsentation benötigt werden. Dabei sind die Teilnehmerinstruktionen je nach gewähltem Thema naturgemäß sehr unterschiedlich. Während bei einem frei wählbaren Thema eine sehr knappe Instruktion alle relevanten Informationen vermittelt, müssen im Falle der Präsentation der Ergebnisse einer analytisch-konzeptionellen Übung all die umfangreichen Dokumente einer Handlungsorientierten Fallstudie oder Konzeptentwicklung zur Verfügung gestellt werden. Dennoch gibt es einige Informationen, die in jeder Instruktion einer Präsentationsübung enthalten sein sollten:

- Ziel der Übung
- Position des Teilnehmers (nimmt er eine fiktive Position ein, oder ist er »er selbst«)
- Konkretisierung der Aufgabe, am besten wiederum anhand von zu beantwortenden Fragestellungen
- Ankündigung des Verhaltens der Beobachter (aktiv diskutierende oder passive Zuhörer)
- Hinweis auf zur Verfügung stehende Präsentationsmedien
- Hinweis auf die zur Verfügung stehende Zeit für
  - Vorbereitung der Präsentation
  - Durchführung der Präsentation
  - Evtl. Diskussion mit den Zuhörern

Für eine Selbstpräsentation reichen diese Informationen bereits aus, um dem Teilnehmer zu vermitteln, was genau von ihm erwartet wird. Soll der Teilnehmer ein frei wählbares Thema präsentieren, so wird es häufig als hilfreich empfunden, ihm einige Beispiele, z. B. in Form von in der Vergangenheit gewählten Themen, an die Hand zu geben. Auf diese Art und Weise wird die Unsicherheit reduziert, welche Art von Thema wohl geeignet sein könnte.

Wird eine Präsentation zu einem für die Zielposition typischen Thema gewählt, so benötigt der Teilnehmer umfassende Informationen zum aktuellen Anlass der Präsentation inklusive einiger Rahmendaten, die die Problematik der Situation beschreiben. Für externe Teilnehmer müssen diese Informationen sehr umfangreich sein. Da sowohl Teilnehmer als auch Beobachter sich bei dieser Themenstellung in eine fiktive Rolle begeben, sollte der Teilnehmer auch darüber informiert werden, wen die Beobachter darstellen werden, d. h. vor welchem Gremium oder welcher Zuhörergruppe er diese Präsentation halten wird.

Soll der Teilnehmer Ergebnisse einer analytisch-konzeptionellen Übung präsentieren, so erhält er alle Informationen und Dokumente wie im Falle einer Handlungsorientierten Fallstudie oder Konzeptentwicklung (vgl. Kapitel 5.2). Es werden lediglich die oben aufgeführten präsentationsspezifischen Informationen und der Hinweis auf die Zielgruppe seiner Präsentation ergänzt.

Schritt 3: Erstellung von Beobachter-Materialien und Instruktionen

Neben den Checklisten und Diskussionshilfen, die die Beobachter zur Verfügung gestellt bekommen, wenn sie eine Handlungsorientierte Fallstudie oder eine Konzeptentwicklung präsentiert bekommen, gilt es im dritten Schritt, für jede Präsentation, in der Beobachter nicht stille Zuhörer, sondern aktive Diskussionspartner sein sollen, Beobachterinstruktionen zu erstellen. In diesen Anleitungen für Beobachter sollten folgende Informationen enthalten sein:

- Tipps zum Abtesten der relevanten Anforderungen durch spezielle Verhaltensweisen und Fragestellungen (vgl. Kapitel 5.3.2.3)
- Hinweise zur teilnehmerorientierten Verhaltensweise von Rollenspielern, z. B. Vermeidung von Gesprächseskalationen
- Beispielfragen bzw. häufig anwendbare Gegenargumente
- Falls eine Rolle übernommen werden soll: Erläuterung der darzustellenden Person
  - Funktion innerhalb des Unternehmens bzw. Rolle außerhalb des Unternehmens
  - Charakter und typische Verhaltensweisen in der Diskussion
  - Standpunkt und Beispielargumente

Auf diese Art und Weise können auch Beobachter ohne umfangreiche Rollenspielerfahrung gute Diskussionspartner in einer Präsentationsübung sein und sowohl relevante Anforderungen im Bereich der Verhaltenskompetenzen sichtbar machen als auch die fachliche Kompetenz – im Falle von positionstypischen Präsentationsthemen – wirksam überprüfen.

Beispiel 19: Präsentationsübung für ein Einzel-Assessment zur Auswahl eines internen Bewerbers

Ziel dieser Übung

In dieser Übung wollen wir beobachten, wie Sie vor einer hochrangig besetzten Runde von Zuhörern ein Konzept präsentieren und die Anwesenden von Ihnen und Ihren Ideen und Ansätzen überzeugen.

Ihre Situation

Aufgrund von Problemen in der Realisierung von Großprojekten, die in der Vergangenheit größere Verluste verursacht haben, hat die Unternehmensleitung der XY GmbH beschlossen, das Team »Projektmanagement« innerhalb der Abteilung Unternehmensorganisation zu etablieren. Ziel dieses Teams ist es, in Zukunft die professionelle Planung und Steuerung sowie das systematische Controlling von verantwortungsvollen Projekten sicherzustellen. Hierbei handelt es sich vor allem um Projekte zur Neuentwicklung komplexer Produkte zusammen mit Kunden der XY GmbH. Projektmitarbeiter und Teilprojektleiter werden aus den Bereichen Forschung & Entwicklung, Produktion, Einkauf und Vertrieb stammen.

Der Teamleiter »Projektmanagement« hat die verantwortungsvolle Aufgabe, dieses neue Team aufzubauen und zu leiten. Neben der geschilderten Zielsetzung des Teams sind als Rahmenvorgaben bisher lediglich die Anzahl der zukünftigen Teammitarbeiter (10 Personen) bekannt sowie der zeitliche Rahmen, innerhalb dessen der Aufbau des Teams erfolgt und die erfolgreiche Arbeit des Teams sichergestellt sein soll. Dies soll in 18 Monaten der Fall sein.

Die Unternehmensleitung hat Sie nun als zukünftigen Teamleiter »Projektmanagement« aufgefordert, Ihr Konzept zum Aufbau und zur Etablierung des neuen Teams zu präsentieren. Sie erhalten die Gelegenheit, im Rahmen einer regulären Sitzung der Unternehmensleitung Ihr Konzept zu präsentieren und gemeinsam mit den Anwesenden zu diskutieren.

Sie haben im Vorhinein mit einem Vertreter der Unternehmensleitung klären können, zu welchen Fragestellungen Sie in Ihrer Präsentation Stellung beziehen sollen. Dabei haben sich folgende thematische Schwerpunkte herauskristallisiert:

Welche Aufgabenschwerpunkte sehen Sie aufgrund der definierten Zielsetzung für das Team?

Wie wollen Sie das Team bezüglich der Aufgabenschwerpunkte verschiedener Funktionsgruppen strukturieren?

Über welche Qualifikationen müssen die Mitarbeiter der verschiedenen Funktionsgruppen verfügen?

Wie wollen Sie Schritt für Schritt das Team aufbauen, um schließlich zu der angestrebten Gesamtteamstruktur zu gelangen?

Welche Positionierung des Teams gegenüber anderen Abteilungen und Schnittstellen im Unternehmen streben Sie an, und wie erreichen Sie diese Positionierung?

Wie definieren Sie Ihre persönliche Rolle als Teamleiter »Projektmanagement«?

Wie werden Sie diese verschiedenen Schritte des Teamaufbaus und der Teametablierung nach und nach in den nächsten 18 Monaten realisieren?

Ihre Aufgabe

Sie haben nun bis zum 30. Juli 20XX Zeit, um Ihre Präsentation vorzubereiten. Hierzu können Sie die gebräuchlichen Präsentationsmedien nutzen. Beamer, Projektor und Flip-Chart werden für Ihre Präsentation zur Verfügung stehen. Sollten Sie darüber hinaus weitere Medien benötigen, bitte informieren Sie Frau Meyer bis zum 28. Juli.

Die Mitglieder der Unternehmensleitung werden im Rahmen des Einzel-Assessments von den anwesenden Beobachtern dargestellt. Richten Sie sich darauf ein, dass Ihre Zuhörer das von Ihnen präsentierte Konzept kritisch hinterfragen und aktiv diskutieren werden. Sie haben für die Präsentation inklusive der Diskussion 30 Minuten zur Verfügung. Planen Sie daher nicht mehr als 20 Minuten für die eigentliche Präsentation Ihres Konzeptes ein.

Sollten Sie zu dieser Übung oder zu anderen Details des Einzel-Assessments Fragen haben, so scheuen Sie sich bitte nicht, Frau Meyer unter der Durchwahl -xxx zu kontaktieren. Sie wird Ihnen gerne weitere Informationen geben.

Wir wünschen Ihnen nun eine erfolgreiche Vorbereitung der ersten Übung!

5.6 Testverfahren

Testverfahren stellen in einem Assessment Center die am stärksten standardisierten Verfahren dar. Eine unternehmensspezifische Entwicklung ist häufig zu aufwendig, und man wird sich darum einer Auswahl aus den gängigen Testverfahren bedienen, wenn man diese in ein Assessment Center integrieren möchte. In diesem Kapitel werden zunächst Chancen und kritische Aspekte im Einsatz von Testverfahren diskutiert. Es wird ein Überblick über die im beruflichen Bereich sinnvollen Verfahrensgruppen gegeben und kurz die Methodik und Funktionsweise von Testverfahren erläutert. Da Testverfahren eine besondere Herausforderung in der Kommunikation gegenüber Teilnehmern darstellen, wird ausführlich und mit konkreten Argumentationshilfen auf die Darstellung von Testverfahren gegenüber Teilnehmern eingegangen. Um eine sinnvolle und fundierte Auswahl von Testverfahren zu ermöglichen, befindet sich in diesem Kapitel auch eine Checkliste zum Erkennen und Beurteilen seriöser Testverfahren sowie ein Überblick über eine Reihe von geeigneten Testverfahren.

5.6.1 Dafür eignen sich Testverfahren

5.6.1.1 Chancen und Probleme im Einsatz von Testverfahren

Testverfahren gehören zu denjenigen Bestandteilen eines Assessment Centers, die üblicherweise bei allen Beteiligten am meisten Skepsis hervorrufen. Dafür gibt es die unterschiedlichsten Gründe. Aus Sicht der Teilnehmer ist der Anforderungsbezug bei Testverfahren am schwersten nachzuvollziehen. Während beispielsweise ein Mitarbeitergespräch oder eine Strategiefallstudie einen sehr direkten und unmittelbaren Zusammenhang zu bestimmten beruflichen Aufgaben aufweist, ist dieser bei einem Intelligenztest, der unter anderem Aufgaben zum räumlichen Vorstellungsvermögen beinhaltet, wesentlich schwerer herzustellen. Für die Teilnehmer ist es daher weniger akzeptabel, dass aus einem solch allgemeinen Test Rückschlüsse auf die Eignung zu sehr spezifischen Aufgaben gezogen werden. Darüber hinaus gibt es meist eine Skepsis gegenüber psychologischen Testverfahren allgemein. Häufig erscheinen diese sehr »invasiv«, und Bewerber haben eine gewisse Furcht, »durchschaut« zu werden oder zu einer Offenlegung von ihnen unangenehmen Persönlichkeitsfacetten gezwungen zu sein. Viele Unternehmen setzen Testverfahren auch deswegen nicht ein, weil sie den hohen Überzeugungsaufwand scheuen, mit dem der Test intern (beispielsweise gegenüber dem Betriebsrat oder den Führungskräften) und auch gegebenenfalls den Bewerbern gegenüber vermittelt werden muss. Hier erscheint der Nutzen von Testverfahren vielen Unternehmen nicht hoch genug, um diesen Aufwand zu rechtfertigen. Es kommt außerdem noch folgender Aspekt hinzu: Bei sehr wirtschaftsnahen und businessbezogenen Assessment Center-Übungen können Führungskräfte und Personalfachleute durch das Lesen der Übung im Allgemeinen recht gut die inhaltliche Qualität und Substanz bewerten. Einer Konzeptaufgabe oder Strategiefallstudie sieht man an, ob sie in Bezug auf bestimmte Anforderungen sachgerecht und durchdacht ist. Bei Testverfahren ist dieser Bewertungsprozess deutlich schwieriger. Vor allem Intelligenztests, aber auch Persönlichkeitstests sieht ein »Laie« nicht unbedingt an, ob es sich um sachgerechte, seriöse Verfahren handelt. Hinzu kommt, dass nahezu alle seriösen und mit einem wissenschaftlichen Hintergrund entwickelten Testverfahren über lange Zeit nur an Diplom-Psychologen verkauft wurden. (Derzeit werden die Abgabebedingungen liberalisiert.) Insofern sind solche Unternehmen, die gerne mit Testverfahren arbeiten wollen, aber keinen Diplom-Psychologen zur Verfügung haben, oft dazu gezwungen, auf weniger fundierte Verfahren auszuweichen, ohne über das Expertenwissen zu verfügen, Stärken und Schwächen dieser Verfahren einzuschätzen. All diese Punkte sind verständlicherweise Hemmnisse, was den Einsatz von Testverfahren in Assessment Centern angeht. Außerdem sind Testverfahren ihrem Wesen nach immer hoch standardisierte Verfahren, die aus Sicht vieler Unternehmen nicht so gut in die oftmals sehr maßgeschneiderten Assessment Center hineinpassen.

Auf der anderen Seite gibt es tatsächlich für eine Reihe von Fragestellungen hochwertige Testverfahren, die einen substanziellen und hilfreichen Beitrag in der Informationsgewinnung über Teilnehmer liefern können. Viele gute Testverfahren sind oft jahrelang und mit großem Aufwand beforscht worden, und es liegen substanzielle Hinweise auf ihre Messgenauigkeit und Prognosefähigkeit vor. Für bestimmte Zielgruppen (z. B. Ausbildungsplatzbewerber) stellen Testverfahren sogar das hochwertigste Auswahlinstrumentarium überhaupt dar. Hierfür gibt es zahlreiche Belege. In Gruppen-Assessment Centern lassen sich Testverfahren meist auch deswegen gut integrieren, weil sie die Pausenzeiten der Teilnehmer überbrücken. Es geht also in der Diskussion um Testverfahren gar nicht so sehr um das »Entweder-Oder«, sondern viel stärker um die Frage, welche Verfahren für welche Zielgruppe einen sinnvollen Beitrag leisten und persönlich akzeptabel sind. Hierbei steht die Akzeptanz ganz klar im Vordergrund. Selbst ein leistungsfähiges Verfahren, welches Teilnehmern an einem Assessment Center, den Führungskräften und Beobachtern oder dem Betriebsrat nicht vermittelbar ist, wird nicht langfristig eingesetzt werden können.

5.6.1.2 Arten psychologischer Testverfahren

Psychologische Testverfahren können sich auf ganz unterschiedliche Gegenstandsbereiche und Kompetenzen beziehen. Für den Einsatz im Assessment Center sind die folgenden drei Arten psychologischer Testverfahren prinzipiell geeignet (die große Klasse von beispielsweise klinisch-psychologischen Testverfahren wird hier nicht berücksichtigt, da sie im beruflichen Kontext nicht sinnvoll eingesetzt werden können und sollten):

Persönlichkeitstests

Die erste große Gruppe von Testverfahren betrifft solche Instrumente, die sich auf Persönlichkeits- und Charaktereigenschaften beziehen. Im Vordergrund stehen hier Anforderungsbereiche wie z. B. Extraversion, Konfliktverhalten, Einfühlungsvermögen etc. Es ist klar, dass im beruflichen Kontext und im Assessment Center nur solche Persönlichkeitsverfahren zum Einsatz kommen sollten, bei denen die dem Test zugrunde liegenden Anforderungsbereiche direkt berufsrelevant sind. Viele Persönlichkeitstests erfassen Eigenschaften, die das direkte Informationsbedürfnis eines Arbeitgebers offensichtlich überschreiten. Hierzu gehören beispielsweise Anforderungsbereiche wie Hysterie oder Paranoia (beide Anforderungsbereiche stammen aus dem Testverfahren MMPI (Minnesota Multiphasic Personality Inventory), der tatsächlich verschiedentlich auch für den Einsatz in der Personalauswahl empfohlen wird). Es gibt aber durchaus Verfahren, die direkt für den Einsatz im beruflichen Kontext konstruiert worden sind und darum auch ein wesentlich höheres Maß an Akzeptanz finden (z. B. das Bochumer Inventar zur berufsbezogenen Persönlichkeitsbeschreibung (BIP)).

Persönlichkeitstests sind strenggenommen immer eine strukturierte Selbstbeschreibung eines Teilnehmers. Zumeist haben sie folgende Struktur: Der Teilnehmer erhält ein Testheft mit unterschiedlichen Statements (z. B. »Ich übernehme in Sitzungen oft die Führung.«). Auf einem Antwortbogen gibt der Teilnehmer dann den Grad der Zustimmung oder der Ablehnung zu dieser Aussage an. Aus allen Aussagen gemeinsam ergibt sich dann ein differenziertes Selbstbild des Teilnehmers, eine facettenreiche Selbstbeschreibung. Der Wert eines Persönlichkeitstests im Assessment Center liegt vorrangig darin, dass diese Selbstbeschreibung eines Teilnehmers dazu genutzt werden kann, einen Abgleich mit dem Fremdbild und der Beurteilung durch die Beobachter herbeizuführen. Ergebnisse von Persönlichkeitstests eignen sich in sehr guter Weise dafür, mit den Teilnehmern ein differenziertes Gespräch hinsichtlich ihrer Selbstwahrnehmung und ihrer Wirkung auf andere zu führen. Unter diesem Blickwinkel kommuniziert, sind Persönlichkeitstests (wenn sie wirklich berufsbezogen sind) üblicherweise ohne Akzeptanzprobleme in ein Assessment Center zu integrieren. Mit dieser Philosophie eingesetzt, würden Persönlichkeitstest keinen eigenen Beitrag zu einer Entscheidung liefern, sondern wären lediglich ein Werkzeug, durch das eine tiefergehende Auseinandersetzung und Gesprächsführung mit den Teilnehmern möglich wird.

Ein häufiger Vorwurf gegenüber Persönlichkeitstests besteht darin, dass diese prinzipiell verfälschbar sind. In einem Intelligenztest kann man sich nicht »schlauer stellen« als man wirklich ist. In einem Persönlichkeitstest können die Ankreuzantworten jedoch tatsächlich mehr oder weniger stark verfälscht werden. Der Vorwurf der prinzipiellen Verfälschbarkeit ist richtig. Es gibt aber hierauf folgende Aspekte anzumerken: Zum einen ist die Verfälschbarkeit in keiner Weise abhängig von der Art der Darbietung der Fragen – ein Interview hat prinzipiell das gleiche Problem. Zum anderen ist es so, dass die Möglichkeit, einen Test zu verfälschen, nicht gleichzeitig bedeutet, dass viele Teilnehmer dies auch tun. Sowohl die Erfahrung wie auch die wissenschaftliche Befundlage zu diesem Punkt zeigen, dass die meisten Teilnehmer ein recht realistisches Bild von sich vermitteln, wenn die folgenden Nebenbedingungen erfüllt sind: Die Teilnehmer wissen, dass die Testergebnisse nicht ausschlaggebendes Entscheidungskriterium sind, und sie wissen darüber hinaus, dass die Ergebnisse Gegenstand eines vertiefenden Gesprächs sind, in dem die abgegebene Selbsteinschätzung erläutert und mit Beispielen belegt werden muss.

Intelligenztests und spezielle Fähigkeitstests

Intelligenztests beziehen sich auf die kognitive und intellektuelle Kapazität eines Teilnehmers. Hierbei gibt es ganz grundsätzlich zwei Arten von Testverfahren. Zum einen solche, in denen die »allgemeine Grundintelligenz« gemessen wird. Diese drückt sich dann in dem allseits bekannten IQ (Intelligenzquotienten) aus, durch den repräsentiert wird, wieweit die Intelligenzausprägung eines Teilnehmers vom Durchschnitt der Bevölkerung abweicht. Ein Intelligenzquotient von 100 bedeutet, dass ein Teilnehmer genauso intelligent ist wie der Gesamtdurchschnitt. Steigende und fallende Werte des Intelligenzquotienten weisen auf entsprechend höhere und niedrigere Ausprägungen hin. Die zweite Gruppe von Intelligenztests betrifft solche Testverfahren, die nicht nur auf einen einzigen IQ-Wert fokussieren, sondern eher ein Intelligenzprofil darstellen. In diesem Intelligenzprofil werden dann verschiedene Bereiche der kognitiven Leistungsfähigkeit differenziert nebeneinander beschrieben. Hierzu gehören beispielsweise rechnerisches Denken, räumliches Vorstellungsvermögen, Merkfähigkeit, sprachliches Ausdrucksvermögen oder manchmal auch Allgemeinbildung. Neben diesen beiden Arten von Intelligenztests gibt es auch noch sehr spezielle Fähigkeitstests, die auf einige klar umrissene Anforderungen fokussieren. Besonders prominent ist beispielsweise die sogenannte

»Drahtbiegeprobe«. Bei diesem Test müssen die Teilnehmer aus einem Drahtstück eine Figur auf der Grundlage einer Vorlage biegen. Der Test erfasst die manuelle Geschicklichkeit, mit der dies geschieht. Für bestimmte Tätigkeiten im gewerblichen Bereich hat dieser Test eine gute Vorhersagegenauigkeit. Andere spezielle Fähigkeitstests beziehen sich beispielsweise auf das technische Verständnis oder auf bestimmte Bürotätigkeiten.

Besonders solche Testverfahren, die auf einen allgemeinen IQ-Wert fokussieren, haben im Rahmen von Assessment Centern die größten Akzeptanzschwierigkeiten. Der IQ-Wert hat etwas sehr Statisches, Überdauerndes und die Rückmeldung eines schlechten IQ-Wertes möglicherweise auch etwas sehr Brüskierendes und beinhaltet eine echte Selbstwertgefährdung. Solche Assessment Center-Teilnehmer, die beispielsweise in vielen zwischenmenschlichen Übungen sehr gut abschneiden, denen dann aber aufgrund eines schlechten IQ eine negative Entscheidung zurückgemeldet werden musste, werden sich mit diesem Feedback sehr schwer tun. Obwohl der IQ nachweislich einen hohen Zusammenhang mit dem Berufserfolg in den unterschiedlichsten Bereichen besitzt, werden allgemeine IQ-Tests aus diesem Grunde (in Deutschland zumindest) kaum in Assessment Centern eingesetzt. Eine Ausnahme bildet hier die Testung von Ausbildungsplatzbewerbern.

Intelligenztests, die ein Intelligenzprofil entwerfen, sind bezüglich der Akzeptanz etwas leichter vermittelbar, weil man hier besser erläutern kann, welche Intelligenzbereiche für bestimmte Aufgaben besonders wichtig und grundlegend sind. Allerdings ist auch ihre Anwendung selten. Auch hier liegt der Grund für den seltenen Einsatz sicher nicht in der fehlenden Leistungsfähigkeit dieser Verfahren (die ist nachweislich hoch), sondern in der schweren Kommunizierbarkeit und der Empfehlung, in der Anwendung mit Diplom-Psychologen zusammenzuarbeiten. Unproblematischer stellt sich der Einsatz der speziellen Fähigkeitstests dar. Es gibt mittlerweile eine ganze Reihe von Fähigkeitstests, die unmittelbar auf bestimmte berufliche Aufgaben bezogen werden können (z. B. der sogenannte Büroarbeits-Test, in dem Aufgaben wie Kundenbriefe sortieren, Adressen prüfen und Rechtschreibfehler finden integriert sind). Diese Tests lassen sich für entsprechende Zielgruppen gut im Auswahlverfahren integrieren und leisten oftmals einen zusätzlichen Beitrag, der ansonsten vernachlässigt würde.

Konzentrations- und Leistungstests

Im Gegensatz zu Intelligenztests geht es bei Konzentrations- und Leistungstests nicht so sehr um die mögliche kognitive Kapazität, sondern eher um das »Wie«. Es geht um Konzentrationsfähigkeit, Belastbarkeit, Aufmerksamkeit etc. Leistungstests werden üblicherweise so gestaltet, dass Teilnehmer unabhängig von ihrer Intelligenz hohe oder niedrige Ausprägungen in der Konzentrationsfähigkeit erreichen können. Diese Tests bestehen darum im Allgemeinen aus sehr vielen leichten Aufgaben (z. B. einfache Kopfrechenaufgaben), damit eine möglichst geringe »Vermischung« der Ergebnisse mit der Intelligenzleistung erfolgt. Bewertet wird dann in einem solchen Test, wie viele dieser Aufgaben in welcher Zeit bearbeitet oder richtig gelöst wurden, was dann als ein Maß für die Konzentrationsfähigkeit gilt. Grundsätzlich haben natürlich auch diese Tests mit entsprechenden Akzeptanzproblemen zu kämpfen, aber da sie meist gut erklärbar und schnell durchführbar sind, gibt es eine Reihe von Anforderungen, bei denen sich diese Tests gut eignen. Dies gilt beispielsweise bei Auswahlverfahren für solche Funktionen, in denen Daueraufmerksamkeit und Konzentration eine besonders wichtige Rolle spielen (z. B. Überwachungstätigkeiten in der Produktion oder Flugsicherung). Bei einer solchen Zielaufgabe fällt es schwer, Assessment Center-Aufgaben zu entwickeln, die mit vergleichbarer Qualität Konzentrationsfähigkeit abbilden können. Darum erscheint der Einsatz von Leistungstests in einem solchen Fall durchaus zielführend und gerechtfertigt. Bei dieser Art von Testverfahren ist oft auch eine PC-Darbietung möglich, womit der Test dann eine noch höhere Parallelität zu vielen Aufgaben aufweist, die Konzentrationsfähigkeit erfordern.

5.6.1.3 Funktionsweise von Testverfahren

Um die Ergebnisse psychologischer Testverfahren sinnvoll interpretieren zu können, ist es hilfreich, einen Einblick darin zu haben, wie sie funktionieren. Die Grundidee aller psychologischen Tests ist es, Menschen im Hinblick auf bestimmte Eigenschaften relativ zum Durchschnitt einer Vergleichsgruppe zu beschreiben. Persönlichkeitseigenschaften, wie z. B. Kontaktstärke, lassen sich eben nicht wie Temperaturen auf einer definierten Skala messen, denn es gibt keinen definierten Nullpunkt, Minus- oder Plus-Bereich, und insofern wäre es schwer, eine allgemeine Kontaktstärke-Skala zu beschreiben. Es ist aber durchaus möglich, zu erklären, dass Person X kontaktstärker ist als Person Y. Es ist darüber hinaus auch möglich zu erklären, dass Person X kontaktstärker ist als der Durchschnitt irgendeiner Vergleichsgruppe. Alle psychologischen Testverfahren funktionieren nach diesem Prinzip.

Zunächst werden Testitems entwickelt, die aus Sicht der Testautoren den zu erfassenden Persönlichkeits-, Intelligenz- oder Leistungsaspekt repräsentieren. Dann wird sich der Testentwickler bemühen, eine möglichst große Menge an Testdaten aus demjenigen Personenkreis zu sammeln, in dem später der Test Anwendung finden soll. Bei seriösen wissenschaftlichen Tests sind dies oft viele tausend Daten, die dem Test zugrunde liegen. Die Summe dieser Daten ist die sogenannte »Normierungsstichprobe«. Ein Teilnehmer dieses Tests wird in seinem Ergebnis dann mit den Daten der Normierungsstichprobe verglichen. Wenn dieser Testteilnehmer nun einen Wert hat, der genau dem Durchschnitt der Normierungsstichprobe entspricht, so wird dies in dem Test für ihn zu einem mittleren Ergebnis führen. Wenn er aber ein Ergebnis erbringt, welches in der Höhe der Ausprägung nur von ganz wenigen Personen in der Normierungsstichprobe erreicht worden ist, dann wird dieser Teilnehmer einen entsprechend extremen Ergebniswert erhalten. Diese Grundidee, Testteilnehmer relativ zu einer sinnvollen Vergleichsgruppe zu beschreiben, macht den großen Wert und die hohe Sachgerechtigkeit vieler psychologischer Testverfahren aus. Denn für den Anwender ist dies meist genau die Information, die interessant ist, um beispielsweise einen Bewerber mit anderen Bewerbern vergleichen zu können. Seriöse Testverfahren legen deswegen auch viel Wert darauf, eine sehr solide Datenbasis zugrunde legen zu können, um der Aussagekraft des Tests Substanz zu verleihen. Viele weniger seriös entwickelte Testverfahren legen demgegenüber die zugrunde liegende Datenbasis entweder nicht offen oder verfügen vielleicht noch nicht einmal über ein entsprechend überzeugendes Fundament. Erste Voraussetzung und zentrale Basis für einen guten Test ist damit die zugrunde liegende Normierung.

Auf welche Art von Testfragen dieses Prinzip nun angewendet wird, hängt natürlich stark vom inhaltlichen Gegenstandsbereich des Tests ab. Bei einem Persönlichkeitstest ist es beispielsweise meist so, dass zu jeder in dem Test abgebildeten Persönlichkeitseigenschaft etwa 10 bis 15 Fragen gestellt werden. Bei einer Skala »Kontaktfähigkeit« wären dies beispielsweise Fragen wie: »Es fällt mir leicht, auf fremde Menschen zuzugehen.« Wenn der Test beispielsweise nur die Beantwortung »ja« oder »nein« zulässt, könnten die Testteilnehmer bei 15 Fragen zwischen 0 und 15 Punkte für diese Skala erhalten. 0 Punkte würden bedeuten, dass man keine einzige Frage im Sinne einer hohen Kontaktfähigkeit beantwortet hat, und 15 Punkte würden dementsprechend darauf hinweisen, dass alle Fragen im Sinne einer hohen Kontaktfähigkeit beantwortet wurden. Der individuelle Wert eines Teilnehmers (z. B. 9 Punkte) würde dann in der oben beschriebenen Form mit dem Durchschnitt seiner Vergleichsgruppe verglichen. Wenn in der Vergleichsgruppe im Durchschnitt 6 Punkte erreicht worden sind, würde dieser Testteilnehmer eine vergleichsweise höhere Kontaktfähigkeit attestiert bekommen. Wenn der Durchschnitt der Vergleichsgruppe jedoch 10 Punkte betragen würde, so würde besagter Teilnehmer eine leicht unterdurchschnittliche Kontaktfähigkeit im Ergebnis aufweisen. Bei Intelligenztests geht man mit der gleichen Logik vor, allerdings haben die Aufgaben dann meist ein anderes Format. Zu einer Anforderungsdimension »räumliches Vorstellungsvermögen« würden dann beispielsweise 15 Unteraufgaben gehören, in denen bestimmte Gebilde gedanklich im Raum gedreht werden müssen o. ä. Der Weg, zu dem Testergebnis zu gelangen, wäre jedoch der gleiche.

5.6.2 Das macht einen guten Test und einen sinnvollen Testeinsatz aus

5.6.2.1 Gütekriterien von Testverfahren

Um unterschiedliche Tests miteinander vergleichen zu können, hat die Testforschung eine Reihe von Gütekriterien entwickelt, anhand derer bestimmte Eigenschaften eines Tests beschrieben werden können. Wenn sich Testanwender über die Qualität bestimmter Testverfahren informieren wollen, stellen diese Gütekriterien einen guten ersten Anhaltspunkt dar. Alle seriösen Tests werden auf jeden Fall Informationen über die hier genannten Kriterien bereithalten.

Tabelle 5: Gütekriterien von Testverfahren

Gütekriterium des Tests	Inhaltliche Bedeutung
Realibilität	Die sogenannte Realibilität ist ein Maß für die Messgenauigkeit eines Testverfahrens. Vereinfacht gesagt, beschreibt sie, wie exakt der Ergebniswert eines Teilnehmers seine »wahre Ausprägung« in dieser Eigenschaft abbildet oder mit wie viel Fehlertoleranz bei einem Testeinsatz gerechnet werden muss. Die Realibilität wird in den Testunterlagen durch einen Wert zwischen 0 und 1 beschrieben. 0 bedeutet hierbei, dass der Test absolut ungenau ist, also völlig beliebige Ergebnisse produziert. Ein Wert von 1 bedeutet dementsprechend, dass der Test völlig exakt die entsprechende Eigenschaft abbildet. Als Richtlinie kann gelten, dass bei Intelligenz- oder Leistungstests eine Realibilität von 0.7 bis 0.8 erreicht werden muss, bei Persönlichkeitstests wird man mindestens 0.6 erwarten, um sinnvolle Aussagen treffen zu können.
Validität	Die Validität beschreibt die »Gültigkeit« eines Tests, wobei Gültigkeit im beruflichen Kontext fast immer die Prognosegenauigkeit meint. Prognosegenauigkeit bedeutet, wie gut der Test in der Lage ist, tatsächlich die spätere berufliche Bewährung und Leistung vorherzusagen. Für viele Tests liegen auch hierzu Untersuchungen vor. Besonders bei Testverfahren für Ausbildungsplatzbewerber ist relativ gut untersucht, inwieweit diese einen systematischen Zusammenhang beispielsweise zu der späteren Abschlussnote der Berufsausbildung aufweisen. Es hat sich gezeigt, dass die erfolgreiche Absolvierung einer Berufsausbildung tatsächlich bereits zum Zeitpunkt der Bewerbung mit einer überraschend hohen Treffergenauigkeit vorherzusagen ist. Auch die Validität wird im Üblichen mit Werten zwischen 0 und 1 beschrieben. Wegen der meist schwierigen Untersuchungsbedingungen und den vielen Einflussfaktoren (um die berufliche Bewährung vorherzusagen, müssen realistischerweise einige Jahre zwischen dem Zeitpunkt der Testdurchfüh-

noch Validität	rung und der Betrachtung des Berufserfolges vergehen) gibt man sich bei der Validität mit etwas geringeren Ausprägungen zufrieden als bei der Realibilität. Man wird aber eine Validität von mindestens 0.3 oder 0.4 erwarten, wenn ein Test einen wirklichen Zusatznutzen zu den anderen Simulationen eines Assessment Centers erbringen soll.
Normierung	Im Hinblick auf die Normierung wird man erwarten können, dass eine ausreichend große Vergleichsdatenbasis aus der relevanten Zielgruppe gegeben ist. Je nach Heterogenität der Zielgruppe sind manchmal 100 Daten ausreichend, manchmal wird man wesentlich größere Datenmengen fordern.

Bei der Interpretation der Gütekriterien von Testverfahren ist allerdings auch immer folgender Aspekt zu bedenken: Bei Testverfahren legt man auch deswegen so strenge Maßstäbe an die Gütekriterien an, weil die sehr standardisierte Darbietungsform eines Tests diese Gütekriterien überhaupt sinnvoll berechnen lässt. Streng genommen kann man natürlich auch ein Interview oder ein simuliertes Mitarbeitergespräch vor dem Hintergrund dieser Gütekriterien betrachten. Genauigkeit in einem Interview würde beispielsweise dadurch ausgedrückt, dass mehrere Interviewer zu sehr ähnlichen Ergebnissen kommen. Dies ist in der Praxis häufig nicht der Fall. Insofern kann als sicher gelten, dass die Realibilität vieler Interviews deutlich geringer ist als die Realibilität von Testverfahren. Gleiches gilt für die Vorhersagegenauigkeit von Interviews. Auch um die Normierung ist es oft nicht so gut bestellt, denn es ist bei vielen Interviewern nicht leicht nachvollziehbar, welchen Vergleichsmaßstab und welche Vergleichsgruppe diese heranziehen. Insofern sind die Testverfahren hinsichtlich ihrer Gütekriterien anderen Auswahlinstrumenten sicherlich nicht unterlegen, aber es sind eben die einzigen Verfahren, die anhand der Gütekriterien bewertet werden, daher sind sie in Bezug auf diese Gütekriterien auch am angreifbarsten.

Neben den wissenschaftlichen Gütekriterien gibt es aber eine Reihe von praktischen Anforderungen, denen ein guter Test genügen muss, damit seine Anwendung sinnvoll und akzeptanzförderlich möglich ist. Die folgende Checkliste bietet einen Überblick über diejenigen Aspekte, die man bei der Auswahl von Testverfahren berücksichtigen sollte.

Tool 10: Checkliste zur Auswahl von Testverfahren

Kriterien für einen seriösen und sachgerechten psychologischen Test	
Hintergründe in der Entwicklung des Testverfahrens	
Der Test wurde auf der Grundlage wissenschaftlicher Erkenntnisse konzipiert und entwickelt.	
Es gibt Belege dafür, dass der Test in der relevanten Zielgruppe die gewünschte Fragestellung erfolgreich beantworten hilft.	
Der Testanbieter legt die Belege zur Konstruktion und zur Leistungsfähigkeit des Verfahrens offen und macht so die Testhintergründe nachvollziehbar.	
Die Anforderungsbereiche des Testverfahrens decken sich mit den für die Fragestellung relevanten Dimensionen.	
Die Mindestanforderungen im Hinblick auf die wissenschaftlichen Gütekriterien werden erreicht (Normierungsstichprobe ausreichend groß, Realibilität > 0.6, Validität > 0.3).	
Zu jedem Anforderungsbereich des Testverfahrens gibt es eine ausreichende Anzahl von Fragen oder Aufgaben (pro Anforderungsbereich mind. 6 Fragen oder Aufgaben)	
Materialien für den Testanwender	
In dem Handbuch zum Test werden Anwendung, Auswertung und Interpretation ausführlich und umfassend beschrieben (Durchführungsobjektivität).	
Die Testautoren haben genaue Anwendungsbereiche definiert und berichten im Handbuch über Erfahrungen in der praktischen Testdurchführung.	
Die Teilnehmerinstruktion ist genau beschrieben und definiert, um sicherzustellen, dass alle Teilnehmer den Test unter gleichen Bedingungen bearbeiten.	
Anwendung und Durchführung des Testverfahrens	
Das Verfahren ist für die gewählte Zielgruppe hinsichtlich der Art der Aufgaben oder der Fragen akzeptabel und kommunizierbar.	
Der Test sieht eine transparente Erläuterung der Testhintergründe und Ergebnisse an den jeweiligen Teilnehmer vor.	
Bei Persönlichkeitstests: Die einzelnen Testfragen wirken für den beruflichen Kontext adäquat und beinhalten keine abwegigen oder eigenartig erscheinenden Aspekte.	
Bei Intelligenz- und Fähigkeitstests: Es kann gegenüber den Teilnehmern deutlich gemacht werden, warum ein Zusammenhang der Testdimensionen und der tatsächlichen praktischen Anforderungen plausibel ist.	
Alle Durchführungsschritte sind umfassend erläutert.	
Auswertung und Interpretation der Ergebnisse	
Dem Testverfahren liegen eindeutige Auswertungsregeln und Interpretationshilfen bei.	
Sowohl Auswertung als auch Interpretation werden durch Beispiele beschrieben (z. B. die Bedeutung von »sprachlicher Intelligenz« und die praktischen Zusammenhänge der Ausprägung mit bestimmten Leistungen).	
Das Verfahren gibt Hinweise und Hilfen, wie die Rückmeldung der Ergebnisse an die Teilnehmer zu gestalten ist.	

5.6.2.2 Kommunikation von Testverfahren gegenüber Teilnehmern

Es ist schon mehrfach auf den Aspekt der Akzeptanz von Testverfahren und der in diesem Punkt oft schwierigen Ausgangslage verwiesen worden. Wenn nun Testverfahren eingesetzt werden sollen, ist es darum von besonderer Bedeutung, durch eine gute Kommunikation und fundierte Erläuterung die Akzeptanz bei den Teilnehmern zu erhöhen. Hierzu ist es wichtig, den Teilnehmern die grundsätzlichen Überlegungen zum Testeinsatz und natürlich auch die speziellen Bedingungen des konkreten Tests ausführlich zu erläutern. Die nun folgenden Texte sind so verfasst, dass sie direkt als Gesprächshilfe oder auch schriftliche Vorabinformation in der Kommunikation gegenüber den Teilnehmern genutzt werden können und beziehen sich auf die allgemeinen Hintergründe zum Testeinsatz. Ergänzend müsste dann jeweils der spezifische Test erläutert werden.

Beispiel 20: Erläuterung von Testverfahren

Erläuterung von Persönlichkeitstests gegenüber Teilnehmern

Wir möchten Sie als Bestandteil dieses Assessment Centers unter anderem auch darum bitten, diesen Persönlichkeitsfragebogen zu beantworten. Der Grund hierfür ist, dass wir Ihnen mit diesem Fragebogen die Möglichkeit geben wollen, uns eine strukturierte und differenzierte Selbsteinschätzung zu vermitteln. Das Assessment Center ist so aufgebaut, dass Sie von unterschiedlichen Beobachtern in verschiedenen Simulationen beobachtet und eingeschätzt werden. Hierdurch gewinnen wir eine Reihe von Eindrücken über Sie. Auf der anderen Seite ist es so, dass Sie sich selbst sehr gut kennen und sich natürlich in viel mehr Situationen erlebt haben, als wir hier heranziehen können. Dieser Persönlichkeitsfragebogen soll Ihnen darum die Möglichkeit bieten, uns gegenüber darzustellen, wie Sie sich selbst im Hinblick auf verschiedene Anforderungen erleben, die im Rahmen dieses Assessment Centers von Relevanz sind. Dieser Persönlichkeitsfragebogen ist kein »Test« in dem Sinne, dass es richtige oder falsche Antworten gibt. Es gibt unterschiedliche Erfahrungen, Sichtweisen und Herangehensweisen, und wir möchten Ihre individuellen Voraussetzungen kennen lernen. Dieser Persönlichkeitsfragebogen wird nicht direkt in das Assessment Center-Ergebnis einfließen, sondern stellt nur ein Werkzeug dar, um die verschiedenen Beobachtungen und Eindrücke zu Ihrer Selbsteinschätzung in Beziehung zu setzen und diesen Vergleich von Selbst- und Fremdbild zu einem vertieften Gespräch mit Ihnen zu nutzen. Wir werden Ihnen das Ergebnis des Persönlichkeitsfragebogens ausführlich erläutern und gemeinsam mit Ihnen interpretieren.

Erläuterung von Intelligenztests und speziellen Fähigkeitstests gegenüber Teilnehmern

Wir möchten Sie als Bestandteil dieses Assessment Centers unter anderem auch darum bitten, diesen Fähigkeitstest zu bearbeiten. Der Grund für den Einsatz dieses Testverfahrens liegt in folgender Überlegung: Im Rahmen der anderen Assessment Center-Übungen bearbeiten Sie überwiegend solche Übungen und Simulationen, in denen Ihre sozialen und zwischenmenschlichen Fähigkeiten im Vordergrund stehen, z. B. in der Gruppensituation oder in einem simulierten Gespräch. Für die Anforderungen, die wir in diesem Assessment Center abbilden möchten, sind allerdings zu einem gewissen Teil auch Ihre intellektuellen und analytischen Fähigkeiten wichtig. Wir möchten diese Anforderungsbereiche nun auch zum Bestandteil dieses Assessment Centers machen, ohne dabei aber im Hinblick auf unterschiedliche fachliche Voraussetzungen die Fairness gegenüber verschiedenen Teilnehmern in Frage zu stellen. Dieser Fähigkeitstests gibt uns nun die Möglichkeit, Ihre Fähigkeiten im analytischen Bereich kennen zu lernen, ohne dass Sie dafür irgendeine Art von Vorwissen verwenden müssen. Bitte bedenken Sie, dass dieser Fähigkeitstest nur eine Facette unter mehreren darstellt. Im Anschluss an die Testauswertung werden wir Ihnen Ihr persönliches Ergebnis sehr gern ausführlich erläutern.

Erläuterung von Konzentrations- und Leistungstests gegenüber Teilnehmern

Wir möchten Sie als Bestandteil dieses Assessment Centers unter anderem auch darum bitten, diesen Konzentrationstest zu bearbeiten. Ihnen ist ja bekannt, dass eine hohe Konzentrationsfähigkeit und Aufmerksamkeit eine wichtige Voraussetzung für die in diesem Assessment Center relevanten Aufgabenbereiche darstellt. Diejenige Art von Konzentration, die Sie exakt bei den entsprechenden tatsächlichen Aufgaben benötigen, können wir hier natürlich nicht simulieren. Wir benutzen daher einen Konzentrationstest, bei dem nachgewiesen ist, dass er die Konzentrationsfähigkeit unabhängig von der spezifischen Aufgabe sehr gut erfassen und darstellen kann. In diesem Test werden Ihnen inhaltlich sehr einfache Aufgaben begegnen. Insofern geht es nicht um Ihre Intelligenz oder Ihr Analysevermögen. Es geht in diesem Testverfahren vielmehr darum, wie viele Aufgaben Sie in der vorgegebenen Zeit richtig bearbeiten und wie viele Flüchtigkeits- oder Sorgfaltsfehler Ihnen dabei unterlaufen. Im Anschluss an die Testauswertung werden wir Ihnen Ihr persönliches Ergebnis sehr gern ausführlich erläutern.

5.6.3 Überblick über gängige und geeignete Testverfahren

Grundsätzlich gibt es drei mögliche Quellen für Testverfahren. Zum einen gibt es eine Reihe von sehr einfachen und kleinen Testverfahren, die mit allen Materialien in Buchform erschienen sind. Diese Tests eignen sich zumeist nicht für den Einsatz in einem Assessment Center, sondern sind eher als Verfahren zur Selbsterfahrung gedacht und können eventuell im Rahmen von Trainings oder Coachings Einsatz finden. Die zweite Bezugsquelle sind Testverlage. In Deutschland spielt hierbei die Testzentrale in Göttingen die absolut dominierende und maßgebliche Rolle. Fast alle der im Folgenden dargestellten Testverfahren sind über die Testzentrale in Göttingen zu beziehen. Der Grund dafür, dass in dieser Übersicht fast ausschließlich Verfahren der Testzentrale aufgeführt sind, hängt damit zusammen, dass diese Verfahren auf einer wissenschaftlichen Grundlage basieren und sich die Aufstellung auf eben diese Verfahren fokussiert. Dementsprechend nachvollziehbar sind für den Anwender die Konstruktion und die Gütekriterien des Verfahrens. Bei den Verfahren der dritten Bezugsquelle liegen diese Informationen häufig nicht vor. Es handelt sich dabei um solche Verfahren, die von privaten Vertriebsgesellschaften, vor allem aber Personal- und Unternehmensberatungen entwickelt und verkauft werden. Die Beratungen haben ein Interesse daran, dass die Auswertung eines Tests nur über sie möglich ist, um die Exklusivität im Hinblick auf das Verfahren nicht zu verlieren. Aus diesem Grunde können bei solchen Testverfahren dem Anwender viele Hintergrundinformationen nicht überlassen werden, da dieser sonst selbstständig zu einer Auswertung und Interpretation in der Lage wäre. Dementsprechend sind oft auch bei diesen Verfahren Qualität und Konstruktionshintergrund für den Außenstehenden nicht so leicht beurteilbar. Es gibt einzelne Ausnahmen, auf die in der späteren Tabelle verwiesen wird. Die folgenden Tabellen haben keinen Anspruch auf Vollständigkeit. Allein die oben erwähnte Testzentrale hat mehrere hundert Testverfahren im Angebot. Die Tabellen sollen lediglich beispielhaft einzelne Verfahren darstellen, die zu den oben beschriebenen unterschiedlichen Testtypen und Testarten gehören.

Tool 11: Überblick über gängige Testverfahren

Testverfahren (Bezugsquelle in Klammern)	Hintergründe zur Konstruktion des Verfahrens	Erfasste Persönlichkeitsdimensionen	Bewertung des Tests vor dem Hintergrund des Einsatzes im Assessment Center
16-Persönlichkeits-Faktoren-Test (16PF) (Bezug über die Testzentrale, www.testzentrale.de)	Der 16PF gehört zu den ältesten und am meisten beforschtesten Persönlichkeitstests überhaupt. Ursprünglich hatte der Testautor Cattell persönlichkeitsbeschreibende Begriffe in der Sprache untersucht und schrittweise die häufigsten und differenzierensten Begriffe zur Persönlichkeitscharakterisierung extrahiert. Im Laufe vieler Jahre Forschung blieben schließlich 16 Persönlichkeitsfacetten übrig, die nach Cattell diejenigen Persönlichkeitseigenschaften repräsentieren, die im Wesentlichen für Unterschiede zwischen Menschen verantwortlich sind.	Die Persönlichkeitsdimensionen des 16PF werden in Gegensatzpaaren dargestellt: • Sachorientierung vs. Kontaktorientierung • Konkretes Denken vs. Abstraktes Denken • Emotionale Störbarkeit vs. Emotionale Widerstandsfähigkeit • Soziale Anpassung vs. Selbstbehauptung • Besonnenheit vs. Begeisterungsfähigkeit • Flexibilität vs. Pflichtbewusstsein • Zurückhaltung vs. Selbstsicherheit • Robustheit vs. Sensibilität • Vertrauensbereitschaft vs. Skeptische Haltung • Pragmatismus vs. Unkonventionalität • Unbefangenheit vs. Überlegtheit • Selbstvertrauen vs. Besorgtheit • Sicherheitsinteresse vs. Veränderungsbereitschaft • Gruppenverbundenheit vs. Eigenständigkeit	Der 16PF ist im Prinzip ein gut kommunizierbares, akzeptables und wissenschaftlich fundiertes Instrument. Ein Einsatz im Assessment Center ist vor diesem Hintergrund möglich. Ein Problem ist, dass sich die Begrifflichkeiten des 16PF normalerweise nicht direkt in die Sprache übersetzen lassen, in der im Allgemeinen berufliche Anforderungen beschrieben werden. Einige Dimensionen (»Innere Gespanntheit«) sind sehr erklärungsbedürftig. Der 16PF eignet sich damit sicherlich mehr für ein Orientierungscenter oder Personalentwicklungs-Assessment Center als für ein echtes Auswahl- und Selektionsverfahren.

Testverfahren (Bezugsquelle in Klammern)	Hintergründe zur Konstruktion des Verfahrens	Erfasste Persönlichkeitsdimensionen	Bewertung des Tests vor dem Hintergrund des Einsatzes im Assessment Center
		• Spontaneität vs. Selbstkontrolle • Innere Ruhe vs. Innere Gespanntheit	
Bochumer Inventar zur berufsbezogenen Persönlichkeitsbeschreibung (BIP) (Bezug über die Testzentrale, www.testzentrale.de)	Dem BIP liegt kein wissenschaftliches Persönlichkeitsmodell zugrunde, sondern das Verfahren wurde explizit entlang den Bedürfnissen der praktischen Anwendung konzipiert. Hierbei wurden in einer Expertenbefragung die wesentliche im Berufsleben relevante Anforderungsbereiche zusammengefasst und darauf aufbauend der Test erstellt.	• Leistungsmotivation • Gestaltungsmotivation • Führungsmotivation • Gewissenhaftigkeit • Flexibilität • Handlungsorientierung • Sensitivität • Kontaktfähigkeit • Soziabilität • Teamorientierung • Durchsetzungsvermögen • Emotionale Stabilität • Belastbarkeit • Selbstbewusstsein	Durch die hohe begriffliche Parallelität der im BIP erfassten Anforderungsbereiche ist zumeist eine sehr hohe Anbindung der Ergebnisse an Assessment Center-Ergebnisse möglich. Das Verfahren ist für die Teilnehmer sehr transparent und durch den klaren Berufsbezug in hohem Maße akzeptabel. Begründet liegt dies darin, dass das BIP zu den wenigen wissenschaftlichen psychologischen Testverfahren gehört, die explizit für den Einsatz in der Personalbeurteilung entwickelt worden sind.
California Psychological Inventory (CPI) (Bezug über die Testzentrale, www.testzentrale.de)	Der CPI ist ein sehr altes und viel beforschtes Instrument. Die Testautoren erklären, dass das Verfahren »kulturübergreifende Alltagskonzepte« misst (eine Behauptung, die sich beim Blick auf die erfassten Persönlichkeitsdimensionen nur schwer nachvollziehen lässt).	• Dominanz • Erfolgspotenzial • Geselligkeit • Soziales Auftreten • Selbstbejahung • Eigenständigkeit • Mitgefühl • Verantwortlichkeit • Soziale Anpassung • Selbstanpassung	Das Verfahren wird an dieser Stelle nur aufgeführt, weil die Testautoren es nachhaltig für den Einsatz in der Führungskräfteauswahl empfehlen. Die teilweise sehr skurril wirkenden Items (»Meine Mutter war eine gute Frau.«) lassen eine große Skepsis angeraten erscheinen, ob man diesen Fragenbogen wirklich Führungskräften vorlegen will. Der Test basiert im Wesentlichen auf

Testverfahren (Bezugsquelle in Klammern)	Hintergründe zur Konstruktion des Verfahrens	Erfasste Persönlichkeitsdimensionen	Bewertung des Tests vor dem Hintergrund des Einsatzes im Assessment Center
		• Guter Eindruck • Konventionalität • Wohlbefinden • Toleranz • Leistung durch Anpassung • Leistung durch Unabhängigkeit • Einsatz von Intelligenz • Psychologisches Feingefühl • Flexibilität • Rationalität/Intuition • Managementpotenzial • Arbeitsorientierung	solchen Fragen, die in den 30er- und 40er-Jahren in den Vereinigten Staaten entwickelt wurden, und die mit der heutigen Lebens- und Erfahrungswirklichkeit in der Wirtschaft kaum mehr etwas zu tun haben (»Eine Dusche ist mir lieber als eine Badewanne.«).
Leistungsmotivationsinventar (LMI) (Bezug über die Testzentrale)	Das LMI basiert auf verschiedenen psychologischen Untersuchungen und Theorien zur Leistungsmotivation und bezieht sich explizit auf den beruflichen Kontext.	• Beharrlichkeit • Dominanz • Engagement • Erfolgszuversicht • Flexibiliät • Flow • Furchtlosigkeit • Internalität • Kompensatorische Anstrengung • Leistungsstolz • Lernbereitschaft • Schwierigkeitspräferenz • Selbstständigkeit • Selbstkontrolle • Statusorientierung • Wettbewerbsorientierung • Zielsetzung	Das LMI eignet sich sehr gut als ergänzendes Testverfahren im Assessment Center. Gerade aufgrund der Tatsache, dass das LMI ausschließlich auf Motivation und Antriebe fokussiert, bietet es eine sehr gelungene Ergänzung zu den oftmals eher verhaltensnahen Assessment Center-Anforderungdimensionen. Das LMI eignet sich sehr gut dazu, berufliche Interessen und Zielsetzungen der Teilnehmer diskutierbar zu machen.

Testverfahren (Bezugsquelle in Klammern)	Hintergründe zur Konstruktion des Verfahrens	Erfasste Persönlichkeitsdimensionen	Bewertung des Tests vor dem Hintergrund des Einsatzes im Assessment Center
NEO-Fünf-Faktoren-Inventar (NEO-FFI) (Bezug über die Testzentrale, www.testzentrale.de)	Der NEO-FFI erfasst nur fünf Persönlichkeitsfacetten. Diese haben sich aber in einer Vielzahl von Studien als geeignet erwiesen, wesentliche Teile der Unterschiede zwischen Menschen zu beschreiben.	• Neurotizismus • Extraversion • Offenheit für Erfahrung • Verträglichkeit • Gewissenhaftigkeit	Aufgrund der wenigen Dimensionen bietet der NEO-FFI nur einen ersten Eindruck. Der Test ist aber sehr kurz (10 Minuten Durchführungszeit), in hohem Maße akzeptabel und kann problemlos in ein Assessment Center integriert werden, wenn eine eher grobe Beschreibungsebene ausreichend erscheint.
Occupational Personality Questionaire (OPQ) (Bezug über die Beratungsgesellschaft SHL, www.shlgroup.com)	Der OPQ ist eines der wenigen Testverfahren, das trotz der Tatsache, dass es über eine Beratungsgesellschaft vertrieben wird, in hohem Maße wissenschaftlich fundiert ist und auch Aufmerksamkeit in vielen wissenschaftlichen Fachpublikationen erhalten hat. Ähnlich wie das BIP basiert das Verfahren allerdings weniger auf einem wissenschaftlichen Persönlichkeitsmodell als auf den Anforderungen der Praxis.	Der OPQ erfasst insgesamt 30 berufsbezogene Eigenschaften und liefert damit ein recht facettenreiches Bild. Die 30 Eigenschaften sind den folgenden Anforderungsbereichen zugeordnet: • Zwischenmenschliches Verhalten • Denkstil • Motivation	Der OPQ kann ohne Probleme in viele Assessment Center integriert werden.

Überblick über gängige Intelligenz- und Fähigkeitstests

Testverfahren (Bezugsquelle in Klammern)	Hintergründe zur Konstruktion des Verfahrens	Erfasste Anforderungsbereiche	Bewertung des Tests vor dem Hintergrund des Einsatzes im Assessment Center
Bochumer Matrizentest (BOMAT-advanced) (Bezug über die Testzentrale, www.testzentrale.de)	Der BOMAT ist ein sprachfreier Intelligenztest, der ausschließlich mit grafischen Matrizen arbeitet. Der BOMAT ist explizit für den gehobenen Leistungs- und Fähigkeitsbereich entwickelt worden. Der BOMAT hat nachweislich in dieser Zielgruppe eine sehr hohe Differenzierungskraft. Im Gegensatz zu Intelligenzstrukturtests wird über den BOMAT allerdings lediglich eine Kenngröße für die Allgemeinintelligenz ermittelt.	• Allgemeinintelligenz im hohen kognitiven Leistungsbereich	Der BOMAT eignet sich dann für den Einsatz im Assessment Center, wenn analytische und intellektuelle Anforderungen einen zentralen Bereich des Anforderungsprofils ausmachen. Hier ist er beispielsweise bei Hochschulabsolventen gut einsetzbar. Für andere Zielgruppen (z. B. Azubis) ist der Test zu schwer.
Drahtbiegeprobe (DBP) (Bezug über die Testzentrale, www.testzentrale.de)	Die Drahtbiegeprobe sei hier als Beispiel für einen sehr spezifischen Fähigkeitstest aufgeführt. Sie ist seit nunmehr 30 Jahren im Einsatz und hat für die Teilnehmer eine sehr hohe wahrnehmbare Parallelität zu Anforderungen, die manuelles Geschick erfordern. Die Teilnehmer sind aufgefordert, einen Draht (unter Beachtung von Formrichtigkeit und Sauberkeit) nach einer Vorlage zu biegen.	• Manuelle Geschicklichkeit	Die Drahtbiegeprobe eignet sich sehr gut für Auswahlverfahren, in denen auch manuelle Fähigkeiten getestet werden müssen, was sich durch klassische Assessment Center-Übungen üblicherweise nicht abbilden lässt. Die Zielgruppe sind hierbei natürlich in erster Linie gewerbliche Auszubildende.

Testverfahren (Bezugsquelle in Klammern)	Hintergründe zur Konstruktion des Verfahrens	Erfasste Anforderungsbereiche	Bewertung des Tests vor dem Hintergrund des Einsatzes im Assessment Center
Intelligenz-Struktur-Test 2000 R (I-S-T 2000 R) (Bezug über die Testzentrale, www.testzentrale.de)	Der I-S-T 2000 R ist ein umfassender Intelligenzstrukturtest, der auf viele verschiedene Anforderungsbereiche fokussiert. Hiermit bildet der I-S-T 2000 R einen umfassenden Überblick über die zentralen Facetten der intellektuellen Leistungsfähigkeit.	• Verbale Intelligenz • Figural-räumliche Intelligenz • Rechnerische Intelligenz • Verbale Merkfähigkeit • Figurale Merkfähigkeit • Schlussfolgerndes Denken • Verbales Wissen • Figural-bildhaftes Wissen • Numerisches Wissen • Fluide Intelligenz • Kristallisierte Intelligenz	Der I-S-T 2000 R dauert – in Abhängigkeit von den eingesetzten Testmodulen – zwischen 77 und 130 Minuten und erfordert eine sehr genaue Testleitung in der Durchführung. In vielen Assessment Centern wird es darum aus rein organisatorischen Gründen nicht so einfach sein, das Verfahren zu integrieren. Wenn aber eine umfassende Intelligenzbeurteilung gewünscht ist, liefert der I-S-T 2000 R ohne Zweifel sehr fundierte Ergebnisse.
Revidierter Allgemeiner Büroarbeitstest (ABAT-R) (Bezug über die Testzentrale, www.testzentrale.de)	Der ABAT-R erfasst direkt und ohne den Umweg über psychologische Begrifflichkeiten Anforderungen, die bei Sekretariats- oder einfachen Büroberufen wichtig sind.	• Schnelles und fehlerfreies Sortieren • Sorgfältiges und gewissenhaftes Vergleichen und Kontrollieren • Rechtschreibung • Zeichensetzung	Der ABAT-R ist durch seine hohe Parallelität der Aufgaben zu den tatsächlichen Anforderungen einer Bürotätigkeit akzeptabel und fachlich sinnvoll in ein entsprechendes Assessment Center für diese Zielgruppe zu integrieren.
Zahlen-Verbindungs-Test (ZVT) (Bezug über die Testzentrale, www.testzentrale.de)	Der ZVT erfasst die basale, allen Intelligenzleistungen zugrunde liegende, kognitive Leistungsgeschwindigkeit und wird von den Autoren als weitestgehend unabhängig von anderen Einflüssen charakterisiert. Die extrem kurze Durchführungszeit ermöglicht es, mit diesem Test eine pragmatische Abschätzung der Grundintelligenz vorzunehmen.	• Kognitive Leistungsgeschwindigkeit	Da dieser Test in 5–10 Minuten durchführbar ist und auch für den unteren kognitiven Fähigkeitsbereich geeignet ist, kann der ZVT ohne weiteres in Assessment Center mit etwas weniger anspruchsvollen Profilen integriert werden.

Überblick über gängige Konzentrations- und Leistungstests

Testverfahren (Bezugsquelle in Klammern)	Hintergründe zur Konstruktion des Verfahrens	Erfasste Anforderungsbereiche	Bewertung des Tests vor dem Hintergrund des Einsatzes im Assessment Center
Aufmerksamkeits-Belastungs-Test (d2) (Bezug über die Testzentrale, www.testzentrale.de)	Der d2 ist ein bewährter und über viele Jahre erforschter Aufmerksamkeitstest. Die Teilnehmer haben die Aufgabe, auf einer vollen Seite mit vielen d, p, b, die jeweils von mehreren Strichen umgeben sind, alle d mit zwei Strichen anzustreichen (daher der Name d2).	• Tempo und Sorgfalt des Arbeitsverhaltens • Individuelle Aufmerksamkeits- und Konzentrationsleistung	Der d2 ist wegen seiner kurzen Durchführungszeit (inkl. Auswertung werden nur wenige Minuten benötigt) problemlos in Assessment Centern mit entsprechenden Anforderungsbereichen integrierbar.
Frankfurter Aufmerksamkeits-Inventar (FAIR) (Bezug über die Testzentrale, www.testzentrale.de)	Vom Grundgedanken her ähnelt das FAIR dem Aufmerksamkeits-Belastungs-Test d2. Hier gilt es, aus verschiedenen visuellen Reizen bestimmte Dinge zu markieren.	• Aufmerksamkeit und Konzentration	Ähnlich wie beim Aufmerksamkeits-Belastungs-Test d2 zeichnet sich das FAIR durch eine schnelle Durchführung (10 Minuten) und gute Integrierbarkeit in ein Assessment Center aus.
Konzentrations-Leistungs-Test (KLT-R) (Bezug über die Testzentrale, www.testzentrale.de)	Der KLT-R ist ein bewährtes und oftmals eingesetztes Verfahren zur Messung von Leistungsquantität und -qualität bei Dauerbeanspruchung. Der Test besteht im Wesentlichen aus einfachen Kopfrechenaufgaben, wobei sowohl die Menge der in der vorgegebenen Zeit bearbeiteten Aufgaben als auch die Fehlerquote Berücksichtigung finden.	• Quantität und Qualität der Leistung bei Dauerbeanspruchung	Wie die beiden anderen hier dargestellten Tests kann auch der KLT-R relativ problemlos in ein Assessment Center integriert werden und liefert im Gegensatz zu den obigen beiden Verfahren noch etwas mehr Hinweise auf den Leistungsverlauf eines Teilnehmers über die Zeit hinweg. Aus diesem Grunde benötigt der Test auch eine Durchführungszeit von 20 Minuten.

6 Beobachten und Bewerten

Wie in allen Situationen, in denen Menschen Urteile über andere Menschen abgeben sollen, ist auch im Assessment Center die absolute Objektivität ein utopisches Ideal. Dennoch ist es anzustreben, dass die über individuelle Kandidaten gesammelten Informationen so wenig wie möglich von willkürlichen Meinungen, Wertungen und auch Definitionen einzelner Beobachter abhängen. Ziel eines Assessment Centers ist es, die Kompetenzen und Potenziale der Teilnehmer im Hinblick auf die gestellten Anforderungen einzuschätzen. Daher nimmt der anspruchsvolle Prozess der Beobachtung und Bewertung im Gesamtprozess AC eine Schlüsselrolle ein. Nach Abschluss des Assessment Centers ist für Teilnehmer und Unternehmen das einzig Greifbare, was bleibt, die Beurteilung und Einschätzung mit ihren Konsequenzen.

Dieses Kapitel befasst sich damit, wie der Prozess der Beurteilung und Beobachtung im Assessment Center systematisiert und professionalisiert wird. Es beschreibt, wie man sowohl bei dimensions- als auch bei aufgabenorientierten Profilen mittels konkreter Bewertungskriterien zu geeigneten Beurteilungsinstrumenten kommt, um einigen willkürlichen Tendenzen entgegenzuwirken und möglichst viele wertvolle Informationen des sehr komplexen Wahrnehmungs- und Beobachtungsvorgangs zu systematisieren, um diese in ein möglichst aussagekräftiges Gesamtergebnis zu integrieren. Das Kapitel wird durch Praxismaterial und Beispiele für Bewertungskriterien zu dimensions- und aufgabenbezogenen Anforderungsprofilen abgerundet. Nach der Auseinandersetzung mit den Bewertungskriterien wird auf die Frage nach der passenden Skala eingegangen, aufgrund derer die Beurteiler Einschätzungen und Differenzierungen vornehmen sollen. Das Kapitel beschäftigt sich dann ausführlich mit dem Beobachtungs- und Beurteilungsprozess. Es werden klare Empfehlungen gegeben, wie sich ein Beobachterteam zusammensetzen sollte, und der eigentliche Prozess der Beurteilung wird genau nachvollziehbar aufgeschlüsselt. Da es beim Prozess von Wahrnehmung und Beurteilung aufgrund psychologischer Phänomene zu bestimmten Verzerrungen kommt, wird sehr intensiv auf psychologische Einflussgrößen im Beurteilungsprozess eingegangen. Eine der wichtigsten Voraussetzungen, um diese naturbedingten Verzerrungen zu minimieren, ist es, diese zu erkennen. Die Schulung der Beobachter stellt unter anderem daher ein Instrument dar, welches die Ergebnisqualität des Assessment Centers verbessert. Auf diese Schulungen wird abschließend eingegangen.

Tools in diesem Kapitel: *Seite*

- *Ablaufplan eines Beobachtertrainings* 244

6.1 Standardisierung der Beobachtung durch Checklisten

Ausgangssituation für die Konzeption eines Assessment Centers ist das Anforderungsprofil (vgl. Kapitel 3), mit dem die erfolgsrelevanten Anforderungen erfasst werden. Die Grundüberlegung ist, dass diejenigen Personen voraussichtlich erfolgreich in einer Position agieren werden, die diese Anforderungen erfüllen. Voraussetzung dafür, dass ein Assessment Center ein sinnvolles Instrument zur Personalauswahl und -entwicklung darstellt, ist es daher, dass innerhalb des Assessment Centers die angestrebten Anforderungen möglichst genau beobachtet werden können. Diese Forderung richtet sich natürlich zum einen an die Qualität der Übungen, zum anderen kann durch den Beobachtungsprozess selber das Ergebnis noch erheblich beeinflusst werden. Bezüglich des Beobachtungsprozesses gibt es in der praktischen Durchführung zwei Einflussgrößen, nämlich zum einen die Einflussgröße »Beobachter«, auf deren Auswahl, Aufgaben und Schulung später eingegangen wird, und zum anderen die Einflussgröße »Beobachtungsbögen«, die eine Standardisierung der Beobachtungen erlauben. Im Folgenden wird zunächst auf die Frage eingegangen, wie ein Beobachtungsinstrument aussehen kann und was es leistet.

Beobachtungsbögen sollten es dem Beobachter ermöglichen, ihre Bewertungen in allen Assessment Center-Situationen auf konkrete Verhaltensbeobachtungen zu stützen. Sie enthalten Bewertungskriterien, anhand derer man die einzelnen geforderten Anforderungen differenziert bewerten kann. Eine Anforderung wird also messbar gemacht oder operationalisiert. Beispiel 21 beschreibt, wie eine solche Operationalisierung für die Anforderung »Teamorientierung« aussehen kann.

Beispiel 21: Bewertungskriterien zur Erfassung der Teamorientierung

Übung: Gruppendiskussion
Anforderung: Teamorientierung

Bewertungskriterien:

- stellt die eigenen Interessen hinter die des Teams zurück
- bringt sich mit vielen Redebeiträgen aktiv in das Team ein
- befragt alle Teammitglieder nach deren Meinung
- lässt Kollegen ausreichend Redeanteile und unterbricht nicht
- zeigt Interesse darin, Kollegen zu unterstützen
- wird bei sachlich unterschiedlicher Meinung nicht persönlich angreifend oder verletzend
- zeigt bei guten Argumenten Kompromissbereitschaft
- möchte für die Gruppe ein gutes Ergebnis erzielen

Zugegebenermaßen ist bei einer solchen Operationalisierung ein gewisser normativer Anspruch systemimmanent: Es wird recht genau definiert, wie ein Teilnehmer sich zu verhalten hat, damit er beispielsweise als teamorientiert gilt. Jedoch gibt es praktisch keine Alternativen zu dieser Vorgehensweise, denn die Aussagekraft von Pauschalurteilen hat sich nicht bewährt und wird von den Teilnehmern aufgrund der hohen Willkür zu recht als unakzeptabel empfunden. Die Kunst des Arbeitens mit standardisierten Bewertungssystemen ist es also zunächst einmal, intelligente und aussagekräftige Beurteilungskriterien zu entwickeln. Der Beobachter hat jedoch nicht die Aufgabe, rigide an diesen Instrumenten festzuhalten, sondern ist explizit aufgefordert, seine Beurteilung durch zusätzliche Beobachtungen und Begründungen zu untermauern.

Die systematische Beurteilung anhand von standardisierten Beobachtungsbögen bietet einige wesentliche Vorteile für die Praxis:

Zunächst einmal wird sichergestellt, das die Ergebnisse unterschiedlicher Teilnehmer vergleichbar werden, da ein Beobachter in unterschiedlichen Beobachtungen stets die gleichen Kriterien zugrunde legen kann. Die Beobachtungsbögen stellen sicher, dass über alle diejenigen Kriterien eine Aussage getroffen wird, die zuvor als relevant definiert wurden. Sie haben damit nicht nur die Funktion von Messinstrumenten, sondern dienen auch als Check-Liste. Neben den positiven Auswirkungen, die dadurch für Entscheidungsträger entstehen, fördert dieser Effekt noch die durch die Teilnehmer wahrgenommene Fairness und beeinflusst somit positiv die Akzeptanz des Verfahrens.

Ein weiterer Vorteil ist, dass unterschiedliche Beobachter einheitliche Messkriterien zur Bewertung der Leistungen der Teilnehmer zugrunde legen. Wenn Bewertungskriterien im Vorfeld festgelegt werden, wird implizit bereits eine genaue Definition der Anforderung vorgenommen. Dass dieses nicht selbstverständlich ist, soll das Beispiel 22 verdeutlichen. Eine einheitliche Definition ist auch unter Effizienzgesichtspunkten für die Auswertung ein echter Vorteil von standardisierten Beobachtungen.

Einen weiteren wesentlichen Beitrag im Assessment Center leisten standardisierte Bögen zur Verhaltensbeobachtung letztendlich auch im Hinblick auf die Transparenz und Rückmeldbarkeit, denn der Beurteiler hat eine gute Grundlage, um Rückmeldung zu geben und Ergebnisberichte zu formulieren.

Beispiel 22: Kontroverse Einschätzung einer Dimension bei fehlender Definition

> Es geht darum, einen Gruppenleiter für ein Unternehmen auszuwählen. Dazu wird ein Assessment Center durchgeführt. A hat sich beworben und wird von B und C eingeschätzt. Eine wichtige Anforderung betrifft das Führungsverhalten, und dieses Thema wurde auch im Interview besprochen. Nach dem Interview ist B der Meinung, das Führungsverhalten von A sei brillant, da A erläuterte, dass er stets versucht, partnerschaftlich mit seinen Leuten umzugehen. A ist immer zur Stelle, wenn man ihn braucht, und er tut alles für seine Leute. A kann sogar einige konkrete Verhaltensbeispiele benennen. C ist da ganz anderer Meinung. Er vertritt die Einstellung, dass A deutliche Schwächen in seinem Führungsverhalten aufweist, da er zu viel für seine Mitarbeiter tut und nicht in der Lage ist, »Nein« zu sagen. B und C brauchen also zunächst einmal ein gemeinsames Verständnis von Führungsverhalten, bevor sie A sinnvoll einschätzen können. Die Einschätzung wird nicht nur davon abhängen, wer A bewertet, sondern es wird auch ohne eine gemeinsame Definition eine lange Diskussion geben, wie A nun einzuschätzen ist. Zwar ist die Anforderung »Führungsverhalten« festgelegt, aber in keiner Weise definiert.

Die Erfahrungen aus der Praxis werden durch Untersuchungen und Forschungsergebnisse noch untermauert. Es ist nicht Ziel dieses Buches, die Ergebnisse detailliert zu schildern, daher wird nur auf wesentliche Kernaussagen eingegangen. Um die Aussagekraft von Verfahren zu bewerten, hat man Gütekriterien eingeführt (vgl. Kapitel 5.6.2.1). Eines dieser Gütekriterien ist die sogenannte Konstruktvalidität. Diese macht Aussagen darüber, ob die intendierten Anforderungen überhaupt differenziert erfasst werden. Konsistentes Ergebnis dieser Studien ist, dass diese Konstruktvalidität nicht immer ausreichend hoch ist. Häufig lässt sich hingegen in der Praxis folgende Beobachtung machen: Viele unerfahrene Beobachter schätzen pauschal eine Übung oder ein Interview als gut oder schlecht ein, und gemäß dieser Einschätzung werden sodann alle zur Diskussion stehenden Anforderungen gleichermaßen als stark oder schwach ausgeprägt eingeschätzt. Zwischen den Einschätzungen unterschiedlicher Anforderungen, die in einer Übung erfasst werden sollen, findet man also hohe Korrelationen vor, sie werden als ähnlich ausgeprägt eingeschätzt. Dieses sei an folgendem kleinen Beispiel verdeutlicht:

Ein Teilnehmer wird in einem Mitarbeitergespräch bezüglich seiner Überzeugungskraft, Führungskompetenzen und Leistungsmotivation eingeschätzt. Der Gesamteindruck nach dem Gespräch ist eher verhalten, denn unser Teilnehmer ist sehr rigide und durchsetzungsorientiert vorgegangen, was nicht dem Führungsstil des Hauses entspricht.

Oben genannter Befund besagt nun, dass die Bewertungen für die drei Anforderungen, die gemessen werden sollen, vermutlich hoch miteinander korrelieren, also im Beispiel vermutlich alle als gering ausgeprägt eingeschätzt werden. Die Anforderungen werden also nicht mehr differenziert voneinander beurteilt, wenngleich man sich die Frage stellen sollte, worin der Zusammenhang zwischen Leistungsfähigkeit und Überzeugungskraft besteht.

Um solchen Befunden entgegenzuwirken, ist die Systematisierung des Beobachtungsprozesses erforderlich, und in der Tat zeigt die Praxis, dass die Genauigkeit durch Systematisierung und Einsatz von Bewertungskriterien erhöht wird. Dieses wird noch mit Hilfe von Beobachtertrainings erhöht, in denen die Beobachter für die differenzierte Beobachtung und Einschätzung sensibilisiert werden.

Mit einer Systematisierung der Beobachtung im Assessment Center durch Einsatz von Bewertungskriterien sind folgende Vorteile verbunden:

1. **Verbesserung der Objektivität:** Verschiedene Beurteiler legen dieselben Messkriterien zur Erfassung einer Anforderung zugrunde.
2. **Erhöhung der Vergleichbarkeit:** Die über unterschiedliche Teilnehmer gewonnenen Informationen werden vergleichbar.
3. **Verbesserung der Konstruktvalidität:** Die Konkretisierung der erwünschten Anforderungen stellt die Grundlage dafür dar, dass mit dem Assessment Center auch tatsächlich die intendierten Anforderungen erfasst werden.
4. **Erhöhung der Akzeptanz der Ergebnisse:** Die Schaffung einer einheitlichen Definition und Operationalisierung derselben für Beobachter und Teilnehmer bietet die Grundlage für die Verständigung über Ergebnisse.
5. **Erhöhung der Transparenz:** Die Bewertungskriterien stellen eine gute Grundlage für den mündlichen und schriftlichen Rückmeldeprozess dar. Sie bilden die Anforderungen sehr genau ab.
6. **Optimierung der Effizienz:** Beurteilungsprozesse werden kürzer, da keine Diskussion über Definitionen erfolgen muss.
7. **Verbesserung der Objektivität:** Verschiedene Beurteiler legen dieselben Messkriterien zur Erfassung einer Anforderung zugrunde.

6.1.1 Nutzung von übungsspezifischen Beobachtungsbögen

Ein intelligentes Beurteilungsinstrument bietet eine gute Grundlage, um eine Feindefinition der Anforderung zu schaffen und Eindrücke am beobachteten Verhalten oder an getätigten Aussagen zu verankern. Es verbessert in der Praxis die Beobachtungen und erhöht die Qualität der Rückmeldungen. Die dargestellten Vorteile von systematischen Beurteilungsinstrumenten können jedoch nur ausgeschöpft werden, wenn der Konzeption derselben die nötige Aufmerksamkeit gewidmet wird. Das impliziert, dass zwischen den Bewertungskriterien und der Anforderung ein klarer Bezug herrscht und die Kriterien in der angestrebten Übung konkret beobachtbar sind. So ist zum Beispiel davon auszugehen, dass eine Bewertungsdimension, zum Beispiel Führungsverhalten, im Interview ganz anders sichtbar und damit messbar wird als in einem Mitarbeitergespräch. Im Interview kann ein Teilnehmer Auskunft zu seinem Selbstverständnis als Führungskraft geben, er kann an Beispielen erläutern, wie er in schwierigen Mitarbeitersituationen agiert hat usw. Das heißt im Großen und Ganzen, dass er seine Vorstellungen erläutert, wie er meint vorzugehen und was er zu tun intendiert. Der Teilnehmer kann an dieser Stelle Konzepte und theoretische Überlegungen zum Thema Führung vermitteln. Seine Intentionen, Motivationen und Konzepte sind letztendlich erheblich, wenn eingeschätzt werden soll, wie reflektiert Führung stattfindet. In der Gesprächssimulation geht es dann um das »Zeigen«. Es kann beobachtet werden, ob im Gespräch Ziele gesetzt werden, ob ein Teilnehmer als Führungskraft eher partizipierend oder durchsetzend agiert etc. Diesen Unterschieden müssen die Bewertungskriterien der unterschiedlichen Übungen Rechnung tragen, da sie die Beurteilung am konkretem Verhalten verankern. Daraus ist zu schlussfolgern, dass für jede Übung im Assessment Center ein individueller Beobachtungsbogen zu erstellen ist.

6.1.2 Bewertungskriterien bei Verwendung von dimensionsorientierten Profilen

Grundlage zur Erstellung der Beobachtungsbögen sind das Anforderungsprofil und die Anforderungsmatrix (vgl. Kapitel 3), denn in letzterer wurde definiert, welche Dimension in welcher Übung beobachtet werden soll.

Es empfiehlt sich bei der Erstellung der Beobachtungsbögen für dimensionsorientierte Profile folgende Vorgehensweise:

1. Genaue Betrachtung der Dimension unter Berücksichtigung der Facetten: Welche Facetten müssen mit Bewertungskriterien überhaupt abgedeckt werden?
2. Erstellung eines Katalogs mit Bewertungskriterien für jede Dimension bzw. Facette. Folgende Fragen sind hilfreich:
   - In welchem Verhalten äußert sich diese Anforderung?

- Was tut jemand genau, der diese Anforderung erfüllt? Was tut jemand, der diese Dimension nicht erfüllt?
- Was thematisiert jemand, der diese Anforderung erfüllt? (Diese Frage ist auch für das Nachgespräch und das Interview interessant)
- Worin unterscheidet sich das Verhalten der Zielperson von jemandem, der diese Anforderung nicht erfüllt?
- Worin unterscheiden sich erfolgreiche von weniger erfolgreichen Positionsinhabern?

3. Übungsspezifische Zuordnung der Bewertungskriterien zu den Dimensionen. Welches Kriterium ist in der geplanten Übung beobachtbar?
4. Reduktion der Bewertungskriterien, so dass pro Übung für jede Dimension ca. 5–7 aussagekräftige Verhaltensbeschreibungen aufgeführt bleiben.
5. Überprüfung, ob die Anforderungsdimension gemäß der Facetten komplett abgebildet ist durch die Bewertungskriterien.

Am Ende dieses Prozesses liegt für jede Übung ein spezifischer Beurteilungsbogen vor. Dieser enthält die zu beobachtenden Dimensionen mit den jeweiligen Bewertungskriterien. Im Folgenden ist in Beispiel 23 dieser Prozess an einem Beispiel beschrieben.

Beispiel 23: Entwicklung von Bewertungskriterien

1. Die Dimension Unternehmerisches Selbstverständnis sei durch folgende Facetten definiert: Kostenorientierung, bereichsübergreifendes Denken, Identifikation mit dem Unternehmen, strategisches Denken, Unternehmenswissen, Schnittstellenmanagement

2. Woran kann ich diese Facetten im Verhalten oder in den Aussagen beobachten?
   - kann Beispiele benennen, aktiv Kosteneinsparungen initiiert zu haben
   - berücksichtigt nicht ausschließlich den Einkaufspreis, sondern auch Vertriebsaspekte
   - betrachtet Lösungen unter Kosten/Nutzen-Gesichtspunkten
   - sieht sich selber verantwortlich für die Lösung auftretender Probleme
   - ist sich der Schnittstellen bewusst und bewältigt diese
   - sorgt für einen bereichsübergreifenden Informationsaustausch
   - verfügt über ein gutes Unternehmenswissen und aktualisiert dieses aus unterschiedlichen Quellen
   - hat viele Ansprechpartner im Unternehmen
   - betrachtet das Unternehmen auch aus einer übergeordneten Perspektive und kann Verbesserungsfelder benennen

- sieht sein eigenes Handeln auch unter unternehmerischen Aspekten
- stellt in der Diskussion betriebswirtschaftliche Belange in den Vordergrund
- stellt egoistische Motive zugunsten des Unternehmens zurück
- ist über Marktentwicklungen und Trends gut informiert
- trifft Entscheidungen vor dem Hintergrund übergeordneter Überlegungen
- zeigt Verantwortung, Probleme zu beheben
- diskutiert Marktentwicklungen und leitet korrekte Schlussfolgerungen ab
- argumentiert aus übergeordneter Sicht
- will offensichtlich für das Unternehmen die beste Lösung
- interessiert sich auch für andere Unternehmensbereiche und deren Probleme
- kann eine differenzierte Bewertung der aktuellen Situation vornehmen und Veränderungsnotwendigkeiten aufzeigen
- trifft Entscheidungen unter strategischen Gesichtspunkten
  erkennt strategische Vor- und Nachteile und trifft entsprechende Entscheidungen
- kommuniziert offen mit den Kollegen
- beschäftigt sich intensiv mit seinem Marktumfeld (soziale Problematik, Konkurrenzsituation)
- arbeitet intensiv mit kurz- und mittelfristiger Planung
- kennt die Bedeutung wichtiger Kennziffern

3. (und 4) Welche dieser 5–7 Bewertungskriterien kann ich besonders gut im **Kollegengespräch** beurteilen?
   - interessiert sich auch für andere Unternehmensbereiche und deren Probleme
   - will offensichtlich für das Unternehmen die beste Lösung
   - kommuniziert offen mit den Kollegen
   - zeigt Verantwortung, Probleme zu beheben
   - argumentiert aus übergeordneter Sicht
   - stellt in der Diskussion betriebswirtschaftliche Belange in den Vordergrund
   - stellt egoistische Motive zugunsten des Unternehmens zurück

5. Welche Facetten sind erfasst?
   - Bereichsübergreifendes Denken
   - Kostenorientierung
   - Identifikation

   Es ist also darauf zu achten, die anderen Facetten durch andere Übungen mit abzubilden, da z. B. Unternehmenswissen in einer Rollensimulation schwierig zu erfassen ist.

3. (und 4) Und welche dieser 5–7 Bewertungskriterien kann ich besonders gut im **Interview** beurteilen? • ist sich der Schnittstellen bewusst und bewältigt diese • sorgt für einen bereichsübergreifenden Informationsaustausch • verfügt über ein gutes Unternehmenswissen und aktualisiert dieses aus unterschiedlichen Quellen • hat viele Ansprechpartner im Unternehmen • betrachtet das Unternehmen auch aus einer übergeordneten Perspektive und kann Verbesserungsfelder benennen • ist über Marktentwicklungen und Trends gut informiert • beschäftigt sich intensiv mit seinem Marktumfeld (soziale Problematik, Konkurrenzsituation)
5. Welche Facetten sind erfasst? • Unternehmenswissen • Schnittstellenmanagement • Strategisches Denken

6.1.3 Beobachtungsbögen bei aufgabenorientierten Anforderungsprofilen

Die Ableitung von Bewertungskriterien verläuft bei aufgabenorientierten nach ganz ähnlichen Prinzipien, wie bei dem dimensionierten Ansatz (s. a. Abb. 5). Sie gestaltet sich aber letztendlich für die »Kann-Anforderungen« noch einfacher, da diese schon direkt beobachtbar sind. Bei den »Kann-Anforderungen« kann es donnoch sinnvoll sein, Bewertungskriterien zu formulieren, denn dadurch lassen sich auch Teilaspekte einer Anforderung beobachten und vor allen Dingen zurückmelden. Bei der Operationalisierung von »Will«-Formulierung ist das »Wollen« im beobachtbaren Verhalten und in den Aussagen des Teilnehmers zu verankern.

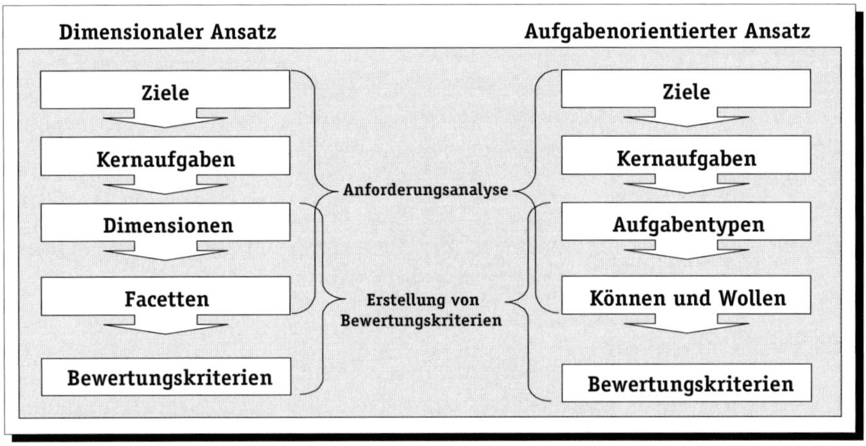

Abbildung 5: Schematische Vorgehensweise bei der Definition von Bewertungskriterien

Hiermit sind im Prinzip ähnliche Schwierigkeiten zu überbrücken wie beim dimensionsorientierten Ansatz. Bei der Entwicklung von Bewertungskriterien zu den Einstellungen und Motiven, also bei den »Will-Anforderungen« muss ein Weg gefunden werden, das nicht direkt beobachtbare Wollen des Teilnehmers anhand des gezeigten Verhaltens objektiv messbar und einschätzbar zu machen. Folgende Vorgehensweise hat sich daher bewährt:

1. **Formulierung der Fragestellungen**:
   Was muss ein Teilnehmer zur Erledigung eines Aufgabentypen genau können, und was muss er wollen?
2. **Erstellung von Bewertungskriterien für die »Kann-Anforderungen«**:
   Welche Einzelaspekte muss jemand beherrschen, damit er diese Anforderung erledigen kann?

Beispiel 24: Bewertungskriterien zu einem aufgabenorientierten Profil

Kompetenz: Kann Verkaufsgespräche strukturiert und abschlussorientiert führen

Qualitätskriterium:
- Steuert das Gespräch durch Fragen
- Kann die Produkte angemessen erklären
- Weckt durch gezielte Nutzenargumente Interesse beim Kunden
- Setzt Abschlusstechniken gezielt ein
- Baut zum Kunden durch Thematisierung persönlicher Aspekte eine vertrauensvolle Beziehung auf

3. **Formulierung von Bewertungskriterien für »Will-Anforderungen«:** Folgende Fragen sind dabei hilfreich:
   - Was zeigt ein Teilnehmer, bei dem die zu messende Einstellung ausgeprägt ist? Was zeigt dieser Teilnehmer nicht?
   - Was äußert dieser Teilnehmer, bei dem die zu messende Einstellung ausgeprägt ist?

Beispiel 25: Bewertungskriterien für die aufgabenorientierte Anforderung »Will sich mit Kunden auseinandersetzen«.

Qualitätskriterium:
- Äußert, dass ihm die Arbeit mit Kunden Freude bereitet
- Betrachtet es als positive Herausforderung, für Kunden auch außergewöhnliche Probleme zu lösen
- Zeigt im Gespräch ein aktives Zugehen auf den Kunden (Blickkontakt, aktives Zuhören)
- Zeigt im Gespräch auch Interesse an persönlichen Bereichen des Kunden
- Zeigt Bereitschaft, sich mit den individuellen Kundenwünschen auseinander zu setzen und erfragt diese aktiv

4. Übungsspezifische Zuordnung der Bewertungskriterien zu den Aufgabentypen. Welches Bewertungskriterium ist in der beabsichtigten Übung beobachtbar?

5. Reduktion der Kriterien, so dass pro Übung für jeden Aufgabentyp ca. 5–7 aussagekräftige Verhaltensbeschreibungen stehen bleiben

6. Überprüfung, ob der Aufgabentyp gemäß der »Kann- und Will-Anforderungen« komplett abgebildet ist durch die Bewertungskriterien.

Auch wenn die Erstellung eines solchen Profils in der Vorbereitung spezifisch und aufwendig ist, so liegt der Vorteil dieser Vorgehensweise zum Zwecke der Personalentwicklung auf der Hand: Es kann genau definiert werden, welche Einzelfacette trainiert und gelernt werden muss, um insgesamt die Kernaufgaben erfolgreicher zu bewältigen. Bei der Personalauswahl kann der Auftraggeber recht genau abschätzen, wie viel Aufwand bei der Einarbeitung investiert werden muss.

6.2 Die Auswahl der richtigen Skala

Die Definition von Bewertungskriterien ermöglicht es, Verhalten qualitativ zu beschreiben und einzuschätzen. Meist besteht nun aber der Wunsch, diese qualitativen Beschreibungen quantitativ, also numerisch zu erfassen und so Informationen über die Ausprägungshöhe zu erhalten. Dieser Wunsch ist auch durchaus legitim, da es häufig Zielsetzung ist, Profile und Ergebnisse zu vergleichen. Bei der Auswahl der passenden Skala sollten folgende Aspekte berücksichtigt werden:

Eine der wesentlichen Voraussetzungen ist es, dass die einzelnen numerischen Werte sinnvoll voneinander zu trennen sind. Wird eine schmale Skala, beispielsweise eine 5er Skala zugrunde gelegt, so ist es in der Regel gut begründbar, worin der Unterschied zwischen einem Ergebniswert von 3 und 4 liegt. Wird jedoch eine breitere Skala, beispielsweise eine 12er Skala gewählt, so kann es recht schwierig sein, den genauen Unterschied zwischen einem Punktwert von 6 und 7 objektiv und schlüssig zu erklären.

Darüber hinaus ist die Wiederholbarkeit von Ergebnissen wesentlich besser, wenn eine schmale Skala genutzt wird. So ist es bei einer Skala mit weniger Ausprägungen wahrscheinlicher, dass zwei unterschiedliche Beobachter zum gleichen numerischen Ergebnis kommen, als bei einer Skala mit vielen Ausprägungen.

Dieses gilt auch für ein und denselben Beobachter, der dieselbe Beobachtung zu zwei unterschiedlichen Zeitpunkten macht. Die Wahrscheinlichkeit, dass ein Beobachter zu zwei unterschiedlichen Zeitpunkten zu genau der gleichen Einschätzung kommt, ist bei einer schmaleren Skala deutlich höher.

Erfahrungsgemäß glauben viele unerfahrene Anwender, dass der Rückgriff auf eine breite Skala mehr Möglichkeiten zur Differenzierung bietet. Prinzipiell klingt diese Möglichkeit zunächst auch verlockend, jedoch läuft ein zu differenziertes Beurteilungssystem Gefahr, eine Messgenauigkeit vorzutäuschen, die letztendlich nicht einzuhalten ist. Es gilt in der Praxis also, die Gratwanderung zwischen Differenzierung und Messgenauigkeit zu leisten. Bewährt haben sich Skalen, die zwischen 5 und 7 Ausprägungen liegen. Dabei bevorzugen einige Anwender die 5er und 7er Skala, da diese mittlere Ausprägungen zulassen. Andere bevorzugen die 6er Skala, da diese den Beobachter zwingt, in der Bewertung Stellung zu beziehen. In der Praxis hat sich die Wahl einer 5er-Skala sehr bewährt, da diese in der Regel als Entscheidungsgrundlage und zur Ableitung von Maßnahmen ausreichend differenziert. Voraussetzung bei Verwendung einer 5er-Skala ist es jedoch, dass die Beobachter die gesamte Bandbreite der Skala auch tatsächlich ausnutzen und die Tendenz zur Mitte (vgl.

Kapitel 6.4) vermeiden. In Abbildung 6 ist ein Beispiel für eine fünfstufige Skala gegeben.

Anforderung: Kann Verkaufsgespräche strukturiert und abschlussorientiert führen

	deutlich unterdurchschnittliche Ausprägung	leicht unterdurchschnittliche Ausprägung	durchschnttliche Ausprägung	überdurchschnittliche Ausprägung	deutlich überdurchschnittliche Ausprägung
	1	2	3	4	5
Steuert das Gespräch			X		
Erklärt die Produkte angemessen		X			
Weckt durch Nutzenargumentation Interesse beim Kunden		X			
Setzt Abschlusstechniken gezielt ein			X		
Baut zum Kunden eine vertrauensvolle Beziehung auf				X	
Erfragt die Bedarfe des Kunden				X	
Mittelwert			3		

Abbildung 6: Beispiel für eine fünfstufige Skala für die aufgabenorientierte Anforderung »Kann Verkaufsgespräche strukturiert und abschlussorientiert führen«

Die hier geschilderten Instrumente zur Erstellung des Beurteilungsprozesses für das Assessment Center haben, unabhängig davon, ob ein dimensions- oder aufgabenorientiertes Profil zugrunde liegt, den Vorteil, dass der Beobachter als Grundlage zur Urteilsfindung auf konkrete Verhaltensbeobachtungen zurückgreifen kann. Darüber hinaus werden Rückmeldeprozess und Erstellung von Ergebnisberichten erheblich vereinfacht.

6.3 Der Beurteilungsvorgang

6.3.1 Die Auswahl der Beobachter

Werden unterschiedliche Personen zu ihren Beobachtungen zu ein und demselben Ereignis befragt, so wird die Rekonstruktion des Wahrgenommen sehr unterschiedlich ausfallen. Es ist davon auszugehen, dass das gesamte Spektrum der Wirklichkeit, abhängig von physischer Konstitution, emotionaler Befindlichkeit und Erfahrungen eines Individuums selektiv wahrgenommen wird. Es hat sich vielfach gezeigt, dass eine Kombination mehrerer Urteile effektiver ist als jedes einzelne Urteil. Die sorgfältige Auswahl und Zusammensetzung von Beobachterteams ist daher für die Qualität der Beurteilung ausschlaggebend.

Die grundsätzliche Empfehlung aus der Praxis lautet, das Beobachterteam aus einer Kombination von drei unterschiedlichen Gruppen zusammenzusetzen:

1. **Erfahrene Führungskräfte des Unternehmens**
2. **Mitarbeiter der Personalabteilung des Unternehmens und optional**
3. **unabhängige externe Beobachter**

Eine heterogene Zusammensetzung sorgt für eine unterschiedliche perspektivische Betrachtungsweise des gezeigten Verhaltens, da Personen vor dem Hintergrund eigener Sichtweisen, Erfahrungen und Maßstäbe beobachten und beurteilen.

Jedoch sollte bei der Einbeziehung der Führungskräfte zwischen internen Potenzial-AC und Auswahl-AC unterschieden werden: Bei Auswahlverfahren ist die Einbeziehung der direkten Vorgesetzten stets vorteilhaft, denn die Passung zum späteren Vorgesetzten und dessen Meinung zu einem potenziellen Mitarbeiter spielen eine maßgebliche Rolle im Hinblick auf den späteren Erfolg.

Handelt es sich um Assessment Center mit dem Ziel der Potenzialanalyse und sind interne Teilnehmer an dem Verfahren beteiligt, so wird in der einschlägigen Literatur vielfach von einer Teilnahme des direkten Vorgesetzten abgeraten, da sich ein Mitarbeiter, den man aus der Zusammenarbeit kennt, nur sehr schwer unabhängig von tagtäglichen Eindrücken beurteilen lässt, und auch der Teilnehmer gegebenenfalls vorbelastet sein könnte. Statt dessen wird die Teilnahme des nächst höheren Vorgesetzten vorgeschlagen. Aus der Praxis lassen sich diese Vorbehalte jedoch nicht uneingeschränkt teilen. Im Gegenteil, die Einbeziehung der direkten Vorgesetzten kann sich äußerst positiv auswirken, zumal sich manch ein Vorgesetzter wirklich als Personalentwickler und Coach seiner Mitarbeiter sieht und diese Rolle sehr ernst nimmt. Es hat sich bewährt, Beobachter eher nach Persönlichkeit, Interesse und Wertehaltung auszusuchen als nach Hierarchiestufe. Die grundsätzliche Einstellung eines Beobachters im AC sollte eine positive, wertschätzende und unterstützende Haltung gegenüber dem Teilnehmer sein. Darüber hinaus sollte man Klima und Gesamtkontext einer Abteilung/eines Unternehmens berücksichtigen, wenn man diese Entscheidung diskutiert.

Neben den genannten Gruppen hat es sich in der Praxis bestätigt, dass die Integration der Arbeitnehmervertretung in den Prozess sich auf das Assessment Center und dessen Akzeptanz positiv auswirken kann. Häufig wird die Beteiligung des Betriebsrates auch über Betriebsvereinbarungen geregelt. Da das gewissenhaft durchgeführte Assessment Center dazu dient, Beurteilungsprozesse zu objektivieren, ist es letztendlich nicht nur für das Unternehmen ein effektives Instrument, sondern kommt – durch Erhöhung von Fairness und Transparenz – auch den Teilnehmern zugute. Mit der Einführung von qualitativ hochwertigen Verfahren ist es daher nicht nötig, in irgendeiner Form Geheimniskrämerei zu betreiben. Die Einbindung der Arbeitnehmervertreter ist dann besonders wertschöpfend, wenn diese den Kommunikationsprozess im Unternehmen positiv mitbegleiten.

Tabelle 6: Vor- und Nachteile verschiedener Beobachtergruppen

obere Führungskräfte	Vorteile
	Die Teilnahme dieser Gruppe als Beobachter erhöht die interne Glaubwürdigkeit und Akzeptanz des Assessment Centers. Das Assessment Center dient der Entscheidungsfindung. Die Entscheidungshilfe ist umso wirkungsvoller, je enger die Entscheider in den Gesamtprozess eingebunden sind. Führungskräfte liefern dahingehend wertvolle Informationen für die Interpretation und Bewertung von Ergebnissen, da sie Verhaltensweisen vor unternehmensspezifischen Hintergründen bewerten können. Sie sind Transporteur von Kultur und Vorstellungen des Unternehmens.
	mögliche Störfaktoren
	Bewertungen werden nicht nur aufgrund der Beobachtungen des Assessment Centers vorgenommen, sondern bei internen Teilnehmern spielen auch Vorerfahrungen mit dem Teilnehmer eine Rolle. Untersuchungen belegen, dass Führungskräfte die Anforderungen nicht immer differenziert betrachten, sondern ganzheitlich beurteilen. Gerade bei internen Assessment Centern erleben die Teilnehmer es unter Umständen als Vorteil, von unabhängigen Beobachtern eingeschätzt zu werden.

Mitarbeiter der Personalabteilung	**Vorteile**	
	Die Personalabteilung hat bei der Implementierung von Assessement Centern in das Unternehmen häufig die Rolle von internen Promotoren, Informationsgebern, Organisatoren und Prozesstreibern. Als maßgeblich Verantwortliche für den internen Gesamtprozess sind die Mitarbeiter auch an der Beobachtung zu beteiligen. Gerade nach der Durchführung von internen Assessment Centern haben die Mitarbeiter der Personalabteilung die Aufgabe der Nachbetreuung der Teilnehmer in jeder Form, letztendlich auch bei der Unterstützung in der Personalentwicklung. Ebenso wie die Vorgesetzten können die Mitarbeiter der Personalabteilung im Assessment Center dazu beitragen, gezeigte Leistungen der Teilnehmer vor dem Hintergrund der Unternehmenskultur zu interpretieren. Die Mitarbeiter der Personalabteilung haben darüber hinaus, anders als Führungskräfte, einen übergeordneten Blickwinkel auf verschiedene Unternehmensbereiche.	
	mögliche Störfaktoren	
	Wie bei den Führungskräften	
unabhängige Beobachter	**Vorteile**	
	Die Hinzunahme von unabhängigen Psychologen erhöht die Genauigkeit der Ergebnisse des Assessment Centers. Die Teilnehmer erleben eine Erhöhung der Fairness, da sie von unabhängigen Dritten beobachtet werden. Es können Vergleichsmöglichkeiten mit anderen Unternehmen und zusätzliche Erfahrungen eingebracht werden. Professionalisierung des Feedbacks. In der Regel besteht auch Erfahrung darin, kritisches Feedback konkret aber konstruktiv zu vermitteln. Erhöhung der Professionalität in der Durchführung durch Erfahrung. Unabhängige Beobachter haben bei unliebsamen Entscheidungen Pufferfunktion. Die Investition in externe Beobachter wird von Teilnehmern als sehr wertschätzend erlebt und kann daher zum Personalmarketing genutzt werden.	
	mögliche Störfaktoren	
	Unternehmenskultur und Hintergründe sind nicht genau bekannt.	

6.3.2 Der Prozess der Beobachtung

Das Prinzip der Mehrfachbeobachtung wurde bereits in Kapitel 1.3.3 thematisiert und wird durch die sachgerechte Durchführung des Assessment Centers gewährleistet. Im Beobachtungsprozess selber ist es die zentrale Aufgabe der Beobachter, die Teilnehmer im Assessment Center zu beobachten und zu beurteilen. Dieses klingt äußerst trivial, da Menschen ununterbrochen damit beschäftigt sind, ihre Umwelt wahrzunehmen, einzuschätzen und auf ihre Interpretationen zu reagieren. Mehr noch, der Prozess von Wahrnehmung und Interpretation läuft automatisch ab, wir trennen nicht mehr bewusst zwischen dem, was wahrgenommen wurde, und dem, was wir interpretieren.

Um die Verwässerung von Beobachtung und Bewertung zu vermeiden, heißt die grundsätzliche Faustregel: Trennung von Beobachtung und Bewertung. Diese sehr theoretisch anmutende Vorgehensweise ist in Abbildung 10 skizziert.

Die Grundidee dieser Faustregel ist es, den Teilnehmer des Assessment Centers bei der Durchführung von Übungen und im Interview zunächst einmal völlig wertfrei zu beobachten. Die Beobachter haben die Aufgabe, das Verhalten und die Aussagen des Teilnehmers aufzunehmen und möglichst genau zu protokollieren. Dabei hat es sich bewährt, die Notizen folgendermaßen zu strukturieren:

Zitat/Stichworte/Inhalt	**Beobachtung**
• Steigt höflich ein, bietet Getränk an	• Blickkontakt, lächelt
• Small talk, Wetter, Urlaub	
• Leitet zum Thema über: weswegen wir heute zusammen sind	• Steuert Gespräch
• Ihre Arbeitsweise hat stark nachgelassen	• Redet 3 Minuten ununterbrochen
• Ich schlage Folgendes vor	

Erst nach der Übungsdurchführung, in Abwesenheit des Teilnehmers, findet ein Austausch der Beobachtungen statt. Es werden nun die Einzelbeobachtungen in ein Gesamturteil integriert. Dazu werden beobachtete Verhaltensweisen zunächst danach bewertet, welchen Anforderungen sie zugeordnet werden können. Dann werden für die Bewertungskriterien Einschätzungen getroffen. Aus Gründen der Handhabbarkeit empfiehlt es sich nicht, Gewichtungen der Bewertungskriterien vorzunehmen, sondern jedes Kriterium gleich zu gewichten. Wie in Abbildung 6 dargestellt, wird aus den einzelnen Einschätzungen der Bewertungskriterien ein Mittelwert für die jeweilige abgebildete Anforderung errechnet.

Ziel der Trennung von Beobachtung und Beurteilung ist es, die unter Kapitel 6.4 beschriebenen Beobachtungsfehler zu reduzieren. Darüber hinaus ist es für den sauberen Feedbackprozess (vgl. Kapitel 8) unverzichtbar, auf konkrete Verhaltensbeschreibungen Rückgriff nehmen zu können.

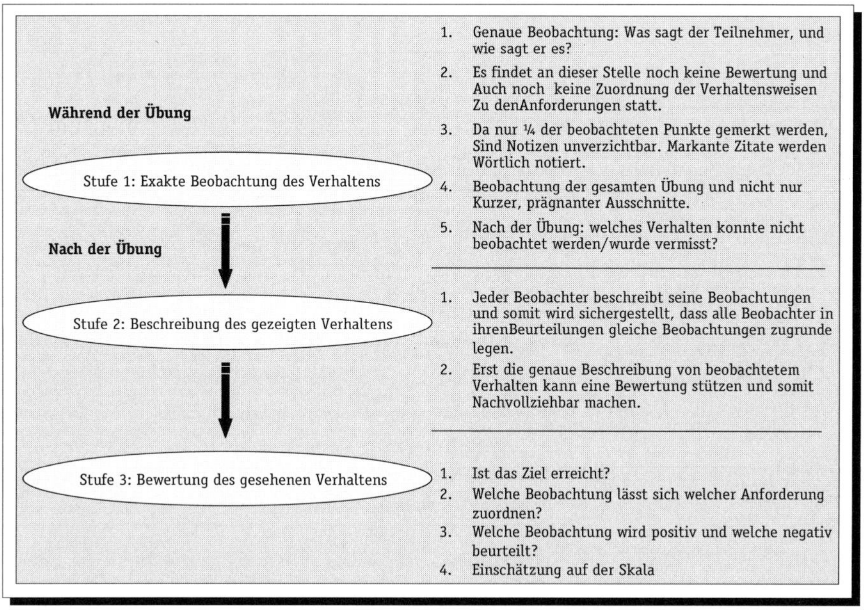

Abbildung 7: Der Prozess von Beobachtung und Beurteilung

Um das beobachtete Verhalten interpretieren zu können, ist eine gezielte Nachbefragung des Teilnehmers unmittelbar nach der Übungsdurchführung sinnvoll. Wenn zum Beispiel eingeschätzt werden soll, ob der Teilnehmer sein persönliches Gesprächsziel durchsetzen konnte, so muss das Ziel zunächst erfragt werden. Folgende Fragen zur Nachbesprechung sind hilfreich:

1. Was würden Sie in der Praxis anders machen?
2. Was an diesem Gespräch ist für Sie typisch? Was sagt es über Sie aus?
3. Was war Ihr persönliches Gesprächsziel?
4. Inwieweit glauben Sie, dass Sie dieses Ziel erreicht haben?
5. Welche Konsequenzen hat das Gespräch für Sie bzw. welche Entscheidung würden sie nach dem Gespräch treffen?
6. Was glauben Sie, sind die Motive und Gedanken Ihres Gesprächspartners?
7. Welche Struktur hatten Sie in der Vorbereitung für das Gespräch geplant? Inwieweit haben Sie diese eingehalten?

8. Wie zufrieden sind Sie mit dem Gesprächsverlauf und dem Gesprächsergebnis?

Diese Fragen erlauben dem Beobachter erst Einschätzungen zu Motiven und Einstellungen des Teilnehmers. Sie entsprechen dem Prinzip der gemeinsamen Deutung und Interpretation (vgl. Kapitel 1.3.8).

6.3.3 Zusammenführung der Ergebnisse

Bei der Zusammenführung der Ergebnisse gibt es unterschiedliche Vorgehensweisen, wobei die im Folgenden geschilderte eine klare Empfehlung aus der Praxis ist (vgl. dazu auch Kapitel 7): Nach jeder Übung tauschen sich die Beobachter über Ihre Beobachtungen aus, treffen in der gemeinsamen Diskussion Ihre Einschätzungen bezüglich der Anforderungen und füllen den Beobachtungsbogen aus. In einem Gruppen-Assessment Center werden dann in der Beobachterkonferenz die Einzelergebnisse aus den unterschiedlichen Übungen zusammengetragen. Eine alternative Vorgehensweise sieht vor, dass die Beobachter sich erst ganz zum Schluss des Assessment Centers austauschen, um sich nicht gegenseitig zu beeinflussen. Dennoch bietet die erste Vorgehensweise für die Durchführung erhebliche Vorteile:

- Die Eindrücke sind den Beobachtern nach der Übung präsenter und lassen sich besser diskutieren
- Eine Diskussion verbessert eher noch die Qualität der Beobachtung und Bewertung
- Die Gefahr von Endlosdiskussionen in der Beobachterkonferenz wird reduziert, da die Beobachterteams zumindest schon eine Richtung vertreten
- Der Teilnehmer selber profitiert zumeist mehr von einem einheitlichen, klaren Feedback über eine Übung
- Die Beobachter können ihre eigene Beobachtungsqualität auf den Prüfstand stellen, indem sie sich vergleichen

Der Moderator eines Beobachterteams ist dafür zu sensibilisieren, den Prozess so zu steuern, dass sich nicht der Mächtigere in der Situation durchsetzt, sondern dass substantielle Beobachtungen als Argumente und Fakten ausgetauscht werden.

Im Folgenden stellt sich die Frage, ob Einzelbewertungen für eine Anforderung aus mehreren Übungen in ein Gesamturteil integriert werden sollen oder nicht. Gesamturteile werden in der Regel dadurch gebildet, dass man den Mittelwert für eine Anforderung über alle Übungen hinweg bildet. Dadurch erhält man das

Profil (vgl. Kapitel 3.2, Tool 2). So kann man numerische Vergleiche zwischen Teilnehmern für die einzelnen Anforderungen gut herleiten. Die Frage ist jedoch, ob dieses immer gewollt ist.

Besonders bei Assessment Centern, die primär der Personalentwicklung dienen, kann es durchaus zielführend sein, keine weitere Datenaggregation durch Mittelwertsbildung mehr vorzunehmen, sondern es als Endergebnis bei der Matrix (vgl. Kapitel 3.3, Tool 5) zu belassen. Die Matrix anstelle eines Profils macht vor allen Dingen kritische Rückmeldungen akzeptabel für einen Teilnehmer, da die Ergebnisse situationsbezogen gesehen werden können. Darüber hinaus lassen sich Maßnahmen der Personalentwicklung wesentlich aussagekräftiger aus der Matrix ableiten als aus dem Profil.

Ganz anders stellt sich die Frage jedoch bei Assessment Centern mit dem Zweck der Personalauswahl. Letztendlich ist hier am Ende eine Entscheidung zu treffen, inwieweit ein Bewerber für eine Position in Frage kommt. Mitunter kann es gerade für diese Fragestellung sinnvoll sein, Profilvergleiche vorzunehmen.

Egal, ob man sich nun für eine weitere Datenaggregation entscheidet oder es bei der Matrix als Endergebnis belässt, es ist in der Regel Aufgabe der Beobachter, zumindest eine Empfehlung im Hinblick auf eine bestimmte Fragestellung abzugeben. Das bedeutet für ein Gruppen-Assessment Center mit mehreren Beobachterteams, dass Einzelergebnisse zusammengetragen und diskutiert werden müssen. Dieses geschieht in der Beobachterkonferenz (vgl. Kapitel 7.2).

6.4 Einflussgrößen auf den Beurteilungsprozess

»Das Glas ist halb voll oder auch halb leer«. Wer kennt nicht diesen typischen Spruch, der darauf verweist, dass menschliche Urteile letztendlich eine Frage der Sichtweise sind?

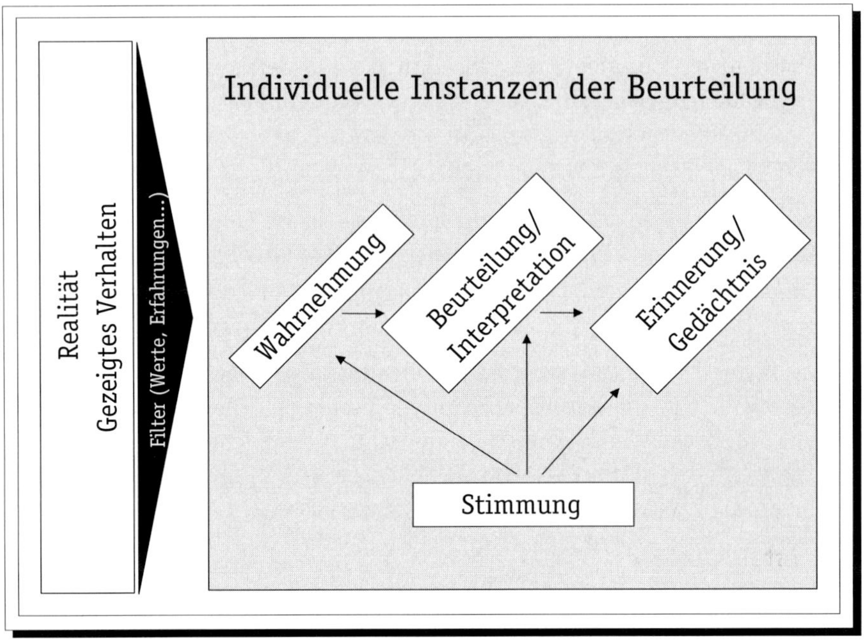

Abbildung 8: Die Instanzen der Beurteilung

Letztendlich sind vier Instanzen an der Bildung eines Urteils beteiligt. In allen Instanzen werden Informationen subjektiv verarbeitet, und es werden sogenannte Beurteilungstendenzen, Wahrnehmungsfehler, Gedächtnis- und Stimmungseffekte erzeugt.

1. Wahrnehmungsfilter

Wahrnehmungsfilter beziehen sich darauf, dass Informationen gefiltert wahrgenommen werden, da die menschliche Verarbeitungskapazität es nicht zulässt, dass die Informationen aus der Realität eins zu eins abgebildet werden. Die Filter erlauben es erst, die komplexe Realität zu reduzieren, und durch die Datenreduktion treten Informationsverluste und Verzerrungen auf:

- Halo-Effekt/Überstrahlung: Der Gesamteindruck, den sich ein Beobachter von einem Teilnehmer macht, hat großen Einfluss darauf, welche weiteren Eigenschaften dem Teilnehmer zugeschrieben werden. Ist der anfängliche Eindruck positiv, so tendiert der Beobachter dazu, Wahrnehmungen zu selektieren, die es ihm erlauben, dem Teilnehmer weitere gute Eigenschaften zuzuschreiben.

- Implizite Persönlichkeitstheorien: Wir unterstellen, dass manche Persönlichkeitsmerkmale gemeinsam auftreten, andere sich jedoch gegenseitig ausschließen. Solche Annahmen könnten lauten: ruhige Menschen sind besonders tiefgründig und reflektiert; Menschen mit einem schwachen Händedruck sind nicht durchsetzungsstark. Persönliche Überzeugungen leiten insofern die Wahrnehmung, als die Tendenz besteht, von einem beobachteten Merkmal auf ein weiteres, nicht beobachtbares zu schließen.
- Stereotype: Der typische Verkäufer ist: pragmatisch, durchsetzungsstark, extrovertiert, zielorientiert.... . Stereotype befassen sich mit Eigenschaften, die bestimmten Gruppen zugeschrieben werden.
- Wahrgenommene Ähnlichkeit: Sympathisch empfundene Menschen werden positiver beurteilt. Sympathiepunkte können zustande kommen durch Ähnlichkeiten zwischen Beobachter und Teilnehmer: sei es durch gleiche Geburtsorte, ähnliche Charaktereigenschaften, ähnliche Erfahrungen, gemeinsame Freunde, gemeinsame Einstellungen etc.

2. Beurteilungstendenzen

- Tendenz zur Mitte: Der Beobachter tendiert dazu, Teilnehmer auf einem mittleren Niveau einzuschätzen. Bei einer 7stufigen Skala lässt sich beobachten, dass Einschätzungen vorwiegend zwischen den Werten 3,5 bis 4,5 vorgenommen werden. Letztendlich ermöglicht die numerische Bewertung dann keine Trennschärfe mehr zwischen den Teilnehmern, die Ergebnisse verwässern und verlieren an Aussagekraft.
- Tendenz zur Milde/zur Strenge: Beobachter legen in Ihren Einschätzungen unterschiedliche Maßstäbe zugrunde. Bei Anlegen von hohen Leistungsstandards kommt es zu einer Verschiebung der Skalenwerte nach unten und umgekehrt. Die Tendenz zur Milde kann auch dann auftreten, wenn Beobachter dem kritischen und als unangenehm empfundenen Feedback aus dem Wege gehen möchten.

3. Gedächtniseffekte

- Primacy- und Recency-Effekte: normalerweise wird am besten erinnert, was zuerst und zuletzt wahrgenommen wurde. Lauscht man beispielsweise einer Rede, so kann der Zuhörer in der Regeln den Inhalt der ersten und der letzten paar Minuten besser wiedergeben, als das in der

Mitte Gesagte. Für das Assessment Center mit mehreren Teilnehmern bedeutet dieses, dass man sich unterschiedlich gut an sie erinnert, je nachdem, in welcher Reihenfolge sie sich präsentiert haben. Darüber hinaus heißt es auch, dass Beobachter die erste und die letzte Übung gut erinnern können.

4. Stimmungseffekte

- Die Stimmung der Beurteiler beeinflusst alle anderen Instanzen wesentlich. So ist es leicht nachvollziehbar, dass man bei gehobener Stimmung eher zur Milde neigt und umgekehrt. Die Stimmung beeinflusst jedoch auch erheblich die Erinnerung. Eine wichtige Facette der Stimmungseffekte sind die Umgebungseffekte, denn die Umgebung, innerhalb der das Assessment Center stattfindet, kann sich auf die Stimmung auswirken.

Solche Beobachtungsfehler sind nicht komplett eliminierbar, denn letztendlich bleibt der Beobachter Mensch. Sie lassen sich aber dennoch reduzieren. In diesem Kapitel wurde bereits auf einige Aspekte eingegangen, die nicht zuletzt der Minimierung der Subjektivität dienen. Die Nutzung eines differenzierten Beobachtungssystems trägt dazu bei, die meisten der genannten Einflussgrößen positiv zu beeinflussen. An dieser Stelle ist auch noch einmal die Wichtigkeit der Trennung von Beobachtung und Bewertung zu betonen. Darüber hinaus wird die Bedeutung ausführlicher Notizen klar. Die Beobachtung eines Teilnehmers durch mehrere Beobachter verringert ebenfalls einseitige Beobachtungsfehler, und es wird verständlich, warum Rotation und Mehrfachbeobachtung (vgl. Kapitel 7.2) im Assessment Center gefordert werden. Die wichtigste Gegenstrategie ist jedoch die Aufklärung und Schulung der Beobachter.

6.5 Schulung der Beobachter

Dem Beobachter kommen bei der Durchführung eines Assessment Centers mehrere Rollen zu. Zum einen ist er Ansprechpartner für die Teilnehmer und zum anderen ist es seine Aufgabe, möglichst genau zu beobachten und zu bewerten. Erfahrung und Schulung der Beobachter verbessern die Qualität der Ergebnisse deutlich. Ziel des Beobachtertrainings ist es, alle beteiligten Beobachter, egal ob intern oder extern, auf einen einheitlichen Stand hinsichtlich der Zielsetzung und des angewandten Verfahrens zu bringen. Die Beobachter sollen dazu befähigt werden, trotz der nicht auszuschaltenden Subjektivität zu möglichst fundierten und begründbaren Urteilen zu kommen. Das Beobachtertraining sollte auch in seiner kommunikativen Funktion nicht unterschätzt werden. Gerade bei der Einbindung von mehreren Führungskräften in das Verfahren ist nicht davon auszugehen, dass alle eine positive Meinung vom Assessment Center vertreten. Der eine oder andere mag sogar selber schon negative Erfahrungen gemacht haben. Das Training sollte Diskussionsspielräume bieten, um solche Bedenken durch ausführliche Information zu reduzieren.

Folgende Inhalte sollten innerhalb des Beobachtertrainings thematisiert werden (einen genauen Ablaufplan stellt Tool 12 dar):

- Auseinandersetzung mit dem Instrument des Assessment Centers und Klärung der unternehmensinternen Zielsetzung
- Rollenklärung als Beobachter
- Auseinandersetzung mit dem Profil und mit den Übungen
- Auseinandersetzung mit den Beurteilungsinstrumenten, insbesondere auch der Skala
- Erläuterung des Beurteilungsprozesses
- Erläuterung der Beobachterfehler
- Darstellung des Feedback-Prozesses
- Erklärung des gesamten Ablaufs (Zeitpläne, Räumlichkeiten, Beobachterkonferenz ...)

Es hat sich bewährt, die Beobachterschulung als eintägige Veranstaltung durchzuführen.

Tool 12: Ablaufplan eines Beobachtertrainings

Dauer	Inhalt	Methode
30 min	Erwartungsanalyse Vorerfahrungen	Kartenabfrage
60 min	Beobachtung eines ersten Rollenspiels: Teilnehmer erkennen die Schwierigkeit, objektiv zu beurteilen.	Rollenspiel über Video Jeder beurteilt für sich Diskussion der Ergebnisse
30 min	Darstellung der Assessment Center-Methode	Trainerinput, Folienvortrag
15 min	Zielsetzung des speziellen Assessment Centers	Input eines internen Entscheidungsträgers
15 min	Erläuterung der Dimensionen und der Matrix	Trainerinput, Folienvortrag
60 min	Auseinandersetzung mit den konkreten Übungen	Kleingruppenarbeit
30 min	Erläuterung des Beurteilungsvorgangs	Trainerinput
30 min	Durchführung einer Übung	Rollenspiel
30 min	Bewertung der Rollenspieler	Im Plenum wird die Einschätzung der Anforderungen diskutiert
15 min	Vorstellung typischer Wahrnehmungsfehler und Darstellung der Gegenstrategien	Trainerinput, Folienvortrag
60 min	Üben anhand der AC-Bausteine	Gesprächssimulation in Kleingruppen und Beobachtung durch mindestens 3 Teilnehmer
15 min	Feedbackprozesse	Trainerinput
30 min	Aufklärung über Organisation: Zeitpläne, Aufteilung der Beobachterteams etc.	Trainerinput
15 min	Abschlussdiskussion	

Ein guter Einstieg ist es, ein Rollenspiel mittels Video zu präsentieren. Die Teilnehmer bekommen ohne weitere Vorbereitung die Aufgabe, gezeigtes Verhalten zu beurteilen. Erfahrungsgemäß ist in der Auswertung das Erstaunen und auch die Diskussion groß, wenn höchst unterschiedliche Einschätzungen getroffen wurden. Als sinnvoll hat sich die Vorgehensweise erwiesen, das Training zu nutzen, um die Rollenspiele durch die Teilnehmer selber durchführen zu lassen. Die Effekte sind zum einen, dass die Beobachter sich mit den Übungen auseinandersetzen, zum anderen bekommen sie ein Gefühl für den Schwierigkeitsgrad der Aufgaben und erste Vergleichsmaßstäbe für die Beurteilung. Nicht zuletzt ist es auch durchaus positiv, wenn ein Beobachter die Situation eines Teilnehmers im AC durch eigene Erfahrungen kennen lernt.

7 Organisation und praktische Gestaltung

Die Rolle der organisatorischen Rahmenbedingungen eines Assessment Centers wird leicht unterschätzt. Schließlich geht es dabei ja »nur« um Zeitpläne, Ressourcenplanung, Rahmenprogramm usw. Auf den zweiten Blick wird jedoch deutlich, dass es sich hierbei um ganz maßgebliche Einflussfaktoren sowohl auf die Qualität der zu erzielenden Ergebnisse als auch auf die Akzeptanz bei den teilnehmenden Personen handelt. In einem gut organisierten AC können die kostbare Zeit der beteiligten Personen effizient genutzt und die Rahmenbedingungen so gestaltet werden, dass Teilnehmer die Veranstaltung als fair und akzeptabel empfinden. Hier haben Details oftmals eine große Wirkung. In diesem Kapitel ist dargestellt, wie durch die Gestaltung organisatorischer Rahmenbedingungen ein teilnehmerorientiertes Assessment Center vorbereitet und praktisch realisiert werden kann. Hierbei sind nicht zuletzt Überlegungen zur Gestaltung einer angenehmen Atmosphäre und zur Herstellung von Transparenz bezüglich Ziel, Gestaltung und Konsequenzen des Verfahrens von Interesse. Schließlich werden Gestaltungselemente beschrieben, die es ermöglichen, den Teilnehmern einen möglichst hohen individuellen Nutzen aus dem Assessment Center zu ziehen. Darüber hinaus werden pragmatische Anleitungen für die konkrete Planung und Organisation eines Assessment Centers gegeben. Hierzu gehören sowohl die Planung der Personalressourcen, die Erstellung von Zeitplänen, die Raumplanung so wie letztlich auch die Vorbereitung der benötigten Unterlagen und Materialien. Checklisten bringen die wichtigsten Inhalte für die AC-Organisation auf den Punkt.

Tools in diesem Kapitel: *Seite*

- *Checkliste Einführungsrunde* 252
- *Checkliste Zeitplanerstellung* 264
- *Checkliste Räumlichkeiten* 277
- *Checkliste Beobachterordner* 279
- *Checkliste Teilnehmermappe am Ende eines ACs* 280
- *Checkliste Teilnehmermaterialien im Back-Office* 280
- *Checkliste unterstützende Materialien im Back-Office* 281

7.1 Teilnehmerorientierte Gestaltung von Assessment Centern

Assessment Center stellen für alle Beteiligten zunächst einmal eine ungewohnte Situation dar und für die Teilnehmer zudem auch noch eine, in der sie beobachtet und ihre Kompetenzen eingeschätzt werden. Eine gewisse Anspannung ist dementsprechend bei jedem Teilnehmer vorhanden, und nur die wenigsten werden sich einem AC ausschließlich mit positiver Neugier und Interesse nähern. Schließlich hat die Einschätzung, die dort im AC vorgenommen wird, immer auch etwas mit Bewertung zu tun. So verhaltensbezogen das AC und die Beobachtungsinstrumentarien auch konzipiert sind (vgl. Kapitel 6.1) und das Feedback an den Teilnehmer gegeben wird, letztendlich kann eine Einschätzung der individuellen Kompetenzen nicht getrennt von der Person gesehen werden. Und wer möchte nicht von anderen positiv gesehen werden? Darüber hinaus wird in Auswahl-ACs über die berufliche Karriere von Teilnehmern entschieden. Selbst, wenn in internen ACs keine Auswahlentscheidung getroffen wird, bestehen häufig Befürchtungen, denn der Großteil der Beobachter, die den Teilnehmer in den verschiedenen Situationen sehen, sind Führungskräfte und Entscheider aus dem gleichen Unternehmen, Personen also, denen der Teilnehmer auch künftig begegnen wird. Es ist nur zu gut zu verstehen, dass er oder sie sich vor diesen Personen positiv präsentieren und ein gutes Bild hinterlassen möchte.

Das Assessment Center bringt daher von Natur aus viele Eigenschaften mit, die bei Teilnehmern Anspannung, Nervosität und auch Stress verursachen können. Ziel der Gestaltung von Assessment Centern ist es jedoch keinesfalls, alleine die Reaktion von Teilnehmern auf stressende Situationen zu erheben. Mit realitätsnahen Assessment Centern versucht man, eine möglichst »echte« Situation zu schaffen, mit der die Teilnehmer sich zum einen gut identifizieren können und die zum anderen zu möglichst guten Eignungs- oder Potenzialaussagen führt. Stress führt jedoch dazu, dass Teilnehmer eben nicht die Verhaltensweisen zeigen, die typisch für sie und ihre Herangehensweise in realen Arbeitssituationen sind, sondern eben solche, die typisch für sie und ihr Verhalten in Stresssituationen sind. Selbstverständlich kann auch der Arbeitsalltag zuweilen stressend sein. Dabei handelt es sich jedoch zumeist um eine andere Art von Stress. Hier steht z. B. Zeitdruck im Vordergrund, weniger jedoch Stress im Sinne von »Prüfungsangst«. Auch wenn ein AC immer eine Art Prüfungssituation darstellt, muss schon alleine aus Gründen der Gültigkeit der AC-Ergebnisse ein zentrales Ziel in der Realisierung von ACs sein, dass Teilnehmer nicht primär Stresssymptome, sondern möglichst realistische Leistungen zeigen können.

Darüber hinaus spielt diesbezüglich auch die jeweilige Unternehmenskultur eine bedeutende Rolle. Viele Unternehmen werden auf bewusste Stressprovokation oder störende Rahmenbedingungen auch aufgrund ihrer eigenen Philosophie des Umgangs mit Mitarbeitern und Bewerbern verzichten. Dieser Aspekt ist auch für Verfahren mit externen Bewerbern zu berücksichtigen, die das Unternehmen noch nicht intensiv haben kennen lernen können, denn für sie stellt das Auswahlverfahren einen entscheidenden Indikator für die Kultur des Unternehmens dar. Somit hat auch ein Assessment Center Personalmarketing-Charakter und beinhaltet die Chance, das Unternehmen positiv darzustellen.

Teilnehmerorientierte Gestaltung von Assessment Centern bedeutet jedoch nicht, die Ansprüche zu senken. Übungen im AC können durchaus als herausfordernd erlebt werden, und am Ende eines AC-Tages werden viele Teilnehmer berichten, es sei anstrengend gewesen. Teilnehmerorientierte Gestaltung bedeutet vielmehr, dass anspruchsvolle Inhalte mit klarer Leistungsorientierung so wertschätzend und fair realisiert werden, dass Teilnehmer sich möglichst schnell in der Lage fühlen, ihre realen Stärken zu zeigen und ihre Leistungsfähigkeit unter Beweis zu stellen.

Welche Stellgrößen existieren nun, um eine teilnehmerorientierte Realisierung zu erzielen?

7.1.1 Gestaltung einer angenehmen Atmosphäre

Zur Gestaltung einer angenehmen Atmosphäre gibt es viele verschiedene Möglichkeiten. Diese beziehen sich zum einen auf den persönlichen Kontakt mit den anwesenden Beobachtern und Organisatoren, zum anderen auch auf die Gestaltung des zeitlichen Ablaufs sowie der Übungsinhalte:

7.1.1.1 Die Einführungsrunde

Ein Assessment Center sollte nie direkt mit einer Übung starten, sondern immer mit einer Einführungsrunde, in der die Teilnehmer die Gelegenheit haben, die Beobachter und alle anderen an dem Verfahren beteiligten Person kennen zu lernen. Für diese erste gemeinsame Runde sollte im Zweifelsfall ruhig bis zu einer Stunde Zeit eingeplant werden, vor allem aber sollte der Moderator bereits hier bemüht sein, eine persönliche und wertschätzende Atmosphäre zu schaffen (vgl. Kapitel 7.1.2.2).

7.1.1.2 Der Umgang der Beteiligten untereinander

Manche Richtlinien zur AC-Gestaltung sehen eine strikte Trennung der Gruppe der Teilnehmer von der der Beobachter außerhalb der Übungen vor. Im Sinne einer Laborsituation sollen Einflüsse und Beobachtungen neben den eigentlichen systematischen Beobachtungen während der Übungen vermieden werden. Dies führt tatsächlich häufig zu einer Atmosphäre, die der eines Labors ähnlich ist. Der Nutzen der methodisch »sauberen« Beobachtung wiegt dabei jedoch kaum den Nachteil der sterilen Atmosphäre auf. Vielmehr sollte im Rahmen der Beobachterschulung die Problematik der Beobachtungen in den Pausen, am Abend etc. thematisiert werden, um für diese Gefahr zu sensibilisieren. Die Beziehung zwischen Beobachtern und Teilnehmern muss keinesfalls unterkühlt, sondern kann durchaus persönlich geprägt sein. Gemeinsame Programmpunkte, wie zum Beispiel ein gemeinsames Abendessen am Vorabend, stellen eine gute Möglichkeit zum frühzeitigen Abbau von Anspannung und Nervosität dar.

7.1.1.3 Der eigene Vorgesetzte als Beobachter

Im Rahmen von internen Assessment Centern kann es dazu kommen, dass der Teilnehmer auf den eigenen Vorgesetzten in der Rolle des Beobachters trifft. Eine solche Konstellation bringt Vor- und Nachteile mit sich, die in der jeweiligen Situation sorgfältig gegeneinander abgewogen werden sollten. Der Nachteil besteht darin, dass sich für diejenigen Teilnehmer, deren Vorgesetzter anwesend ist, eine besondere Beobachtungssituation ergibt. Einige erleben diese Situation als sehr angenehm und sind froh darüber, dass ihre Führungskraft anwesend ist, die gegenüber den anderen Beobachtern auch einmal das ein oder andere Ergebnis »geraderücken« oder eine Verhaltensweise durch Erklärungen aus dem Arbeitsalltag erläutern kann. Andere Teilnehmer reagieren zuweilen befangen, vor einer nicht neutralen Person zu agieren. Es besteht somit die Gefahr, dass die Beobachtungssituation durch diese Konstellation beeinflusst wird – egal, in welcher Richtung.

Auf der anderen Seite besteht der Vorteil einer solchen Situation darin, dass der Vorgesetzte selbst die Ergebnisse des ACs besser nachvollziehen kann und somit auch die daraus abzuleitenden Konsequenzen und Folgemaßnahmen überzeugter mitträgt.

In Auswahl-ACs sollte der zukünftige Vorgesetzte immer mit anwesend sein, damit er sich persönlich ein Bild von der Passung des internen oder externen Bewerbers auf die Position machen kann.

7.1.1.4 Betreuung der Teilnehmer

Im Einzel-AC konzentrieren sich die Beobachter einen ganzen Tag lang auf einen Teilnehmer, stehen in ständigem Kontakt mit ihm und können sich um dessen Fragen oder Probleme kümmern, Übungen erläutern etc. Im Gruppen-AC ist eine derartige Betreuung der Teilnehmer durch die Beobachter nicht möglich. Daher sollte während des gesamten ACs mindestens eine zusätzliche Person zur Verfügung stehen, die Übungen an die Teilnehmer ausgibt, organisatorische und inhaltliche Fragen beantwortet, Materialien zur Verfügung stellt und sich auch darüber hinaus bei Problemen um die Teilnehmer kümmern kann. Diese Person im Back-Office kann gleichzeitig für die Zusammenführung der Ergebnisse und die Vorbereitung der Beobachterkonferenz zuständig sein. Sie kann sich darüber hinaus auch um alle organisatorischen Details im Verlauf des ACs kümmern, für die die Beobachter aufgrund des häufig sehr straff geplanten Zeitablaufs keine Gelegenheit haben.

7.1.1.5 Die Planung von Vorbereitungszeiten

Einer der vermeidbaren Stressfaktoren im Assessment Center besteht in der häufig zu kurzen Vorbereitungszeit für die verschiedenen Übungen. Die Teilnehmer sehen sich dann in der Situation, Stehgreifpräsentationen zu halten, eine Gesprächssimulation nach fünfminütiger Einarbeitung zu führen etc. Für diesen hohen Zeitdruck besteht jedoch keinerlei Veranlassung. Zuweilen erweckt es den Eindruck, als wollten die Organisatoren von AC mit Hilfe von kurzen Vorbereitungszeiten spontanes und damit möglichst echtes, unverfälschtes Verhalten beobachten. Das Gegenteil ist jedoch der Fall. Die Ergebnisse, die so beobachtet werden können, sind genau die, die der Teilnehmer erzielt, wenn er eben schlecht vorbereitet ist. Um zu erkennen, welche Leistung ein Teilnehmer tatsächlich erbringen kann, sollte er daher auch die Möglichkeit haben, sich so vorzubereiten, wie er es im echten Arbeitsleben auch würde, damit er seine maximale Leistungsfähigkeit tatsächlich unter Beweis stellen kann.

Eine Ausnahme hierzu stellen manche analytisch-konzeptionellen Übungen, wie z. B. Postkorbübungen oder Handlungsorientierte Fallstudien dar (vgl. Kapitel 5.2). Hier sollen häufig analytische Kompetenzen im Sinne einer möglichst schnellen Auffassungsgabe erfasst werden. Stehen solche Anforderungskriterien im Vordergrund, kann es in einzelnen Übungen sinnvoll sein, nur recht eng begrenzte Zeit zur Verfügung zu stellen.

7.1.1.6 Die Planung von Pausen

Vor allem in Gruppen-ACs besteht die Herausforderung bei der Erstellung von Zeitplänen (vgl. Kapitel 7.2.2) weniger darin, dass zu wenig Zeit für die Vorbereitung der Teilnehmer zur Verfügung steht. Vielmehr besteht die knappe Ressource zumeist in der Zeit der Beobachterteams. Daher entstehen häufig längere Pausen für die Teilnehmer. Grundsätzlich sind Pausen für die Teilnehmer natürlich begrüßenswert, um zwischendurch auch Erholung zu ermöglichen. Längere Wartezeiten werden von Teilnehmern jedoch häufig als unangenehmer erlebt als Zeitdruck, da sie zwischenzeitlich immer wieder neue Nervosität aufbauen oder »gerade so richtig drin waren« und weiterarbeiten wollen, jedoch aufgrund ihres Zeitplans gebremst werden. Nachdem also sinnvolle Pausen für Erholung und Essen eingeplant worden sind, sollten verbleibende Pausenzeiten sinnvoll gefüllt werden. Hier besteht zum einen die Möglichkeit, komplexe Analyse- und Konzeptionsübungen einzuplanen, für deren Vorbereitung bis zu mehreren Stunden benötigt werden. Zum anderen kann im Gruppen-AC auch eine gemeinsame Aufgabe für die gesamte Teilnehmergruppe, die nicht unbedingt beobachtet oder bewertet werden muss, ein attraktiver Pausenfüller sein. Mögliche Aufgaben dieser Art wären z. B. innerhalb eines ACs, in dem die Übungen in ein gemeinsames Marketing-Szenario integriert sind, das gemeinsame Entwerfen eines Produktlogos oder die Vorbereitung und konkrete Durchführung einer Kundeninformationsveranstaltung.

Sollen die Teilnehmer eines Gruppen-ACs noch am gleichen Tag nach der Beobachterkonferenz Feedback erhalten, so entsteht eine weitere lange und unangenehme Pause während der Beobachterkonferenz, in der einige Teilnehmer sich in die Schulzeit zurückversetzt fühlen, als sie auf die Zeugnisvergabe warteten. Auch solche Assoziationen sollten vermieden und die Wartezeit mit entsprechendem Programm gefüllt werden. Je nach Zielgruppe, Durchführungsort und Budget kommen vielfältige Möglichkeiten in Frage: Informationen über das Unternehmen (für externe Bewerber), Ehemalige berichten über ihre Erfahrungen aus dem Förderprogramm (für ACs im Rahmen von Förderprogrammen), aber auch Vorträge, eine Führung durch das nahegelegene Schloss oder ein Golf-Schnupperkurs.

7.1.2 Gewährleistung von Transparenz

Assessment Center mit Beobachtern, die ihre geheimnisvollen Bögen ausfüllen und sich zu einer Beobachterkonferenz hinter verschlossenen Türen treffen, haben häufig etwas Mysteriöses. Im Sinne der Teilnehmerorientierung sollte es oberstes Ziel sein, möglichst viel dieses Mysteriums aufzudecken. Nur so kann den Teilnehmern das Gefühl gegeben werden, sich in einer berechenbaren Situation zu befinden und nicht einfach einem undurchschaubaren Prozedere ausgeliefert zu sein. Transparenz ist daher ein zentrales Kriterium der teilnehmerorientierten Vorgehensweise und maßgeblich entscheidend für die Akzeptanz und Qualität des Verfahrens.

7.1.2.1 Frühzeitige Information der Teilnehmer

Transparenz beginnt daher mit der frühzeitigen Kommunikation der Ziele und Vorgehensweisen im Assessment Center sowie resultierenden Konsequenzen und Folgemaßnahmen (vgl. Kapitel 4). Dies gilt keinesfalls nur für interne Teilnehmer. Auch externe Bewerber sollten immer mit Informationen zum Auswahlverfahren versorgt werden.

7.1.2.2 Nähere Informationen in der Einführungsrunde

Zu Beginn eines Assessment Centers bietet sich eine Einführungsrunde nicht nur zur persönlichen Vorstellung der beteiligten Personen an, sondern auch zur Erläuterung der Übungstypen und Klärung von Fragen. Des weiteren wird durch Darlegung und Erläuterung der Anforderungsdimensionen Transparenz bezüglich der relevanten Entscheidungskriterien vermittelt.

Tool 13: Checkliste Einführungsrunde

- ❑ Allgemeine Begrüßung und Vorstellung des Moderators; evtl. Abfrage bisheriger AC-Vorerfahrung
- ❑ Vorstellungsrunde aller beteiligten Personen inklusive der im AC eingenommenen Rollen (Teilnehmer, Beobachter, Rollenspieler, im Gruppen-AC Betreuer im Back-Office)
- ❑ Einordnung des Verfahrens in das Gesamtkonzept der Personalauswahl bzw. Personalentwicklung
- ❑ Grundidee des Assessment Centers
- ❑ Erläuterung der teilnehmerorientierten Vorgehensweise
- ❑ Vorstellung und Erläuterung der einzelnen Übungstypen
- ❑ Vorstellung und Erläuterung des Anforderungsprofils
- ❑ Darstellung eines Teilnehmerzeitplans
- ❑ Darstellung der organisatorischen Rahmenbedingungen
- ❑ Darstellung des weiteren Vorgehens nach dem AC (Ergebnisbericht, Personalentwicklungsmaßnahmen etc.)
- ❑ Offene Fragen seitens der Teilnehmer

7.1.2.3 Zwischenfeedback

Auch Zwischenergebnisse im Sinne einzelner Beobachtungen direkt nach Übungen müssen kein Geheimnis sein. Es kann durchaus jeweils nach einer Simulation bzw. Übung ein kurzes Feedbackgespräch angeschlossen werden, in dem der Teilnehmer bereits prägnante Eindrücke geschildert bekommt und erste Tipps erhält. Diese Vorgehensweise ist insofern sehr interessant, als die Verhaltensbandbreite des Teilnehmers sowie seine kurzfristige Flexibilität überprüft werden können, indem der Teilnehmer in einer nächsten ähnlichen Situation versucht, die Tipps umzusetzen. Bedingung ist hierbei, dass das gleiche Beobachterteam die veränderte Vorgehensweise beobachtet. Gehören die Verhaltensflexibilität bzw. die Fähigkeit, Erlerntes schnell in verändertes Verhalten umzusetzen, zu den zentralen Anforderungskriterien, so ist dies vor allem in Assessment Centern, die rein zur Personalentwicklung genutzt werden, ein sehr guter Weg. Es sollte jedoch zunächst die Gelegenheit bestehen, dass sich die Beobachter kurz über ihre Eindrücke austauschen, damit dem Teilnehmer direkt nach der Übung keine gegensätzlichen Empfehlungen vermittelt werden.

In Auswahlverfahren sowie in allen Situationen, in denen die Feststellung des Status quo im Vordergrund steht, sollte vom Zwischenfeedback eher Abstand genommen werden, da es zu einem eher experimentellen Umgang mit Folgesituationen führt und bei manchen Teilnehmern zum »Kippen« des erwünschten Effektes in ein entgegengesetztes Extrem führt, denn das Gefühl für das richtige Maß fehlt noch. So kann es passieren, dass einem Teilnehmer nach seinem ersten Mitarbeitergespräch zurückgemeldet worden ist, dass er seine Erwartungshaltungen und auch seine Kritik im Gespräch deutlicher formulieren sollte, und er dann in seinem zweiten Mitarbeitergespräch unverhältnismäßig dominant agiert, indem er nicht nur klar in seinen Aussagen ist, sondern in seiner Klarheit auch verletzend formuliert, den Mitarbeiter unterbricht, die Lautstärke steigert etc. Ein Bewerber würde in einer solchen Situation leicht reklamieren, man habe ihm doch gesagt, er solle sich deutlicher positionieren, was wiederum die Akzeptanz der Auswahlentscheidung in Frage stellt. In internen Potenzialanalyse-Verfahren jedoch, in denen auch solche »Ausrutscher« keine negative Relevanz für den Teilnehmer haben, ist der experimentelle Umgang mit Übungen, Zwischenfeedback und erneutem Versuch eine Vorgehensweise, die für Teilnehmer und Beobachter sehr interessant ist und von Teilnehmern sehr geschätzt wird. Das AC gewinnt auf diese Art und Weise bereits einen Coaching- und Trainings-Charakter. Allerdings muss man sich jederzeit darüber im Klaren sein, dass diese Vorgehensweise, sieht man einmal von den Anforderungen Lernfähigkeit und Verhaltensflexibilität ab, die Aussagekraft der Ergebnisse vermindern kann, denn es handelt sich in der Folgesituation häufig nicht mehr um typisches Verhalten eines Teilnehmers.

Unabhängig davon, ob die Entscheidung für oder gegen Zwischenfeedback getroffen wird, wichtig ist in jedem Fall, dass eine eindeutige Regelung geschaffen wird, nach der im Gruppen-AC jedes Beobachterteam gleichermaßen vorgeht, d. h. nach den gleichen Übungen Feedback gibt oder nicht.

7.1.2.4 Die Aufforderung, Fragen zu stellen

Durch die wiederholte Aufforderung zum Fragen wird es den Teilnehmern bei Verständnisschwierigkeiten ermöglicht, diese schnellstmöglich zu beseitigen und somit auch zu vermeiden, dass AC-Ergebnisse an Aussagekraft verlieren, da z. B. die Zielsetzung einer Übung missinterpretiert wurde. Fragen können sowohl inhaltlicher als auch organisatorischer Natur sein. Die Vermeidung unnötiger Missverständnisse und des Gefühls, mit den Übungen allein gelassen zu sein, sollte hier an erster Stelle stehen. Dies gilt auch für den Start einer jeden Übung im Beobachterteam. Hier sollte immer zuerst geklärt werden, ob Verständnisschwierigkeiten aufgetreten sind.

7.1.3 Schaffen von Teilnehmer-Nutzen

Die Durchführung von Assessment Centern mit internen und externen Bewerbern ermöglicht es dem Unternehmen, personalrelevante Entscheidungen auf der Basis vielfältiger Informationen über die einzelnen Bewerber oder Teilnehmer zu treffen. Dies ist der primäre Nutzen eines ACs. Das Unternehmen ist jedoch nicht die einzige Partei, die in diesen Prozess investiert. Auch die Teilnehmer investieren ihre Zeit und ihr Engagement und setzen sich einer meist unbekannten Situation aus. Insofern sollten auch die Teilnehmer, seien es interne oder externe, unmittelbar von ihrer Teilnahme profitieren. Dies ist nicht nur eine Frage der Fairness, sondern auch wiederum ein entscheidender Erfolgsfaktor im Sinne der Akzeptanz des Verfahrens. Um für Teilnehmer einen individuellen Nutzen zu schaffen, bieten sich die im Folgenden dargestellten Möglichkeiten an.

7.1.3.1 Individuelles Feedback

Im Anschluss an ein Assessment Center sollte mit jedem Teilnehmer ein individuelles Feedback-Gespräch geführt werden (vgl. Kapitel 8.1), in dessen Verlauf dem Teilnehmer die Eindrücke und Bewertungen seitens der Beobachter mitgeteilt werden und er die Möglichkeit erhält, den Beobachtern seine eigenen Eindrücke und Erfahrungen mitzuteilen. Gemeinsam werden die Ergebnisse reflektiert und Ideen für die weitere Entwicklung sowie Unterstützungsmöglichkeiten gesammelt. Auch bei abgelehnten externen Bewerbern führt ein unterstützendes Feedback mit wertvollen Tipps dazu, dass die Entscheidung leichter akzeptiert wird, sie die Zeit dennoch als nutzbringend investiert empfinden und letztendlich das Unternehmen in guter Erinnerung behalten.

In Gruppen-Assessment Centern wird häufig aufgrund der durch die Beobachterkonferenz entstehenden Wartezeit auf ein unmittelbar anschließendes Feedbackgespräch verzichtet, so dass das Gespräch erst einige Tage oder Wochen später erfolgt. Hier gilt es abzuwägen, welche negativen Konsequenzen überwiegen. Bei direkt anschließendem Feedback wird die vorhergehende lange Pause während der Beobachterkonferenz von den Teilnehmern häufig als sehr unangenehm erlebt. Bei späterem Feedback sind gewöhnlich die Eindrücke der Beobachter und Teilnehmer nicht mehr gleichermaßen präsent wie am letzten AC-Tag. Darüber hinaus beklagen Teilnehmer zuweilen, aus einem ein- oder mehrtägigen AC mit einem diffusen Bauchgefühl bezüglich ihrer erzielten Ergebnisse entlassen zu werden. Eine gute Möglichkeit, dieses Dilemma aufzulösen, besteht darin, die Pausenzeit während der Beobachterkonferenz sinnvoll zu füllen (vgl. Kapitel 7.1.1.6).

7.1.3.2 Videoaufnahmen

Eine weitere Möglichkeit zum Schaffen zusätzlichen Teilnehmer-Nutzens besteht in der Erstellung von Videoaufnahmen von den verschiedenen Übungen. Der Teilnehmer kann nach eigenem Wunsch über eine Videokamera das Verhalten in einer Übung (z. B. Gespräch mit einem Kunden) aufnehmen lassen. Er erhält dadurch die Möglichkeit, auch nach Beendigung des Assessment Centers mit zeitlichem Abstand das eigene Verhalten noch einmal zu reflektieren und die Tipps aus dem Feedback nachzuvollziehen. Die Aufnahmen sollten jedoch nur auf Wunsch des Teilnehmers gemacht werden, da manche Teilnehmer sich durch eine Videokamera zusätzlich verunsichert fühlen.

Darüber hinaus eignet sich diese Verfahrensweise nur für interne Entwicklungs-AC ohne Auswahlcharakter, da hier der Fördergedanke im Vordergrund steht. Bei Auswahl-Assessment Centern sollte schon alleine deshalb auf Videoaufnahmen verzichtet werden, da im Falle von Anfechtungen von Auswahlentscheidungen das Video als »Beweisstück« genutzt werden könnte, an dem sich langwierige und wenig fruchtbare Diskussionen über die Richtigkeit getroffener Entscheidungen entfachen könnten.

7.1.3.3 Schriftliche Ergebnisberichte

Schriftliche Ergebnisberichte (vgl. Kapitel 8.2), die auch den Teilnehmern nach dem AC zur Verfügung gestellt werden, ermöglichen eine vertiefte Reflexion der individuellen Stärken und Verbesserungsfelder. In diesem Bericht sollten auch bereits Vorschläge für Personalentwicklungsmaßnahmen enthalten sein, so dass der Teilnehmer klare Handlungsempfehlungen aus dem AC erhält. Die Anfertigung von Ergebnisberichten sollte bei allen internen AC-Verfahren zumindest in Form von prägnanten Ergebniszusammenfassungen erfolgen. Im Falle externer Teilnehmer stellt sich die Frage nach der Kosten-Nutzen-Relation. Auf der einen Seite entstehen je nach Detailliertheit des Berichtes im Falle abgelehnter Bewerber zusätzliche Aufwendungen für Personen, die nicht im Unternehmen beschäftigt werden. Auf der anderen Seite besteht hier im Sinne des Personalmarketings die Möglichkeit, sich auf dem Arbeitsmarkt positiv von anderen Unternehmen abzuheben, denn nur wenige Unternehmen lassen abgelehnten externen Bewerbern bisher diese Leistung zukommen.

7.2 Organisation und Vorbereitung von Assessment Centern

Der Alptraum eines AC-Verantwortlichen besteht wohl in folgender Situation: Zwei der zwölf Teilnehmer stehen vor dem gleichen Beobachterraum und behaupten, nach ihrem Zeitplan hätten sie beide eine Präsentation vor diesem Team. Gleichzeitig stellt ein dritter Teilnehmer fest, dass keine Folien zur Anfertigung von Präsentationsunterlagen mehr vorhanden sind, und eines der Beobachterteams reklamiert, dass in seinem Raum keine Videokamera steht. Die Beobachterkonferenz dauert zwei Stunden länger als geplant, und das für die Teilnehmer vorgesehene Programm ist schon lange beendet. Vor allem Gruppen-Assessment Center sind sehr aufwendig in der Organisation und Durchführung und müssen detailliert geplant werden, um einen reibungslosen Ablauf sicherzustellen sowie die Zeit der vielen beteiligten Personen möglichst effizient zu nutzen. In den folgenden Abschnitten ist dargestellt, wie der erforderliche Bedarf an Personen geplant wird, nach welcher Systematik vernetzte Zeitpläne erstellt werden, welche Räumlichkeiten benötigt werden, und letztlich, welche Materialien für Teilnehmer und Beobachter vorhanden sein sollten. Dabei wird zunächst auf die komplexere Organisation von Gruppen-Assessment Centern eingegangen. Hinweise zur Planung und Durchführung von Einzelverfahren befinden sich jeweils am Ende der einzelnen Unterkapitel.

7.2.1 Personenbedarf

Für die Planung eines Assessment Centers gibt es bezüglich des Bedarfs an beteiligten Personen Richtwerte, deren Einhaltung den größtmöglichen Nutzen und Effizienz bei gleichzeitig teilnehmerorientierter Vorgehensweise ermöglicht. Sicherlich können in speziellen Situationen auch Abweichungen von den hier vorgeschlagenen Werten durchaus erfolgreich sein, dabei sollten im konkreten Fall jedoch Vor- und Nachteile abgewogen werden.

Gemäß dem Prinzip der Mehrfachbeobachtung (vgl. Kapitel 1.3.3) sollen die Teilnehmer in den verschiedenen Übungen stets von mehreren Personen beobachtet werden. Zuweilen wird dieses Prinzip so realisiert, dass die Teilnehmer von allen beteiligten Beobachtern gleichzeitig beobachtet werden. Dies ist jedoch in Hinblick auf die Nutzung der zur Verfügung stehenden knappen Zeitressourcen ineffizient. Es empfiehlt sich daher, für die Beobachtung sogenannte Beobachterteams zu bilden, die parallel agieren und zumeist hinsichtlich ihrer personellen Zusammensetzung im Laufe des ACs konstant bleiben. Auf diese Art und Weise ist es möglich, mit mehreren Teilnehmern zur gleichen Zeit Übungen in verschiedenen Räumen durchzuführen. Die Aufteilung der Beobachter in Beobachterteams bedingt, dass vernetzte Zeitpläne erstellt werden, so dass sowohl Beobachter als auch Teilnehmer zu jeder Zeit ersehen können, was für sie der nächste Programmpunkt im Rahmen des ACs sein wird. In Abschnitt 2.2 wird detailliert erläutert, wie diese, häufig komplexen, Zeitpläne erstellt werden. Eine weitere Konsequenz aus der parallelen Durchführung von Übungen in mehreren Beobachterteams besteht darin, dass auch die Raumplanung etwas komplexer wird. Dabei ist es für alle Beteiligten am einfachsten, wenn jedes Beobachterteam einen eigenen Raum erhält, in dem es sich während der Übungsdurchführungen aufhält. Die Teilnehmer können sich in einem weiteren speziellen Raum auf die verschiedenen Übungen vorbereiten und gehen von hier aus zu den einzelnen Teams in den jeweiligen Raum.

7.2.1.1 Anzahl der Teilnehmer

Bezüglich der Anzahl der Teilnehmer an einem Gruppen-AC sollte als Richtwert eine maximale Gruppengröße von 12 Teilnehmern eingehalten werden. Sind aus Gründen der Praktikabilität größere Gruppen notwendig, so ist eine Erweiterung der Teilnehmerzahl prinzipiell auch um ein Vielfaches realisierbar. Dies führt allerdings häufig zu einer negativen Beeinflussung der Atmosphäre, und die Teilnehmer erhalten leicht den Eindruck einer »Massenabfertigung«. Darüber hinaus müssen im Falle einer größeren Teilnehmergruppe sehr viele Teilnehmer in einer Beobachterkonferenz besprochen werden, was zum einen zu einer weiteren Verlängerung der Beobachterkonferenz führt. Zum anderen kann, je nach Anzahl der Übungen, die Situation entstehen, dass Teilnehmer von einigen Beobachterteams im Laufe des ACs gar nicht beobachtet wurden. Die Beobachter befinden sich dann in einer sehr langen Beobachterkonferenz, zu der sie nur in Teilen etwas beitragen können. Eine gute Möglichkeit zur Lösung dieser Problematik besteht in der parallelen Durchführung mehrerer kleiner ACs mit eigenen Beobachterkonferenzen. So werden aus einem AC mit 18 Teilnehmern zwei parallele Veranstaltungen mit je neun Teilnehmern. Organisatorisch bedeutet dies kaum Mehraufwand.

7.2.1.2 Anzahl der Beobachter

Bezüglich der Zusammensetzung eines Beobachterteams empfiehlt sich eine Kombination aus einem erfahrenen AC-Durchführer, einem Experten aus dem Personalbereich (häufig in Personalunion mit dem erfahrenen Durchführer) und einer Führungskraft, die idealerweise über gute Kenntnisse über die Zielposition verfügt. Dabei übernimmt der erfahrene AC-Durchführer in der Rolle des Moderators die Verantwortung für die Erläuterung der Übungen, die Leitung der kurzen Beobachterabstimmungen im Beobachterteam, die Einhaltung des Zeitplans und häufig auch die Funktion des Rollenspielers in Rollenübungen.

Die Anzahl der Beobachterteams ist abhängig von der Art der Übungen im AC. Wird eine Kombination verschiedener Übungstypen verwendet (vgl. Kapitel 5), so hat sich die 3er-Regel bewährt: Für jede Gruppe von drei Teilnehmern wird ein Beobachterteam gebildet. So werden beispielsweise für neun Teilnehmer drei Beobachterteams gebildet. Bei zehn Teilnehmern empfiehlt sich bereits die Bildung eines vierten Beobachterteams. Die effizientesten Lösungen werden somit dann erzielt, wenn eine durch drei dividierbare Teilnehmeranzahl vorhanden ist. Die Relation von einem Beobachterteam für eine Gruppe von maximal drei Teilnehmern ermöglicht einen effizienten Zeitablauf ohne allzu große Wartezeiten für die Teilnehmer.

Viele Unternehmen realisieren auch ein Verhältnis von mehr als drei Teilnehmern pro Beobachterteam, müssen dabei jedoch häufig Nachteile in Kauf nehmen. So werden aus ökonomischen Gründen z. B. sehr viele Gruppenübungen durchgeführt, in denen viele Teilnehmer zur gleichen Zeit beobachtet werden können. Gruppenübungen alleine können jedoch selten alle relevanten Anforderungen oder Kernaufgaben einer Zielposition abdecken, so dass die Aussagefähigkeit der AC-Ergebnisse in Frage gestellt wird. Zuweilen wird die Wartezeit der Teilnehmer auch dadurch überbrückt, dass diese als zusätzliche Beobachter den Übungen der anderen Teilnehmern beiwohnen. Sowohl aus Gründen der Ergebnisverzerrung als auch der Wahrung einer vertraulichen Atmosphäre innerhalb der Übungen sollte hiervon jedoch Abstand genommen werden.

7.2.1.3 Beteiligung der Arbeitnehmervertretung

Zur Sicherung der Mitarbeiterinteressen und zur Überwachung des Verfahrens nehmen oftmals auch Mitglieder der Arbeitnehmervertretung an den AC-Veranstaltungen teil. Hier hat sich die Rolle des Prozessbeobachters bewährt, d. h. Mitglieder der Arbeitnehmervertretung konzentrieren sich auf die Beobachtung und Bewertung des AC-Verfahrens und nehmen, vor allem in Assessment Centern mit internen Teilnehmern, nicht an der Einschätzung der Teilnehmer teil. Aus dieser Position heraus ist es den Mitgliedern der Arbeitnehmervertretung möglich, ein angemessenes Urteil über das eingesetzte Verfahren abzugeben, ohne dass Irritationen auf Seiten der Teilnehmer darüber aufkommen, dass sie »von dem Kollegen aus dem Betriebsrat« eingeschätzt werden. Darüber hinaus kann es auch – je nach Einschätzung der unternehmensspezifischen Brisanz dieser Problematik – sinnvoll sein, von den Teilnehmern individuell eine explizite Einwilligung einzuholen, dass sie damit einverstanden sind, wenn Mitglieder der Mitarbeitervertretung an der Beobachtung teilnehmen.

7.2.1.4 Back-Office-Unterstützung

Zur organisatorischen und administrativen Unterstützung bezüglich des Gesamtverfahrens und zur Sicherstellung der Beantwortung von Teilnehmerfragen ist im Gruppen-AC der Einsatz eines Back-Offices sinnvoll. Das Back-Office besteht dabei aus ein bis zwei Personen, die sowohl die Einhaltung des Zeitplans durch die einzelnen Beobachtergruppen als auch die Vorbereitungszeiten für die Teilnehmer steuern und ggf. korrigierend eingreifen können. Gleichzeitig händigt das Back-Office den Teilnehmern die benötigten Unterlagen aus und steht für inhaltliche und organisatorische Fragen zur Verfügung. Auch die Zusammenführung der Beobachtungsergebnisse aus den einzelnen Teams für die Beobachterkonferenz wird zumeist vom Back-Office vorgenommen. Dem Back-Office kommt dabei eine generelle Schnittstellenfunktion zwischen den Teilnehmern, den Beobachtern und ggf. externen Personen (z. B. Hotel-Veranstaltungsservice) zu, durch die ein reibungsloser Ablauf sichergestellt wird. Für Assessment Center bis zu neun Personen ist eine erfahrene Back-Office-Unterstützung ausreichend. Bei größeren Assesment Centern sollten zwei Personen anwesend sein. Sind Testverfahren Bestandteil des ACs (vgl. Kapitel 5.6), die während des ACs vom Back-Office ausgewertet werden sollen, so sind nicht nur die für die Auswertung benötigten zeitlichen Kapazitäten im Back-Office zu berücksichtigen. Verantwortliche Personen im Back-Office müssen in diesem Falle auch über die entsprechenden Kenntnisse in der Auswertung standardisierter Testverfahren verfügen. Hierzu gehören psychologische Grundkenntnisse sowie auch eine gute Einarbeitung bzw. Erfahrung in der Anwendung von Testverfahren.

7.2.1.5 Rollenspieler

Falls die Moderatoren der Beobachterteams nicht über Erfahrung als Rollenspieler verfügen oder das Beobachterteam nur aus zwei Personen besteht, empfiehlt sich für Rollenübungen der Einsatz von Rollenspielern. Hier greifen viele Unternehmen auf Personen mit guten schauspielerischen Fähigkeiten zurück, die über die entsprechende Zeit verfügen. Nicht selten fällt dabei die Wahl auf Trainees oder Praktikanten. Vor dem Hintergrund des insgesamt hohen Personalaufwandes im AC ist diese Wahl gut nachvollziehbar. Allerdings besteht bei Einsatz eines wenig berufserfahrenen Rollenspielers die Gefahr, dass der Rollenspieler selbst noch nicht über die notwendige Verhaltensbandbreite verfügt, um sich entsprechend auf die Vorgehensweise des Teilnehmers einzustellen und dessen Kompetenzen und Potenziale möglichst gut sichtbar zu machen (vgl. Kapitel 5.3.2.3). Bei sowohl inhaltlich als auch rhetorisch wenig erfahrenen Rollenspielern besteht zudem die Gefahr, den Argumenten eines berufserfahrenen Teilnehmers nichts entgegensetzen zu können als ein schlichtes »Nein«. Dies führt zum einen zu unrealistischen Gesprächssituationen, zum anderen besteht die Gefahr einer unnötigen Gesprächseskalation, die ein erfahrener Rollenspieler zu vermeiden weiß.

7.2.1.6 Personenbedarf im Einzel-Assessment

Das Einzel-Assessment ist dadurch charakterisiert, dass sich die Beobachter im Laufe zumeist eines Tages auf einen Teilnehmer konzentrieren. Dabei ist das einzige Beobachterteam prinzipiell gleichermaßen zusammengestellt, wie dies auch im Gruppen-AC der Fall ist. Da Einzel-Assessments zumeist zu Auswahlzwecken durchgeführt werden, sind die Beobachter hier sowohl Mitarbeiter des Personalbereiches als auch der zukünftige Vorgesetzte des Teilnehmers. Selbstverständlich ist auch im Rahmen eines Einzel-Assessments eine Form der Rotation der Beobachter möglich, falls mehrere Personen an dem Auswahlverfahren beteiligt sein sollen. Ein Teil des Beobachterteams wechselt in diesem Falle im Laufe eines Tages. Ein solches Vorgehen ist vor allem dann zu empfehlen, wenn mehr als drei Personen an dem Auswahlverfahren beteiligt sein sollen, denn ein Beobachterteam, dass mehr als drei Personen umfasst, kann sich negativ auf die Atmosphäre im Einzel-Assessment auswirken, da der Teilnehmer sich konstant vier oder gar mehr Personen gegenübergestellt sieht.

Darüber hinaus können auch mehrere Einzel-Assessments parallel durchgeführt werden. Rotieren die Beobachter zwischen den einzelnen Teilnehmern, so spricht man von vernetzten Einzel-Assessments, die sich vom Gruppenverfahren nur noch dadurch unterscheiden, dass die Teilnehmer selbst nicht aufeinandertreffen, z. B. keine Gruppenübung stattfindet.

Eine Back-Office-Unterstützung wird aufgrund der deutlich weniger komplexen organisatorischen Rahmenbedingungen im Einzel-Assessment somit auch nur benötigt, wenn mehrere Einzel-Assessments parallel realisiert werden.

7.2.2 Erstellung eines Zeitplans

Das sensibelste Arbeitsmittel in einem Gruppen-AC ist der Zeitplan, in dem minutengenau und vernetzt aufgeführt ist, welcher Teilnehmer und welches Beobachterteam wann was an welchem Ort tut. Dabei stehen zwei zentrale Gestaltungkriterien für die Entwicklung eines vernetzten Zeitplans im Vordergrund: Die Rotation und die Gleichbehandlung.

Zur Sicherstellung des Prinzips der Mehrfachbeobachtung (vgl. Kapitel 1.3.3) bestreiten die Teilnehmer die einzelnen Simulationen und Übungen mit unterschiedlichen Beobachtergruppen. Hier gilt es, durch Rotationen sicherzustellen, dass ein Teilnehmer in den verschiedenen Übungen abwechselnd von den verschiedenen Beobachterteams beobachtet wird.

Im Sinne der Gleichbehandlung müssen alle Teilnehmer vergleichbare Voraussetzungen für die Bearbeitung der Übungen vorfinden, so z. B. müssen sie sowohl die gleiche Vorbereitungszeit als auch die gleiche Durchführungsdauer für eine bestimmte Übung zur Verfügung haben. Darüber hinaus sollte auch die Abfolge der unterschiedlichen Übungen vergleichbar sein. Letzteres gelingt nicht immer hundertprozentig. Es sollte jedoch kritisch betrachtet werden, ob hierdurch Bedingungen geschaffen werden, die als ungerecht erlebt werden könnten. So macht es z. B. einen großen Unterschied, ob ein Teilnehmer eine komplexe Handlungsorientierte Fallstudie am Morgen, wenn er noch frisch und ausgeruht ist, bearbeiten soll, oder am Abend nach einem Interview, einer Gesprächssimulation und einer Präsentation.

7.2.2.1 Grundsätzliche Kriterien der Zeitplanerstellung

Neben den aufgeführten zwei Grundprinzipien, die generell erfüllt werden sollten, sind im folgenden ergänzende Empfehlungen aufgeführt, die bei der Erstellung eines Zeitplans berücksichtigt werden sollten.

Platzierung des Interviews

Das Interview sollte als erste Übung in einem Assessment Center stehen, denn es stellt für die meisten Teilnehmer eine vergleichsweise vertraute Situation dar, sich mit anderen Personen über sich selbst, ihre Vorstellungen und Erfahrungen zu unterhalten. Insofern dient der Start mit dem Interview auch dazu, Stress abzubauen und eine angenehme Atmosphäre zu schaffen. Zumeist wird nach den ersten 10–15 Minuten deutlich bemerkbar, dass Teilnehmer an Nervosität verlieren und sich gut konzentrieren können.

Länge und Platzierung der Vorbereitungszeiten

Die Vorbereitungszeit für Übungen sollte nicht zu gering geplant werden. Idealerweise sind sie vergleichbar mit dem realen Zeitaufwand, der in eine vergleichbare Aufgabe im Arbeitsalltag investiert würde. Für die Vorbereitung von Gesprächssituationen (z. B. Mitarbeitergespräch, Akquisitionsgespräch) sind ca. 30 Minuten empfehlenswert. Zur Vorbereitung einer komplexen Fallstudie können auch bis zu drei Stunden realistisch sein, die aus organisatorischen Gründen – wie im Arbeitsleben – über einen ganzen Tag verteilt sein können.

Die jeweilige Vorbereitungszeit sollte der entsprechenden Übung unmittelbar vorgelagert sein, so ergibt sich der direkte Bezug zur Übung, und Inhalte und Details werden leichter erinnert.

Länge und Platzierung der Auswertungszeiten

Unmittelbar nach der Durchführung einer Übung sollte genügend Zeit für eine Auswertung der Übung durch das Beobachterteam zur Verfügung stehen. Nur direkt nach der Übung sind die Eindrücke der Beobachter noch frisch, und es werden konkrete Beispiele erinnert. Zu empfehlen sind je nach Anzahl der Beobachtungskriterien 10 bis 15 Minuten Auswertungszeit. Nach Gruppenübungen muss die Auswertungszeit entsprechend verlängert werden, da hier die Einschätzung für mehrere Personen vorgenommen wird.

Pausen

Wichtig sind auch Pausen für die Teilnehmer. Dazu gehört die Planung eines Mittagessens in einer längeren Pause von ca. 60 Minuten. Längere Pausenabschnitte und Wartezeiten von über 60 Minuten sollten durch entsprechende zeitliche Verlagerung von Übungen sowie Zusatzaufgaben und Konzeptionsübungen mit umfangreicher Vorbereitungsarbeit (vgl. Kapitel 7.1.1.6) gefüllt werden.

Gesamtdauer

Auch die Gesamtdauer des ACs sollte kritisch überprüft werden. Der Gesamtzeitplan eines Assessment Center-Tages sollte inklusive der Pausen und einer Beobachterkonferenz im Gruppen-AC nicht länger als 12 Stunden dauern, da dies die Grenze für eine sinnvolle Belastung der Teilnehmer, vor allem aber auch der Beobachter darstellt.

Die folgende Checkliste hilft bei der Überprüfung von Zeitplänen hinsichtlich der Realisierung der geschilderten Empfehlungen.

Tool 14: Checkliste Zeitplanerstellung

- ❑ Rotationsprinzip ist eingehalten – die Teilnehmer führen Ihre Übungen mit wechselnden Beobachterteams durch.
- ❑ Gleichbehandlungsprinzip – die Vorbereitungs- und Durchführungszeiten sind bei allen Teilnehmern identisch. Die Abfolge der Übungen ist ebenfalls vergleichbar.
- ❑ Beginn des Assessment Centers mit einem Interview.
- ❑ Realistische Vorbereitungszeit für jede Übung ist eingeplant.
- ❑ Vorbereitungszeiten sind direkt vor der betreffenden Übung eingeplant.
- ❑ Auswertungszeit ist für die Beobachterteams nach jeder Übung eingeplant.
- ❑ Genügend Pausen für Teilnehmer und Mittagspause sind eingeplant.
- ❑ Längere Wartezeiten werden vermieden oder entsprechend sinnvoll gefüllt.
- ❑ Maximallänge von 12 Stunden wird nicht überschritten.

7.2.2.2 Zeitplanerstellung Schritt für Schritt

Wie geht man nun konkret vor, um einen vernetzten Zeitplan für ein Gruppen-Assessment zu erstellen? Im folgenden Abschnitt ist das Vorgehen in aufeinanderfolgenden Schritten erläutert.

Schritt 1: Erstellung eines Beobachterzeitplans

Die effizienteste Planung erzielt man nach dem Prinzip der knappen Ressource, d. h. es wird zunächst einmal die Ressource möglichst effizient verplant, die den geringsten Spielraum bietet. Dies ist im Gruppen-AC immer die Zeit der Beobachterteams, so dass die Erstellung eines Beobachterzeitplans am Beginn der Zeitplanerstellung steht. Im Folgenden ist anhand eines internen Entwicklungs-ACs im Rahmen eines Führungsnachwuchsprogramms mit neun Teilnehmern und drei Beobachterteams die Erstellung des Beobachterzeitplans exemplarisch erläutert:

Startet das Assessment Center für die Beobachter nach einer gemeinsamen Einführungsrunde mit einem Interview und dauert dieses Interview 45 Minuten, so verlässt der erste Teilnehmer das Team »A« nach 45 Minuten. Die Beobachter benötigen dann noch weitere 15 Minuten zur Nachbesprechung und Auswertung der Beobachtungen. In dieser Zeit kann kein weiteres Interview in dieser Beobachtungsgruppe durchgeführt werden. Inklusive der Auswertungsphase müssen daher für dieses und jedes folgende Interview 60 Minuten eingeplant werden.

Bei einer idealen Relation von drei Teilnehmern pro Beobachterteam (vgl. Kapitel 7.2.1.2) sieht jedes Team im Normalfall drei Teilnehmer pro Übungsart. Also führt das Beobachterteam »A« drei Interviews, für die es nacheinander insgesamt drei Stunden (inkl. Auswertungszeit) benötigt.

Vorausgesetzt, die Interviews starten nach der einstündigen Einführungsrunde um 9.00 Uhr, so ergibt sich aus der Sicht der Beobachter des Teams »A« folgende Zeitplanung für die verschiedenen von ihnen zu führenden Interviews:

Beispiel 26: Abfolge von Übungen in einem Beobachterteam

Zeit	Übung
09.00–09.45	Interview Teilnehmer 1
09.45–10.00	Auswertung Interview Teilnehmer 1
10.00–10.45	Interview Teilnehmer 2
10.45–11.00	Auswertung Interview Teilnehmer 2
11.00–11.45	Interview Teilnehmer 3
11.45–12.00	Auswertung Teilnehmer 3
...	

Das Beobachterteam »B« führt nach dem gleichen Plan Interviews, allerdings mit den Teilnehmer 4, 5 und 6. Das Beobachterteam »C« interviewt die Teilnehmer 7, 8 und 9.

Beispiel 27: Abfolge von Übungen in drei Beobachterteams

Zeit	Beobachterteam A	Beobachterteam B	Beobachterteam C
09.00–09.45	Interview TN 1	Interview TN 4	Interview TN 7
09.45–10.00	Auswertung Interview TN 1	Auswertung Interview TN 4	Auswertung Interview TN 7
10.00–10.45	Interview TN 2	Interview TN 5	Interview TN 8
10.45–11.00	Auswertung Interview TN 2	Auswertung Interview TN 5	Auswertung Interview TN 8
11.00–11.45	Interview TN 3	Interview TN 6	Interview TN 9
11.45–12.00	Auswertung Interview TN 3	Auswertung Interview TN 6	Auswertung Interview TN 9
...	...	...	...
TN = Teilnehmer			

Die Teilnehmer 1,4 und 7, die Teilnehmer 2, 5 und 8 sowie 3, 6 und 9 bilden dabei jeweils insofern eine Gruppe, als dass sie parallel die gleiche Übung, jedoch in unterschiedlichen Beobachterteams, durchführen. Diese Gruppen sollten im Laufe des ACs generell erhalten bleiben. Das heißt, die Teilnehmer, die gleichzeitig am Interview teilnehmen, werden auch die anderen Übungen jeweils zur gleichen Zeit durchführen. Auf diese Art und Weise wird erreicht, dass die Abstände zwischen den einzelnen Übungen vergleichbar bleiben.

Die Rotation der Teilnehmer zwischen den Beobachterteams erfolgt innerhalb der definierten Gruppen. Betrachtet man alleine die Gruppe der Teilnehmer 1,4 und 7 so stellt sich die Rotation zwischen den drei Beobachterteams im Laufe eines AC-Tages mit einem Interview, einer Handlungsorientierten Fallstudie und einer Gesprächssimulation »Mitarbeitergespräch« wie folgt dar:

Beispiel 28: Realisierung des Rotationsprinzips in drei Beobachterteams

Zeit	Beobachterteam A	Beobachterteam B	Beobachterteam C
09.00–09.45	Interview TN 1	Interview TN 4	Interview TN 7
09.45–10.00	Auswertung Interview TN 1	Auswertung Interview TN 4	Auswertung Interview TN 7
10.00–...			
13.00–13.30	Fallstudie TN 4	Fallstudie TN 7	Fallstudie TN 1
13.30–13.45	Auswertung Fallstudie TN 4	Auswertung Fallstudie TN 7	Auswertung Fallstudie TN 1
13.45–...			
15.15–15.45	Mitarbeitergespräch TN 7	Mitarbeitergespräch TN 1	Mitarbeitergespräch TN 4
15.45–16.00	Auswertung Mitarbeitergespräch TN 7	Auswertung Mitarbeitergespräch TN 1	Auswertung Mitarbeitergespräch TN 4
...	...	...	...
TN = Teilnehmer			

Die Teilnehmer einer Gruppe wechseln auf diese Art bei jeder Durchführung zu einer anderen Beobachtergruppe, so dass am Ende des AC-Tages mit drei Übungen jedes Beobachterteam jeden Teilnehmer einmal in einer Übung bzw. dem Interview beobachtet hat.

Handelt es sich um ein eintägiges Assessment Center, so wird nach der Durchführung der einzelnen Übungen die Beobachterkonferenz durchgeführt, bei der für jeden Teilnehmer bei straffer Moderation mindestens 10 Minuten Besprechungszeit eingeplant werden sollten. Bei neun Teilnehmern ergeben sich demnach ca. 90 Minuten Beobachterkonferenz. Diese konzentrierte Form der Beobachterkonferenz ist jedoch nur möglich, wenn bezüglich der Bewertung der Teilnehmerleistung in einzelnen Übungen unmittelbar nach der Übung im Beobachterteam ein abschließender Konsens gefunden wird (vgl. Kapitel 6.3.3). Soll in der Beobachterkonferenz auch eine Auswahlentscheidung getroffen werden, so sind mindestens 15 Minuten pro Teilnehmer einzuplanen.

Nach der Beobachterkonferenz haben sich die Beobachterteams über die Beobachtungen in den einzelnen Übungen ausgetauscht und – handelt es sich um ein Auswahl-Assessment – eventuell auch Auswahlentscheidungen getroffen. Sie können nun individuelle Feedbackgespräche mit den Teilnehmern führen. Dies geschieht häufig in der Form, dass das Feedback von mehreren Beobachtern eines Beobachterteams gegeben wird. Auf diese Art und Weise können dem Teilnehmer, zumeist unter der Leitung des erfahrenen Moderators im Team, verschiedene Sichtweisen geschildert und Tipps aufgrund unterschiedlicher Erfahrungshintergründe gegeben werden.

Wird das Feedback von einem kompletten Beobachterteam vermittelt, so ist es empfehlenswert, dass es sich um das gleiche Team handelt, dass den Teilnehmer bereits im Interview kennen gelernt hat, denn hier hat bereits ein intensiver Austausch über den beruflichen Hintergrund, das Umfeld und die Zielsetzungen des Teilnehmers stattgefunden. Das Team verfügt über viele Hintergrundinformationen, die im Feedbackgespräch, gerade bei der Diskussion möglicher Entwicklungsschritte und Qualifizierungsmaßnahmen, relevant sind. Für ein Feedbackgespräch sollten ca. 30 Minuten eingeplant werden.

Genauso, wie das AC mit einer Einführungsrunde gestartet ist, sollte es auch mit einer gemeinsamen Runde enden, in der Teilnehmer und Beobachter ihre Eindrücke bezüglich des Ablaufs und der Gestaltung des ACs schildern können. Diese Abschlussrunde findet jedoch nicht immer nach den Feedbackgesprächen, also wirklich zum Abschluss des ACs statt, sondern schon vor den individuellen Feedbacks. Dabei liegt der Vorteil einer Abschlussrunde am Ende der Veranstaltung auf der Hand. Die Teilnehmer können hier bereits Rückmeldung dazu geben, inwieweit sie das gesamte AC inklusive des Feedbackgesprächs als gewinnbringend erlebt haben. Der Nachteil dieser Vorgehensweise besteht jedoch darin, dass für die Teilnehmer, die als erste Feedback erhalten, erneut Wartezeiten bis zur Abschlussrunde entstehen, so dass eine abschließende gemeinsame Runde vor den Feedbackgesprächen häufig vorgezogen wird. Eine Lösungsmöglichkeit für dieses Dilemma besteht darin, dass die Feedbackgespräche nicht von ganzen Beobachterteams, sondern von einzelnen Beobachtern durchgeführt werden. Bestehen in dem oben dargestellten Beispiel-AC die Beobachterteams aus jeweils drei Personen, so stehen für neun Teilnehmer neun Beobachter zur Verfügung, die zur gleichen Zeit Feedback geben können, so dass Wartezeiten bis zu einer gemeinsamen Abschlussrunde vermieden werden. Voraussetzung für diese Vorgehensweise ist jedoch zum einen, dass alle Beobachter geschulte und erfahrene Feedbackgeber sind. Zum anderen müssen zur gleichen Zeit neun Räume zur Verfügung stehen, in denen ungestört Feedback gegeben werden kann.

Sind alle verschiedenen Bausteine des AC-Tages wie geschildert definiert, so ergibt sich für das Beispiel-AC, in dem die Feedbackgespräche von einzelnen Beobachtern parallel mit allen Teilnehmern durchgeführt werden sollen, folgender Zeitplan:

Beispiel 29: Vollständiger Beobachterzeitplan

Zeit	Beobachterteam A	Beobachterteam B	Beobachterteam C
08.00–09.00	Gemeinsame Einführungsrunde		
09.00–09.45	Interview TN 1	Interview TN 4	Interview TN 7
09.45–10.00	Auswertung Interview TN 1	Auswertung Interview TN 4	Auswertung Interview TN 7
10.00–10.45	Interview TN 2	Interview TN 5	Interview TN 8
10.45–11.00	Auswertung Interview TN 2	Auswertung Interview TN 5	Auswertung Interview TN 8
11.00–11.45	Interview TN 3	Interview TN 6	Interview TN 9
11.45–12.00	Auswertung Interview TN 3	Auswertung Interview TN 6	Auswertung Interview TN 9
12.00–13.00	Mittagspause Beobachter		
13.00–13.30	Fallstudie TN 4	Fallstudie TN 7	Fallstudie TN 1
13.30–13.45	Auswertung Fallstudie TN 4	Auswertung Fallstudie TN 7	Auswertung Fallstudie TN 1
13.45–14.15	Fallstudie TN 5	Fallstudie TN 8	Fallstudie TN 2
14.15–14.30	Auswertung Fallstudie TN 5	Auswertung Fallstudie TN 8	Auswertung Fallstudie TN 2
14.30–15.00	Fallstudie TN 6	Fallstudie TN 9	Fallstudie TN 3
15.00–15.15	Auswertung Fallstudie TN 6	Auswertung Fallstudie TN 9	Auswertung Fallstudie TN 3
15.15–15.45	Mitarbeitergespräch TN 7	Mitarbeitergespräch TN 1	Mitarbeitergespräch TN 4
15.45–16.00	Auswertung Mitarbeitergespräch TN 7	Auswertung Mitarbeitergespräch TN 1	Auswertung Mitarbeitergespräch TN 4
16.00–16.30	Mitarbeitergespräch TN 8	Mitarbeitergespräch TN 2	Mitarbeitergespräch TN 5
16.30–16.45	Auswertung Mitarbeitergespräch TN 8	Auswertung Mitarbeitergespräch TN 2	Auswertung Mitarbeitergespräch TN 5
16.45–17.15	Mitarbeitergespräch TN 9	Mitarbeitergespräch TN 3	Mitarbeitergespräch TN 6

Zeit	Beobachterteam A	Beobachterteam B	Beobachterteam C
17.15–17.30	Auswertung Mitarbeitergespräch TN 9	Auswertung Mitarbeitergespräch TN 3	Auswertung Mitarbeitergespräch TN 6
17.30–19.00	Beobachterkonferenz		
19.00–19.30	Individuelle Feedbackgespräche		
19.30–20.00	Abschlussrunde		
TN = Teilnehmer			

Schritt 2: Erstellung einer Zeitplanübersicht der Teilnehmer

Aus dem Beobachterzeitplan erhalten nun die Beobachter alle für sie relevanten Informationen darüber, wann sie im Laufe des Tages womit beschäftigt sein werden. Für einen Überblick über die Teilnehmeraktivitäten muss nun in einem nächsten Schritt ein Teilnehmerzeitplan erstellt werden, in dem auch Vorbereitungszeiten und Pausen der Teilnehmer dokumentiert sind. Hierzu werden zunächst die Informationen über die Durchführungszeiten und Beobachterteams aus dem Beobachterzeitplan in einen Übersichtszeitplan für Teilnehmer übertragen.

Beispiel 30: Übertrag aus dem Beobachterzeitplan in den Teilnehmerzeitplan

Zeit	TN 1	TN 2	TN 3	TN 4	TN 5	TN 6	TN 7	TN 8	TN 9
08.00–09.00	Einführung	Einführung	Einführung	Einführung	Einführung	Einführung	Einführung	Einführung	Einführung
09.00–09.45	Interview Team A			Interview Team B			Interview Team C		
09.45–10.00									
10.00–10.45		Interview Team A			Interview Team B			Interview Team C	
…	…	…	…	…	…	…	…	…	…

Als nächstes werden die Vorbereitungs- und Pausenzeiten ergänzt. Zuweilen werden bei diesem Schritt Verletzungen der oben erwähnten Prinzipien und Empfehlungen deutlich, so dass es nun gilt, geschickt Lücken zu füllen und eventuell noch Durchführungszeitpunkte zwischen den Teilnehmern zu tauschen, wobei idealerweise die Gruppe des Teilnehmers nicht gewechselt werden sollte, denn sonst besteht die Gefahr, dass das Rotationsprinzip nicht mehr eingehalten wird. Im Folgenden ist der fertige Übersichtszeitplan aus Sicht der Teilnehmer dargestellt:

Beispiel 31: Vollständiger Überblickszeitplan aus der Sicht der Teilnehmer

Zeit	Teilnehmer 1	Teilnehmer 2	Teilnehmer 3	Teilnehmer 4	Teilnehmer 5	Teilnehmer 6	Teilnehmer 7	Teilnehmer 8	Teilnehmer 9
08.00–08.15	Gemeinsame Einführungsrunde	Gemeinsame Einführungsrunde	Gemeinsame Einführungsrunde	Gemeinsame Einführungsrunde	Gemeinsame Einführungsrunde	Gemeinsame Einführungsrunde	Gemeinsame Einführungsrunde	Gemeinsame Einführungsrunde	Gemeinsame Einführungsrunde
08.15–08.30									
08.30–08.45									
08.45–09.00									
09.00–09.15	Interview Team A		Bearbeitung Fragebogen bzw. Test	Interview Team B		Bearbeitung Fragebogen bzw. Test	Interview Team C		Bearbeitung Fragebogen bzw. Test
09.15–09.30									
09.30–09.45									
09.45–10.00									
10.00–10.15	Vorbereitung Fallstudie	Interview Team A		Vorbereitung Fallstudie	Interview Team B		Vorbereitung Fallstudie	Interview Team C	
10.15–10.30									
10.30–10.45									
10.45–11.00		Vorbereitung Fallstudie			Vorbereitung Fallstudie			Vorbereitung Fallstudie	
11.00–11.15			Interview Team A			Interview Team B			Interview Team C
11.15–11.30									
11.30–11.45									
11.45–12.00	Mittagspause	Mittagspause	Mittagspause	Mittagspause	Mittagspause	Mittagspause	Mittagspause	Mittagspause	Mittagspause
12.00–12.15									
12.15–12.30									
12.30–12.45									

12.45–13.00	Vorb. Fallst.	Vorbereitung Fallstudie	Vorbereitung Fallstudie	Vorb. Fallst.	Vorbereitung Fallstudie	Vorbereitung Fallstudie	Vorb. Fallst.	Vorbereitung Fallstudie	Vorbereitung Fallstudie
13.00–13.15	Fallstudie Team C			Fallstudie Team A			Fallstudie Team B		
13.15–13.30									
13.30–13.45									
13.45–14.00		Fallstudie Team C			Fallstudie Team A			Fallstudie Team B	
14.00–14.15									
14.15–14.30		Bearbeitung Fragebogen bzw. Test			Bearbeitung Fragebogen bzw. Test			Bearbeitung Fragebogen bzw. Test	
14.30–14.45			Fallstudie Team C			Fallstudie Team A			Fallstudie Team B
14.45–15.00	Vorbereitung Mitarb.gespräch			Vorbereitung Mitarb.gespräch			Vorbereitung Mitarb.gespräch		
15.00–15.15									
15.15–15.30	Mitarb.gespräch Team B			Mitarb.-gespräch Team C			Mitarb.gespräch Team A		
15.30–15.45		Vorbereitung Mitarb.gespräch			Vorbereitung Mitarb.gespräch			Vorbereitung Mitarb.gespräch	
15.45–16.00	Bearbeitung Fragebogen bzw. Test			Bearbeitung Fragebogen bzw. Test			Bearbeitung Fragebogen bzw. Test		
16.00–16.15		Mitarb.gespräch Team B			Mitar.gespräch Team C			Mitarb.gespräch Team A	
16.15–16.30			Vorbereitung Mitarb.gespräch			Vorbereitung Mitarb.gespr.			Vorbereitung Mitarb.gespräch
16.30–16.45									
16.45–17.00			Mitarb.gespräch Team B			Mitarb.gespräch Team C			Mitarb.gespräch Team A
17.00–17.15									

Zeit	Teilnehmer 1	Teilnehmer 2	Teilnehmer 3	Teilnehmer 4	Teilnehmer 5	Teilnehmer 6	Teilnehmer 7	Teilnehmer 8	Teilnehmer 9
17.15–17.30	Vortrag »Vom Kollegen zur Führungs-kraft«	Vortrag »Vom Kollegen zur Führungs-kraft«	Vortrag »Vom Kollegen zur Führungs-kraft«	Vortrag »Vom Kollegen zur Führungs-kraft«	Vortrag »Vom Kollegen zur Führungs-kraft«	Vortrag »Vom Kollegen zur Führungs-kraft«	Vortrag »Vom Kollegen zur Führungs-kraft«	Vortrag »Vom Kollegen zur Führungs-kraft«	Vortrag »Vom Kollegen zur Führungs-kraft«
17.30–17.45									
17.45–18.00									
18.00–18.15									
18.15–18.30									
18.30–18.45									
18.45–19.00									
19.00–19.15	Individuelles Feedback	Individuelles Feedback	Individuelles Feedback	Individuelles Feedback	Individuelles Feedback	Individuelles Feedback	Individuelles Feedback	Individuelles Feedback	Individuelles Feedback
19.15–19.30									
19.30–19.45	Gemeins. Ab-schlussrunde	Gemeins. Ab-schlussrunde	Gemeins. Ab-schlussrunde	Gemeins. Ab-schlussrunde	Gemeins. Ab-schlussrunde	Gemeins. Ab-schlussrunde	Gemeins. Ab-schlussrunde	Gemeins. Ab-schlussrunde	Gemeins. Ab-schlussrunde
19.45–20.00									

An dieser exemplarischen Teilnehmerzeitplan-Übersicht wird auch deutlich, dass bezüglich der zuvor formulierten Empfehlungen zuweilen Kompromisse geschlossen werden müssen. So ist in diesem Zeitplan z. B. die Vorbereitungszeit für die Fallstudie ungleich in den verschiedenen Teilnehmergruppen verteilt. Nur eine Gruppe kann sich ohne Unterbrechung direkt vor der Durchführung auf die Übung vorbereiten. Eine andere Gruppe von Teilnehmern hat eine Unterbrechung der Vorbereitung durch das Interview. Die dritte Gruppe wird zwischen Vorbereitung und Durchführung der Fallstudie zu Mittag essen. Um vergleichbare Voraussetzungen herzustellen, haben daher die beiden Teilnehmergruppen für die Vorbereitung 15 Minuten mehr zur Verfügung, die eine Unterbrechung in ihrer Vorbereitungszeit in Kauf nehmen müssen. Darüber hinaus werden den Teilnehmern, die kurz vor der Durchführung der Übung zu Mittag essen, die 15 Minuten direkt nach dem Mittagessen zur Verfügung gestellt, damit sie sich wieder in ihre Unterlagen einlesen können.

Daneben haben einige Teilnehmer eine Pause von 75 Minuten. Hier besteht die Möglichkeit, den Teilnehmern die nicht zu bewertende Aufgabe zu geben, z. B. einen Namen für das Förderprogramm, an dem sie teilnehmen sollen, zu entwickeln. Hierzu sollen sie einen Teil ihrer Pausenzeiten nutzen.

Schritt 3: Erstellung individueller Teilnehmerzeitpläne

Für die Teilnehmer ist es am übersichtlichsten und damit am komfortabelsten, anstelle des Gesamtübersichtszeitplans für alle Teilnehmer einen persönlichen Zeitplan für die Dauer des Assessment Centers zur Verfügung zu haben. Auch um Verwechslungen und Missverständnisse zu vermeiden, sollten daher im letzten Schritt der Zeitplanerstellung individuelle Teilnehmerzeitpläne erstellt werden, die einfach aus dem Übersichtszeitplan übertragen werden. In dem unten dargestellten Zeitplan wird anstelle des Beobachterteams die Raumbezeichnung angegeben. Der Teilnehmer erhält so direkt die für ihn relevante Information, in welchem Raum die jeweilige Übung stattfinden wird. Raum- und Beobachterteambezeichnung sollten daher der Einfachheit halber identisch sein.

Beispiel 32: Individueller Teilnehmerzeitplan

Zeitplan Teilnehmer 1		
Zeit	**Aktivität**	**Raum**
08.00–09.00	Gemeinsame Einführungsrunde	V
09.00–09.45	Interview	A
09.45–10.00	Pause	
10.00–11.45	Vorbereitung Fallstudie	V

11.45–12.45	Mittagspause	
12.45–13.00	Vorbereitung Fallstudie	V
13.00–13.30	Durchführung Fallstudie	C
13.30–14.45	Pause	
14.45–15.15	Vorbereitung Mitarbeitergespräch	V
15.15–15.45	Durchführung Mitarbeitergespräch	B
15.45–16.45	Bearbeitung »Fragebogen bzw. Test«	V
16.45–17.15	Pause	
17.15–19.00	Vortrag »Vom Kollegen zur Führungskraft«	B
19.00–19.30	Individuelles Feedbackgespräch	A
19.30–20.00	Gemeinsame Abschlussrunde	V
V = Vorbereitungsraum		

Zeitplanerstellung für Einzel-Assessment Center

Im Gegensatz zum Gruppen-AC stellt im Einzel-AC der Teilnehmer bzw. seine zur Verfügung stehende Zeit die knappe Ressource dar, nach der sich der Zeitplan richtet. Unter Berücksichtigung der oben aufgeführten Empfehlungen wird so der Teilnehmerzeitplan erstellt, indem die verschiedenen Übungen und Vorbereitungszeiten hintereinander gelegt werden. Einführungsrunde, Mittagspause und Feedbackgespräch werden entsprechend ergänzt.

Beispiel 33: Teilnehmerzeitplan Einzel-Assessment Center

Zeitplan Teilnehmer X	
Zeit	**Aktivität**
09.00–09.30	Gemeinsame Einführungsrunde
09.30–10.30	Interview
10.30–11.30	Vorbereitung Fallstudie
11.30–12.00	Durchführung Fallstudie
12.00–12.30	Vorbereitung Mitarbeitergespräch
12.30–13.00	Durchführung Mitarbeitergespräch
13.00–14.00	Mittagspause
14.00–15.00	Bearbeitung »Fragebogen bzw. Test«
15.00–15.30	Vorbereitung Präsentation
15.30–16.00	Durchführung Präsentation
16.00–16.30	Vorbereitung Kundengespräch
16.30–17.00	Durchführung Kundengespräch
17.00–17.30	Pause
17.30–18.00	Feedbackgespräch und gemeinsamer Abschluss des Assessment Centers

Durch diese Vorgehensweise entstehen kaum zusätzliche Pausen, und der Teilnehmer kann im Laufe eines häufig eintägigen Einzel-ACs deutlich mehr Übungen realisieren als in einem Gruppenverfahren. Für die Beobachter stellt das Einzel-AC eine zeitlich deutlich entspanntere Beobachtungssituation als das Gruppenverfahren dar, denn diese können die komplette jeweilige Vorbereitungszeit für die folgende Übung zur Auswertung der vorhergehenden nutzen.

Beispiel 34: Beobachterzeitplan Einzel-Assessment Center

Zeitplan Beobachter	
Zeit	**Aktivität**
09.00–09.30	Gemeinsame Einführungsrunde
09.30–10.30	Interview
10.30–11.30	Auswertung Interview
11.30–12.00	Durchführung Fallstudie
12.00–12.30	Auswertung Fallstudie
12.30–13.00	Durchführung Mitarbeitergespräch
13.00–14.00	Mittagspause
14.00–15.00	Auswertung Mitarbeitergespräch
15.00–15.30	Pause
15.30–16.00	Durchführung Präsentation
16.00–16.30	Auswertung Präsentation
16.30–17.00	Durchführung Kundengespräch
17.00–17.30	Auswertung Kundengespräch sowie Entscheidungsfindung
17.30–18.00	Feedbackgespräch und gemeinsamer Abschluss des Assessment Centers

Im Einzel-AC ist es nicht notwendig, vor dem Feedbackgespräch eine Beobachterkonferenz im klassischen Sinne durchzuführen, denn die Beobachter haben den Teilnehmer normalerweise in allen Übungen selbst beobachtet. Allerdings wird nach der letzten Übung sicherlich noch einmal ein Resümee über die Beobachtungen des Tages gezogen und im Falle eines Auswahlverfahrens auch eventuell schon eine Entscheidung getroffen.

7.2.3 Räumlichkeiten

7.2.3.1 Raumplanung für Gruppen-AC

Nach der Erstellung des Zeitplans kann nun der Raumbedarf festgelegt werden. Die Anzahl der Räume lässt sich einfach bestimmen. Ein sinnvolles Grundprinzip zur Planung der Räumlichkeiten ist, dass die Beobachter während der Übungsdurchführung konstant in einem Raum bleiben. Daher kann auch, wie im vorherigen Abschnitt geschildert, die Raumbezeichnung identisch mit der des jeweiligen Beobachterteams sein. Die Teilnehmer bereiten sich gemeinsam in einem Vorbereitungsraum vor, von dem aus sie in die Beobachterräume zur Durchführung der Übungen gehen. Es werden daher folgende Räume benötigt:

1 Raum pro Beobachterteam. Diese Räume müssen groß genug für ein Beobachterteam und einen Teilnehmer sein. Sollten auch Gruppendiskussionen geplant sein und somit in diesen Räumen stattfinden, müssen sie entsprechend der Größe der Diskussionsgruppen für mehr Personen geeignet sein.

1 Plenums- und Vorbereitungsraum. Dieser Raum dient für alle Treffen im Plenum (Einführungsrunde, Abschlussrunde) sowie als Vorbereitungsraum für die Teilnehmer, in dem sich auch das Back-Office befindet. Er muss daher die komplette Anzahl der beteiligten Personen fassen.

Die Räume sollten möglichst nahe beieinander liegen, um lange Wege und dadurch bedingte Verzögerungen zu vermeiden. Auch die Art der Räume kann viel zur Atmosphäre im AC beitragen. Ein Raum mit Tageslicht, bequemen Sitzmöglichkeiten, genügend Arbeitsfläche zur Arbeit mit den diversen Übungsmaterialien und einer ruhigen Umgebung stellen eine optimale Voraussetzung für eine konzentrierte Arbeit dar.

Je nach geplanten Übungen ist darüber hinaus darauf zu achten, dass die Beobachterräume mit den entsprechenden Medien ausgestattet sind.

Schließlich ist eine Beschriftung sämtlicher genutzter Räume sinnvoll, dabei werden die Räume, in denen die Beobachterteams sitzen, entsprechend der Teambezeichnungen (A,B,C) beschriftet und der Vorbereitungsraum erhält im oben dargestellten Beispiel die Bezeichnung »V«. Gerade wenn die Räume nicht nahe beieinander liegen, hilft die Anfertigung einer Skizze auf einem Flip-Chart im Vorbereitungsraum, auf der die Lage der einzelnen Räume dargestellt ist, Verwirrung und Verzögerungen im zeitlichen Ablauf zu vermeiden.

Eine grundsätzliche Frage, die nicht unerheblichen Einfluss auf die Kosten des ACs hat, ist die nach der Nutzung interner oder externer Räumlichkeiten. Dabei haben beide Varianten jeweils Vor- und Nachteile. Bei der Entscheidung sollten neben Kostenüberlegungen auch folgende Fragestellungen berücksichtigt werden:

Ist es bei der Durchführung mit internen Teilnehmern in unternehmenseigenen Räumen möglich, die Störung der Teilnehmer und Beobachter durch Kollegen, Vorgesetzte, Kunden etc. zu vermeiden?

Entsprechen die unternehmenseigenen Räume den dargestellten Anforderungen, und sind sie mit der notwendigen Tagungstechnik ausgestattet?

Kann eine, durch den vernetzten Zeitplan erzwungene, flexible Versorgung der Teilnehmer mit Essen und Getränken im unternehmenseigenen Gebäude realisiert werden?

Haben die Teilnehmer (intern) und Beobachter bei der Durchführung des Assessment Centers einen besonders hohen Anspruch an die Räumlichkeiten? Ist ein besonderer Rahmen für die Veranstaltung wichtig?

Sind die unternehmenseigenen Räume für externe Bewerber repräsentativ?

Tool 15: Checkliste Räumlichkeiten

- ❑ Für jedes Beobachterteam ist ein Raum vorhanden.
- ❑ Ein zentraler großer Raum ist vorhanden und kann für die Einführung, Vorbereitung der Teilnehmer, Beobachterkonferenz und Abschlussrunde genutzt werden.
- ❑ Die Räume liegen möglichst nahe beieinander.
- ❑ Die Räume sind hell, ruhig, bieten genügend Arbeitsfläche.
- ❑ Die benötigten Präsentationsmedien sind vorhanden und funktionstüchtig.
- ❑ Alle Räume sind beschildert, und eine entsprechende Skizze ist im Vorbereitungsraum dargestellt.

7.2.3.2 Raumplanung für Einzel-Assessment Center

Für die Durchführung eines Einzel-ACs werden zwei Räume benötigt. In einem hält sich der Teilnehmer auf, in dem anderen treffen sich die Beobachter, um die Auswertung der Beobachtungen vorzunehmen. Im Gegensatz zum Gruppenverfahren besteht hier die organisatorisch einfachste Lösung darin, dass der Teilnehmer über die ganze Zeit hinweg in einem Raum bleibt, während die Beobachter zu den Übungen immer wieder ihren Raum verlassen und zu dem Teilnehmer gehen.

Bezüglich der Ausstattung und Gestaltung der Räume gelten die gleichen Empfehlungen wie auch im Gruppen-AC.

7.2.4 Materialien

Schließlich gilt es in der Vorbereitung noch, die benötigten Materialien für Teilnehmer, Beobachter und Back-Office zur Verfügung zu stellen. Hierbei erfolgt die Zusammenstellung der verschiedenen Instruktionen, Beobachtungsbögen, Ergebnisübersichten etc. nach Beobachtern und Teilnehmern getrennt.

7.2.4.1 Beobachtermaterialien

Jeder Beobachter erhält für jede Übung die jeweilige Teilnehmer-Instruktion und ggf. eine Rollenspielerinstruktion zur Ansicht. Darüber hinaus benötigt er zur Auswertung der Übungen Beobachtungsbögen. Die Anzahl der Bögen lässt sich dabei anhand der zu beobachtenden Teilnehmer bestimmen, wenn z. B. in der Simulation eines Kundengesprächs drei Teilnehmer hintereinander beobachtet werden, benötigt jeder Beobachter drei Beobachtungsbögen für diese Übung.

So sollte jeder Beobachter schließlich seinen persönlichen Ordner erhalten, in dem sich die Instruktionen der entsprechenden Übungen mit der jeweils benötigten Anzahl an Beobachtungsbögen befinden. Des weiteren enthält ein Beobachterordner einen Beobachterzeitplan, damit jederzeit ein Überblick über den Ablauf für die einzelnen Beobachterteams besteht. Auch weitere, ergänzende Unterlagen, wie z. B. Lebensläufe der Teilnehmer, ein leeres Ergebnisprofil und eine Ergebnisübersicht etc. zur Information der Beobachter können eingefügt werden.

Zu Beginn des Assessment Centers sollten sich in jedem Beobachterordner die folgenden Unterlagen befinden:

Tool 16: Checkliste Beobachterordner

- ❑ Beobachterzeitplan
- ❑ Leeres Ergebnisprofil zur Ansicht
- ❑ Leere Ergebnisübersicht zur Ansicht
- ❑ Evtl. Teilnehmerlebensläufe
- ❑ Interviewleitfäden entspr. der Anzahl der zu interviewenden Teilnehmer
- ❑ Teilnehmerinstruktion Übung 1
- ❑ Evtl. Rollenspielerinstruktion Übung 1
- ❑ Beobachtungsbögen Übung 1 entspr. der Anzahl der zu beobachtenden Teilnehmer
- ❑ Weitere Übungs-/Beobachtungsmaterialien wie Übung 1
- ❑ Evtl. verwendete Tests oder Fragebögen zur Ansicht

7.2.4.2 Teilnehmermaterialien

Für die Teilnehmer sollten ebenfalls Sammelmappen angelegt werden, allerdings mit dem Unterschied, dass diese den Teilnehmern nicht ausgehändigt, sondern im Back-Office verwaltet werden, das den Teilnehmern die jeweils zur Vorbereitung einer Übung benötigten Materialien austeilt. Auf diese Art und Weise erlangen die Koordinatoren im Back-Office am leichtesten den Überblick darüber, welcher Teilnehmer bereits welche Übung durchgeführt und die entsprechenden Instruktionen wieder abgegeben hat.

Die Mappen der Teilnehmer verbleiben in der Hand des Back-Office. Sie sind zunächst bis auf leere Vorlagen für Ergebnisübersicht und Ergebnisprofil leer. Nach und nach werden die von den Beobachterteams ausgefüllten Beobachtungsbögen und die von den Teilnehmern zurückgegebenen Übungsinstruktionen in der jeweiligen Teilnehmermappe gesammelt. Die Beobachtungsbögen befinden sich somit zunächst in der Beobachtermappe, werden zur Beschreibung der Beobachtungen und zur Bewertung der Ergebnisse genutzt, an das Back-Office weitergeleitet, wo sie schließlich in der entsprechenden Teilnehmermappe abgelegt werden. Zuvor sollten im Back-Office die Bewertungen aus den einzelnen Beobachtungsbögen in die Ergebnisübersicht übertragen werden. Auf diese Art und Weise kann in der Beobachterkonferenz sehr effizient gearbeitet werden, da zu diesem Zeitpunkt bereits die ausgefüllten Ergebnisübersichten vorliegen. Somit befinden sich alle auf einen Teilnehmer bezogenen Unterlagen und Ergebnisse am Ende des Assessment Centers in einer Mappe.

Tool 17: Checkliste Teilnehmermappe am Ende eines ACs

- ❑ Alle Beobachtungsbögen, die sich auf den Teilnehmer beziehen.
- ❑ Die ausgefüllte Ergebnisübersicht zur Diskussion in der Beobachterkonferenz.
- ❑ Das Ergebnisprofil, sofern eines erstellt wurde.
- ❑ Alle an den Teilnehmer ausgehändigten und von ihm bearbeiteten Unterlagen.
- ❑ Evtl. bearbeitete Tests oder Fragebögen sowie die Auswertungsergebnisse.

7.2.4.3 Back-Office-Materialien

Neben den Teilnehmermappen, die zunächst nur die Vorlagen für Ergebnisübersicht und -profil beinhalten, werden im Back-Office weitere Materialien benötigt. Es handelt sich dabei zum einen um sämtliche an die Teilnehmer im Laufe des ACs auszuhändigenden übungsrelevanten Materialien. Zum anderen sollten im Back-Office weitere unterstützende Materialien für die Teilnehmer zur Verfügung stehen.

Tool 18: Checkliste Teilnehmermaterialien im Back-Office

- ❑ Individuelle Teilnehmerzeitpläne
- ❑ Übersichtszeitplan Teilnehmer
- ❑ Teilnehmerinstruktionen aller Übungen, jeweils in der Anzahl der Teilnehmer
- ❑ Evtl. verwendete Tests oder Fragebögen inklusive Auswertungshilfen
- ❑ Reserveunterlagen für Teilnehmer und Beobachter

Tool 19: Checkliste unterstützende Materialien im Back-Office

- ❑ Namensschilder für alle Beobachter und Teilnehmer
- ❑ Notizblöcke und Stifte für Teilnehmer und Beobachter
- ❑ Präsentationsmaterialien (spezielle Stifte, Moderationskarten, Folien etc.), sofern diese für die Übungen benötigt werden
- ❑ Taschenrechner für jeden Teilnehmer, sofern, z. B. in Fallstudien, komplexere Berechnungen durchzuführen sind
- ❑ Raumschilder
- ❑ Fotokamera

Die als letzter Punkt in der Aufzählung aufgeführte Fotokamera kann vor allem in Assessment Center mit sehr vielen Teilnehmern gute Dienste leisten, wenn die Gefahr besteht, dass in der Beobachterkonferenz die Erinnerung an Teilnehmer allein anhand der Namen schwer fallen könnte. Bilder der Teilnehmer, mit der Polaroid-Kamera aufgenommen oder auch mit einer Digitalkamera und per Beamer präsentiert, ermöglichen eine Erinnerung an die jeweiligen Teilnehmer und ihr Verhalten in den einzelnen Übungen sehr viel leichter als nur ihre Namen.

7.2.4.4 Materialien für Einzel-Assessment Center

Für ein Einzel-AC werden prinzipiell die gleichen Materialien benötigt, wie auch im Gruppenverfahren – von einer Fotokamera einmal abgesehen! Da es jedoch keine Person im Back-Office gibt, die für die Ausgabe der Übungen sowie das Einsammeln der Unterlagen im Anschluss verantwortlich ist, übernimmt dies einer der Beobachter. Die praktikabelste Lösung besteht daher darin, zunächst, wie im Falle des Gruppenverfahrens erläutert, jedem Beobachter einen Beobachterordner mit den entsprechenden Materialien zur Verfügung zu stellen. Einer der Beobachter, der auch für die Moderation des Einzel-ACs verantwortlich zeichnet, erhält darüber hinaus auch die Teilnehmermappe, die bereits alle in der Checkliste »Teilnehmermaterialien im Back-Office« aufgeführten Dokumente beinhaltet. Darüber hinaus sollten selbstverständlich auch die Utensilien auf der Checkliste »unterstützende Materialien im Back-Office« vorhanden sein.

8 Rückmeldung, Aufbereitung und Verwendung von AC-Ergebnissen

In diesem Kapitel wird der gesamte Prozess der Ergebnisdokumentation und -kommunikation – vom Feedback-Gespräch über einen schriftlichen Ergebnisbericht und die Ableitung von Personalentwicklungsmaßnahmen, bis zum unternehmensinternen Umgang mit Ergebnissen und der oft beklagten Verliererproblematik – beschrieben.

In Bezug auf die Durchführung von Feedback-Gesprächen ist zunächst zu klären, an welcher Stelle im Verfahren ein persönliches Feedback-Gespräch erfolgen soll, und welchen Kriterien ein qualitativ hochwertiges Feedback-Gespräch genügen sollte. In Bezug auf die Formulierung schriftlicher Ergebnisdokumentationen ist es wichtig zu berücksichtigen, zu welchem Zweck ein schriftlicher Ergebnisbericht erstellt und später eingesetzt werden soll. Es werden in diesem Kapitel verschiedene Vorschläge gemacht, wie unterschiedliche Arten einer schriftlichen Zusammenfassung aussehen können. Ebenfalls zur Erstellung von Ergebnisberichten ist es wichtig, konkrete Qualitätskriterien zu haben, denen ein schriftlicher Ergebnisbericht genügen soll.

Neben möglichen Konsequenzen aus einem Assessment Center in Richtung Personalauswahl steht oftmals auch die Frage im Vordergrund, welche Personalentwicklungsmaßnahmen aus den Ergebnissen abgeleitet werden können. Dazu soll hier ein Spektrum möglicher Personalentwicklungsmaßnahmen dargestellt werden, und es wird beschrieben, wie als Konsequenz aus Assessment Centern zielführend Weiterbildungsbedarfe abgeleitet werden können.

Neben der inhaltlichen Ausgestaltung der Rückmeldungen ist vor allem bei Verfahren mit internen Teilnehmern zu definieren, wie mit Ergebnisberichten intern umgegangen wird. Hierzu werden im Kapitel Aspekte wie Vertraulichkeit, der Ort der Aufbewahrung oder Einsichtsrechte diskutiert und Empfehlungen gegeben. Abschließend wird die Frage diskutiert, welche Konsequenzen sich eigentlich an eine bestimmte Art von Assessment Center anschließen können und sollten. Als unerwünschte Konsequenz wird auf die sogenannte Verliererproblematik hingewiesen. Dabei wird Bezug genommen auf die Frage, welche Art von Verlierer man, z. B. bei internen Teilnehmern, überhaupt produzieren kann, und wie diese Problematik durch eine entsprechende Gestaltung des Verfahrens positiv beeinflusst werden kann.

8.1 Feedback-Gespräche

Haben Teilnehmer eines Assessment Centers dieses, vielleicht anstrengende und persönlich intensive, Verfahren durchlaufen, so haben sie Anrecht auf ein Feedback. Sie sollen Rückmeldung erhalten über die Sichtweisen der Beobachter, wie Verhaltensweisen interpretiert und bewertet werden, und welche Konsequenzen sich nun daraus ergeben.

Leider ist es noch immer vielfach gängige Praxis, den Teilnehmern unmittelbar nach einem Assessment Center – besonders zur Auswahl – kein direktes Feedback zu geben, sondern ihnen Tage, mitunter Wochen später Standardschreiben mit z. B. einer Absage zukommen zu lassen, oder lediglich ein kurzes Telefonat zu führen. Ein Grund für diese Vorgehensweise ist sicherlich, dass anstehende Entscheidungen oft nicht unmittelbar getroffen werden können, sei es, weil die Entscheidungsträger nicht vor Ort sind, erst andere Teilnehmer im Vergleich gesehen werden müssen, oder die Beobachter die Entscheidung nicht so schnell treffen möchten. Häufig sind jedoch auch etwas weniger sachliche Gründe ausschlaggebend, denn direktes Feedback zu geben, ist nicht immer angenehm. Dennoch hat es sich in der Praxis grundsätzlich als Erfolgskriterium eines Assessment Centers erwiesen, ein ausführliches Feedback-Gespräch mit den Teilnehmern zu führen. Teilnehmer erleben es als partnerschaftlich und nutzbringend, die Eindrücke der Beobachter geschildert zu bekommen, auch wenn noch keine definitive Entscheidung getroffen wurde. Die Teilnehmer engagieren sich über einen oder vielleicht mehrere Tage hinweg intensiv, und es wird von ihnen erwartet, eine Menge an Informationen über sich preiszugeben. Wenn es dann zunächst länger bei diesem sehr einseitigen Austausch von Informationen bleibt, wird dies oft als sehr unangenehm und mitunter frustrierend empfunden. Dies ist nicht nur bei internen Teilnehmern ein potenzieller Demotivationsfaktor, sondern sollte auch bei externen Teilnehmern in Verfahren zur Personalauswahl unter Personalmarketing-Gesichtspunkten gesehen werden.

Das Feedback-Gespräch ist ein Einzelgespräch zwischen einem Teilnehmer und einem Beobachter oder Beobachterteam. Es erfordert vom Feedback-Geber ein hohes Maß an Sensibilität, Klarheit und Gesprächsführungskompetenz.

Manche Beobachter nutzen das Feedback-Gespräch, um weitere Erkenntnisse über die Teilnehmer gewinnen zu können. In der Tat liegen hier noch einmal Chancen zur Informationsgewinnung, indem Reaktionen auf einzelne Rückmeldungen sensibel wahrgenommen und ggf. hinterfragt werden. Es hat aber zunächst einmal eine Primärfunktion, und das ist die transparente und gut begründete Rückmeldung der Beobachtungen und Ergebnisse an die Teilnehmer. Außerdem sollte hier Raum sein, die Ergebnisse mit den einzelnen Teilnehmern zumindest kurz zu diskutieren. So beinhaltet diese Diskussion selbstverständlich auch einen Abgleich von Selbst- und Fremdeinschätzung, die durch den Einsatz von z. B. Persönlichkeitsfragebögen systematisiert werden kann (vgl. Kap. 5.6). Das Feedback-Gespräch hat wesentlichen Einfluss darauf, inwieweit Ergebnisse als transparent und klar eingeschätzt werden, und wie dementsprechend die Akzeptanz der daraus folgenden Entscheidungen und Maßnahmen ist.

8.1.1 Die Einbindung der Rückmeldung in das Gesamtverfahren

Um die Ergebnisse an die Teilnehmer zurückzumelden, ist im Gesamtverfahren zunächst einmal zu entscheiden, an welcher Stelle eine Rückmeldung über Ergebnisse erfolgen soll. Dabei stehen zwei Überlegungen im Vordergrund. Die eine ist, wie sich die organisatorischen Rahmenbedingungen im Gesamtprozess darstellen, die zweite, welche inhaltlichen Konsequenzen sich aus der Zielstellung des jeweiligen Verfahrens ergeben.

8.1.1.1 Feedback im direkten Anschluss an das AC oder zeitversetzt?

In Bezug auf organisatorische Rahmenbedingungen stellt es sich in vielen Verfahren so dar, dass die Durchführung der einzelnen Übungen – vor allem bei Gruppenverfahren – oft bis in den frühen Abend hinein dauert. Daraus ergibt sich, dass nach einer oft ausgiebigen Beobachterkonferenz erst spät am Abend die einzelnen Ergebnisse über die Teilnehmer feststehen. Als Konsequenz daraus wird es oft – vor allem bei internen Verfahren – so gehandhabt, dass die Teilnehmer erst einige Tage oder Wochen später ein individuelles Feedback über ihre Ergebnisse erhalten. Ansonsten müssten sie am Ende der Durchführung der einzelnen Übungen eine sehr lange Wartezeit während der Beobachterkonferenz in Kauf nehmen, und die einzelnen Feedback-Gespräche würden mitunter bis spät in den Abend hinein dauern. Auf der anderen Seite besteht bei einem gut organisierten Assessment Center durchaus die Möglichkeit, durch eine effizient geführte Beobachterkonferenz und einen zeitlich optimierten Ablaufplan ausreichend Zeit für anschließende Einzelfeedback-Gespräche zu haben (vgl. Kapitel 7.2).

Dabei ist es oft vollkommen ausreichend, ein solches Gespräch zunächst auf etwa 30 Minuten anzusetzen, um die wesentlichen, prägnanten Ergebnisse zurückzumelden.

Dies erübrigt selbstverständlich nicht eine eventuell deutlich detailliertere schriftliche Darstellung der Ergebnisse. Aber auf der anderen Seite bietet es den Teilnehmern eine gute Möglichkeit, die eigenen, noch relativ frischen Eindrücke der einzelnen Übungen und Simulationen mit den Beobachtungen und Einschätzungen der Beobachter abzugleichen. In der Regel ist auch die Aufnahmefähigkeit der Teilnehmer nach einem für sie persönlich vielleicht sehr anstrengenden Assessment Center relativ eingeschränkt, so dass ein zeitlich sehr umfangreiches Feedback oftmals kaum zielführend wäre.

Ein weiterer Vorteil einer kurzen, aber intensiven und unmittelbar anschließenden Rückmeldung ist, dass jeweils mehrere Beobachter, die das gesamte Verfahren begleitet und die Teilnehmer gesehen haben, auch unmittelbar die Feedback-Gespräche begleiten können. So bietet sich hier den Beobachtern die Gelegenheit, Einschätzungen aus verschiedenen Sichtweisen gegenseitig zu ergänzen. Auch für die Teilnehmer besteht damit die Chance, Fragen an einzelne Beobachter aus verschiedenen Simulationen zu stellen. Eine Chance, die nicht besteht, wenn lediglich ein Vertreter der Personalentwicklung zu einem späteren persönlichen Feedback-Gespräch zu den Teilnehmern kommt. Dieser Ansatz macht jedoch Sinn, um bei hausinternen Verfahren nach einigen Tagen oder Wochen noch einmal den persönlichen Entwicklungsbedarf und weitere Entwicklungsschritte zu diskutieren und zu vereinbaren.

Gänzlich abzuraten ist davon, durch Personen Feedback geben zu lassen, die selber die einzelnen Übungen nicht mit beobachtet haben, sondern lediglich eine Einschätzung aus der Beobachterkonferenz entgegennehmen. Hier besteht kaum die Möglichkeit, ein sehr differenziertes und verhaltensbezogenes Feedback zu geben. Vor allem tun diese Personen sich natürlich schwer, auf Rückfragen der Teilnehmer fundiert und präzise zu antworten. So entsteht auf Teilnehmerseite oft der Eindruck, dass die Beobachter, die die Beurteilung vorgenommen haben, sich ihrer Verantwortung entziehen und sich den Teilnehmern gegenüber nicht für ihre Einschätzungen rechtfertigen möchten.

8.1.1.2 Feedback während des ACs?

Neben den oben beschriebenen Möglichkeiten besteht natürlich vor allem bei der Durchführung von Orientierungs-Assessment Center zur Personalentwicklung für interne Mitarbeiter die Möglichkeit, auch im Verlauf der Veranstaltung kurze Feedback-Phasen einzusetzen. Dies kann, wenn es rein um die Identifikation von Personalentwicklungsbedarf und ggf. sogar die direkte Entwicklung persönlicher Kompetenzen im Verlauf des Verfahrens geht, sehr sinnvoll sein. Es besteht die Möglichkeit, im Anschluss an jede Situation und Simulation ein kurzes Feedback für die Teilnehmer anzuschließen oder auch abends, zum Abschluss eines ersten Tages, Feedback-Runden durchzuführen. Auf der anderen Seite beeinträchtigt diese Vorgehensweise die Genauigkeit der Einschätzung der Teilnehmer, es sei denn, es geht ausschließlich um spezielle Anforderungen, wie z. B. Lernvermögen. Die Einschätzung anderer Anforderungen wird unter anderem schwieriger, weil Beobachtungen aus den ersten Übungen vor dem Feedback streng genommen nicht mehr verwertet werden dürften. Stattdessen müsste am Ende eine Einschätzung aller Kompetenzen nach dem letzten Feedback erfolgen, um den status quo eines Teilnehmers am Ende des Verfahrens festzustellen.

Vor allem bei dynamischen Assessment Centern, die einen stärkeren Planspielcharakter haben, wird oft die Chance genutzt, dass sich auch die Teilnehmer untereinander unter Begleitung eines Moderators gegenseitig Feedback geben können. Eine Vorgehensweise, die – sofern das Verfahren nicht für Auswahlzwecke gedacht ist – bei einer guten Moderation von den Teilnehmern erfahrungsgemäß als sehr fruchtbar empfunden wird. Selbstverständlich erfolgt durch eine solche Vorgehensweise gleichzeitig eine Stärkung der unternehmensinternen Feedback-Kultur. Auf der anderen Seite stellt sicherlich eine wenig ausgeprägte Feedback-Kultur eine Begrenzung dieser Vorgehensweise dar.

8.1.2 Qualitätskriterien für ein gutes Feedback-Gespräch

Ganz gleich, zu welchem Zeitpunkt im Verfahren ein Feedback erfolgen soll, kommt es darauf an sicherzustellen, dass dieses Feedback qualitativ hochwertig und professionell gegeben wird, um für die Teilnehmer einen maximalen Nutzen zu erzielen. Dabei gelten natürlich generell die bekannten Feedback-Regeln:

Geben von Feedback:

- Beschreiben Sie wahrgenommene Verhaltensweisen und stimmen Sie die Interpretation mit dem Teilnehmer ab.
- Machen Sie deutlich, welche Rückmeldungen durch den gesamten Beobachterkreis getragen sind und welche Eindrücke Ihr persönliches Erleben widerspiegeln.
- Je präziser und konkreter Sie in ihren Beschreibungen sind, desto mehr helfen Sie ihrem Gegenüber.

Neben diesen generellen Regeln zum Feedback sollte vor allen Dingen darauf geachtet werden, dass

- das Feedback sich ausschließlich auf Beobachtungen während des Assessment Centers bezieht,
- zumindest einzelne positive Seiten vor negativen diskutiert werden,

- alle Rückmeldungen grundsätzlich wertschätzend und menschlich akzeptabel formuliert sind, ohne an Klarheit zu verlieren,
- der Schwerpunkt auf konkreten Verhaltensbeschreibungen liegt, also bei Nachfragen auch dezidierte Beispiele und Zitate vorhanden sind,
- Bewertungen an den vorab definierten Anforderungskriterien festgemacht werden,
- Hilfestellungen und Ratschläge gegeben werden, um Entwicklungsmöglichkeiten aufzuzeigen,
- alle Beobachtungen und Beurteilungen im Abgleich zum alltäglichen Arbeiten diskutiert werden.

Für den Ablauf eines Feedback-Gesprächs haben sich folgende Schritte bewährt:

1. Erfragen der Selbstsicht des Teilnehmers zu seinen Leistungen und Verhaltensweisen in den verschiedenen Übungen und Eindrücken zum Verfahren insgesamt.
2. Rückmeldung der Gesamteindrücke durch das Beobachterteam.
3. Erläuterung der Ergebnisse im Detail, in Bezug zum Anforderungsprofil bzw. Darstellung von Rückmeldungen aus den einzelnen Simulationen.
4. Gegenüberstellung und Diskussion des Selbst- und Fremdbildes.
5. Ableitung und Besprechung der identifizierten generellen Stärken und Entwicklungsfelder. Eventuell erste Besprechung möglicher PE-Maßnahmen
6. Gesamteinschätzung des Assessment Centers und des Feedbacks aus Sicht des Teilnehmers.

Durch diesen Ablauf ergeben sich einige wesentliche Vorteile. Zunächst einmal ist es wichtig, die Selbsteinschätzung des Teilnehmers in Bezug auf die einzelnen Übungen kurz zu erfragen, um unmittelbar erkennen zu können, wo es sinnvoll ist, mit dem eigenen Feedback anzusetzen. So ergibt sich sicherlich ein vollkommen anderes Gespräch, wenn mit dem Teilnehmer Übereinstimmung beispielsweise darüber besteht, dass eine bestimmte Gesprächssituation hinsichtlich einzelner Verhaltensweisen nicht sehr gelungen war, als wenn der Teilnehmer gerade diese Übung als aus seiner Sicht besonders gelungen darstellt, obgleich die Beobachter der Ansicht sind, dass er mit der Übung eindeutig überfordert war.

Stimmen Sie mit der Einschätzung des Teilnehmers hinsichtlich positiver und negativer Aspekte weitgehend überein, so besteht kaum Notwendigkeit, einzelne Einschätzungen extrem differenziert zu begründen und zu verargumentieren. Diese Notwendigkeit besteht sicherlich, wenn eine starke Diskrepanz zwischen Selbstbild und Fremdbild vorliegt. Dies ist nicht zuletzt deshalb eine sehr relevante Information, weil die Wahrscheinlichkeit, dass ein Veränderungsfeld von Seiten des Teilnehmers wirklich angegangen wird, höher ist, wenn dieser eine Einsicht in bestehende Notwendigkeiten der Verhaltensänderungen hat und diese selber anstrebt.

Insbesondere, wenn bereits zum Abschluss des Assessment Centers das Feedback anhand konkreter Ergebniswerte im Abgleich zum Anforderungsprofil gegeben wird, kann man sicherstellen, dass die Teilnehmer nicht nach Erhalt der schriftlichen Ergebnisberichte »überrascht« reagieren. Alle wesentlichen Ergebnisse sind so bereits unmittelbar präsentiert und diskutiert worden. Daraus ergibt sich bei der schriftlichen Darstellung der Ergebnisse die Möglichkeit, die Einschätzung der Beobachter direkt in Relation zur Selbstsicht des Teilnehmers zu stellen. Es kann im Ergebnisbericht explizit darauf verwiesen werden, dass z. B. »Herr X im Feedback-Gespräch darauf hinwies, dass er die Einschätzung der Beobachter in diesem Aspekt nicht teilt, weil...«, oder »Frau Y bestätigte hier im Nachgespräch, dass es nicht zu ihren Stärken gehört...«. Entsprechend wird auch im Weiteren die Ergebnisberichterstellung von den Teilnehmern als fairer erlebt, wenn auch im Ergebnisbericht Unterschiede zwischen den Beobachtungen und den Meinungen des Teilnehmers selber über seine Leistungen geschildert werden können.

Am Ende des Feedbacks erhalten die Teilnehmer in einem professionellen Verfahren selbstverständlich noch einmal die Möglichkeit, Fragen zu stellen. Abschließend werden noch einmal Informationen in Bezug auf den weiteren Prozess – wie z. B. die Verwendung der Ergebnisberichte – gegeben.

8.2 Schriftliche Dokumentation der Ergebnisse

Nicht selten erfolgt im Nachgang zu einem Assessment Center eine schriftliche Dokumentation der Ergebnisse. Diese hat in der Regel mehrere Funktionen. Auf der einen Seite bekommen die Teilnehmer so noch einmal mit einem zeitlichen Abstand ein schriftliches Feedback und können eigene Stärken und Verbesserungspotenziale differenzierter reflektieren. Auf der anderen Seite haben natürlich Entscheider und das Unternehmen insgesamt ein Interesse daran, erhobene Informationen zu dokumentieren, zu speichern und im Sinne der Zielstellung des Verfahrens zu nutzen. Dabei sind grundsätzlich verschiedene Formen der schriftlichen Ergebniserstellung möglich.

8.2.1 Grundformen und Elemente der Ergebnisdokumentation

Werden aus verschiedenen Übungen Werte zu einzelnen Anforderungsbereichen und Dimensionen aggregiert, so bietet es sich an, im Rahmen eines Ergebnisberichtes ein summarisches Ergebnisprofil zu erstellen (vgl. Kapitel 3.2). Steht vor allem die Betrachtung verschiedener Kernaufgaben, die sich in unterschiedlichen Simulationen widerspiegeln, im Vordergrund, so empfiehlt sich z. B. auch die Kommunikation einer Ergebnismatrix, in der die Teilnehmer nicht nur eine dimensionsorientierte Einschätzung in der Summe sehen, sondern auch ihre Leistung in Bezug auf einzelne Situationen bezogen einschätzen können (vgl. Kapitel 6).

Eine übersichtliche Ergebnisdarstellung mit einem hohen Maß an Prägnanz stellt ein so genanntes Stärken-Schwächen-Profil dar. Hier kann in einem Ergebnisbericht in Form einer Tabelle eine kurze Beschreibung der prägnantesten Stärken und Verbesserungsfelder in Bezug auf z. B. eine konkrete Zielposition erfolgen. Eine weitere Variante stellt eine kurze Zusammenfassung der Einschätzung der Beobachter in einem Fließtext dar. Hier kann in einem Text auf drei bis fünf Seiten ein Bild der einzelnen Teilnehmer widergespiegelt werden.

Grundsätzlich ist vor der Verfassung von Ergebnisberichten zu klären, inwieweit diese rein deskriptiv an Verhaltensbeobachtungen im Abgleich zu den Beobachtungskriterien orientiert sein sollen, oder ob sie auch interpretatorische und ganzheitlich bewertende Informationen enthalten sollen. Eine vollständige inhaltliche Darstellung umfasst hierbei folgende drei Aspekte:

1. Beschreibung der Beobachtungen und Verhaltensweisen
2. Deutung dieser Verhaltensweisen vor dem Hintergrund der Zielstellung des Assessment Centers
3. Empfehlungen für Maßnahmen und Aspekte der eigenen Weiterbildung

Diese Teilelemente können selbstverständlich nach Anforderungsdimensionen sortiert oder nach Übungssituationen unterschieden und strukturiert werden. Die oben beschriebenen inhaltlichen Aspekte können auch Eingang in einen umfassenden Ergebnisbericht finden.

8.2.2 Aufbau umfassender Ergebnisberichte

Für den Aufbau umfassender, präziser und praktisch nutzbarer Ergebnisberichte kann folgende Struktur verwendet werden:

1. Deckblatt (mit Name, Ort, Unternehmen usw.)
2. Inhaltsverzeichnis
3. Darstellung des Verfahrens
4. Darstellung der Übungsbausteine und Simulationen
5. Darstellung des individuellen Ergebnisprofils bzw. der Ergebnismatrix
6. Zusammenfassung der Beobachtungen und Ergebnisse, entweder hinsichtlich der Anforderungsdimensionen oder hinsichtlich der abgebildeten Kernaufgaben
7. Eventuell zusammenfassende Aussage über Eignung für eine bestimmte Zielposition oder prägnanteste Entwicklungsfelder
8. Wiedergabe von Testergebnissen
9. Empfehlungen für Personalentwicklungsmaßnahmen, um die eigenen Kompetenzen auszubauen

Bei dieser Struktur ist sichergestellt, dass alle wesentlichen Informationen enthalten sind und gleichzeitig ein guter Überblick über einzelne Aspekte der Ergebnisse möglich ist.

Unter Punkt 3. »Darstellung des Verfahrens« sollte eine Kurzbeschreibung bezüglich Anlass und Zielstellung des durchgeführten Verfahrens erfolgen. Dies ist vor allem dann wichtig, wenn Ergebnisberichte z. B. Teil einer Personalakte werden und später Führungskräften, die nicht am Verfahren beteiligt waren, zugänglich gemacht werden können oder sollen. Dazu ein Beispiel:

Beispiel 35: Darstellung des Verfahrens im Ergebnisbericht

»... Das durchgeführte Einzel-Assessment Center ist ein eintägiges Verfahren, das zur Potenzialeinschätzung von Kandidaten, die sich in eine Abteilungsleiterposition bei der Muster AG entwickeln möchten, konzipiert wurde. Ziel ist die Identifikation von individuellen Stärken und Entwicklungsfeldern für konkrete, einzelne Zielpositionen verbunden mit einer abschließenden überfachlichen Eignungseinschätzung des jeweiligen Kandidaten. Diese Art der vertieften Potenzialanalyse soll dazu dienen, anspruchsvolle Führungspositionen innerhalb des Unternehmens möglichst adäquat zu besetzen. Darüber hinaus erhalten die Teilnehmer ein möglichst objektives, durch eine externe Einschätzung abgesichertes Bild ihrer Stärken und Verbesserungsfelder, um so eine Unterstützung in ihrer individuellen Entwicklung zu erfahren. Dazu wurde ein Anforderungsprofil entwickelt, welches folgende erfolgskritische Verhaltenseigenschaften enthält: ...«

Daneben ist es sinnvoll, hier eine Beschreibung der eingesetzten Skala und ggf. der relevanten Vergleichsgruppe vorzunehmen.

Nach der grundsätzlichen Darstellung des Verfahrens ist es ebenfalls für nicht beteiligte Entscheider wichtig, kurz darzustellen, welche Übungstypen und Simulationen durchgeführt wurden, und welche Fragestellungen man versucht hat, gerade mit diesem Übungstyp abzudecken. Dies liest sich beispielhaft wie folgt:

Beispiel 36: Darstellung der Übungstypen im Ergebnisbericht

»... Ein weiteres wesentliches Element im Rahmen des durchgeführten Einzel-Assessments stellte ein strukturiertes Interview dar, in dem neben einer kurzen Werdegangsanalyse vor allem das berufliche Selbstbild und Selbstverständnis der Teilnehmer im Vordergrund standen. Es wurden verschiedene Anforderungsbereiche ausgiebig besprochen und vertieft hinterfragt, so unter anderem verschiedene persönliche Einstellungen und Motive, wie die persönliche Leistungsmotivation, der individuelle Gestaltungswille oder die persönliche Offenheit für Neues.«

Dabei muss natürlich die schriftliche Dokumentation von Assessment Center-Ergebnissen – z. B. in Form von Ergebnisberichten – in der Form und Ausgestaltung üblichen Kriterien, wie Rechtschreibung und Korrektheit formaler Merkmale, genügen. Daneben gibt es weitere Aspekte, auf die man sich bei der Verfassung von Ergebnisberichten konzentrieren sollte. Ein inhaltlich qualitativ hochwertiger Ergebnisbericht zeichnet sich vor allem dadurch aus, dass er

- verständlich formuliert ist,
- klaren Verhaltensbezug herstellt und Beschreibungen und Zitate enthält,
- prägnant auf zentrale Beobachtungen und Kernbotschaften fokussiert,
- im Tonfall grundlegend wertschätzend und unterstützend formuliert ist,
- bei einzelnen Aspekten bereits kurze Hinweise und Tipps zu Verhaltensalternativen gibt und
- gegebenenfalls eine übereinstimmende oder abweichende Sicht des Teilnehmers auf einzelne Ergebnisse mit beschreibt.

Vor allem, wenn Ergebnisberichte Dritten weitergeleitet werden sollen, die bei der Durchführung des Verfahrens nicht beteiligt waren, empfiehlt es sich, sich daran zu orientieren, wirklich ein verständliches und umfassendes Bild des Teilnehmers zu entwerfen. Das Ziel ist immer, dem Leser eines solchen Berichtes einen differenzierten und umfassenden Eindruck von der beschriebenen Person zu verschaffen.

8.3 Ableitung von Personalentwicklungsmaßnahmen

In der Konsequenz eines Assessment Centers ergeben sich in der Regel bei vielen Teilnehmern Empfehlungen und Verbesserungsfelder. Um an diesen »Baustellen« arbeiten zu können, empfiehlt es sich, ein breites Spektrum an individuell passenden Maßnahmen zu empfehlen. Dieses Spektrum umfasst im Wesentlichen folgende Arten von Empfehlungen:

- Eigene Reflexion über ein Thema
- Tipps zu einzelnen Verhaltensweisen
- Tipps zu Literatur
- Empfehlung zum Austausch mit kompetenten Kollegen zu einem Thema
- Empfehlung von Paten oder Mentoren
- Übernahme einer bestimmte Aufgabe oder Verantwortung/Teilnahme an Projekten
- Coaching durch die eigene Führungskraft
- Teilnahme an Seminaren und Schulungsmaßnahmen

Entsprechend groß ist das Feld an einzelnen Maßnahmen, die sich aus diesen grundsätzlichen Instrumenten ableiten. Die Empfehlung lautet hier, das gesamte Spektrum der Personalentwicklung einzubeziehen und sich nicht alleine auf Empfehlungen für z. B. Seminarmaßnahmen zu beschränken.

Hier ist vor allen Dingen auch bei der Empfehlung einzelner Maßnahmen und Vorgehensweisen bereits im Vorfeld zu berücksichtigen, welche organisatorischen und materiellen Rahmenbedingungen und damit auch Möglichkeiten oder Grenzen in Sachen Weiterbildung bestehen. Es ist unbedingt zu vermeiden, im Rahmen eines solchen Assessment Centers durch sehr umfassende und differenzierte Empfehlungen zur Personalentwicklung Wünsche und Erwartungen zu wecken, die nachher nicht umsetzbar sind.

Auswahl spezifischer Personalentwicklungsmaßnahmen für einzelne Verbesserungsbereiche

Grundsätzlich muss eine Einschätzung dahingehend vorgenommen werden, welche Art von Personalentwicklungsmaßnahme als optimal geeignet gesehen wird, ein identifiziertes Verbesserungsfeld bei einem Teilnehmer positiv zu beeinflussen. Dabei stellt sich die Frage nach der Ursache für mögliche Verhaltensdefizite, um mit entsprechenden Maßnahmen auf der richtigen Ebene anzusetzen. Diese Ursachen können im Wesentlichen auf drei Ebenen liegen:

- Wissen
- Können
- Wollen

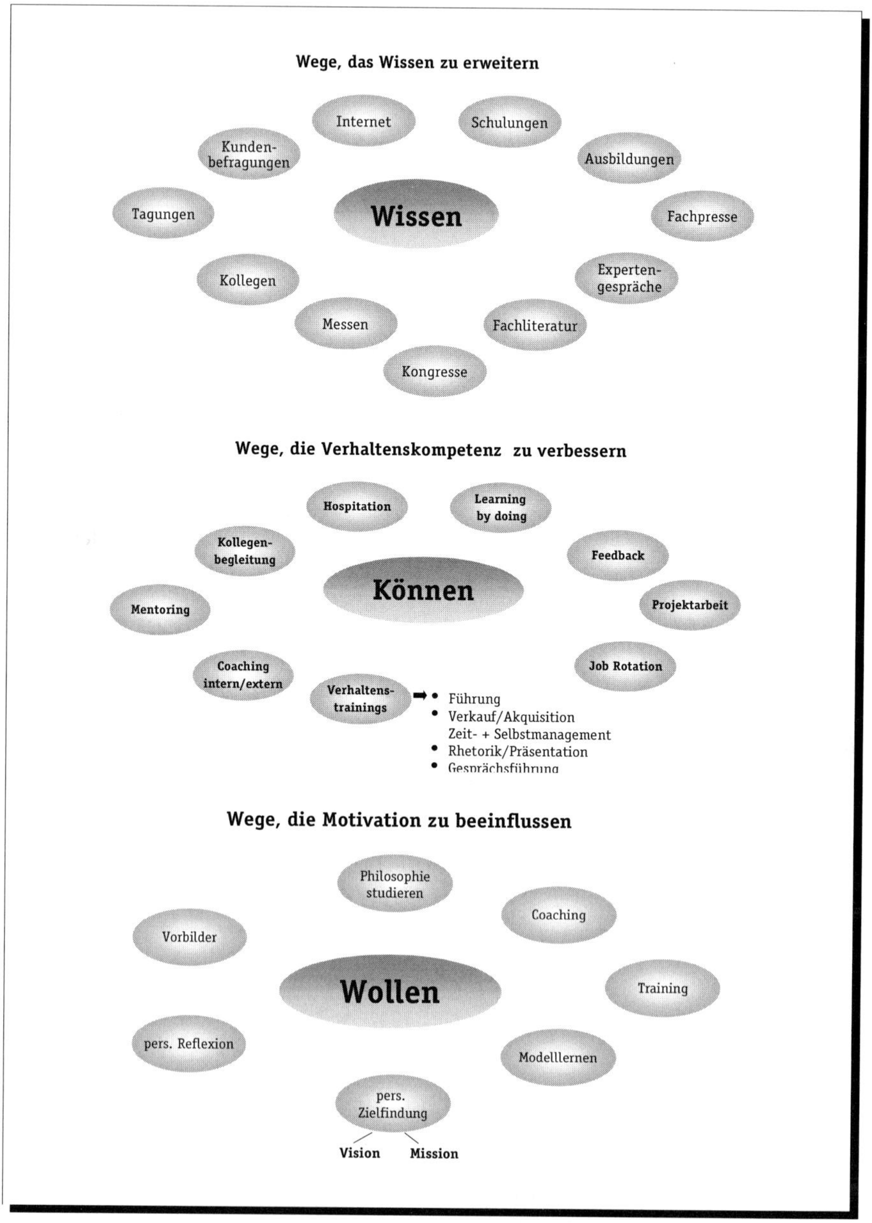

Abbildung 9: Exemplarische Methoden der Personalentwicklung auf Basis der Ebenen Wissen, Können und Wollen

Das bedeutet: Im besten Fall ist im Verlauf des Assessment Center-Verfahrens nicht nur eine Einschätzung über Verbesserungsfelder erfolgt, sondern auch eine erste Idee dazu, auf welcher Ebene die Ursache liegt. Entsprechend ergeben sich bei der Auswahl von Maßnahmen zur Personalentwicklung selbstverständlich vollkommen andere Konsequenzen. In der Abbildung 9 sind einige Wege beschrieben, wie auf diesen drei Ebenen eine Verbesserung erfolgen kann.

Wichtig ist bei der Schilderung der empfohlenen Maßnahmen der Personalentwicklung zweifelsohne, dass diese sich schlüssig aus den vorab im Ergebnisbericht beschriebenen Stärken und Entwicklungsbereichen hinsichtlich der definierten Anforderungen ableiten. Dieser Zusammenhang kann noch deutlicher gemacht werden, indem z. B. in einer Tabelle dazu zunächst in der linken Spalte beschrieben wird, worin genau das Verbesserungsfeld besteht und in der rechten Spalte Empfehlungen zur Optimierung erfolgen (vgl. Beispiel 37).

Beispiel 37: Entwicklungsbereiche und Maßnahmen im Ergebnisbericht

Lernfeld	*Beschreibung des Lernfeldes und mögliche Maßnahmen*
Handwerkliche Grundlagen zu Präsentationstechniken	• In beiden Präsentationssituationen haben die Beobachter die Einschätzung wiedergegeben, dass sich in handwerklicher und methodischer Hinsicht noch Möglichkeiten in der Verbesserung der Präsentationstechnik gezeigt haben. Diese lassen sich on the job durch entsprechende Übungen, die von Feedback begleitet werden, sicherlich recht gut und rasch beheben, wobei darüber hinaus auch ein entsprechendes selbstgesteuertes Lernen (z. B. durch Literaturstudium) sinnvoll und zielführend sein kann. Selbstverständlich kann auch ein entsprechendes Seminar hier eine Optimierung der Kompetenzen herbeiführen.
Auftreten und Positionierung in Steuerungssituationen	• Eines der zentralen Feedbacks besteht darin, dass Frau Muster in ihrem Auftreten, gerade im Hinblick auf Führungs- und Steuerungssituationen, sicherlich noch souveräner werden kann. Derzeit ist ihr Gesprächsverhalten freundlich zugewandt, erfrischend, manchmal charmant, aber nicht unbedingt dazu angetan, sich Respekt und Autorität zu verschaffen. Hier ist die weitere Entwicklung sicherlich eher ein mittelfristiger Reifungsprozess, der durch enge Unterstützung des Vorgesetzten, regelmäßiges Feedback und gemeinsame kritische Reflexion unterstützt und begleitet werden kann.

8.4 Umgang mit Assessment Center-Ergebnissen

Beim Umgang mit Assessment Center-Ergebnissen ist einerseits die Entscheidung zu fällen, wie im Weiteren mit einer schriftlichen Ergebnisdokumentation in Form von Ergebnisberichten verfahren werden soll. Das heißt auch praktisch, welches Maß an Vertraulichkeit bestehen soll, und wie diese Berichte aufbewahrt werden.

Auf der anderen Seite ist natürlich zu überlegen, welche Konsequenzen sich für die Teilnehmer ergeben und damit verbunden die Diskussion der so genannten Verliererproblematik. Diese bezieht sich im Wesentlichen auf die Befürchtung, dass man in hausinternen Verfahren auch »Verlierer« produziert, die bei einem Assessment Center »durchfallen« und damit eventuell Demotivation und Frustration erleben.

8.4.1 Umgang mit schriftlichen Ergebnisdokumentationen

Vordringlich geht es bei der weiteren Verwendung von Ergebnisberichten darum, welches Maß an Vertraulichkeit die Ergebnisse genießen. Dazu gibt es je nach Anwendungsgebiet und Teilnehmerkreis unterschiedliche juristische Rahmenbedingungen, auf die hier im Weiteren nicht rechtsverbindlich eingegangen werden kann und soll.

Grundsätzlich ist es allerdings so, dass es ein wesentliches Element ist, die Einsichtsrechte dieser Ergebnisberichte deutlich im Vorfeld des Verfahrens mit allen beteiligten Interessengruppen und Mitspracheberechtigten zu diskutieren und eine klare Vereinbarung zu treffen. In der Regel empfiehlt es sich, dass zumindest bei hausinternen Verfahren die Personalentwicklung, die Teilnehmer und der unmittelbare Vorgesetzte Einsicht in die Ergebnisberichte oder ein eigenes schriftliches Exemplar erhalten. Dies ist vor dem Hintergrund wichtig, dass es sich bei diesem Personenkreis um genau die Leute handelt, die auch für die tatsächliche Umsetzung von empfohlenen Maßnahmen zur Personalentwicklung verantwortlich sind. Bei stärker auswahlorientierten Verfahren gibt es entsprechende Mitspracheregelungen und -rechte seitens des Betriebsrats, die selbstverständlich im einzelnen Fall vorher genau zu prüfen und zu vereinbaren sind. Im Umgang mit Gremien wie Betriebsräten oder Personalräten empfiehlt es sich, durch den Personalbereich einen Vorschlag erarbeiten zu lassen, in welcher Form Ergebnisse dokumentiert und wem sie zugänglich gemacht werden sollen.

Darüber hinaus ist in Bezug auf die Ergebnisberichte präzise zu klären und zu vereinbaren, welche Bestandteile eines Ergebnisberichtes wann, an welcher

Stelle und für wie lange abgelegt und bestimmten Personenkreisen zugänglich gemacht werden sollen. Dabei ist es durchaus üblich, lediglich einzelne Teile der Ergebnisberichte einzelnen Personenkreisen zukommen zu lassen. So kann es z. B. sinnvoll sein, der unmittelbaren Führungskraft oder dem Personalentwicklungsbereich lediglich Einsicht in die Empfehlungen zur Personalentwicklung zu geben, damit diese hier unterstützend aktiv werden können. Das Spektrum der Vertraulichkeit der Ergebnisberichte reicht erfahrungsgemäß von der dauerhaften Aufnahme in die Personalakte bis dahin, ausschließlich den Teilnehmern einen umfassenden Ergebnisbericht zukommen zu lassen. Letztendlich ist dies immer eine Frage der mit dem Assessment Center grundsätzlich verbundenen Zielstellung.

Unabhängig davon sollte im Kreis der Beobachter und Begleiter des Assessment Center-Verfahrens Einigkeit darüber herrschen, dass alle Beobachtungen und Beurteilungen selbstverständlich vertraulich zu handhaben und mit einer entsprechenden Verschwiegenheitspflicht verbunden sind.

8.4.2 Mögliche Konsequenzen von Assessment Centern

Hinsichtlich der Konsequenzen, die sich aus einer Assessment Center-Durchführung ergeben, schließt sich der Kreis zur allerersten Fragestellung im Vorfeld, nämlich dazu, welche Ziele eigentlich mit einem Verfahren verfolgt werden sollen. Entsprechend leiten sich die Konsequenzen im besten Fall unmittelbar schlüssig aus den vorab klar definierten und kommunizierten Zielen ab. Dies bedeutet, mögliche Konsequenzen und sichergestellte »Nichtkonsequenzen« bereits im Vorfeld klar an alle Beteiligten zu kommunizieren bzw. zu vereinbaren. Dabei ist es durchaus möglich, dass es zu Spannungsfeldern kommt, die im Vorfeld nicht bedacht wurden. So stellt sich selbstverständlich z.B. für beobachtende Führungskräfte die Frage, wie damit umzugehen ist, wenn sich im Rahmen eines Assessment Centers, das ausschließlich zur Personalentwicklung von Teilnehmern dienen soll, herausstellt, dass ein Teilnehmer deutliche Verhaltensdefizite zeigt, und das in Bereichen, die als sehr relevant für seine jetzige Tätigkeit identifiziert werden. In einem solchen Fall muss klargestellt sein, dass derartige Informationen eben zu keinem anderen Zweck als zu dem vorher vereinbarten genutzt werden, um nicht an den Teilnehmern vorbei eine »hidden agenda« zu schaffen, die die Akzeptanz eines solchen Verfahrens mittelfristig vollkommen zerstört.

Spätestens bei der Umsetzung der durch ein Assessment Center gewonnenen diagnostischen Informationen in praktische Maßnahmen zeigt sich, inwieweit ein Verfahren gewählt und konzipiert wurde, das den definierten Zwecken optimal dienlich ist. Bei der Diskussion konkreter Maßnahmen mit den Teilnehmern oder deren Führungskräften entscheidet die Qualität in Konzeption und Durchführung eines Assessment Centers maßgeblich über die Akzeptanz der Ergebnisse. So werden anschließende Maßnahmen selbstverständlich deutlich stärker mitgetragen, forciert und umgesetzt, wenn sie sich schlüssig aus einem für die Situation und Zielstellung angemessenen Assessment Center-Verfahren heraus ergeben.

Neben diesen geplanten und gewünschten Konsequenzen besteht natürlich die Möglichkeit unerwünschter »Nebenwirkungen«. Eine dieser oftmals befürchteten Nebenwirkungen ist die sogenannte »Verliererproblematik«.

8.4.3 Umgang mit »Verlierern«

Viele Personalverantwortliche haben bei der Konzeption und Durchführung von Assessment Centern die Befürchtung, dass sie in der Folge eines Verfahrens eher demotivierte und unzufriedene Mitarbeiter produzieren, als eine Steigerung der Leistungsfähigkeit ihrer Mitarbeiter zu erreichen. Wenn man davon ausgeht, dass es im Rahmen eines Assessment Centers für einen Teilnehmer etwas zu verlieren gibt, stellt sich zunächst einmal die Frage, was denn verloren werden kann. Im Wesentlichen handelt es sich dabei um zwei unterschiedliche Arten von »Verlieren«. Die erste Art ist, dass man ein angestrebtes Ziel (eine bestimmte Position oder z. B. die Teilnahme an einem Förderprogramm) nicht erreicht hat. Die zweite Variante ist, dass man sein Ansehen entweder gegenüber dem Unternehmen, bei dem man sich beworben hat, oder bei internen Verfahren gegenüber mitbeobachtenden Führungskräften und Entscheidern verloren hat.

8.4.3.1 Verlieren im Sinne von »eine Position nicht bekommen haben«

Im ersten Fall, in dem jemand, bedingt durch die Teilnahme an einem Assessment Center, eine bestimmte Position oder einen internen Platz in einem Förderprogramm nicht erhalten hat, ist es so, dass er etwas verloren hat, auf das er sich Hoffnungen gemacht hat. Entsprechend ist er enttäuscht, wenn sich diese Hoffnungen nicht mehr als realistisch erweisen. So gesehen ist er im wahrsten Sinne des Wortes ent-täuscht. Dabei ist natürlich zu berücksichtigen, dass die eigentliche Ursache für die persönliche Enttäuschung nicht etwa im Assessment Center-Verfahren an sich liegt, sondern vielmehr darin, dass eine nicht den eigenen Erwartungen entsprechende Entscheidung getroffen wurde. Eine Entscheidung, die selbstverständlich auch ohne ein Assessment

Center in der einen oder anderen Form hätte getroffen werden müssen. Das heißt, das Verlieren des Teilnehmers ist unabhängig von der Methode zu sehen. Das wiederum bedeutet in der Konsequenz, dass durch die Durchführung eines Assessment Centers mit einem entsprechend klaren, für eine bestimmte persönliche Zielstellung negativen Feedback durchaus eine Beschleunigung von Prozessen erfolgen kann. Wäre ein Mitarbeiter vielleicht ohne die Teilnahme an einem Führungspotenzial-Assessment Center noch eine längere Zeitlang der Täuschung erlegen, dass er in diesem Unternehmen einmal eine verantwortungsvolle Führungsposition übernehmen könne, so wird ihm vielleicht durch ein entsprechendes Feedback nach einem Assessment Center recht schnell deutlich, dass der Weg dorthin noch sehr viel weiter als gedacht ist, oder dass dieser Weg vielleicht tatsächlich versperrt sein wird. Ein Erleben, das sicherlich dazu führen kann, dass die persönliche Einsatzbereitschaft und Motivation in Bezug auf die aktuelle Tätigkeit sinkt. Auf der anderen Seite bietet diese Klarheit selbstverständlich die Chance, mit einem Mitarbeiter ein entsprechendes Gespräch zu führen und nach neuen, realistischen Perspektiven und attraktiven Entwicklungsmöglichkeiten Ausschau zu halten. Entsprechend ergibt sich so für Personalverantwortliche und Führungskräfte die Möglichkeit, aktiver und bewusster zu steuern und im Zweifelsfall auch rechtzeitig zu erkennen, wo akute Abwanderungsgefahren bestehen und entsprechende Maßnahmen eingeleitet werden müssen. Dies ist letztlich die bessere Alternative, anstelle nach einer längeren Zeit unspezifischen Hoffens des Mitarbeiters plötzlich mit dessen Kündigung konfrontiert zu werden, weil dieser das Gefühl hat, dass unbegründet keine Weiterentwicklung seiner Person im Unternehmen stattfindet.

8.4.3.2 Verlieren im Sinne von »sein Ansehen verlieren«

Die zweite Variante des Verlierens, nämlich das eigene Ansehen gegenüber dem Unternehmen oder Kollegen und Führungskräften zu verlieren, stellt sich insofern etwas anders dar, als dass hier tatsächlich dem Teilnehmer etwas genommen wird, was er ohne die Durchführung des Assessment Centers weiterhin behalten hätte: sein Ansehen. So kann es durchaus sein, dass jemand, der intern als Potenzial- und Leistungsträger gesehen wurde, in einem Assessment Center für Führungsnachwuchskräfte plötzlich deutlichere Verbesserungsfelder hinsichtlich einer Führungsposition aufweist als andere Kollegen.

Auch bei externen Bewerbern besteht mitunter durchaus die Sorge, entweder gegenüber anderen Führungskräften aus der eigenen Branche in einem solchen Verfahren schlecht abzuschneiden oder aber in gewisser Weise Ansehen vor sich selber zu verlieren. Dieser Fall tritt ein, wenn sich deutliche, gut begründete Diskrepanzen zwischen dem Selbstbild des Teilnehmers und der Fremdeinschätzung durch die Beobachter ergeben. Dies kann für einen Teilnehmer die persönlich mitunter schwierige und anspruchsvolle Konsequenz haben, sein eigenes Selbstbild zu ergänzen oder ggf. deutlich modifizieren zu müssen.

8.4.3.3 Wege aus der Verliererproblematik

Trotz dieser tatsächlich bestehenden Gefahr – vor allem der zweiten Verliererproblematik – gibt es eine Vielzahl von Möglichkeiten, diesen negativen Konsequenzen bereits im Vorfeld gut zu begegnen. Insgesamt geht es darum, ein Assessment Center-Verfahren zu konzipieren und durchzuführen, das ein hohes Maß an Teilnehmerorientierung sicherstellt. Die Basis dafür, Verliererproblematiken einzugrenzen und aufzufangen, besteht darin, ein als fair wahrgenommenes, realitätsnahes und atmosphärisch akzeptables Verfahren durchzuführen (vgl. Kapitel 7.1).

Daneben empfiehlt sich vor allem bei internen Auswahlverfahren, sich in der Folge von Assessment Centern intensiv um »abgelehnte« Bewerber zu kümmern und – so weit möglich – Alternativen für die eigene Entwicklung und weiteren Schritte aufzuzeigen. Einen anderen Aspekt neben der Teilnehmerorientierung stellt die Sicherstellung der oben bereits beschriebenen Vertraulichkeit der Ergebnisse dar. Vor allem, wenn es um die Frage eines persönlichen Gesichtsverlusts geht, legen Teilnehmer verständlicherweise sehr großen Wert darauf, dass diese Informationen einem möglichst kleinen Kreis zugänglich gemacht werden. Daraus resultiert einmal mehr die Notwendigkeit, Beobachter eindeutig darauf zu verpflichten, mit allen Beobachtungen und Ergebnissen absolut vertraulich und verschwiegen umzugehen.

Auch ist es bei internen Verfahren wichtig, immer wieder darauf hinzuweisen, dass Assessment Center für weiterführende Positionen keine Aussage darüber treffen, ob jemand seine aktuelle Aufgabe gut oder weniger gut erledigt. Schließlich kann dies auch bedeuten, z. B. bei internen Stellenbesetzungen für anspruchsvolle Positionen ausschließlich Einzel-Assessment Center einzusetzen, um Mitarbeiter nicht in die Notwendigkeit zu bringen, im Rahmen einer Gruppendiskussion im Wettbewerb mit aktuellen Kollegen zu stehen. Vor allem ist hier stets zu beachten, welcher Schaden beispielsweise durch sehr durchsetzungsorientiertes oder konfliktstarkes Verhalten einzelner Teilnehmer an der internen Arbeitsbeziehung zwischen Mitarbeitern entstehen kann.

Bei der Durchführung interner Assessment Center ergibt sich aus der Verliererproblematik noch eine weitere Konsequenz: So weit wie möglich sollten zusätzliche Informationen, über das Assessment Center hinaus, in die Auswahlentscheidung für konkrete Zielpositionen einbezogen werden. In der Tat ist es Mitarbeitern nur schwer vermittelbar, warum eine vielleicht eintägige Veranstaltung mehr darüber entscheiden soll, ob sie eine weitergehende Aufgabe übernehmen dürfen, als die Leistung, die sie in den letzten zehn Jahren im Unternehmen gezeigt haben.

Insgesamt steht und fällt die Akzeptanz und damit auch die Verminderung der Verliererproblematik eindeutig mit der insgesamt erlebten Qualität, Fairness und Atmosphäre des durchgeführten Verfahrens. Wer durch ein entsprechendes Assessment Center Professionalität in Konzeption und Durchführung belegen kann, erhöht eindeutig die Wahrscheinlichkeit, dass Teilnehmer sich beim Umgang mit den Ergebnissen ebenso professionell verhalten. Auf diesem Weg wird Akzeptanz bei internen und externen Teilnehmern für die durchgeführten Verfahren geschaffen. Alle Beteiligten können so maximal von den Ergebnissen der Verfahren profitieren.

Anhang

Glossar 307

Liste der Tools 317

Abbildungs- und Tabellenverzeichnis 318

Verzeichnis der Beispiele 319

Glossar

Anforderungsanalyse

In der Anforderungsanalyse werden die Anforderungs- und Beurteilungskriterien festgelegt und definiert, die in dem durchzuführenden Assessment Center abgebildet werden. Anforderungsprofile können durch Expertenworkshops, Experteninterviews oder durch die Analyse von Stellenbeschreibungen zustande kommen. Eine Anforderungsanalyse ist für ein Assessment Center unverzichtbar, denn sie stellt die Grundlage für die gesamte Assessment Center-Konzeption dar. Das Ergebnis der Anforderungsanalyse wird oftmals in einem sogenannten Anforderungsprofil repräsentiert.

Anforderungsgerechtigkeit

Das Prinzip der Anforderungsgerechtigkeit fordert einerseits, dass die in einem Assessment Center zur Anwendung kommenden Übungen und Simulationen die gewünschten Anforderungen auch wirklich abbilden. Es muss sichergestellt sein, dass eine bestimmte Übung das zu beobachtende Verhalten wirklich »wachruft«. Andererseits bedeutet Anforderungsgerechtigkeit auch, dass die in dem Assessment Center abgebildeten Beurteilungsaspekte wirklich erfolgsrelevant für die Zielposition oder Zielperspektive sind, um die es in dem Assessment Center geht.

Anforderungsprofil

Anforderungsprofile sind Sammlungen von Beurteilungsaspekten, die gemeinsam die gegenwärtigen oder zukünftigen Anforderungen, die eine bestimmte Position oder aber auch eine Positions- oder Funktionsgruppe an die jeweiligen Stelleninhaber stellt, charakterisieren. Manchmal werden auch die gewünschten Ausprägungen der verschiedenen Anforderungen festgelegt (Soll-Profil), die dann direkt mit den Ergebnissen eines Assessment Centers, welches auf Grundlage dieses Anforderungsprofils entwickelt worden ist, verglichen werden können. Dimensionsorientierte Anforderungsprofile bestehen aus einer Zusammenstellung von Persönlichkeitseigenschaften, die der erfolgreichen Bewältigung der entsprechenden Aufgaben zugrunde liegen (z. B. Überzeugungskraft, Teamfähigkeit). Aufgabenorientierte Anforderungsprofile stellen direkt und konkret die verschiedenen Aufgabenarten zusammen, die es zu bewältigen gilt (z. B. Verkaufsgespräche führen) und definieren dann im nächsten Schritt Qualitätskriterien, die eine erfolgreiche Bewältigung charakterisieren.

Assessment Center

Ein Assessment Center ist ein Beurteilungsverfahren, in dem durch die Beobachtung der Leistung und des Verhaltens der Teilnehmer in Rollenspielen und Fallstudien Rückschlüsse auf Kompetenzen, Persönlichkeitseigenschaften und Potenziale gezogen werden.

Der Begriff Assessment Center stellt damit einen Sammelbegriff für solche Beurteilungsverfahren dar, die nach dem Leitbegriff des »Zeigen lassens« gestaltet und durchgeführt werden. »Zeigen lassen« bedeutet, dass über die relevanten Anforderungen nicht nur gesprochen wird (wie beispielweise in einem klassischen Auswahlgespräch), sondern dass diese konkret und realitätsnah simuliert werden.

Assessment Center-Übung

Als Assessment Center-Übung bezeichnet man die Simulation einer Aufgabe, die charakteristisch für die Anforderungen ist, über die man im Assessment Center Informationen gewinnen möchte. Assessment Center-Übungen können rein zwischenmenschlicher Art sein, in diesem Fall sind es meist Rollenspiele oder Gesprächssimulationen. Andere Assessment Center-Übungen haben eher analytische oder konzeptionelle Kompetenzen im Fokus, wie beispielsweise Fallstudien oder Konzeptentwicklungen. Grundsätzlich kann nahezu jede berufliche Aufgabe und Schlüsselsituation im Assessment Center simuliert werden. Weitere Module im Assessment Center können Tests, Fragebögen oder Interviews sein.

Assessoren

siehe Beobachter

Beobachter

Die Beobachter eines Assessment Centers nehmen die Eindrücke über die Teilnehmer in einer strukturierten Form auf, beurteilen die gesehenen Verhaltensweisen vor dem Hintergrund des Anforderungsprofils und sprechen am Ende der Veranstaltung das Feedback aus. Üblicherweise setzen sich die Beobachter aus Führungskräften der beteiligten Fachbereiche, aus Personalexperten und eventuell externen Beratern und Moderatoren zusammen. Die Beobachter haben in einem Assessment Center eine Schlüsselfunktion im Hinblick auf die Ergebnisqualität, denn aus ihren Eindrücken wird die Beurteilung der Teilnehmer generiert.

Beobachterkonferenz

Im Anschluss an die Assessment Center-Übungen findet eine Beobachterkonferenz aller Beobachter statt. Die meisten Assessment Center sind so organisiert, dass nicht alle Beobachter alle Teilnehmer in allen Übungen sehen, sondern ein Rotationsprinzip umgesetzt wird. In der Beobachterkonferenz treffen sich alle Beobachter, tragen die unterschiedlichen Eindrücke über die Teilnehmer zusammen und bereiten die Feedbackgespräche vor. Bei Auswahl-Assessment Centern wird in dieser Konferenz zumeist die Entscheidung über die Kandidaten getroffen oder eine Empfehlung formuliert.

Beobachtertraining

Die Vorbereitung der Beobachter auf ihre Rolle im Assessment Center erfolgt zumeist in einem Beobachtertraining. In einem solchen Training stehen die folgenden Themen im Vordergrund: Organisation und Ablauf des Assessment Centers, das Anforderungsprofil, Übungstypen und -inhalte, die Beobachtungs- und Auswertesystematik, Beobachtungs- und Beurteilungsfehler, Gestaltung von Feedback sowie die Rolle der Beobachter.

Beobachtungsbogen

Es empfiehlt sich, den Prozess der Beobachtung nicht unstrukturiert erfolgen zu lassen, sondern den Beobachtern eine vorbereitete Beobachtungssystematik in einem Beobachtungsbogen vorzulegen. Diese Systematik enthält eine klare Operationalisierung der Anforderungen und oftmals auch eine Bewertungsskala. Durch die klare Operationalisierung wird der Diskussionsprozess der Beobachter gelenkt und der Fokus auf die wirklich sichtbaren Verhaltensaspekte gelegt.

Beobachtungsfehler

Die Beobachtung von Verhalten durch unterschiedliche Menschen unterliegt verschiedenen Mechanismen, die eine Verzerrung der wahrgenommenen Dinge und Äußerungen mit sich bringen. Es ist nicht möglich, völlig »objektiv« und unbeteiligt wahrzunehmen, sondern jede Beobachtung und Beurteilung wird durch Aspekte der eigenen Persönlichkeit und auch durch Umgebungsfaktoren gelenkt. Völlig ausschließen lassen sich Beurteilungsfehler nie, da es keine noch objektivere Prüfungsinstanz als die anwesenden Beobachter gibt. Es ist aber wichtig, die Beobachter eines Assessment Centers im Beobachtertraining für ihre Beurteilungstendenzen zu sensibilisieren.

Dynamisches Assessment-Center

Ein dynamisches AC unterscheidet sich vom klassischen AC dadurch, dass die Teilnehmer gemeinsam einen komplexen Fall bearbeiten und eine wesentlich geringere Standardisierung und Zeitplanung der Übungen besteht. Dadurch kann die Identifikation der Teilnehmer mit der Situation durchaus verstärkt werden, allerdings sind die gewonnenen Eindrücke etwas stärker von nichtbeeinflussbaren Faktoren (z. B. Zusammensetzung der Gruppe) abhängig als bei einem stärker standardisierten Verfahren.

Einzel-Assessment

Das Einzel-Assessment als Sonderform des Assessment Centers wird mit nur einem Teilnehmer durchgeführt. Abgesehen von Gruppendiskussionen sind alle Assessment Center-Übungen üblicherweise auch mit nur einem Teilnehmer durchführbar. Einzel-Assessment Center eignen sich besonders dann, wenn aufgrund der Diskretion Bewerber oder Teilnehmer nicht aufeinandertreffen sollten, oder wenn eine hohe Ansiedelung einer Zielposition in der Hierarchie ein Gruppenverfahren nicht opportun erscheinen lässt.

Ergebnisbericht

Nach der Durchführung des Assessment Centers wird durch die Beobachter oft ein Ergebnisbericht über jeden Teilnehmer verfasst, in dem sowohl Eindrücke und Bewertungen aus der Durchführung des Assessment Centers aufgeführt werden als auch – je nach Einsatzzweck des Assessment Centers – Ableitungen von Personalentwicklungsmaßnahmen formuliert werden. Bei Auswahl-Assessment Centern enthält der Ergebnisbericht oftmals die Begründung einer Empfehlung für bzw. gegen einen Kandidaten.

Feedbackgespräch

Als Abschluss eines Assessment Centers (und manchmal auch im Anschluss an einzelne Übungen) erhalten die Teilnehmer durch die Beobachter ein Feedback. Von der Qualität und vom Stil dieses Feedbacks hängt ganz wesentlich die Akzeptanz des Assessment Centers und auch die Wertschätzung der Methode durch die Teilnehmer ab. Dem Feedbackgespräch sollten die allgemeinen Feedbackregeln zugrunde liegen, nach denen eine persönliche Rückmeldung klar, offen, direkt, begründet und wertschätzend sein sollte. Außerdem sollte ein gutes Feedbackgespräch konkrete Empfehlungen und Hinweise beinhalten, damit ein Teilnehmer auch direkt von der Teilnahme am Assessment Center profitieren kann.

Gesprächssimulation

Eine Gesprächssimulation ist ganz allgemein der Oberbegriff für AC-Übungen, in denen die Teilnehmer mit einem Rollenspieler eine bestimmte Gesprächssituation simulieren. Hierbei können nahezu alle beruflich relevanten Gespräche zu einem Rollenspiel gemacht werden.

Gruppen-Assessment Center

Die klassische Form des Assessment Centers ist ein Gruppenverfahren, in dem mehrere Teilnehmer durch mehrere Beobachter beobachtet werden. Die Teilnahme mehrerer Kandidaten gleichzeitig erlaubt den Beobachtern einen direkten Vergleich der Leistungen. Die Beurteilung jedes Kandidaten durch mehrere Beobachter führt zu einem erhöhten Maß an Fairness und Objektivität.

Gruppendiskussion

In einer Gruppendiskussion agieren die Assessment Center-Teilnehmer nicht mit Rollenspielern, sondern lösen gemeinsam ein Problem und werden dabei beobachtet. In dieser Übung steht zumeist das Teamverhalten im Vordergrund des Interesses. Die sogenannte »führerlose Gruppendiskussion« (also eine Diskussion, in der keine Leitungsrolle definiert ist) gehört zu den Klassikern vieler Assessment Center.

Handlungsorientierte Fallstudie

Eine handlungsorientierte Fallstudie ist eine Assessment Center-Übung, in der die Teilnehmer mit komplexen Informationsmaterialien konfrontiert werden, die zunächst analysiert und auf deren Basis dann logisch schlüssige Ableitungen getroffen werden müssen. Hierbei geht es im Gegensatz zum klassischen Postkorb nicht nur um die organisatorischen Fähigkeiten, sondern die Materialien müssen unter einem inhaltlichen Blickwinkel analysiert und operative Probleme gelöst werden.

Interview

Auch wenn das Prinzip des Assessment Centers das »Zeigen lassen« ist, integrieren viele Assessment Center auch Interviews mit den Teilnehmern. Besonders solche Anforderungsbereiche, die Motivation, Einstellungen, Haltungen, Sichtweisen und Interessen der Teilnehmer betreffen, lassen sich in vielen Übungen nicht direkt beobachten, sondern höchstens erschließen. Gerade für eine differenzierte Beurteilung dieser Anforderungen ist die Auseinandersetzung im Gespräch besonders wichtig.

Kollegengespräch

In dieser Variante der zwischenmenschlichen Übungen hat der Teilnehmer die Aufgabe, mit einer hierarchisch gleichgestellten Person ein Gespräch zu bestimmten Themen (z. B. Zusammenarbeit in einem gemeinsamen Projekt) zu führen. Im Gegensatz zu Mitarbeitergesprächen stehen hier eher Verhandlungs- und Konfliktkompetenzen in hierarchiefreien Beziehungen im Vordergrund der Beobachtung, während es in Mitarbeitergesprächen direkt um Führungsfragen geht.

Konzeptentwicklung

Die Konzeptentwicklung ist ein Übungstyp, bei der die Teilnehmer auf der Basis einer durch verschiedene Informationen charakterisierten Ausgangslage einen eigenen Vorschlag entwickeln müssen. Oftmals muss dieser Vorschlag dann einem kritischen Auditorium präsentiert werden.

Kundengespräch

Eine Variante von typischen und verbreiteten zwischenmenschlichen Assessment Center-Übungen besteht in der Simulation von Kundengesprächen. Der Teilnehmer agiert hierbei meist in der Rolle eines Verkäufers oder Kundenbetreuers.

Mitarbeitergespräch

Eine klassische und sehr verbreitete Form der zwischenmenschlichen Übungen ist die Simulation eines Mitarbeitergesprächs. Die Teilnehmer führen in der Rolle einer Führungskraft ein Gespräch mit einem zugeordneten Mitarbeiter (der durch einen Rollenspieler verkörpert wird), wobei unterschiedliche Varianten realisierbar sind, da nahezu alle schwierigen Führungssituationen in einem Gespräch repräsentierbar sind. Es gibt beispielsweise Gespräche zur Leistungsrückmeldung, zur Zielvereinbarung, zu internen Konflikten, zu Coachingfragen oder auch zur gemeinsamen Aufgabenplanung.

Nachgespräch

Es empfiehlt sich gerade bei zwischenmenschlichen Übungen, den Verlauf der Übung gemeinsam mit dem Teilnehmer nachzubesprechen und auf diese Weise ein Verständnis dafür zu erhalten, welche Ideen, Ziele und Sichtweisen einen Teilnehmer zu einem bestimmten Verhalten bewogen haben.

Postkorb

Die Postkorbübung ist ohne Zweifel eine der am stärksten mit dem Begriff Assessment Center assoziierten Übungen. Die Übung sieht zumeist so aus, dass die Teilnehmer in der Rolle einer Führungskraft Unterlagen (Briefe, E-Mails, andere Dokumente, Telefonnotizen, etc.) sichten und dann darauf aufbauend Termine und Aktivitäten koordinieren, Aufgaben delegieren, etc. Die klassische Postkorbübung hat damit einen sehr stark administrativen sowie auf organisatorische Fähigkeiten angelegten Charakter und ist damit in ihren Aussagemöglichkeiten begrenzt (allerdings gut geeignet für administrativ geprägte Anforderungsprofile, z. B. Sekretariatskräfte).

Potenzialanalyse

Assessment Center können der Überprüfung des aktuellen Kompetenzstandes in bestimmten Fähigkeitsbereichen dienen, aber auch der Einschätzung von Potenzial für weitergehende Aufgaben. Gerade die Möglichkeit, in einem Assessment Center auch solche Anforderungen und Aufgaben zu simulieren, die ein Teilnehmer gegenwärtig noch nicht bewältigen muss, erlaubt die Abschätzung des Reifegrades und Entwicklungsstandes im Hinblick auf diese Aufgaben.

Präsentationsübung

Eine klassische Assessment Center-Übung besteht in der Aufforderung an die Teilnehmer, eine kurze Präsentation vorzubereiten und zu halten. Manchmal wird ein Assessment Center mit einer kurzen Selbstpräsentation der Teilnehmer begonnen, die dann auch bereits bewertet wird. Vorteilhaft ist es jedoch, wenn sich die Teilnehmer wirklich intensiv auf eine eher komplexe Fragestellung vorbereiten können, die dann einem Gremium von Beobachtern präsentiert wird und diskutiert werden kann. Eine Präsentationsübung eignet sich sehr gut dafür, auch fachnahe Inhalte zum Gegenstand des Assessment Centers zu machen und beispielsweise fachliche Konzepte entwickeln und präsentieren zu lassen.

Reality-Assessment Center

In einem Reality-Assessment Center werden die Rahmenbedingungen der einzelnen Übungen noch viel realitätsnäher dargestellt und einbezogen als in normalen Assessment Centern. Dies bedeutet vielfach einen höheren Aufwand, aber dadurch natürlich eine noch viel höhere Lebensnähe der Übungen. Konkret bedeutet dies, dass beispielsweise ein Reality-Assessment Center für Shop-Inhaber im Einzelhandel in einem wirklichkeitsnah gestalteten Ladenlokal durchgeführt werden und – ähnlich wie in der Wirklichkeit – die Übungen nicht einem vorab bekannten Zeitplan folgen, sondern unerwartet Dinge passieren können (z. B. Anrufe, Faxe, Kundenbesuche). In einem Reality-Assessment Center wird damit praktisch ein repräsentativer Arbeitstag als Ganzes simuliert. Für den Teilnehmer hat dies den Vorteil, die späteren Anforderungen in einer sonst kaum herstellbaren Realitätsnähe abschätzen zu können und sich kritisch selbst zu prüfen, ob die angestrebte Aufgabe wirklich zu den eigenen Interessen und Motiven passt.

Real-Life-Assessment Center

Das Prinzip des Real-Life-Assessment Centers ist es, solche Situationen zur Beurteilung heranzuziehen, die tatsächlich in der Unternehmensrealität geschehen, und diese dann durch Beobachter beurteilen zu lassen. Es wird also auf die Vorgabe von Simulationen verzichtet, sondern man nutzt diejenigen Beurteilungsmöglichkeiten, die sich praktisch ergeben. Die Grenze dieses Verfahrens liegt darin, dass in vielen anforderungsrelevanten Situationen die Präsenz von Beobachtern nur schwer realisierbar ist und meist auch nicht alle Situationen an einem Tag kompakt vorkommen. Bei internen Präsentationen ist es häufig denkbar, dass ein strukturiertes Feedback erfolgt, bei einem schwierigen Mitarbeitergespräch wird man kaum unabhängige Beobachter hinzuziehen können.

Rollenspieler

Es gibt AC-Übungen, in denen die Teilnehmer untereinander agieren (z. B. in Gruppensituationen), es gibt aber auch Übungen, in denen es sich empfiehlt, dass ein vorbereiteter Rollenspieler den anderen Gesprächspart übernimmt. Ein Rollenspieler sollte durch sein Verhalten versuchen, beim AC-Teilnehmer möglichst differenzierte Eindrücke »wachzurufen«, so dass für die Beobachter das Verhaltensrepertoire des Teilnehmers wirklich beobachtbar wird.

Rollenspielerinstruktion

Zur Vorbereitung auf Rollenspiele und Gesprächssituationen erhalten die Teilnehmer meistens eine schriftliche Instruktion, in der Ziele des Gesprächs, Rahmenhandlung, Vorgeschichte und Charakterisierung des Gesprächspartners enthalten sind. Damit die Bedingungen fair und vergleichbar sind, empfiehlt es sich, auch den jeweiligen Gesprächspartnern der Teilnehmer eine Rollenspielerinstruktion zur Verfügung zu stellen, die Argumentationshilfen und Hintergrundinformationen für die Rollenspieler enthalten.

Teilnehmerinstruktion

Zu allen Übungen gibt es üblicherweise schriftliche (manchmal auch mündliche) Erläuterungen für die Teilnehmer, die Teilnehmerinstruktionen. Diese Instruktion muss alle Informationen enthalten, die ein Teilnehmer benötigt, um sich sinnvoll und zielführend auf eine Übung vorzubereiten. Je ausführlicher und komplexer eine Teilnehmerinstruktion ist, umso weniger wird durch eine Assessment Center-Übung argumentative Spontaneität getestet. Sehr kurze Teilnehmerinstruktionen zu Rollenspielen bilden oft eher das Improvisationstalent der Teilnehmer ab.

Testverfahren

Testverfahren sind standardisierte Prüfungs- und Erhebungsverfahren, die verschiedene Kompetenz- und Persönlichkeitsbereiche erfassen können. Ein wesentliches Prinzip von Testverfahren besteht darin, dass die Teilnehmer mit einer Normstichprobe verglichen werden, die den Standard der Beurteilung setzt. An Testverfahren werden strenge wissenschaftliche Gütekriterien angelegt, da Tests oftmals im wissenschaftlichen Kontext entwickelt und diskutiert werden.

Testgütekriterien

Die verschiedenen Testgütekriterien beschreiben, inwieweit ein Testverfahren den wissenschaftlichen Anforderungen an einen guten Test genügt. Die Reliabilität ist ein Maß für die Genauigkeit der Messung, und die Validität sagt etwas über den Bezug des Testverfahrens zu bestimmten Aspekten in der Realität aus. Anhand der Normierung lässt sich ablesen, an welcher Zielgruppe der Test untersucht und entwickelt worden ist. Die Normierung sagt damit etwas über die Verallgemeinerbarkeit der Ergebnisse aus.

Transparenz

Ein wichtiges Prinzip akzeptabler Assessment Center besteht in einer hohen Transparenz dieser Verfahren für die Teilnehmer. Transparenz bedeutet, dass die Teilnehmer Sinn und Inhalt der Veranstaltungen kennen und interpretieren können, dass die Anforderungskriterien erläutert werden, dass ein offenes Feedback gegeben wird und dass deutlich erklärt wird, wie und in welchen Situationen genau der Beobachtungs- und Beurteilungsprozess stattfinden wird.

Verliererproblematik

Ein viel diskutiertes Problem bei internen Asessment Centern besteht in der so genannten Verliererproblematik: Bei Auswahl-ACs, aber auch bei Förder-AC werden einerseits erfolgreiche und andererseits nicht erfolgreiche Teilnehmer für andere transparent (z. B. dadurch, wer in den Nachwuchsförderkreis berufen wird). Zur Verliererproblematik gibt es grundsätzlich Folgendes zu sagen: Das Problem, dass es überhaupt Verlierer gibt, ist nicht der AC-Methode vorzuwerfen, sondern ist einer Selektionsfragestellung inhärent. Das Problem ist eher die Transparenz und damit verbunden die Furcht vor Gesichtsverlust. Hier muss durch gute Kommunikation, akzeptable Rahmenbedingungen und intensive Betreuung unterstützt werden. Erfahrungsgemäß lässt sich dadurch der Effekt abmildern.

Liste der Tools

Tool 1: Interviewleitfaden zur Erfassung der Anforderungen an Expatriates 41
Tool 2: Beispiel für ein dimensionsorientiertes Profil mit Dimensionsfacetten 62
Tool 3: Beispielhafter Ablaufplan für einen Workshop zur Anforderungsanalyse 64
Tool 4: Leitfaden für ein Experteninterview 65
Tool 5: Ergebnismatrix 69
Tool 6: Einladungsschreiben zu einem Auswahl-Assessment Center 90
Tool 7: Einladungsschreiben zu einem internen Förder-Assessment Center 93
Tool 8: Präsentation eines Assessment-Center-Projektes 95
Tool 9: Interviewleitfaden zur Beurteilung von Bewertungskriterien im Bereich der Mitarbeiterführung 117
Tool 10: Checkliste zur Auswahl von Testverfahren 207
Tool 11: Überblick über gängige Testverfahren 211
Tool 12: Ablaufplan eines Beobachtertrainings 244
Tool 13: Checkliste Einführungsrunde 252
Tool 14: Checkliste Zeitplanerstellung 264
Tool 15: Checkliste Räumlichkeiten 277
Tool 16: Checkliste Beobachterordner 279
Tool 17: Checkliste Teilnehmermappe am Ende eines ACs 280
Tool 18: Checkliste Teilnehmermaterialien im Back-Office 280
Tool 19: Checkliste unterstützende Materialien im Back-Office 281

Abbildungs- und Tabellenverzeichnis

Abbildung 1: Schematischer Ablauf bei der Definition von Anforderungen 58
Abbildung 2: Grad der Realität des Assessment Centers. 70
Abbildung 3: Aspekte für die Konzeption von Szenarien. 71
Abbildung 4: Systematik analytisch-konzeptioneller Übungen. 124
Abbildung 5: Schematische Vorgehensweise bei der Definition von Bewertungskriterien 229
Abbildung 6: Beispiel für eine fünfstufige Skala für die aufgabenorientierte Anforderung »Kann Verkaufsgespräche strukturiert und abschlussorientiert führen« 232
Abbildung 7: Der Prozess von Beobachtung und Beurteilung 237
Abbildung 8: Die Instanzen der Beurteilung 240
Abbildung 9: Exemplarische Methoden der Personalentwicklung auf Basis der Ebenen Wissen, Können und Wollen 296

Tabelle 1: Vorteile der drei Verfahrensweisen (Einzel-AC, vernetztes Einzel-AC, Gruppen-AC) 18
Tabelle 2: Übersicht der verschiedenen AC-Verfahren und ihrer Merkmale 29
Tabelle 3: Übersicht der verschiedenen AC-Verfahren, Vor- und Nachteile 29
Tabelle 4: Vor- und Nachteile von dimensions- und aufgabenorientierten Anforderungsprofilen 55
Tabelle 5: Gütekriterien von Testverfahren 205
Tabelle 6: Vor- und Nachteile verschiedener Beobachtergruppen. 234

Verzeichnis der Beispiele

Beispiel 1: Modulartiger Aufbau eines Anforderungsprofils 54
Beispiel 2: Ausschnitt aus einem möglichen Anforderungsprofil eines Gebietsleiters 57
Beispiel 3: Beispielhaftes aufgabenorientiertes Profil für Führungsnachwuchskräfte im Vertrieb 59
Beispiel 4: Qualitäten des Könnens für den Aufgabentyp »Verkaufsgespräche führen« 60
Beispiel 5: Qualitäten des Wollens für den Aufgabentyp »Verkaufsgespräche führen« 60
Beispiel 6: Beispielhafte Dimensionen für die Kernaufgaben Vertriebssteuerung und Mitarbeiterführung 61
Beispiel 7: Übungstypen 67
Beispiel 8: Szenario für Nachwuchsführungskräfte für die mittlere Führungsebene 72
Beispiel 9: Interviewfragen zu Kernaufgaben, die bereits zu den Tätigkeiten eines Teilnehmers gehörten. 107
Beispiel 10: Interviewfragen zu Kernaufgaben, die neue und noch nicht direkt erlebte Bewertungskriterien beinhalten 109
Beispiel 11: Aus dem Verhalten des Interviewten beurteilbare Kriterien 110
Beispiel 12: Aus den Antwortinhalten ableitbare Beurteilungen 111
Beispiel 13: Grobskizze einer Organisation 139
Beispiel 14: Themen-/Dokumentenübersicht einer handlungsorientierten Fallstudie 143
Beispiel 15: Fragestellungen-/Dokumentenübersicht einer Konzeptentwicklung 149
Beispiel 16: Entwurf von Gesprächsthemen für einzelne Kernaufgaben für ein Mitarbeitergespräch 162
Beispiel 17: Exemplarisches Mitarbeitergespräch 165
Beispiel 18: Gruppendiskussion für ein internes Förder-AC 184
Beispiel 19: Präsentationsübung für ein Einzel-Assessment zur Auswahl eines internen Bewerbers 196
Beispiel 20: Erläuterung von Testverfahren 208
Beispiel 21: Bewertungskriterien zur Erfassung der Teamorientierung. 221
Beispiel 22: Kontroverse Einschätzung einer Dimension bei fehlender Definition 223
Beispiel 23: Entwicklung von Bewertungskriterien 226

Beispiel 24: Bewertungskriterien zu einem aufgabenorientiertem Profil. 229
Beispiel 25: Bewertungskriterien für die aufgabenorientierte Anforderung »Will sich mit Kunden auseinandersetzen« . 230
Beispiel 26: Abfolge von Übungen in einem Beobachterteam 265
Beispiel 27: Abfolge von Übungen in drei Beobachterteams. 265
Beispiel 28: Realisierung des Rotationsprinzips in drei Beobachterteams 266
Beispiel 29: Vollständiger Beobachterzeitplan 268
Beispiel 30: Übertrag aus dem Beobachterzeitplan in den Teilnehmerzeitplan 269
Beispiel 31: Vollständiger Überblickszeitplan aus der Sicht der Teilnehmer. 270
Beispiel 32: Individueller Teilnehmerzeitplan 273
Beispiel 33: Teilnehmerzeitplan Einzel-Assessment Center. 274
Beispiel 34: Beobachterzeitplan Einzel-Assessment Center. 275
Beispiel 35: Darstellung des Verfahrens im Ergebnisbericht 293
Beispiel 36: Darstellung der Übungstypen im Ergebnisbericht 293
Beispiel 37: Entwicklungsbereiche und Maßnahmen im Ergebnisbericht 297